# 育人九策
# 十六法

风一笑　杨慧丽　著

## ——班主任工作纪实及思考

辽宁教育出版社

ⓒ 风一笑 2017

**图书在版编目（CIP）数据**

育人九策十六法：班主任工作纪实及思考 / 风一笑，
杨慧丽著. —沈阳：辽宁教育出版社，2017.4
ISBN 978-7-5549-1616-2

Ⅰ. ①育… Ⅱ. ①风… ②杨… Ⅲ. ①初中—班主任
工作 Ⅳ. ①G635.16

中国版本图书馆 CIP 数据核字（2017）第 079765 号

辽 宁 教 育 出 版 社 出 版、发 行
（沈阳市和平区十一纬路 25 号　邮政编码 110003）
辽宁泰阳广告彩色印刷有限公司印刷

幅面尺寸：184 毫米×260 毫米　字数：691 千字　印张：27
2017 年 4 月第 1 版　　　　　2017 年 4 月第 1 次印刷

责任编辑：王　莹　　　　　　责任校对：马　慧
封面设计：熊　飞　　　　　　版式设计：熊　飞

ISBN 978-7-5549-1616-2

定　价：60.00 元

# 写在前面的话

为了学生，为了更多的学生；为了学生的成才，更为了学生的成人。

追随着这样的愿望，我们开始了对教育策略和方法的思考与实践。我们觉得，只有在这些方面有所成就，才能更好地实现让更多学生成人成才的愿望。

三十年的从教经历，让我们有那么多的机会了解学生的成长过程和成长需要，让我们有那么多的机会思考和实践对学生的教育引导，让我们有那么多的机会去经历和反思这些教育的内容、策略、方法、过程、效果。一次次的探索、成功、失败，一次次的失败、成功、探索……最后，所有的心血终于涅槃出了又一个教育的精灵，它的名字叫作《育人九策十六法——班主任工作纪实及思考》。

9 种策略，16 种方法，52 种做法——

都是为了育人，都是为了更好地育人，都是为了育更好的人。

## 一

"十年树木，百年树人。"

教育，就是树人；教育，也是树木。

树人，需要有爱。

爱，就是愿意，就是关爱。爱是最好的营养液，它不仅能滋润树木的成长，也能滋养种树者自己的成长。

树人，需要有道。

道，就是天性，就是天道。教育要尊重天性，要敬畏天道。就是要尊重成长的规律，要尊重教育的规律。就像郭橐驼所说的那样："能顺木之天，以致其性焉尔。"尊重天性和天道，是教育的根本策略。

树人，需要有术。

术，就是方法，就是技能。就是能够操作的技能，就是落实技能的方法。教育要知道做什么，还要知道怎么做，这就是教育之术的价值。

树人，需要有别。

别，就是差别，就是个性。每个学生都是独一无二的，要想让他们都能健康地成长，对他们的教育也应有所区别。为此，教育需要讲究：

——因材施教。这里所说的"材"，是指资质，是指学生的天然条件。天高地远，水阴山阳；花红柳绿，尺短寸长。教育，本就不应该是千人一面的单体复制。

——因性施教。这里所说的"性"，既是性别，也指个性。针对性别和个性进行量身定制式的教育，这是"树人有别"的基本要求。

——因历施教。这里所说的"历"，是指经历成长，也是指成长的经历。经历成长，是学生对素养的体验和养成的过程，它是学生感受和感悟成长的过程；成长的经历，是学生对素养的积累和优化的过程，它是下一步教育的依据和起点。

——因境施教。这里所说的"境"，是指学生所处的环境、所面临的情境、所具有的心境。环境往往会给学生提供其自身以外的影响力，情境往往会对学生的具体行为产生影响，而学生的心境则是决定教育能否被接受和能否有成效的前提。

每个学生都是独立的一株小树，每一株小树都有其独有的一片天地，每一片天地都有其独特的风景，每一处风景都有其独具的魅力。

让每一株小树都自豪地成长，它不一定秀美，但它理应挺拔！

让每一株小树都自信地成长，它不一定壮美，但它理应健康！

让每一株小树都自主地成长，它不一定完美，但它理应独立！

——突出个体教育，这是本书的第一个特点。

## 二

"师者，所以传道授业解惑也。"

教师所传之道，不仅有为学之道，也应该有为师之道。为师之道从哪里来？从身体力行中来，从总结提炼中来，从反思修正中来。

为师之道，既要躬身修道，还要谈兵论道。

为师要论道，但不能只是坐而论道，还要以行证道；教育要谈兵，但不能纸上谈兵，而是要知兵用兵。

为师需要的是"以行证道"之后的论道，教育需要的是"知兵用兵"之后的谈兵。本书共选用了 52 个教育实例。以它们来"现身说法"，就是为了这"以行证道"之后的论道，就是为了这"知兵用兵"之后的谈兵。

这些案例，都是作者的亲身实践的纪实。这个亲身实践的过程，不是简简单单的躬身而为，而是在主动思考的前提下的探索验证。用思考指导实践，用实践验证思考，这是这些案例最与众不同的地方。具体说来，它们具有如下的几个特点：

突出"为了什么"。这说的是教育目的，每个案例都对需要解决的教育问题进行了必要的交代。

突出"做了什么"。这说的是教育内容，每个案例都对教育的相关内容进行了具体的介绍。

突出"怎么去做"。这说的是教育过程，每个案例都对教育的实施过程进行了生动的叙述。

突出"做得怎样"。这说的是教育效果，每个案例都对相关教育策略和方法的成效进行了适当的呈现。

一言以蔽之，这些案例都是身体力行的思考，都是思以致用的实践，都是思行并重的成果。

——突出现身说法，这是本书的第二个特点。

### 三

磨剑十年若等闲，百炼千锤铸龙泉。长铗出鞘羞浅唱，霜刃扬眉笑无言。

多少次的挖矿凿石，多少次的冶铸打磨，多少次的冥思苦想，多少次的牛刀小试，只为了能打造一把可以开启教育之门的钥匙。终于，这把钥匙骄傲地闪亮了起来——这把钥匙，叶片的主体叫教育策略，叶片的锯齿叫教育方法。

教育策略，本书中指的是策划教育的方向谋略和整体构思，是对教育过程和方式的设计。

教育从来都是一种主动性的行为，而主动性的重要标志就是要进行预先的思考，这种预先对教育思路和方式的思考，就是谋划教育策略的过程。教育的对象、目标、内容、形式、方法、效果，凡此种种，都是教育策略所包含的内容。有了这些思考，教育的行为就更优化，教育的过程就更顺畅，教育的效果就更理想。

本书中的教育策略共分成"知""垫""预""谐""导""历""赏""用""主"这9种。

"知"之策，是指通过对学生的情况和状态进行基本或有针对性的了解之后再据此进行教育的策略；"垫"之策，是指为以后的教育进行有益奠基和铺垫的策略；"预"之策，是指对确定了的教育目标和内容进行先期思考并做好相关准备的策略；"谐"之策，是指通过师生关系的和谐来促使教育行为更加谐顺的策略；"导"之策，是指对学生的思想行为进行引导、对学生的情绪心理进行疏导的策略；"历"之策，是指帮助学生通过经历体验来历练成长的策略；"赏"之策，是指主动挖掘并欣赏学生值得肯定之处再借此鼓励其自主上进的策略；"用"之策，是指通过对学生进行有特定教育目的的任用或使用来促其自主成长的策略；"主"之策，是指通过激发学生的主体意识和培养学生的自主能力以促其自主成长的策略。

其中，"知""垫""预"侧重谈教育准备的策略，"谐""导""历"侧重谈教育扶助的策略，"赏""用""主"侧重谈教育激励的策略。这些策略既可单独使用，也可灵活组合使用。

教育方法，本书中指的是实施教育的技能思考和操作步骤，是对教育内容进行落实的技术。

对教育的方法进行思考和提炼，再对这些方法的使用程序进行研究和应用，使教育方法既具有理论的概括性、又具有落实的操作性，这是本书的重要成果之一。本书是以"三步法"的形式来呈现这一成果的：即对每一种教育方法都提炼出三个步骤的操作程序，这些程序对使用该种方法时每一步要做什么、怎么做及需要注意的问题都进行了比较具体的介绍——如同产品的使用说明书一样。这种程序化的提炼可以较为有效地解决教育方法的操作落实问题，从而使教育行为的落实变得更简捷、更轻松、更有效。

本书共介绍 16 种方法，它们是：自修法、带动法、诱导法、携助法、鼓励法、迁移法、熏染法、训练法、提示法、选择法、制约法、缓冲法、疏导法、压力法、磨砺法、惩戒法。而每一种方法又至少向下分解出两种更为具体的做法，总计 52 种做法。

这些方法，多是作者自主探索提炼的；也有些是在借鉴他人经验的基础上提炼改进而成的。这些借鉴来的方法，继承了原有的原理和名称，但并不是照搬照抄，而是在内容、形式上进行了操作层面的具体化或再创造。比如：期待效应（皮格马利翁效应）是很常见的教育方法，但在更广泛意义上的教育之中怎样具体操作却未见有比较明晰的介绍；本书中的"期待鼓励法"就是在"期待效应（皮格马利翁效应）"原有科学原理的基础上，创造性地探索了这种方法使用的操作程序。再比如："迁移法"多见用于文化课的教学之中，而本书中的"迁移法"则把其适用范围扩展到包括学习、品行等在内的广义的教育之中，并且，也创造性地探索了相应的操作程序，等等。

本书中，有的教育方法与教育策略具有相同的名称，这可能意味着它们的本质是相同的，但对它们的研究方向和内容却是不同的：同一名称用于方法的，侧重的是对操作程序和技术的解说；同一名称用于策略的，则侧重的是对整体思路和相关内容的阐释。比如，"评价鼓励法"和"评导之策"谈的都是在教育中使用"评价"的问题，但前者谈的是使用评价的技术步骤，而后者则谈的是使用评价的内容和作用。

需要说明的是，这 16 种方法并不是以同一个标准来分类的。既然标准不同，还依然把它们列举出来，就是要突出这些方法各自的侧重点，为教育实践提供各有侧重的实用参考。

这些方法，连同方法之前的策略，共同构成了开启教育之门的钥匙。这把钥匙，当然不是一把"万能钥匙"，但它却是一把"可能钥匙"。有了它，就有了让教育行为更为有效、更为轻松、更为规范的可能。

——突出规律提炼，这是本书的第三个特点。

## 四

让本书更有实用价值，这是作者努力追求的目标。为此，本书在体例安排上也有一些特殊的考虑。

全书缀文 52 篇，以教育策略为单元来编排。在每篇文章结构的安排上，除了具有点题之意的"题记"之外，共设有"抛砖引玉""出谋划策""想方设法"和"他山之石"这四个版块。

其中，"抛砖引玉"部分是对教育实例的具体叙述及相关解说，这些文字在体现某种教育策略的基础上，重点突出了对案例中主要教育方法的运用过程的介绍；"出谋划策"部分是对"抛砖引玉"实例中教育策略的主要内容的专项阐释；"想方设法"部分则是对"抛砖引玉"实例中主要教育方法的程序化的解说。

"出谋划策"和"想方设法"这两个版块的结构大体相同：先是对"抛砖引玉"部分的相关内容进行有侧重的点评，然后是对"抛砖引玉"部分所体现出来的主要教育策略和教育方法进行定义，最后是对上述策略和方法进行具体深入地阐释解说。

"抛砖引玉"实例所涉及的教育策略或教育方法可能不止一个，而每篇文章的"出谋划策"和"想方设法"只侧重其中某一种策略和方法来进行探讨。

"他山之石"部分则提示了拙作《素养教育绿镜头——班主任工作纪实及思考》（辽宁教育出版社）一书中与本篇文章具有相关性的篇章序号及章名，这样的提示可为读者进行专题性的阅读提供些许便利。不过，该书是以班集体成长为内容来组织文字的，因而，这里所提示的其相关篇章，未必都能突出地体现出本篇文章中个体教育策略和方法的相关特点。

此外，书后还附录一篇《教育方法简要说明表》，对本书中所介绍的 16 种教育方法及其分解出来的 52 种具体做法的要点进行了简要的梳理，以便读者较为完整而清晰地理解这些方法的特点。

——突出方便实用，这是本书的第四个特点。

反哺教育，这是作者多年的梦想。《素养教育绿镜头——班主任工作纪实及思考》和

《育人九策十六法——班主任工作纪实及思考》这两部专著的问世，正是向着这个梦想攀登的两块基石。这两部书，前者侧重对学生进行素养教育和班集体教育的基本内容和规律的探索，后者侧重对学生个体进行（素养）教育的策略和方法的探索，它们其实就是一对相互扶持的同胞兄弟，因为，它们都有着一个共同的姓氏——教育。

"让教育更有价值，让教育更有实效"，如果能为此而做了点尝试，也算是对教育有了些许的回报了吧？

作　者

2016 年 6 月于沈阳

目录
Contents

# 1. "知"之策

# 2. "垫"之策

## 3."预"之策

## 4."谐"之策

## 5."导"之策

## 6."历"之策

# 1."知"之策

## 单元提示

### 【教育策略】

本单元探讨的是"知"的策略。

知，就是了解、知晓。"知"之策，是指通过对学生的情况和状态进行基本或有针对性的了解之后再据此进行教育的策略。

"基本的了解"是指对学生进行没有特定目的的了解，这些了解只是一般意义上的"信息收集"；"有针对性的了解"是指对学生进行有特定目的的了解，它近似于为了解决具体问题而进行的"问卷调查"。

关于"知"的策略，我们从"知身、知性、知情、知志、知能、知德、知学、知亲、知友、知境"这几个方面来探讨。

"知身之策"是指知晓学生身体的特质或特点并据此对其进行教育引导；"知性之策"是指知晓学生在性格、性别上的特点和差异并据此对其进行教育引导；"知情之策"是指知晓学生的情绪、情态、情感以及相关的心理和思想状况并据此对其进行教育引导；"知志之策"是指知晓学生的志趣、志向、志气并据此对其进行教育引导；"知能之策"是指知晓学生本身的能力、能量及其对他人的影响力并据此对其进行教育引导；"知德之策"是指知晓学生的品德修养状况并据此对其进行教育引导；"知学之策"是指知晓学生在学习方面的现状和能力并据此对其进行教育引导。这几方面讲的是对学生自身特点和素养的了解。

"知亲之策"是指知晓亲子关系等学生家庭的相关情况并据此对其进行教育引导；"知友之策"是指知晓学生交友的相关情况并据此对其进行教育引导；"知境之策"是指知晓学生行为产生的具体情境、环境、心境等情况并据此对其进行教育引导。这几方面讲的是对学生成长的外部主要影响力的了解。

在教育策略的体系中，"知"处于金字塔的最底部，是对学生进行教育的准备阶段。需要说明的是，这些方面的"知"，未必每一次教育都需要，也未必需要一次就都了解清楚。根据教育的需要灵活把握，这样的"知"才更有实用价值。

# 【教育方法】

本单元探讨的教育方法有6种，共10个做法。它们是：属于"缓冲法"的转移缓冲法、避让缓冲法，属于"诱导法"的暗示诱导法、明示诱导法，属于"鼓励法"的强志鼓励法、示能鼓励法、比竞鼓励法，属于"迁移法"的横向迁移法，属于"疏导法"的访问疏导法，属于"磨砺法"的抑制磨砺法。

对上述方法的具体介绍详见相应篇目及本书附录《教育方法简要说明表》。

# 1.1 冲天一怒为哪般

> 生活是最伟大的教育家。学会做生活的学生，学会向生活学习教育，学会向生活学习教育的规律，教育才会更加得心应手。
>
> ——题记

## ▌【抛砖引玉】

小远这个学生有点"怪"。

他平时待人热情、友善，看到老师总能笑容满面地行礼问好，很是招人喜欢。

对我这个班主任，小远就更是热情得有点发烫：有时，他会热情洋溢地对我一连鞠上好几个躬，然后就笑嘻嘻地挡在我的面前，直到得到我的夸奖，他才会一蹦三跳地转身离开。

可是，小远有时候的脾气却特别大。他一发起脾气来往往是怒气冲天，青筋暴跳，浑身发抖，有时与同学有了矛盾，他甚至会不顾一切地"武力解决"。

九年级下学期的一节自习课，正在走廊里的我忽然听到教室里传出了激烈的争吵声，那愤怒的声音一听就是小远的。我连忙走进教室，只见小远双拳紧握，正怒气冲冲地绕着一名刚从外地转入的男生转来转去！他俩之间，有几个学生正在劝解。

见到我之后，小远强忍住了喊叫，但他脸涨得通红，眼里喷着灼热的怒火，口中呼哧呼哧地喘着粗气，嘴唇和身子都在剧烈地抖动！

我最担心的是小远又一次进行了"武力解决"。经过询问，还好，这次只是"文斗"。

确认新来的学生没受到什么"伤害"之后，我把小远带离了教室。

"老师，这事不怪我……"说话的时候，小远显得十分委屈，他的身子还在不停地哆嗦。

我没有说什么，而是向一位老师借了乒乓球和球拍，然后领着小远来到了体育活动室。

"来，陪我打几拍！"说着，我率先发球。

其实，我不会打乒乓球。

"老师，我……"小远显得不知所措。

这也难怪：自己刚在班里"大闹天宫"，老师不但没有严厉批评，反倒要跟自己打乒乓球，小远怎么能想得通呢？这是什么"打法"呀？

"怎么？不愿意跟我打呀？是不是嫌我水平低，瞧不起我呀？"我并不理会小远的错愕，仿佛什么都没发生过一样。

"不不不，那哪能呢……"小远连忙否认。

这时，他的身子已经不那么哆嗦了。

你来我往地打了几个回合，我的"球技"可是让小远大开了眼界，他的脸上很快就有了笑容。

这时，我才停下来，请他讲讲他与新同学冲突的经过。

"老师，我错了！"这是小远说的第一句话，他并没有讲述与同学冲突的经过，反倒先承认了错误。

"为什么？"我问。

"事情虽然是他引起的，但是他是新转来的同学，我是老同学，不应该跟他计较。"小远低着头说。

"嗯，说得对。还有呢？"我问。

"还有……不应该控制不住自己；还有，嗯——不应该浪费学习的时间；还有……"小远接连说出了好几条。

"今天没有用武力解决问题，这是不小的进步。下次争取连争吵都没有！"我说。

"老师，没有下次了……"小远低着头说。他手足无措地站在我的面前，这个身高一米九的"大"小伙子，刚才还是一匹暴烈的野马，而此时却乖得像一只温顺的羔羊。

"真没有下次了？"我似乎有点不相信地歪着头问他。

"老师，没有了，真没有了！"小远挺直了身子，信誓旦旦地向我保证。

"嗯，很好！那咱们回去吧。"我满意地点点头。

"啊？这——这就——回——去啦？"小远不大相信地问我。

"是呀。怎么？有什么问题吗？"我笑道。

"您——不——批评——我啦？"小远还是有点不信。

"你都已经认识错误了，我还批评什么呢？"我反问他。

"这……那行！"小远应着，抬腿就要走。

"等等！还真不能就这样回去。"我叫住了小远。

"老师……还要……干啥……呀？"小远又有点紧张起来。

"如果就这样走进教室，你给大家留下的可就是个脾气火爆、破坏班级秩序的坏印象了。今后，你怎么与同学相处呀？"我引导道。

"哎呀！这我倒没想到！这……这……这咋办呢？"听我这么一说，小远着急了。

"我倒有个办法，能让大家原谅你，还能对你刮目相看，但就是怕你不愿意做。"我的话看似卖关子，其实是引导小远更自主地求取进步。

"我愿意，我愿意。老师，您快说！"小远急切地想听到我的主意。

我告诉小远，他可通过向大家赔礼道歉的方式挽回影响。这样做不是为了对他进行批评，而是为了给他树立一个能知错就改、真诚待人的良好形象，也是为了让同学们都知道他非常在意大家的感受，非常在意维护班集体的荣誉。而且，我告诉他，我会在他赔礼道歉之后，帮助他赢得大家的谅解和尊重。

听了我的话，小远毫不犹豫地答应了。

回到班级之后，我先对小远与同学冲突的事件进行了简短的通报，然后，请小远"跟大家说几句话"。我没有用"进行检讨"之类的说法，这一方面是为了给小远的改过营造宽松的心理氛围，另一方面也是为了给全体学生继续营造不怕犯错、勇于改过的心理环境。

小远的道歉结束之后，我态度严肃地点明了小远冲动行为所造成的不良影响，然后，把小远在与我打乒乓球过程中的表现向大家进行了通报，着重指出了小远主动认错、主动担责、在意同学、在意班级荣誉等值得肯定之处，借此引导每个学生都要学会自控，都要做到努力争取不犯错误、犯错之后勇于改正错误。当然，我也没有忘记表扬那几名劝架的学生，并号召大家向他们学习。

最后的结果是，全班学生都受到了一次守纪律、学自控、学宽容的教育。此后，班级风气更正了，而小远也从这次的教育中吸取了教训，能更自觉地控制自己的情绪和行为了。

会不会有人觉得我应该表现得"强势"一点呢？其实，对小远这个学生，我是有过"强势"的经历的。

刚升入中学不久，我就发现了小远比较"暴躁"的特别之处。那时候，我觉得他年龄还比较小，所以并没有太在意他的率性而为。后来，学生们都有比较强的自我约束力了，小远平时表现也不错，但往往一到关键时刻就把持不住自己。面对小远的这种表现，我只以为是我的教育没到位，或是他的自我努力还不够，为此，我曾在他一次发脾气的时候也针尖对麦芒地对他发了一通脾气。当时，他是被我的强势"压"了下去，但是，之后遇到某些事情，他还是会"怒不可遏"；而且，这种愤怒并不是所谓的逆反心理，也不是要存心跟老师或同学作对。

奇怪不？

后来，我向他家长了解到一个新的情况：小远的心脏不大好，而患有这种疾病的人往往都性格暴躁，易发脾气。

这时，我才恍然大悟，症结原来在这里呀。又跟其他人请教，不少的人都告诉我，脾气暴躁与心脏不好之间似乎的确存在着某种关联，他们见过的一些人都或多或少地存在着这样的现象。对此，尽管没找到比较权威的科学依据，但在心里，我已经对这种"见火就着"的现象和应对办法有了新的思考。

所以，才有了带小远打乒乓球的故事；所以，才有了小远的主动认错和自主进步。

对小远的教育引导告一段落了，但这次教育的经历又引起了我更深远的思考：从温顺的羔羊到暴怒的野马，是什么使他暴怒？从暴怒的野马到温顺的羔羊，又是什么使他温顺？看来，为了教育，我们要学习的东西还有很多呀。

生活再一次让我清醒：生活就是教育，教育离不开生活。在学生面前，我也许还算是一个有点经验的教师；但在生活面前，我永远都是一个需要努力学习的学生。

## ▌【出谋划策】

在对小远的教育引导中，教师了解到小远脾气暴躁可能与其心脏不好之间存在着一定的关联，并根据这一了解在以后的教育中调整了对小远的教育方法，由此取得了比较理想的效果——像这样，**知晓学生身体的特质或特点并据此对其进行教育引导，我们把这样的教育策略称为"知身之策"。**

**知晓生理特点。**是指了解学生的某些生理特点并据此进行教育管理。比如，学生的身高就是教育管理时经常要参考的生理特点：座位的安排、劳动任务的布置、体育比赛的安排，诸如此类的工作，都是需要考虑身高因素的。再比如，有研究表明，血型与人的性格有着某种内在的关系，那么，就可以据此灵活调整对不同血型学生的要求标准，以使学生得到更为适合的个性化教育。

**知晓健康状况。**是指了解学生身体的健康状况并据此进行教育引导。一方面，这直接关系到教育行为能否得到有效落实的问题；另一方面，这还直接关系到学生能否心理健康地成长的问题。身体健康了，心理就有了健康的基础；而身体如果不健康，则往往也会连带产生一些心理问题。比如，某个学生的体质不大好，那么，在日常的学习生活中就要多关心他，多帮助他；而如果这个学生不健康的体质已经影响到了他正常的学习生活，那么，就还要多考虑如何帮助这个学生避免其因此而产生一些心理问题。

**知晓姿态状态**。是指了解学生行为举止的姿态和状态并据此进行教育引导。正常情况下，学生的身体在静态时应该具有端正、挺拔等特点，动态时则应充满朝气和活力。如果学生的身体是健康正常的，但其身体姿态却发生了改变，这也许就应该引起注意了。比如，学生的身体是健康的，但他的静态身姿却是不正不直的，那么，这种不正不直意味着什么呢？是学生不了解应有的正确姿态，还是了解但不能够坚持做好？是学生开启了懒散模式？还是其因心情不好而萎靡不振？……诸如此类，可能都需要适时调整。再比如，学生的身体是健康的，但他的动态身姿却显得与众不同：或者故意弓着身子走路，或者故意晃着膀子、横着走路，或者故意迈八字步、一步三颤地走路……这种种不正常的状态意味着什么呢？如果不是在游戏或表演，那么，他们也许是在以这种方式来引起关注，或是宣泄某种不满情绪，或是在示威性地发出某种信息。

及时了解学生身姿和状态的特点及变化，都会有助于对学生的教育引导。

# 【想方设法】

## 特点指要

面对小远的暴脾气，教师没有针锋相对地"以暴制暴"，而是以请他打乒乓球的方式巧妙地转移了小远的注意力；待他消除了暴怒的情绪之后，再对其进行细致深入的教育引导——像这样，**通过转移注意力来缓冲不理性情绪和行为的冲击，我们把这样的缓冲方法称为"转移缓冲法"。**

## 程序参考

### 步骤一：控制事态

是指通过及时有效的措施来控制不理性情绪和行为以避免事态恶化的过程。这种控制，一般有三种方式：其一，以语言控制。是指通过说话的方式控制不当行为，这种方式简便易行，对于大多数的学生和大多数的情况而言，它是可行而有效的。其二，以肢体控制。是指通过肢体行为来达到控制事态恶化的目的。在对事态无法用语言即刻有效地进行控制的紧急情况下，用这种方式可能会起到相应的作用。不过，使用这种方式需要具备一定的能力和智慧，同时还要避免因此而产生误解，特别要避免激化矛盾，避免引发连带的不良影响。其三，以阻隔控制。是指以人或物体对当事人双方进行空间阻隔，使双方无法进一步接触，从而达到控制事态向不良方向发展的目的。

**步骤二：转移注意**

是指通过转移注意力来缓冲不理性情绪和行为冲击的过程。日常教育中，可通过以下几种方式来实现注意力的转移。

**通过话题来转移。**是指通过转换交流的话题来实现注意力的转移。注意力的需要转移，往往是学生纠结于某件事而无法摆脱的时候，这时，可通过开启新的话题来吸引学生的注意力。这种新开启的话题，最好是与学生当前所面临的困境不相干的，最好是这个学生感兴趣的，最好是具有"新、奇、特"等特点的。这样的新话题往往能快速地吸引学生的注意力，能有效地把学生思维的关注点由其纠结的地方引开，从而实现注意力的转移。

**通过行为来转移。**是指通过行为的转换来实现注意力的转移。让学生立刻停下正在进行中的行为转而去做其他的事情，这种行为的转换往往体现在身体的移动、肢体的操作上，这样会更有利于实现注意力的转移，从而达到缓冲不理性情绪冲击的目的。这种方式，刚开始操作可能会困难一些，但做起来之后，它对注意力的转移效果可能更明显，更有效。

**通过环境来转移。**是指通过转换学生所处的环境来实现注意力的转移。在学生面临不理性情绪冲击的时候，暂时把他带离其当时所处的环境。呼吸呼吸全新的空气，观察观察不一样的景物，感受感受不一样的刺激……环境改变了，注意力也就很容易被转移了。

**通过事物来转移。**是指通过某种具有吸引力的具体事物来实现注意力的转移。比如，情绪不理性者本身比较在意的事物；比如，形式新颖、形象生动的事物；比如，时尚热点、为大众所关注的事物，等等。

这几种方式既可以单独使用，也可以综合使用，一切都要根据具体情况灵活安排才好。

**步骤三：理性回归**

是指引导情绪和行为不理性者在理性反思之后顺利回归正常状态的过程。

其中，关于"理性反思"。要注意引导学生能认识到其不理性行为给自己和他人带来的负面影响。这种负面影响，一方面是对其本人所带来的直接影响，比如，破坏了自己的形象，等等；一方面是对其本人所带来的间接影响，比如，由于影响了他人而使其失去了他人的尊重，等等。

关于"顺利回归正常状态"。首先，要引导并帮助不理性者采取必要的行动来改正其不理性所引发的错误，要引导其积极地挽回影响。其次，要在集体中重视如下两方面思想认识的引导：一方面，引导正确认识不理性的行为。要态度明确地表达对不理性行为的否定，要引导学生在主观意识上自觉提醒自己学会冷静克制；而一旦出现了不理性的行为，就要勇于面对、敢于担责、善于改正。另一方面，引导正确对待不理性的人。要在否定不理性行为的同时，清晰地表达出允许不理性者改正和弥补过失的想法；之后，再通过对其改过态度和改过行为的分析，引导大家在否定不理性行为的同时，能接受不理性者改过的行为。这样一来，无论是不理性者还是班集体的其他成员，大家都可以做到既明辨是非，又不会因曾经出现的问题而产生嫌隙。

## 【他山之石】

《素养教育绿镜头——班主任工作纪实及思考》一书的相关篇章

**关键词：**教育策略（知身之策）

1. 第 8 章 《滋养健康的生命》

2. 第 89 章 《以健康的名义》

**关键词：**教育方法（转移缓冲法）

1. 第 41 章 《笑着流泪的欢送会》

2. 第 94 章 《天桥——海阔天空的桥》

# 1.2 用心良苦的"求助"

倾慕异性是大自然送给青春最美好的礼物之一。不去剥夺学生们的这份天赐，而是帮他们埋藏好这颗青春的种子，以待在适宜的季节里吐露芬芳。

——题记

## 【抛砖引玉】

随着中考的日益临近，学生们的学习生活也不可避免地紧张了起来。可就在这个当口，班里的两个干部却陷入了情感的漩涡，青春的火焰正在烧灼着两颗互相倾慕的心。糟糕的是，他们的行为已经被一些同学所知晓，如果不妥善处理，受影响的将不仅仅是他们两个人。

怎样能让他们及时清醒呢？

经过慎重的思考，我决定先从女生小元的工作做起。小元性格内向，自尊心强，上进心也强。先做她的工作，可以直接观察到她的反应，以便及时采取应对措施；而且，女生在这种事情当中往往起着决定性的作用，先做好她的工作，可能更容易取得明显的成效。

不上课的时候，我把小元请到了办公室。

小元坐下后，我先关心地问起了她近来的学习情况。小元有些难为情地说，自己的学习成绩下降了。

我笑了笑，意味深长地说："一两次的成绩下降不要紧，重要的是应该找到成绩下降的原因。"接着，我话锋一转，有些犯难地对她说，"老师找你来，是有事情要请你帮忙呀。"

"老师您说吧，我一定尽全力去做!"小元热情地应着。

"我知道你一定会帮忙的，而且，你很聪明，你有这个能力帮我这个忙。"我话里有话地说。

"老师放心吧，我一定帮忙。"小元的眼里闪出了热情的光芒，满怀期待地看着我。我没有看错，她是个心地善良又热心助人的人。

"是这样，"我停顿了一下，看了看她，接着说道，"咱班有一个男生，还有一个女生，以他们的能力，考上最好的高中应该是没有问题的；但是，最近他俩没有处理好彼此的同学关系，不但影响了自己的学习，也对集体的风气产生了负面的影响。"

小元霎时满脸通红，慌忙低下了头。

"而且，他们都是班级里有一定地位的重量级的人物。"我补充道。

这时，小元的头更低了。我知道，她听懂了我的话。

"其实，同学们到了这个年龄段，对异性有好感是正常的。但是，如果把握不好，就可能会因此而吞下苦涩的果子。"为了使她不至于太尴尬，我的语气舒缓了起来，话语中充满了关心与爱护，"你同意老师的观点吗?"

小元没有说话，但她咬着嘴唇深深地点了点头。

"这件事让老师很为难，"我接着给她说我的"苦衷"，"一是为难在管还是不管上：管吧，怕让他们自尊心受到伤害；不管呢，又担心他们这样下去不仅影响了自己的学业，也在班级里造成了不良影响。你说，老师该不该管这件事呢?"我表面上是在征询她的意见，但实际上已经把道理讲得很清楚，她说不出其他的答案。

"该管。"她的声音小得几乎听不见。

"是啊，我们的想法是一致的，毕竟，现在可不是放纵情感的时候。可是，怎么管呢?这样的事情怎么处理才能更好些呢?这是让我为难的第二个原因。对此，我初步想了三个办法——"我沉吟了一下，继续说道，"第一，很简单，在班级里公开批评他们。"说到这儿，我发现小元的双肩抖动了一下，"但是，老师不想，也不能这样做，因为，这对他们的影响太大了；第二，再过几天就开家长会了，这么大的事情，我觉得应该通报给家长。"听见我这样说，小元下意识地抬起头来，挺直了身子，直直地看着我，目光中显然多了几分惶恐。

我口气一转："但是，一旦家长知道了，家长们一定会很烦恼，甚至会很伤心。因为他们绝不会想到在这么关键的时刻，他们那么优秀的孩子会把心思用到别的事情上去。所以，我觉得这样也不妥。"

"吁——"小元松了一口气，身子也放松了一些，目光转向了自己搓来搓去的双手。

见此情景，我不失时机地说道："还有一种办法——"

小元再次抬起头来，疑惑地看着我。

我笑了笑："我想通过某种暗示的办法，让他们知道现在应该怎么做；可是，我没有十分的把握，我担心他们听不懂我的话。所以，我请你来帮老师参谋参谋，你觉得哪个办法更好些呢？"

"老师，我觉得第三个办法好。"小元急切地回答了我。

"为什么这么说呢？"我笑着问她。

她再次坐直了身子，理了理鬓角的头发，说："第一，这样能让他们的尊严得到保全，第二……"她一口气给我说出了好几条理由。

"哦，对，对呀——"我一边听小元"游说"，一边频频点头表示赞许。

见我这个态度，她的眼里闪出了异样的亮光。

"我也是这样想的，不过，我担心哪，如果他们听不懂我的暗示可怎么办呢？"我趁机将了她一军。

"老师，他们一定能听懂您的话！"小元的话其实是在表决心。

"哦？"我审视着小元。

她的眼里充满了期待。

"哈哈哈哈——"我朗声大笑了起来，"当然，当然，咱班同学都是很聪明的，我相信他们能听懂我的话，何况还有你这么好的学生帮我呢？"

这时，小元也笑了，那笑里充满了感激。

"不过，明白是明白了，你认为他们能做到吗？"我想，我应该要她的这个表态。

"一定能的！"小元的语气十分肯定。

"为什么？"我追问道。

"珍惜，感激。老师，他们能懂得珍惜和感激。"小元真诚地说。

"你说得对，大家都应该懂得珍惜。"我鼓励她道，"这我就放心了。好，谢谢你。回去学习吧。"

小元站起来，满面笑容地说道："不，老师，我应该谢谢您。"说完，她恭恭敬敬地给我深鞠一躬，迈着轻快的步子离开了。

放学时，我又给小元写了这样一个字条：

小元同学：

　　谢谢你对老师的理解和支持，看来，老师没有看错人，你的确是个很出色的学生，能有你这样的学生，老师的工作会更有意义。

在我说的那件事中，女同学的作用可能会更大、更具有积极的意义，而且，她会使事情很柔和地转个弯，而不是很生硬。这样，就会是柳暗花明啦！

十年之后，他们一定能明白老师的良苦用心。

谢谢！

之所以写这个字条，就是担心小元与那个男生沟通时，过于急躁，这字条不但告诉她应该怎样做，而且笔调轻松，也有利于减轻小元自身的压力。

小元没有辜负我的期望，她以恰当的方式"帮我"较好地解决了这个棘手的问题。此后，她和那名男生都以明显好转的状态投入到了毕业年级的学习当中，最后都以很好的成绩考入了理想的学校。

毕业的时候，小元送了我一个小小的礼物，那是一本薄薄的关于身体保健的小册子。这小册子虽然很薄，但拿在手中，我能掂出其中厚重的含义——我帮小元成功走过了一段心灵的多彩之旅，而她则是要以这种方式帮助老师有一个健康的身体。

接她礼物的那一刻，我们都笑了，那笑里充满了理解与愉悦。一切尽在不言中，此时此刻，所有的语言都显得多余了。

# 【出谋划策】

在帮助小元正确处理青春期的情感问题时，教师充分考虑了她是女生、自尊心很强、比较内向等性别、性格方面的特点，并据此对其进行了有针对性的引导，使她思想受到震动，内心受到触动，从而帮助她顺利走过了一段多姿多彩的人生之旅——像这样，**知晓学生在性格、性别上的特点和差异并据此对其进行教育引导**，我们把这样的教育策略称为**"知性之策"**。

**知晓性格特点**。是指了解学生的性格特点并据此进行教育引导。我们不妨把性格划分为三种类型：内向型，外向型，混合型。内向型的学生沉稳、行为启动慢，但稳定性往往比较强；外向型的学生活跃、行为启动快，但稳定性往往比较差；混合型则大致兼具内向型和外向型这两种性格的主要特点。与此相对应，实施教育的态度和方式方法也应该有所不同。比如，同样是完成一个任务，对不同性格学生的要求也应不同：内向型的学生，要尽量促进他"快"一点；而对于性格外向的学生，则要控制他的急三火四，力争让他"稳"一点。再比如，对不同性格的学生在教育态度上要有所讲究：性格外向的学生，面对直截了当的批评可能并不很在意或在行为表现上反应比较强烈；但性格内向的学生，这样的批评则很可能会让他非常在意，而他们在行为表现方面的强烈表现则是隐性的，比如很郁闷，长时间的很郁闷。

**知晓性别特点**。是指了解学生的性别特点并据此进行教育引导。从教育的角度来讲，了解学生的性别特点至少有两方面的意义。第一，有助于班集体的日常管理。这一点很好理解，班集体日常的管理工作，很多都是要考虑性别因素的。比如，座位的排列、活动的安排，等等。第二，有助于学生个体的健康成长。因性施教，这是能够使学生健康成长的原则之一。不同的性别，在身体、心理、行为等诸多方面都存在差异，有的方面的差异还很大，这就需要教育者能够根据学生的性别特点来审视和实施教育。比如，初中阶段的女生身心成熟得比较早，行为上多表现得比较稳重；而男生则身心成熟得相对晚一些，行为上多表现得更活泼好动，有的甚至很活跃、很"不规矩"。认识到这一点，就可以在教育中针对不同性别的学生区别对待，从而取得较为理想的教育效果。

因性施教，要注重把握扬长补短的原则。比如，对男生的教育，一方面要尊重其性别特点，尽可能地保护其性别基因中活跃、勇于开拓的特点；另一方面，也要适当采取措施，弥补其好动、不稳定基因所带来的不利影响，使其在成长中具备更良好的综合素养。

关于因性施教的策略，我们着重谈一下怎样处理异性学生之间的情感问题。在这方面，做到不曲解和不生硬是很重要的。

**不曲解**。是指以理性的态度正确理解学生青春期的表现。要理解他们这种特定时期和特定心理状态下的相关表现，不大惊小怪，不如临大敌。理解到位了，相关的教育才会理性，相关的教育才会有成效。

**不生硬**。是指不以简单生硬的办法来处理异性学生之间的情感问题。异性学生之间的情感问题大致有以下这么几种基本类型：一是"正常反应型"。即异性学生的相互吸引属于正常的青春期反应，没有其他的复杂因素。二是"寻找安慰型"。这种情况往往是一方或双方的正常生活出现了变故，他们的情感出现挫折或缺少关爱，而异性同学就成了倾诉的对象。这种情况下的他们未必是在恋爱，而可能是在相互取暖、是在彼此寻求心灵的慰藉。三是"游戏攀比型"。这种情况下的学生本身并没有对哪个异性有特别的好感，只是借结交异性朋友打发时光，让自己不至于无事可做；或是看见别人成双成对，自己心理不平衡，觉得自己没有异性朋友很"没面子"，所以也要找一个"显示"给别人看。

针对以上几种情况，对这些学生的引导也应该是有所不同的。"正常反应型"的，往往需要对其进行人生方向的引导，通过帮助他们学会理性的选择来解决问题；"寻找安慰型"的，要多关心爱护他们，引导他们正确面对生活中的困难和挫折，使他们及时清醒，恢复理智，振作精神；而对于"游戏攀比型"的，则可在帮他们树立正确价值观和人生观的基础上，通过具体任务的安排来充实他们的学习生活。

做这项工作，还要善于利用集体和舆论的力量，在班集体中形成正确的舆论，让学生们知道相关行为可能带来的不良后果，不要让这种现象形成风气。这样，工作就可能好做多了。

# 【想方设法】

## 特点指要

在引导小元正确对待异性情感的过程中，教师明确指出了小元的问题，并引导小元以恰当的方式去解决这个问题；但在整个引导的过程中，教师并没有直白地对小元指名道姓，而是用暗示的办法、借用一个不确指的人物来说理达意，以"不当众批评、不通知家长""做个出色的学生"等具有吸引力的目标来诱导小元心甘情愿地调整了自己的行为——像这样，**通过暗示提醒和具有吸引力的目标来诱导学生自愿求取进步，我们把这样的诱导方法称为"暗示诱导法"**。

需要说明的是，我们这里所说的暗示，是"不明确表示意思，而用含蓄的言语或动作使人领会"的意思，它与心理学意义上的心理暗示并不是一回事。

## 程序参考

**步骤一：条件准备**

是指为暗示诱导的实施而进行条件准备的过程。

**其一，评估可行性。**这种可行性，首先体现在对这种暗示方法的选择上：为什么一定要用暗示的方法进行诱导？用直白的方式表达意思可不可以？这种可行性，还体现在被暗示学生的接受能力上。暗示，就是不直白地表示意思，那么，被暗示的学生有没有足够的心智来懂得这种暗示？如果没有，那么，这暗示的方法不就难以奏效了吗？

**其二，明确目的。**采用暗示的方法进行诱导，主要的目的还是要解决具体问题。而之所以用暗示的方法，或是为了维护学生的自尊，或是为了保持某种关系的平衡，或是为了不牵累相关的人员……诸如此类，使用暗示方法诱导之前，对此要有比较清晰的思考，这会更有利于取得这种方法所独有的教育效果。

**其三，适当铺垫。**为了使暗示获得成功，有时需要进行一些心理或行为方面的铺垫。比如，在暗示诱导之前，先让学生接触和理解一下要对其进行暗示的相关事件，使其对这事件的利弊有一定的体会和心理准备，这样，在进行暗示的时候，就有利于取得水到渠成的效果了。

**步骤二：暗示诱导**

是指通过暗示诱导的做法帮助学生明白自身问题并主动求取进步的过程。这种暗示诱导，往往要注意以下几个要点。

**其一，暗示方式的借彼言此。**暗示的方式是"暗"，但暗示的意思要"明"，必须让被暗示者明白无误地了解让他明白的问题。为了取得这样的效果，可采取借彼言此的方式来进行，就是把被暗示者的事情假托在"彼"人（他人）的身上，借说他人的事来说被暗示者的事。这个"彼"人，可以是历史的，可以是当下的；可以是现实的，可以是虚拟的……关键是要找到其与被暗示之人之事的相同点、相似点，以便使被暗示者能比较容易地"对号入座"，从而达到暗示的目的。

**其二，暗示内容的辨析弊害。**在暗示交流的过程中，要借对"彼"人之人之事的介绍而把被暗示之人之事的弊端、危害分析透彻，要明白无误地点出问题的要害，既要点明利害，还要点到为止：或一语双关，或含沙射影，关键是在点明利害、点醒被暗示者的同时，却又点到只剩一层窗户纸、但绝不捅破。

**其三，暗示出路的积极诱导。**暗示的目的不是为给被暗示者以压力了事，而是要助其脱离困境、更进一步。所以，暗示交流的过程中，要以具有吸引力的目标来诱导被暗示者能自主自愿地求取进步，对其要给引导、给出路、给希望，这样才有利于真正达到"暗示诱导法"的教育目的。

**步骤三：检验激励**

是指对暗示的效果进行检验并激励学生更进一步的过程。这种检验和激励，可抓住"问、看、促、评"这几点来进行。问，是指在"借彼言此"的暗示之后引导被暗示者扮演"彼"事中的"彼"人，让其替"彼"人思考并说出对不当行为的改进措施。这种做法一方面可以检验被暗示者是否明了被暗示的内容，另一方面更可以对其起到触动的作用，使其更主动地求取进步。看，是指观察被暗示者在暗示交流之后的行为改进情况。促，是指根据所观察的情况对被暗示者进行必要的促进，助其落实改进措施，以实现改进的目标。评，是指对被暗示者的改进情况进行评价，指出其进退得失，尤其要指出其进步之处，利用鼓励的力量助其不断进步。

# 【他山之石】

《素养教育绿镜头——班主任工作纪实及思考》一书的相关篇章

**关键词：**教育策略（知性之策）

1. 第 10 章《静女其姝诚可待》

2. 第 11 章《男生该不该"野"一点儿》

**关键词：**教育方法（暗示诱导法）

1. 第 30 章《众里寻"他"千百度》

2. 第 85 章《"三思"而行"每一次"》

# 1.3 身不由己的"示威"

成长中，有一种勇敢叫幼稚；教育中，有一种退让叫成熟。理解幼稚，学会退让，我们的教育会变得更加成熟。

——题记

## 【抛砖引玉】

多年前的一天中午。

一位教师在巡检各班纪律情况时，看到某班一个男生在教室里踢球（这个学生，我们姑且称之为小勇吧）。当时，小勇和他的足球距离这位教师只有咫尺之遥。

见到有老师到来，小勇立刻下意识地停了下来——教室里不能踢球，这一点他是知道的。

看到小勇没有再踢下去，那位教师也就没说什么，而是打算离开了。但就在他刚要走开的时候，"剧情"却陡然发生了逆转：众目睽睽之下，小勇居然用脚盘带起足球，在教室里"示威"似的展示起球技来！

教室里的空气骤然紧张起来！

是什么状况？说好的尊重老师呢？说好的遵守纪律呢？

这位教师先是一愣，但他随即意识到一定有什么特殊的原因，否则，小勇不会做出这种反常举动的。平时，小勇对这位老师还是比较有礼貌的，尽管他并不是小勇的任课教师，也不知道小勇叫什么名字。

"怎么了呢？是不是我曾经批评过他，让他产生了怨气？"这位教师在头脑中迅速搜索着，答案是"没有"，他没有批评过这个学生，甚至跟他都没有过什么正式的接触。那么，小勇反常的举动就是其他原因造成的了——或许，他是遇到了什么不顺心的事了吧？

教师决定先走开，等这个头脑发热的学生冷静之后再处理。他摇了摇头，微微笑了笑，看了一眼盘带着足球的小勇，又看了一眼教室里其他的学生——那些，都是女生……

"我过一会儿再来。"说完，教师若无其事地离开了。但他并没有走远，离开了门口，他又迅速回身看了一眼教室里的状况。他看到，小勇正如释重负地长出一口气坐下去，其他学生则正对小勇说着什么。

"嗯，没啥大事就行。"教师这才放心地离开了。

过了一会，这位教师与小勇进行了单独的谈话："你平常对老师很有礼貌，今天中午怎么跟以往不大一样啊？"没等小勇回答，教师紧接着说，"我想，你一定是遇到了什么特殊的情况，否则，你不会做出那么头脑发热的事情来。"

"老师，我错了！"男生的态度倒是比较诚恳。

一般情况下，事情也就应该到此为止了。但是，教师担心这个男生还有别的什么问题，如果真是那样，必须及时通知班主任进行必要的处理。所以，还得再了解一下。

"是不是要跟同学打架啊？"这是教师最担心的。

"没有没有！"学生连忙摇头否认。

"是不是刚被批评而心情不好啊？"教师进一步试探着问。

还是摇头。

"不是要打架，也没有挨批评。那——哦，教室里有'女生'，怕丢面子？"说这话的时候，教师在"女生"前面隐去了"你喜欢的"这几个字。

"不是——"尽管在否认，但小勇瞬间已经是脸上发红。

教师悬着的心终于放了下来：没有什么大事就好。看来，也许是由于有女生、甚至可能还是小勇心仪的女生在场，所以，他当时才不肯低下"高贵的头"吧？

"以后呢？"教师问。

"保证不在教室踢球了！"小勇忙着向这位教师表决心。

"咱俩换位思考一下：如果你是老师，有学生故意在你面前违反纪律，你会有怎样的反应？"教师这样问道。

"嗯……特别生气，批评学生。"小勇答道。

"然后呢？如果你还像刚才那样对抗，结果会怎样？"教师继续问道。

"这……"小勇答不上来了。

"结果会比较严重，这一点你认可吗？"教师说。

"嗯……"小勇紧张起来。

"可是，老师并没有那样。老师没有像你那么冲动。这一点，你还真得向我学习呢！"教师笑着打趣道。

"是是是，我以后一定不冲动……"小勇忙不迭地应着。

"好啦，去吧！"教师笑着拍了拍小勇的胳膊，让小勇回到教室去了。

这位教师，就是我。

当时，我不能确定究竟是什么原因使得小勇敢于"铤而走险"，但以我的工作经验和平时对这个学生的了解，我知道当时一定是出现了异常的情况。所以，我采取了暂时回避、从长计议的策略，最后取得了比较理想的教育效果。

我不敢保证小勇以后就一定不会再冲动了，但他至少经历了一次关于控制冲动的教育，知道了该如何面对冲动。

其实，许多时候，学生的不礼貌、不理智的行为很可能是身不由己的。在异性面前的"尊严感"、想要证明自己已经长大了的"成人感"，都可能会让他们表现出对教育和教育者的"藐视"。此时的教师怎么做合适呢？针尖对麦芒吗？如果是那样，我们就藐视了自己的责任和能力，就把自己降低到学生的水平线上了：只顾了所谓的"脸面"，只想着要斗气，只想着要占上风……而教育呢？教育的效果呢？

教育，就是无论学生怎么样，教师都能用自己的影响力去左右他。这种影响力不是来自比学生更大的声音、更大的脾气、更大的争斗，而是来自你的理智和智慧。

"退一步海阔天空"，面对情绪冲动的学生，如果教师能理性而智慧地后退一步，那么，他所得到的将是教育境界的更阔的海，更高的天。

# 【出谋划策】

面对看到老师却故意在教室里踢球的小勇，教师充分尊重了学生的成长规律和相应的教育规律，通过对其"勇敢"心理的分析，采取暂避锋芒再寻机交流的对策对小勇进行教育引导，最后促使这个学生主动承认并改正错误——像这样，**知晓学生的情绪、情态、情感以及相关的心理和思想状况并据此对其进行教育引导，我们把这样的教育策略称为"知情之策"**。

知晓情绪表现。是指了解学生的情绪表现并据此对其进行教育引导。这种情绪表现，我们从教育前、教育中、教育后这三个阶段来研究。

教育前的情绪表现。这个阶段学生的情绪决定着教育者的教育行为能否被学生所接受的问题。这时的情绪如果是正常的、良好的、甚至还是积极昂扬的，那么，这种情绪无疑会有利于教育的实施，会有利于学生接受相关的教育。如果这时学生的情绪是不理性的、是消极的、甚至是败坏的，那么，实施教育的时候，就要先做好情绪的调节工作，让学生的情绪恢复或接近常态，然后再往下进行；如果情绪没有调整到理想的状态，那最好还是暂停这时的教育，否则，结果很可能是劳而无功，甚至是适得其反。

教育中的情绪表现。这个阶段学生的情绪是教育行为合适与否的晴雨表。教育的过程中，教师要随时留意学生的情绪变化。学生的情绪往往像天气一样，本来晴空万里，但教育的过程中随时可能出现风霜雨雪的变化。这时，教师就要想一想，自己的教育需不需要调整一下，最好不要出现疾风暴雨、电闪雷鸣的极端天气；而如果学生的脸上本来是乌云密布，但经过教育，它云开雾散、艳阳高照了，那就不妨乘胜前行，争取来他个万里无云、海阔天空吧。

教育后的情绪表现。这个阶段学生的情绪是最能反映出教育的效果的。通常情况下，教育之后的学生情绪可能是阳光的，也可能是晦暗的。前者自然很好，那很可能就说明教育取得了不错的效果；至于后者，多数情况下，教育要尽可能避免出现这样的状况。当然，这也不可一概而论，有的时候，教育是需要用"沉郁顿挫"来促使学生思索、警醒和成熟的——需要这种情绪的时候，这意味着这次的教育并没有结束，而是处于一个沉淀和磨砺的阶段，接下来，还需要相关的措施去配合，直至达到教育的目标。

**知晓情态状态**。是指了解学生日常情态和行为状态并据此对其进行教育引导。这方面，要做到知正常和懂反常。

知正常。是指能了解学生本应具有的正常情态和行为状态并进行有针对性的教育。正常的情态，可从两个层面去理解。其一，共性情态和状态。是指学生在年龄、性别等方面所共有的常态下的情态和状态。在初中阶段，充满活力，由重感性向重理性过渡，这恐怕是学生共性情态和状态的突出特点。认识到这一点，教育学生就不必要求他们总是那么规规矩矩；而面对学生不规范、不规矩的情态和状态，也就能够理性地去对待和调整了。其二，个性情态和状态。是指学生个人在性别、性格、经历等方面所独有的常态下的情态和状态。这种常态下的个性情态和状态是学生个人情态的"母版"，是借助情态和状态对学生进行教育的参考依据。

懂反常。是指了解学生反常情态和状态并进行有针对性的教育。学生情态和状态变化，其影响可从积极和消极这两方面去思考。具有积极影响的情态和状态出现后，需要进一步去强化这种积极的影响，以取得更好的教育效果。比如，某个学生本来经常表情漠然，但后来因进步而逐步有了笑容，这就需要教师及时鼓励和强化这种情态，以促使学生有更令人欣喜的进步。而具有消极影响的情态和状态出现后，就需要找到引起学生这种变化的原因，以便对症下药，找到解决问题的办法。相对来讲，情态和状态的消极变化更需要引起格外的关注，以便及时发现和解决问题。

**知晓情感特点**。是指了解学生的情感特点和情感变化并据此对其进行教育引导。这里所说的情感，一是指学生对人、事、物的情感倾向，就是"有感情"；二是指对他人情感的感知和回报，也就是"懂感情"。这两者在学生的教育中都具有不可忽视的作用。

利用"有感情"进行教育，了解学生情感的好恶亲疏，能帮助我们在教育过程中借力促进或规避风险。比如，甲对乙的情感是负面的，那么，就要避免让他们之间进一步恶化这负面的情感；并且，想办法使他们的负面情感得到合适的转化，以取得正面的、积极的教育效果。

利用"懂感情"进行教育，了解学生对他人情感的感知和回报状况，能对学生起到激励促进、完善成长的作用。更多的学生是懂感情的，了解他们懂感情的实际表现，并借此对他们进行相关的激励和促进，帮他们更上一层楼，做一个情感更丰富、品行更高尚的人。与此相对，有的学生可能不大懂感情，被爱包围着长大的他们，对他人的爱心和爱护没有感觉、没有反应。对这样的学生就要进行懂感情、知感恩的教育，使他们的情感世界完整起来、健康起来，改变其"情感残疾"的状态。

# 【想方设法】

## 特点指要

在教育小勇的过程中，面对故意在教室踢球、公然"挑战"学校纪律的学生，教师没有针锋相对地立刻批评教育，而是暂时离开了学生的视野以避其锋芒，待学生头脑冷静之后再对其进行教育引导——像这样，**通过避让锋芒的"无所作为"来缓冲不理性情绪和行为的冲击，我们把这样的缓冲方法称为"避让缓冲法"**。

## 程序参考

### 步骤一：控制情绪

是指教育者有效控制自身不理性情绪和行为的过程。实施教育的过程中，教育者自身往往会出现急躁、恼怒等不理性的情绪。这种不理性的情绪，往往来自两个方面：一方面，教育者对教育规律的认识和把握还存在问题。他们认为学生长大了，应该懂事了，应该不惹事了，但这其实可能是一厢情愿的想法，正在成长中的学生远没达到那么"懂事"、那么"听话"的程度。所以，当这种较高的期望值被学生的实际表现所打破的时候，教育者就可能会出现情绪不良的情况。另一方面，教育者的不理性情绪来源于师道尊严的陈旧观念。因为有了与时代不相适应的师道尊严的"撑腰"，所以，学生一旦不俯首帖耳、不唯唯诺诺，教育者可能就会不舒服，不满意，甚至会失去理智。其实，适度的师道尊严是必要的，它会有利于对学生进行尊师敬长、遵规守纪的教育；但这不等于教育者要拥有封建家长制一般的无上权威，不等于不尊重教育的规律，不等于不讲究教育的方法。

认识到了这些，教育者就可以从认识和把握教育规律入手，从调整自己的教育理念入手，理性地对待学生的"过格"情绪和行为，从而冷静地想出适当的施教方法。

### 步骤二：避让锋芒

是指通过避让锋芒的"无所作为"来缓冲不理性情绪和行为的冲击的过程。这种"无所作为"，并不是什么都不做，而是说在采取回避和监控措施以防止事态恶化的基础上，先不要做更深入的工作。之所以如此，是因为相关人员正处于头脑发热、甚至剑拔弩张的紧张状态，此时，他们可能什么都听不进去，可能什么都听不明白，任何深入解决问题的工作都可能是徒劳的——闹不好，还可能引发更大的对立，产生更多的问题。

这"无所作为"可从如下几个要点来操作。

**其一，不接触。**是指不让矛盾双方有接触以避免冲突的持续或升级。要安排当事方相互回避，且具有足够的距离，最好是互不相见，这样就能有效避免进一步的冲突。

**其二，不批评。**是指对矛盾冲突的双方都不要立即进行批评。这一方面是由于对立双方的情绪都正处在"亢奋"的阶段，此时的批评往往会激化矛盾、加剧这种不理性情绪向着难以控制的方向发展；另一方面，此时可能对不理性情绪产生的前因后果还没有搞清楚，贸然批评很可能会使教育陷入被动的困境。

**其三，不深入。**是指面对不理性情绪的冲击不立刻深入地解决问题。晾一晾，凉一凉，缓一缓，过一段时间之后，什么事都不是事了，一切都更好办。

### 步骤三：后发育人

是指待不理性情绪和行为消除后再对学生进行教育引导的过程。这个过程的教育引导，重点要做好"化、省、合、改"这几方面的工作。

化。是指要帮助学生解决引发不理性情绪的具体问题。什么人，什么事，什么原因，怎样的过程，怎样的症结……综合考虑这种种因素，把"这一个"问题解决掉，这是基础性的工作。

省。是指引导学生反思自己不理性情绪和行为的消极影响。这种反思，需要教师引导学生自己想、自己说，这样才会使其在思想深处对问题有深刻的认识。

合。是指帮助学生解决问题后实现矛盾双方的真心和解、真心团结。要做到这一点，需要引导双方都找自身存在的问题，同时，还要努力发现对方的可取之处。这种做法可让他们都能看到对方的自我批评，又都能得到对方的一定程度的正面认可，有了这样的感觉，真心和解、增进团结就有了基础。

改。是指引导学生学会吸取教训并努力改正自己的缺点。"这一个"的问题解决了，还要改正错误，还要弥补过失，还要扩大战果，把此次解决问题的成效延展开来，争取让学生在思想上学会更理性，在行为上学会更自控，为解决"这一类"的问题而做些工作。

# ▌【他山之石】

《素养教育绿镜头——班主任工作纪实及思考》一书的相关篇章

**关键词**：教育策略（知情之策）

1. 第 24 章《掌声响起来》

2. 第 94 章《天桥——海阔天空的桥》

**关键词**：教育方法（避让缓冲法）

1. 第 35 章《拔河——拔的不是河》

2. 第 51 章《"小题大做"与"大题小做"》

# 1.4 铁马冰河入"梦"来

> 没有比梦想更远的海，但只要一桨一桨地划，这海总会被揽入怀中；没有比梦想更高的山，但只要一步一步地登，这山总会被踩在脚下。梦想的真正魅力，就在于它能给人追求的力量。
>
> ——题记

## 【抛砖引玉】

已经读高中二年级的大兵要回母校来看我。本来是说好了要与同学一起来的，可是，大兵没有及时赶到。

"他可能又去换衣服了。"先回来的学生向我解释道。

"哦，这小家伙，还是那样子啊。"我一边应着，脑海中不由得闪出了大兵的标志性形象：威风凛凛地穿着迷彩服，底气十足地说话，非常标准地敬军礼……

我能记住大兵，是在七年级第一次军训期间。当时，他以其特殊的"气质"引起了我的注意：教官进行训练的过程中，他表现出了一定的军人素质——作风硬朗、动作规范，颇有点真正军人的风采。可是，一旦没有了教官和教师的管理，他就立刻变成了一个"散兵游勇"，忘我地玩，放肆地闹，甚至还会因为一点小事而与同学"兵戎相见"。

我的天！这是个什么"兵"呀？

正式上学没几天，大兵特殊的"气质"就有了更多展示的方式。比如，在他的书桌上，我发现了一件与众不同的"玩具"：一个风格粗犷的老式打火机。当我告诉他这样的物品不宜带到学校来的时候，他颇有点理直气壮地为自己辩解："我以往一直带着，也没什么呀。"

过了几天，我又在大兵放在桌面的笔袋里发现了一件有点令人胆寒的东西：一把寒光闪闪的指环刀。经过了解，这把刀也是他伙伴式的"玩具"。当然，它与打火机的命运一样，最后都理所当然地由我代为保管了。

开始上自习了。整整两节自习课，大兵的"劳动成果"是一幅令人直冒冷汗的画：龇牙咧嘴的恐怖人物头像，海盗帽和黑眼罩之类的服饰，匕首等奇形怪状的武器……简直就是要拍恐怖片的节奏呀！

一天放学，我发现大兵并没有正常离校，而是向楼里折返了回来。过了一会儿，我在楼出口迎面"巧遇"了正大踏步走出来的大兵。进楼时还穿着校服的他，这回却换上了一身鲜亮的迷彩服，脚上还蹬着一双崭新的"战靴"，手里拎着一副很拉风的墨镜——俨然是一副特战队员的样子。

这小家伙，还真是与众不同！

从哪入手来引导他呢？我的脑海中浮现出了他的一些具有刚性符号意义的物品：军姿、打火机、指环刀、迷彩服、战靴、墨镜……看来，这是个具有"铁血情怀"的小"玩"童呀。

经过了解，原来，大兵是军人的后代。既然这样，那咱也当一回特战队，跟他来个"谈兵论道"，如何？

先来个抵近侦察——

午餐的时候，我有意和他坐在一起，跟他聊天，听他讲他的成长经历，了解他的心路历程，探访他的心理防线。然后，整合这些信息，我制订了"迂回诱敌"的策略：避免短兵相接，绕开他心结的"主力"，通过接近他的"侧翼"来进行诱导，进而达到彻底"征服"的目的。

再来个攻心为上——

我经常找大兵闲聊。这种闲聊的过程，其实就是拉近与他心理距离的过程，也是随时调整他的心理状态的过程。在这一过程中，我了解到，大兵是个心地纯净的孩子，只不过一些经历遮蔽了他心中的阳光。比如，他曾因沉迷于听鬼故事的广播而夜里失眠；比如，他曾因与以前的老师有冲突而对所有教师都产生了戒备心理……不过，经过一番努力，他的心窗终于向我打开。后来，我们成了可以推心置腹交谈的忘年之交。

再来他个诱"友"深入——

有个成语叫"诱敌深入"，不过，大兵对我已经不再有初识阶段那种不信任的抵触和戒备，我们早已化"敌"为友了。为了让他取得更大的进步，这个友还要继续"诱"下去呀。

拿什么来"诱"呢？他的铁血情结，这当然是再合适不过的"诱饵"了吧？

"在你的身上，老师的确看到了军人的风格。我听说过有'铁军'这么一个词，为什么把军队称为'铁军'？这个'铁'是什么意思呢？"我对大兵说。

大兵想了想，用"铁的纪律、要坚强"等解释回答了我。

"是啊，你那么想当军人，却没有军人那铁的纪律。丢人哪！"这个阶段，我跟他说话已经到了可以不用特别照顾他情绪的程度了。

听了我的话，大兵羞愧地表示，他一定改。

于是，我就从"铁军"的守纪入手，鼓励他学会自控，做一个严格要求自己、努力上进的"军人"。

当时，大兵在守纪方面的问题主要有：自控能力差而导致的说说闹闹和干扰他人学习，集体观念淡薄而导致的我行我素，没有正确认识而导致的携带危险品上学，等等。

这些问题，要想在短期内都得到解决是不大可能的。于是，我决定按照"先易后难、先己后人"的顺序来帮他调整。其中，"先己后人"指的是先解决他自身的问题、再解决他与他人相关的问题。

先从规范日常行为做起。我给他的要求有两条：第一，不再携带打火机、火柴、刀具、恐怖漫画书之类的物品上学；第二，不在自习课上说闹和干扰他人学习。

"做到了这两点，你将来当兵就大有希望！"我鼓励他道。

大兵是个很上进的学生，第二天他就达到了第一条要求。对此，我及时对他进行了肯定。

但是，第二条的实现却颇费了一番功夫。这也并不奇怪，毕竟，纠正一种习惯比养成一种习惯难多了！有时候，面对难以自控的说闹习惯，大兵表现出了不自信、很急躁的状态。这时，我就对他说："谁家军人总想着打退堂鼓呀？那不是当逃兵了吗？临阵脱逃，该当何罪？"于是，他就再次振作起来，跟自己的不良习惯进行"英勇搏斗"。

经过一段时间的努力，大兵在自习课上的守纪情况有了明显的好转。

"嗯——离军人更进一步啦！"我赞赏他道。

在大兵取得了进步之后，我开始帮他解决由于集体观念淡薄而导致的我行我素的问题。我的办法是，通过让他在集体活动当中担负责任来强化他的集体观念。

就从日常的课间操跑步入手。

当时，大兵和几个自我约束力较差的学生跑步时总是随意性很强，基本不在意与他人的配合，这就造成了集体步伐混乱、排面不齐的现象。针对这种状况，我先给他们提出了具体的调整方法，而跑步过程中则随时对他们进行调整，总结时又对他们的集体意识和实际做法进行具体点评。经过一段时间的强化调整，他们在跑步过程中逐步做到了与他人的配合。

"嗯——会协同作战才是能打胜仗的兵！"我赞赏他道。

七年级下学期，大兵已经取得了相当大的进步，遵守纪律已经不是什么问题了。

看来，这诱"友"深入的效果还是不错的嘛。不过，我可不想就此罢手，一定要乘胜追击，争取最后的大获全胜。

进入八年级的军训为进一步引导大兵创造了很好的机会。军训过程中，大兵这个军人的后代表现出了良好的素质。比如，他在训练中态度非常认真，动作十分标准，军训教官特意选他为全班同学进行"敬军礼"的动作示范。我敏锐地抓住了这个机会，用相机捕捉到了这个精彩的瞬间。这张照片，成了我以后多次鼓励大兵的有力"武器"。

"不愧是军人的后代"，这样的夸赞，使得大兵对自己有了更为严格的要求，也促使他不断地取得更大的进步。

后来，为了培育学生的责任意识和担当意识，班级在男同学当中开展了担任临时体育委员的活动，大兵也是这临时体委中的一员。在这个活动中，大兵有了自己的"用武"之地，他动作规范，口令准确，而领呼口号更是他的独门绝技：他的声音浑厚洪亮，具有很强的穿透力和感召力。

再后来，进入九年级的时候，这个曾经稚气十足的小"玩"童，已经成了我班课间操领呼口号的不二人选。从他的胸膛中迸发出来的绝不仅仅是几句简单的口号，而是热血青年的火热激情，而是铁血砺剑的铿锵誓言！

······

我不知道大兵将来能不能正式穿上他向往已久的那身橄榄绿，我也不知道他将来会不会真正在沙场上大显身手。但我知道，在他初中阶段的成长过程中，做个军人的梦想一直在引领着他不断前进，不断进步。不错，对于大兵来讲，金戈铁马，铁马冰河，那就是他的梦想。

其实，每个人都应该有梦想，这个梦想，就叫志向。

## ▌【出谋划策】

在引导大兵进步的过程中，教师了解到他具有较强的"铁血情结"，就充分利用他"做个军人"的志向来引导他一步步学会自律、一步步健康成长——像这样，**知晓学生的志趣、志向、志气并据此对其进行教育引导，我们把这样的教育策略称为"知志之策"**。

**知晓兴趣爱好**。是指了解学生的兴趣爱好并据此进行教育引导。了解这方面的信息，对接近学生、深入学生的心里具有独特的作用。有句话叫趣味相投，有着相同兴趣爱好的人，彼此凭空就增添了几分亲近感；这种亲近感，会使这些人心相悦、情相近、行相谐。作为教师，了解了学生的志趣，就等于抓住了一条与学生心灵相通的纽带，有了这条纽带，与学生的进一步交流就有了更便捷的通道。与学生聊一聊他感兴趣的话题，与学生看一看他感兴趣的事物，与学生做一做他感兴趣的事情，这都有利于增进彼此的了解和友谊，并由此开启教育的大门。

需要强调的是，小孩子的志趣未必都是健康向上的，受不良风气和文化的影响，有的学生的"志趣"很可能还是低级趣味。对这样的情况更需要了解，而且，了解之后要想方设法帮助学生改变这样的"志趣"，培养起健康向上的志趣。

**知晓志向愿望**。是指了解学生的志向愿望并据此进行教育引导。如果说志趣是小志的话，那么，志愿则是大志，它是针对人生的长远目标的志向愿望。这种志愿，需要教育者去引导、去帮助、去提醒、去维护、去强化。如果学生本身具有这种志向愿望，那么，他的人生就是有追求的人生，他就有为了实现自己的志愿去不懈奋斗的方向；而了解了这种志愿的教师，也正可以借此去激励学生，促其在成长之路上越走越强，越走越远。在这种激励中，需要注意帮助学生把长远志愿转化成现实的具体目标，并且引导他们脚踏实地地去落实这些具体目标，这样，学生的志向愿望才是有现实意义的。

**知晓志气勇气**。是指了解学生追求上进的志气和勇气并据此进行教育引导。有志气，就是要有所追求，要不甘落后，要奋勇争先。通俗点讲，就是要"要强"。要强的人，就是有志气的人；不甘落后的人，就是有志气的人。这种志气和勇气，是需要不断激发和鼓励的。激发，是指让没有志气变得有志气，可从志趣、志愿入手，让学生树立自己的人生目标。鼓励，是指让已经具有的志气强化、持久下去，这就需要从日常的学习生活入手，不断地提醒学生为实现目标而努力，不断地给他们以勇气和信心。

志趣、志愿和志气，了解学生的这三方面的情况，有利于从不同侧面对学生进行教育引导。了解了志趣，更有利于从情感的激发来进行教育引导；了解了志愿，更有利于从理性的追求来进行教育引导；而了解了志气，更有利于从态度的强化来进行教育引导。

# 【想方设法】

## 特点指要

在对大兵的教育引导中，教师把大兵努力争做军人的志向作为促其进步的一种动力，并借这种志向引导他先实现能守纪自律的进步目标，再实现能为大家示范的进步目标，最后实现能带动他人进步的目标——像这样，**通过对志趣、志向的强化来鼓励学生目标明确地自主进步，我们把这样的鼓励方法称为"强志鼓励法"。**

# 程序参考

### 步骤一：导向立志

是指确立能对学生起引导作用的志趣和志向的过程。这个导向立志，大致有两层意思：一是学生本身具有某种志趣和志向，需要教师帮助其进一步明确这种志趣和志向，以使其发挥应有的教育引导作用。二是学生尚不具备可用来教育引导的志趣和志向，而是需要教师根据学生的具体情况，帮助其培养出一定的志趣、树立起一定的志向来。这种立志，可从有趣和有用这两个角度去探索。有趣，就是抓住让学生感到"有意思"这一点来入手，利用学生感兴趣的心理来引导其立下志愿；有用，就是抓住能给学生带来益处这一点来入手，利用学生对获得感的追求心理来引导其立下志愿。导向立志其实是很不容易的，对于小孩子来讲，尤其是生活优裕的小孩子来讲，他们有些人可能连想都没有想过志向的问题。所以，立足现实，从小处抓起，从简易抓起，不要急于求大，不要急于求成，这样，才更有利于导向立志的成功。

### 步骤二：牵引用志

是指用志趣和志向牵引学生自主进步的过程。这种牵引力的使用，关键要注意四点：第一，志趣和志向要具有正能量，能够促进学生的健康成长。我们常说，人各有志。这个志是什么，需要教师去引导。只有那些健康向上的志趣和志向，才是学生健康成长所需要的。引导健康向上，摒弃低级庸俗，这是"用志"的核心所在。第二，志趣和志向是学生真实的心理趋向。只有这样，他才会心甘情愿地去为这个志趣和志向去努力，而且，还会乐此不疲。第三，志趣和志向要与日常教育紧密相关，要努力找出这志趣和志向与学生日常行为之间的关联点。志趣和志向是作为牵引力来使用的，而牵引力最大的实用价值就在于其在日常教育引导的应用，所以，努力找到它与学生日常学习生活之间的密切关联，这样才能常态化地发挥其牵引进步的作用。第四，志趣和志向要做到全程有用。在教育引导的整个过程中，事前用志去引导、事中用志激励和推动、事后用志去归结和强化，这样，"志"的引导作用贯穿始终，也就实实在在地起到了牵引进步的作用。

### 步骤三：成事强志

是指通过完成具体目标的成就感来强化学生志趣和志向的过程。成事，就是要帮助学生实现志趣志向的努力目标。强志，就是要不断强化学生对志趣志向的认同和追求。这方面，可通过时常提醒和时常鼓励来实现。时常提醒，这对于还在成长中的学生来讲是十分必要的，这种提醒能使他们把关注点集中或回归到他们的志向当中来。时常鼓励，这是给学生增加力量和增强信心的手段。对行为的认可、对进步的表扬、对努力的期待，都是用来鼓励的手段。不管是提醒还是鼓励，要抓住"时常"这个关键。做到了这一点，就会不断强化志趣和志向在学生心里的引导地位，从而达到用它们来牵引进步的目的。

# 【他山之石】

《素养教育绿镜头——班主任工作纪实及思考》一书的相关篇章

**关键词：** 教育策略（知志之策）

1. 第 3 章《熔铸班级的灵魂——班训》

2. 第 25 章《知剑识君子》

**关键词：** 教育方法（强志鼓励法）

1. 第 7 章《有钱难买愿意》

2. 第 91 章《"百日动员"为哪般》

# 1.5　鼓起隐形的翅膀

> 有学生说我是"走上讲台能发光的人",是"面对学生有气场的人"。其实,我不是能发光,而是能发现光,能发现学生自身的光芒并让它闪耀起来;我也不是有气场,而是能借气场,借学生自身的正气形成自主向上的能量场。

——题记

## ▌【抛砖引玉】

七年级上学期,首届班委会竞选动员之后,小辛向我提交了竞选卫生委员职务的申请。

小辛是个不错的学生,但对他的这个选择,我心里却有点"没底"。这种"没底"不在于小辛能得多少选票,而在于小辛——他,他是个男生!

在我的工作经历中,还从来没有遇到过男生主动竞选卫生委员的情况。可能是传统思维在作祟吧,我总觉得卫生委员的工作更适合由女生来做:这种工作琐碎而繁杂,女生的细心和耐心往往会发挥更大的作用;而男生往往是粗粗拉拉的,也缺乏耐心,要想把这项工作做好,那可不是容易的事。

用,还是不用?看着眼前的候选人名单,我着实有几分犹豫。

小辛具备承担卫生委员工作的基本能力吗?我再次仔细琢磨起这个学生来。

在我的印象里，小辛是很老实的那种学生，他遵守纪律，举止稳重，这在班级当时的男生群体中是比较少见的。从这个角度来讲，他倒也具备了担任班干部的一些条件。然而，他有足够的细心和耐心吗？他具备必要的组织管理能力吗？他能做到把良好的影响辐射给全班同学吗？

先了解了解情况再说吧。

在与小辛家长的沟通中，我了解到他们是非常支持小辛的这个选择的，他们打算借此让小辛挨点累、受点苦，这样就既做到了为班级服务，又能让小辛得到必要的锻炼。

了解到这个情况后，我不由得对小辛的家长肃然起敬：这是懂教育的家长，令人敬佩呀！

于是，小辛作为候选人参加了班级卫生委员的竞选，最后，他以较高的选票当选了。

不过，当选归当选，要想帮他把这份工作做好，要想让他把班干部的作用发挥好，还有大量的工作要做。

在让小辛开展工作的第一天，我一直在观察。之后，我充分肯定了小辛的工作，夸他是个一定能把这项工作做好的好干部。对此，我给了他三个理由：第一，他充满热情；第二，他身先士卒；第三，他认真细致。

通常情况下，我在班干部工作之前，都要对他们进行一些必要的培训，但是，对小辛我并没有这样做。为什么呢？我的想法是，先要挖掘他身上本已存在的优点，通过这些本就存在的优点为他树立起足够的自信心，让他知道自己是胜任的，让他知道自己具有足够的能力来做好这项工作的。有了这个自信心的铺垫，他今后工作的开展就有了动力。至于具体工作能力的培养，以后的时间多得是呢。

听到我的夸奖，小辛自然是十分开心。我问他，这几条优点能不能坚持下去，他坚定地回答了我。

"那好，一周之后，我要在班级表扬你这三条优点，不要让我的计划落空呀！"我笑着给小辛下了"军令状"。预约表扬，这是我经常使用的一个"小手段"。

接下来的一周里，小辛果然以良好的工作状态实现了他的诺言。班级表扬的时候，我没有直接表扬他，而是向全班学生提出了一个问题："咱班有一名班干部，他每天都坚持与同学一起扫除，每天都最后一个离开教室并锁好门，总是勤勤恳恳、兢兢业业的；而且，他做这一切都毫无怨言。这个人是谁呀？"

学生们马上异口同声地大声回答："小辛——！"

接着，学生们用热烈的掌声表达了对小辛的认可和赞赏。一周来，小辛用自己的勤劳勤恳向同学们展示了自己的美好形象，同学们也高度认可了他的良好表现。从此，兢兢业业几乎就成了小辛的一个"标签"。

接着，我又给他提出了一个目标：琢磨琢磨卫生清扫时不同工种的工作方法，以便对值日生同学进行指导。

第二天，小辛向我汇报了他的"研究成果"，为了稳妥起见，我还请他把重点部分演示了一遍。应该说，小辛是很用心的，擦黑板、扫地面、洗拖布、擦地面等各个工种，他都进行了认真的琢磨和操作，虽然动作不够娴熟，有的地方还不大合适，但整体上还是能适应工作的需要。对此，我自然会毫不吝惜对他的赞赏，夸他是个"会用心、会思考"的班干部；而对于有些问题的操作方法，我也对他进行了必要的指导。

在这样的鼓励下，小辛的工作很快就开展起来并渐入佳境了。

我注意到，在家长的大力支持下，小辛每天都坚持与其他的值日生一道进行卫生清扫，他的身先士卒，他的认真耐心，给同学们树立了很好的榜样。于是，我抓住这个契机，着手不断强化小辛的能力优势，使他越来越有自信、越来越有能力把工作做好。

班干部的工作是离不开身先士卒的，但更重要的是要善于组织和管理。小辛是个相对内向的学生，不大好意思指挥别人做事。在他的观念里，只要自己用心、自己付出就可以了。我及时与他沟通，给他讲"浑身是铁也打不了几颗钉"的道理，引导他理解班干部的职责是既要示范、还须管理。为此，我还给他明确了下一步努力的目标："会组织，会管理。"

这方面的培训是从学会安排值日小组的人员分工和工作程序开始的。经过"思考交流——落实操作——反馈调整"这几个阶段的实践摸索，小辛终于能够进行基本的组织管理了。从此，他一点点去尝试着指挥和调度，逐渐适应了班干部的岗位要求，几个月之后，他逐步实现了由示范者到管理者的角色转变。

这段时间里，每当卫生清扫工作总结的时候，我在表扬全体参与卫生清扫的学生之后，还引导大家观察、赞赏小辛的组织工作，这样，既激励了小辛自己，也引导全班学生理解并学习了相关工作的具体做法。

经过一年的努力，小辛的工作得到了大家充分肯定。在八年级期初的学雷锋评比活动中，他以高票被选为"学雷锋先进分子"。这个高票，正是同学们对小辛踏踏实实、勤勤恳恳优良作风的最好褒扬；而小辛能得到这种最好的褒扬，则与他踏实和勤恳等"传统优势"的不断得到强化有着很大的关系。

后来，小辛的工作越做越好，卫生委员这一职务他连续担任了三年。在这三年里，如果没有特殊情况，他总是能够和值日生同甘共苦。至此，小辛所发挥的作用早已不仅仅局限于班级的卫生工作，他的勤恳耐劳和奉献精神，已经成了班级里一种让每个人都十分敬佩的上进精神。这种精神，恰似一双隐形的翅膀，在成长的天空中带动着更多的人向着更高、更远的目标奋力飞翔。

　　每个人都有一双隐形的翅膀，它们能从不同的角度给自己、给集体带来飞翔的力量。显现这些翅膀，帮它们鼓动起来，帮它们飞翔起来，那么，集体的天空里，还会不充满向上的力量吗？

# 【出谋划策】

　　在任用小辛担任卫生委员的过程中，教师了解到小辛具有吃苦耐劳的品质、了解到小辛具有率先垂范的能力，再借用小辛的这些能力和能量促进其自身的成长和班级的工作——像这样，**知晓学生本身的能力、能量及其对他人的影响力并据此对其进行教育引导，我们把这样的教育策略称为"知能之策"。**

　　**知晓主观能动**。是指了解学生施展能力的主观能动性并据此进行教育引导。任何的教育都是外因，都要通过学生自身这个内因来发挥作用。而从学生的角度来讲，他们在接受教育过程中的能动性是不一样的：有的学生能动性强，教育效果也就相对较好；而有的学生能动性不强，甚至很弱，那么，针对他们的教育效果可能就差些。了解学生这种能动性的具体情况，会有助于有的放矢地进行因材施教：对那些能动性强的学生，实施教育时就要酌情减轻对其在强度、数量上的影响力，给他们以更大的自主成长的空间；而对那些能动性不强的学生，就要在努力促进其增强能动性的同时，以强度、数量等方面的更大推动力来促进其成长。

　　**知晓基本能力**。是指了解学生各方面的基本能力并据此进行教育引导。这里所说的能力，包括才能，也包括特长，但它更多的就是指学生日常学习和生活的最基本的能力，甚至，它仅仅就是学生的本能。之所以这样来给能力定位，就是为了给每一个学生都提供用武之地，给每一个学生都提供可以受到赞赏和自主进步的机会。了解到了这些能力，鼓励学生的进一步成长就有了借力的基点，把这些基点用好，就很可能会使其成为学生进步的支点，从而帮学生激发出更进一步的热情，帮他们树立起更进一步的信心。

　　**知晓辐射能量**。是指了解学生在群体中的影响力并据此进行教育引导。只要身处一个群体之中，任何人都会以自己的能量对他人产生着影响力。这种影响力有的是正能量，有的则是负能量。而这种影响力的发挥，有的是主动的，有的则是被动的；有的大些，有的小些，有的则可能十分微弱。对学生这种能量影响状况的了解，也是取得较好教育效果的准备工作之一。显示正能量的，就想办法让这种正能量的作用主动地发挥出来，而且，要发挥得更多；显示负能量的，就想方设法避免或消除这种负能量的影响，而且，还要努力以正能量来取代这种负能量。

# ▌【想方设法】

## 特点指要

在帮助小辛做好卫生委员工作的过程中，教师根据他细心又耐心的特点，先让他展示自己任劳任怨的品质以发挥其示范带头作用；又在此基础上帮他具有组织和管理的能力，并通过展示等方式让大家认识这种能力；最后，更借助小辛的正能量为班集体带来良好的影响——像这样，**通过展示学生的正向能力来鼓励其目标明确地自主进步，我们把这样的鼓励方法称为"示能鼓励法"。**

## 程序参考

### 步骤一：发现能力

是指发现学生自身正向能力点并借此激发其上进热情的过程。这种能力点的发现，可从以下几点去思考。第一，按需选用。是指要根据教育对象成长的需要来选取能力点。教育学生当然都是有目的性的，根据这个教育的目的去选择能力点，才能做到为达到教育目的而服务。第二，特长优先。是指尽可能地选取教育对象的某种特长能力点来牵引教育。这种具有特长的能力点，对于这个学生来说无疑会具有一定的优势，这种优势会有助于其自信心的树立。第三，平中见奇。就是在学生没有特长的情况下，把平常的能力转化成可以用来激扬的能力点。要做到这一点，可从"小、短、显"这几个角度去思考。小，就是微小、难度不大；短，就是周期短、见效快；显，就是效果明显、容易彰显。

### 步骤二：培育能力

是指对学生自身能力点进行培育和培养的过程。这种能力点的培育和培养，要突出对其实用性的优化。第一，给实用的目标。有了实用的目标，学生的行为就有了方向，其成长锻炼也就有了明确而具体的指向，这就为对其进行有效的教育引导打下了基础。这种目标的设定，最好紧扣学生的日常生活来进行——能解决日常问题的能力，往往就是最受欢迎和重视的能力。第二，教实用的方法。能力的形成，需要靠实用方法的发挥作用来实现。这种方法的指导要具体，要有操作性。第三，给实用的机会。任何的能力都需要在实践中锻炼，所以，抓住一切机会让学生在实践中运用方法去解决实际问题，这会非常有利于其能力的形成。

### 步骤三：展示能力

是指通过让学生展示能力来赢得尊重、树立自信的过程。第一，优势能力的展示。用来激励上进的能力点本身就是学生的某种特长，或其在这方面本来就具有一定的优势，这种展示要扣住学生为具有这种优势而"曾经努力付出"这个要点来进行，以引导所有学生更关注"主观努力"的作用。第二，平凡能力的展示。这种展示，先要引导学生认识到这种平凡能力中的积极因素，要扣住学生自身"正在努力进步"这个要点来进行，要引导学生看到其与自己过往相比的进步之处，要清楚自己进步的表现及原因，使其切实感受到自己的这种进步了的能力是名副其实的。这样，平凡的能力就具有了不平凡的能量，从而可以有效地增强学生的自信心，进而达到激励其更加进步的目的。

# 【他山之石】

《素养教育绿镜头——班主任工作纪实及思考》一书的相关篇章

**关键词：**教育策略（知能之策）

1. 第 21 章《"借"出来的班干部》

2. 第 31 章《铸剑担大任》

**关键词：**教育方法（示能鼓励法）

1. 第 57 章《搭起人生的舞台》

2. 第 68 章《"青春之力"男子汉》

# 1.6 一团珍贵的"废纸"

> 班集体就是一条奔腾的河流。朝着大海的方向给它立一块醒目的路标，这条河就会向着更远阔的目标奔流；如果，这路标还能写上"欣赏"的字样，那么，伴着这条河奔流向前的，定然还有一路的欢歌笑语。
>
> ——题记

## 【抛砖引玉】

入学已经快一个学期了，班级工作整体上是在稳步推进的，不过，有两项工作的效果并不理想。

一是学生文明素养的培养还存在差距。尽管已经在这方面做了一些工作，但随手丢弃杂物等不文明的现象还时有发生。这一方面是由于相关教育还没有排到重点工作日程上来，另一方面，这跟一部分学生没有良好的文明习惯也有很大关系。

另一项不理想的工作就是几个男生的纪律改进问题。班里有那么四五个男生，他们特别好动、好玩、好闹。只要有他们几个在场，那里就定然会"活力"得一塌糊涂。

要想把这两项工作再促进一下，加强管理当然是必要的，但要想从根本上解决问题，还要靠能调动主观能动性的教育引导才行。

怎样进行引导呢？

"引导，引导……"一时间，"引导"这个词好像要飞出笼子的小鸟一样地在我的头脑中撞来撞去。

课间，我在教室里踱着步，思索着对学生进行教育引导的办法。

这时，地面上的一团废纸映入了我的眼帘。

"唉——"我暗自叹了口气，走到纸团跟前站定。看到有学生走过来，我才弯下腰，做出了要捡起这团废纸的样子。见此情景，那个学生立刻快步赶上来，帮我把这团废纸捡起来并扔进了垃圾桶里。

遇到类似的情况，我常常是要引导学生来完成的。我这样做并不是自己懒惰，而是要引导学生成长——"教"学生做事，而不是"替"学生做事，这是我教育学生的一个基本原则。

"要是有人能主动捡起这团废纸该多好啊！"看着学生把废纸放进垃圾桶的身影，我贪婪地想。

就在这一刻，我忽然灵光一现：对呀，文明的教育和男生的引导，何不就让废纸来帮帮忙呢？

我立刻从书桌上拣出一块用过的草纸来，团了团，把它扔在了离教室前门不远的地面上，然后拿起相机，准备抓拍学生捡起这团废纸的情景。我的想法是，借学生自觉捡起废纸的文明行为，在班级里开展"文明自己、爱护班级"的教育活动。

看着地面上静静等待的那团废纸，我一时竟为自己的这个主意感到几分兴奋！

谁会是捡起这纸团的人呢？

就在这时，我觉得这个安排似乎还少了点什么。少点什么呢？我自己也没想清楚。

预备铃已经响了，我的思路还不明晰。于是，我果断地把那个纸团又捡了起来——反正课间是有的是的，这个主动教育的点子不能简单地浪费掉，一定要好好利用一下。

经过进一步的思考，我的思路逐渐明晰起来。最后，我按如下几个阶段开展了这次教育。

第一阶段：思想引导

放学之前，我先简要说明了班级的文明现状，提出开展"文明自己、爱护班级"活动的想法。然后，我引导学生从文明用语、文明行为等方面来参与这项活动，号召每个人都争做一个"文明自己、爱护班级"的人。其中，我特别强调了"不随意扔弃杂物、能主动捡拾教室内杂物"的要求。

由于以往进行过类似的教育，所以本次有关意义之类的教育并不多，重点是借此为下一步的行动教育进行铺垫。

第二阶段：行动引导

这次的行动引导，重点就体现在那个纸团的使用上。

第二天，那个纸团再一次出现在了教室的地面上。不过，与前一天相比，它多了一点"分量"（卖个关子，稍后再说这"分量"指的是什么）。

此前，我还做了一件事。在不同时间，分别单独提醒那几个淘气的男生在课间早回来一会。有的学生问我是不是有什么事，我笑着摇了摇头。

为什么要有这样一个安排呢？

我的想法是，要把这次文明教育的功效扩展开来，争取让这几个淘气的男生能从中得到更多的教育，能得到更大的进步。而特意安排他们几个早点回来，就是希望把捡起这团废纸的机会留给他们。

对于这个安排的实现，我还是有一定信心的。因为这几个男生虽然淘气，但品德没有问题，而且，他们对集体的事情都很热心。我想，他们当中应该有人能主动把那团废纸捡起来吧。

不一会，几个不在提醒之列的学生陆续回来了，他们从那纸团前走过，但是，也许是因为没有注意到吧，他们竟然没有人把这团废纸捡起来——这些学生，有男生，也有女生；有学习一般的学生，也有学习好的学生。

此时，我的心情多少有点复杂：既感到庆幸，也有几分失落。您能理解吧？

不多久，我提醒过的那几个男生也陆续回到了教室。经过那纸团的时候，第一人走了过去，没捡；第二人走了过去，也没捡；第三人走了过去，还没捡！

难道我的"如意算盘"要落空吗？我不由得有点担心起来。

不过，还有两个人没有进来，其中，就有经常热心做好事的小江同学。此前，他曾在教室帮同学捡拾过掉落的物品，曾在食堂帮同学清理过掉落的饭粒。如果能看见这团纸，他不应该视而不见吧？

小江呀小江，关键时刻，你可不能让我失望呀。想到这里，我隐藏在讲桌后面拿着照相机的手都有点不稳了。

而就在我走神的一刹那，小江一阵风似的从外面飞了进来，看到我在讲桌前面，他立刻停下了脚步，就在这一瞬间，他发现了地面上的纸团，随即顺手把纸团捡了起来。

我连忙按下照相机的快门，录下了他捡起纸团的过程。本来，还想再抓拍一张清晰的照片，只可惜，他的动作太快了，没有拍成。不过，这已经很好了，我有了引导他和全体学生进步的"能量棒"！

就在小江拿着纸团要向卫生柜走去的时候，我把他叫了过来。

"把纸团打开，看看里面有什么。"我笑着对小江说。

"有啥呀？"小江疑惑地打开纸团，当他把纸团展开的时候，两个大大的红字映入他的眼帘，这两个字是："文明"。

小江愣了一下，此时的他还没有理解到底发生了什么事；他更不知道，他的这个似乎是平平常常的一个举动，会为自己、也为班级推开一扇文明的大门。

我告诉他，这团纸是我故意放在那里的，目的就是要让"文明"找到它的主人；现在，它已经如愿了。

直到这时，小江才明白发生了什么。他羞涩地挠挠头，露出了灿烂的笑容。

随后，我让小江把自己的姓名和当天的日期写在了这张纸上——在紧邻"文明"二字的地方。

小江一开始很谦逊地推辞，当我告诉他这是为了班集体的时候，他才照办了。

接着，我把这张珍贵的废纸尽量铺展开来，端端正正地给它拍照留念。

当天接下来的每一节课，小江都上得特别认真。

放学之前，我向全班学生展示了写有"文明"和小江姓名的那团"废纸"，并隆重表扬了小江。这个表扬有三个要点：第一，有讲文明的素养。第二，有主动文明的行动。第三，有谦虚的胸怀。

在表扬小江文明行为的时候，我特意强调了一点：其他同学并不是不文明，只不过是太粗心了，没有十分留意而已。只要大家用心，每个人都能够做一个"文明自己、爱护班级"的人。

第三阶段：行动落实

此后，班级的文明教育进入了全体学生的行动落实阶段。这种行动的落实，已经不仅仅局限于捡拾杂物、洁净卫生了，而是逐步拓展到讲文明的方方面面。这一过程中，我更多的是发动学生自主选取讲文明的进取目标，自主评价讲文明的效果。经过一段时间的引导，班级的文明风气越来越浓，而包括小江在内的男生们，也越来越多地体验到了进步的愉悦和自豪。

最后，班级的文明教育取得了很好的效果。学生们学会了用自己的眼睛发现文明，用自己的双手创造文明，用自己的心灵去享受文明……

一小团废弃的草纸，因为写进了"文明"二字，而不再是废物；又因为有学生主动捡起它来，便更显得弥足珍贵。从废弃到珍贵，完成这一点石成金的魔变的，是对学生们美好德行的了解和引导。

## ▌【出谋划策】

在利用写有"文明"字样的"废纸"对小江进行教育引导的过程中，教师事先对小江做好事的美德有比较充分的了解，又创造机会使小江能凭借自己的美德素养而捡起"废纸"，再对他捡起"废纸"的文明行为进行表扬并引导其取得更大的进步——像这样，**知晓学生的品德修养状况并据此对其进行教育引导，我们把这样的教育策略称为"知德之策"。**

**知晓德行状况**。是指了解学生的德行修养状况并据此进行教育引导。这种了解，最好从品德表现状况和德行修养状况这两个层面来进行。品德表现状况，是指学生思想品德在学生行为上的具体表现。它包括学生对国家相关要求的把握状况，比如思想品德、学生守则、行为规范等方面的状况，也包括日常生活中所涉及的为人们所广泛认同的思想品德、公序良俗等方面的状况。德行修养状况，是指学生对品德修养的态度及修养行为的表现。学生是否在意品德方面的修养；是否愿意接受品德修养的教育引导；是否愿意改进自己在这方面的不足；学生是否具有了在实际行为上践行良好品德的意识和思想……了解了学生在这方面的状况，会为以后的相关教育提供前提性的信息。

**知晓修养能力**。是指了解学生在品德修养支配下的行为能力并据此进行教育引导。怎样了解呢？观察、交流，这是两种最常用也最重要的手段。通过观察学生的举止行为，可以对其品德修养的外在表现有初步的了解；而通过言语的交流，则能更深入地了解其内心世界，知其所想，知其所愿。相比之下，了解学生的内心世界是最困难的，而破解这一难题的关键就在一个"真"字：对学生要动真情，说真话，知真心。这种对"真"的了解，可以有多种方式：日常的聊天，专门的谈话，深入的谈心，专题的讨论，激烈的辩论……这些，都可以帮助了解到学生的内心世界。这些观察了解，会很直观地展现出学生品行修养的状况和能力。有时候，为了使这种观察了解更深入，可通过安排学生的实践操作来实现：给学生一定的修养任务，引导、帮助他们落实这些任务，在这个过程中进行观察和交流，这样，对学生相关的能力就可以有个基本的了解了。

# 【想方设法】

## 特点指要

在对学生进行文明教育的过程中，教师先用"文明自己、爱护班级"的教育来引导学生的思想，再用"能主动捡拾教室内杂物"这个具体目标去引导学生的文明行为，再用写有"文明"的废纸团这个具体事物来诱导学生要有文明的实践操作，后来又引导学生自主选取文明的目标、自主践行文明的诺言——像这样，**通过明确显示具有吸引力的目标来诱导学生自愿求取进步，我们把这样的诱导方法称为"明示诱导法"**。

## 程序参考

**步骤一：明示目标**

是指明确清晰地显示出教育目标以诱导学生自愿求取进步的过程。这里所说的教育目标，可从意情目标和行为目标这两个方面来思考。意情目标，是指学生在思想意识、情感心愿等方面的努力目标。这种意情目标的明示，就是要使学生能明确进步的方向目标，就是要使学生能够心甘情愿地为实现这个目标而努力。要做到这一点，关键是要把"为什么这样做"理解到位，也就是要引导学生看清楚实现目标之后的益处，尤其要把实现目标对学生自身的益处讲得入情入理，让他们懂得自己能从中受益，能借此自主成长。行为目标，是指学生在具体行为表现上的努力目标。这种目标的明示，关键在于要对学生在行为表现上有明确的要求和具体的指导。明明白白地告诉学生做什么，对他们行为的引导就更有针对性；清清楚楚地指出该怎么做，该达到什么样的效果，学生们行为修养的落实就更有可操作性。

### 步骤二：诱导引领

是指用具有吸引力的教育目标来诱导学生自愿求取进步的过程。什么样的教育目标是具有吸引力的呢？既有教育的功能，又能给学生带来荣誉感和愉悦感，这样的目标往往就是具有吸引力的教育目标。这种荣誉感和愉悦感，来自做事的获得成功，来自思考的找到规律，来自尽责的实现价值，来自助人的受到夸奖，来自上进的受到关注……凡此种种，都能使学生在受到教育而成长的同时，又可以获得心理上的满足和愉悦。教育目标如果可以有这样的"两全之美"，那无疑是具有吸引力的了。

用教育目标对学生进行诱导引领的过程中，要做好分目标、给甜头的工作。分目标，是指在诱导之前先把总体教育目标分解成若干阶段的具体目标，再循序渐进地对这些具体目标进行逐一落实。这就需要在与目标相对应的内容的选择和程序的设计上下点功夫：内容要适合、具体，程序要简捷、可操作，设计要考虑周全、由易到难。给甜头，是指在对阶段目标进行落实的过程中，在关键节点或是每实现一个阶段目标之后都对学生给予适当的肯定，使之在进步过程中常能体验到成功的愉悦，这样的"甜头"会更好地激发学生的主观能动性，更有利于其乐观自信地自主成长。

### 步骤三：自主拓展

是指帮助学生以明示诱导的成果为基点自愿求取更大进步的过程。这种进步的求取也需要进行明示，只不过，此时的明示最好由学生自己来尝试完成，而教师则只进行引导和扶助。先要引导学生看到自己前一阶段在明示诱导过程中所取得的成绩，然后引导他们自我选取下一阶段进取的目标，之后再帮助他们解决存在的问题，直至实现目标。其中，目标的自主选取并不是由学生自己漫无目的地随意选取，而是要让他们在教师的引导之下有规划地选取：一要根据学生的成长需要来定方向。这个成长需要，可从远期目标和近期目标这两个层面来考虑。二要根据学生的实现能力来定内容。内容要具体，具体到可以有行为操作层面的标准，而且，最好引导学生自己把这个行为标准也"明示"出来。三要根据成长需要和目标内容来定日程。这个日程，既包括自主落实目标的日程，也包括对落实目标的效果进行自主评价的日程。做到了这些，学生的自主拓展就有了更大的实效性。

# 【他山之石】

《素养教育绿镜头——班主任工作纪实及思考》一书的相关篇章

**关键词**：教育策略（知德之策）

1. 第 5 章 《"与尊严同行"》

2. 第 18 章 《濯洗高贵的心灵》

**关键词**：教育方法（明示诱导法）

1. 第 4 章 《第一天，第一次》

2. 第 58 章 《男儿何不带吴钩》

# 1.7　借来 "神笔" 画春阳

> 词典上对核裂变的解释是: "重原子核分裂成两个 (或更多个) 轻原子核, 并放出巨大的能量。" 在对学生的教育引导中, 随便看看, 随时都能在他们身上发现可以用来裂变的重原子核。
>
> ——题记

## ▌【抛砖引玉】

班集体中, 往往会有这样一种学生, 他们学习成绩不突出, 行为习惯不突出, 活动表现不突出, 身体状况不突出……总之, 他们几乎所有的地方都不突出。这种种的 "不突出", 很容易使他们成为被忽视的对象, 有时候, 他们甚至可能被视为可有可无的人。

小静差不多就是这样一个容易被人忽视的学生。

初识小静, 是在班集体刚成立时的军训过程中。当时, 我还叫不出绝大多数学生的姓名。

第一天军训。

休息的时候, 学生们立刻放松起来。他们三三两两地聚在一起, 说说笑笑着, 打打闹闹着, 即使是刚刚转入的学生, 也都能没有距离地跟大家在一起交流。

可就在这热热闹闹的场面当中, 却有一个小女生独自坐在人群里, 默默地拿着小石子在地上画着什么。

她在画画吗？

我走过去一看，地上是杂乱无章的线条：也许，她并不是在画画？

"是不是身体不舒服？或是心情不好？"我关心地问她。

"那个那个……没没没，没有……"小女生似乎被我吓到了，她对我的回答都结结巴巴的。

"哦，没有就好。"看着小女生紧张的表情，我有点不解：她怎么会这么紧张？难道是我的态度有问题？没有呀，我对别的学生也都是这样的神态，大家都会跟我有说有笑的，没有什么异常反应呀。

"你叫什么名字呀？"我尽量更加和蔼地问。

"嗯，那个那个，小……小……小静……"她的回答还是结结巴巴的。

从此，我认识了小静，她是我这个班级里认识较早的学生之一。

我渐渐发现，小静是个特别"静"的学生。平时，她就"隐"在人群中的某个"角落"里，规规矩矩地静止着，老老实实地静默着。同学们也似乎不大与她交流，偶尔交流，她也总是一副谨小慎微的样子。有时，她正和同学说着话，如果有老师从身旁经过，她就立刻停止了说话，待老师走过之后，才又悄声细语地说上几句。

她的样子，似乎给人一种活力被冬眠了的感觉。

小孩子嘛，总要有活力才行。就算因为性格的原因而做不到热情似火，但开朗大方的交流还是应该有一些的。

怎样引导小静，让她能"动"起来呢？

从学习入手行不行？她文化课的成绩很一般，学习状态也不理想。课上从不主动发言，就算被提问，也往往是嗫嚅半天，最后以断断续续的回应来结束。作业倒是能够完成，但质量并不高，字尤其写得歪歪扭扭，她那由笔画横七竖八搭在一起的汉字，有点像线条断断续续的简笔画。

一次课上练习的时候，我发现她正专心致志地"写"着什么。我想，这可是个激励她进步的好机会，就走过去打算表扬她几句。可走近了我才发现，她其实正在画着一个类似动漫人物的简笔画。不过，她的简笔画比她的汉字可受看多了。

我这才了解到，小静对绘画比较感兴趣。于是，我决定从这里入手来引导她自主上进。

从此，绘画就成了让小静尽情点染的神笔，牵引着她画出了一个又一个色彩斑斓的进步。

不久，班级要出板报。我告诉学生们，可根据自己在文稿组织、板报书写、美工装饰这几方面的能力自愿参与这项工作。这样来安排，意在激发学生的活力和热情，引导他们主动地成长上进。

此时，我多么希望小静也能主动参与到这项工作当中来啊，可是，她还是一如既往的那么"沉稳"，并没有太主动参与的意思。

唉——人家不主动，我只好主动啦。

课间，我笑着对小静说："你的绘画水平那么高，愿不愿意参加班级的宣传小组啊？"

"那个那个，我……不不……不高……不高……"小静站了起来，语无伦次地回应着。

"你的确画得很好！怎么，不愿意给班级添光彩吗？"我鼓励她道，话语里还含着几分"威胁"的味道。

"不不不，我愿意……"小静慌忙答道。

我笑了。

板报完成之后，我及时肯定了小静的贡献。她羞赧地用书挡住了自己的脸，只露出了一双闪着光芒的眼睛……

从此，小静就成了班里宣传小组的专业美工。每次出板报，她总会非常主动地承担起相关的工作，与其他几位女生一道，给班级画出了一道又一道美丽的风景。而每当这时，我都对她们的绘画赞赏有加——作为美工小组"主力队员"的小静，自然也成了大家敬佩的对象。

七年级下学期的期初，面对刚出完板报的小静，我略带遗憾地说："哎呀，这雷锋像画得多好啊！如果把自己的汉字能写得工整点就更好啦！"

"那个那个……"小静的脸红了。

不过，看她此后的作业，字迹的确出现了趋于工整的变化。

"有进步就好，促使她写字进步的机会来了。"我暗自高兴。

于是，我拿着小静的作业本，故作严肃地问她："这作业是你自己写的吗？"

"是是是，是呀……"小静立刻惊慌地站了起来，她的回答又有点结结巴巴的了。

看得出来，她被我的"严肃"吓到了。

"哈哈，我知道是你写的！字写得工整多了，不错！"我笑着说。

"吓死我啦，吓死我啦……"小静一边夸张地拍打着自己的胸脯，一边如释重负地露出了笑容。

此后，小静的字越来越工整，尽管与其他同学相比还有很大差距，但跟自己相比，简笔画的风格渐渐消失了。

最让我高兴的还是小静精神状态的变化，她开始"动"起来了：与同学开始了交流，上课也有了主动发言的时候。后来，她还有了一个非常要好的伙伴，自由活动的时候，两人常常是有说有笑的。尽管这说笑声都控制在很小的音量内，但从两人的表情可以看得出来，她们真的是很放松，真的是很开心。

随着时间的推移，小静在学习上也悄悄发生着变化。上课听讲更认真了，作业也完成得越来越好了。而到了八年级，即使是放学之后，也能常常看到小静和她的小伙伴在非常投入地研究问题。有了这样的劲头，她的学习成绩自然也提高了不少。

其间，我还与其他老师配合，在课堂学习和活动中有意识地安排小静"出头露面"，比如，让她多几次回答问题，让她到讲台前给全班同学讲解问题，让她主持班会的发奖仪式，等等。

有时候，我会特意跟她谈点轻松的话题，以帮助她锻炼交流的勇气和能力。

一次课间聊天的时候，我笑着对小静说："你画得这么好，学习状态也越来越好，将来一定能成为美术大师呀。我得赶紧请你给我签个名，要不将来都排不上号啦！"

"那个那个……"她习惯性地用书挡住半张脸，口里发出的还是习惯性的两个"那个"，不过，这时伴随着"那个"的已经不是害怕和紧张，而是放松和开心了。

后来，小静以非常好的成绩考取了一所重点高中的美术班，入学典礼上，她还被推荐为入学新生的代表在全校大会上发言……

是什么让小静从一个默默无闻的"隐形人"变成了可以代表入学新生上台发言的"排头兵"呢？是一支马良所给的神笔呀。这神笔用端直的上进作笔杆，用刚柔相济的热情作笔锋，用色彩斑斓的梦想做彩墨。用这样的神笔所绘出的春色，怎么能不色彩缤纷，怎么能不灵动悦目呢？

# 【出谋划策】

在引导小静成长的过程中，教师根据小静文化课成绩难以短期提高的实际情况，先从她对绘画的兴趣爱好抓起，再据此引导小静一步步取得写字和文化课学习的进步，直至最后帮助她取得了比较全面的进步——像这样，**知晓学生在学习方面的现状和能力并据此对其进行教育引导，我们把这样的教育策略称为"知学之策"。**

**知晓学习状态**。是指要了解学生的学习状态并据此对其进行有针对性的教育引导。学习状态主要包括学习的态度、学习的专注程度、学习的良好习惯、学习时沉稳的神态和灵活的思维等。在对学习状态进行必要的了解之后，就要针对存在的问题帮助学生进行调整和改进。这种调整和改进，可抓住及时、随时和长时这几点来进行。及时，就是及早发现问题，以便进行有针对性的改进；随时，就是针对所发现的问题随时进行调整并改进；长时，就是要抓住问题的关键，长抓不懈，持之以恒，努力帮助学生养成良好的习惯。

**知晓学习成效**。是指要了解学生学习的效果和学业的水平并据此对其进行有针对性的教育引导。对学习效果和学业水平的了解，不是了解了情况之后就止步不前，而是要根据这些了解给学生创造有利于其成长、提高的机会。学习效果和学业水平最常见的呈现方式就是学习成绩，对学习成绩的了解会为学生的教育提供重要依据。比如，在对学生综合素养的教育上来说，文化课成绩好的学生，往往需要在运动、活动等非文化课方面多加引导；而学习成绩差的学生，很可能在行为习惯、学习状态、学习方法等方面要加强引导。再比如，为了促进学生学会合作学习而划分学习小组，就需要充分考虑小组成员的成绩高低等因素，以便做到合理搭配，平衡促进。

**知晓学习能力**。是指要了解学生学习的能力并据此对其进行有针对性的教育引导。这种能力，包括学习的自信力、理解力、表达力等诸多方面的内容。其中，最关键的就是对学习自信力的培养，而这种自信力的培养，最关键的又在于帮助学生体验到学习的获得感和成就感。学习的获得感，主要体现在学习过程中所获得的行为体验和状态肯定上，而量体裁衣、因能施教则是让学生体验获得感的必由之路。学习的成就感，主要体现在对学习效果的评价上。这种成就感可借助两种形式的评价来实现：一是用数字来评价学习能力所产出的学习成绩，二是用等级来评价学习能力所体现出来的学习效果。这两种方式，都需要进行设计和引导，要循序渐进，逐次提高，帮助学生不断获取、不断增强其学习能力所带来的学习信心。

# 【想方设法】

## 特点指要

在对小静的教育引导中，教师通过鼓励她为班级画板报来树立其上进的自信心，然后借用小静在绘画方面的自信心来引导她在文化课的学习中不断进步并取得优异成绩——像这样，**通过对学生自身正能量进行由此及彼地横向迁移以促其取得更大的自主进步，我们把这样的迁移方法称为"横向迁移法"。**

## 程序参考

**步骤一：选取基点**

是指在某种素养中选取能对另一种素养起促进作用的借力基点的过程。这个借力基点的选取，要突出自主性、目标性、操作性这么几个特点。自主性，是指所选取的素养基点应该体现出学生自身所具有的某种正能量，并且，在迁移这种正能量的过程中，学生自身的主观能动作用能得到充分的发挥。目标性，是指所选取的借力点要能为实现另一种素养的进步发挥积极的促进作用，能为要实现的进步目标服务。在选取这个基点的时候，要充分考虑教育目标的需要，只有这样，才能更有效地做好这个迁移的工作。操作性，是指所选取的借力基点能在下一步的借力过程中分解成可操作的内容，这样才能具有实实在在的迁移效果。

**步骤二：挖掘共性**

是指挖掘素养借力基点中可以用来迁移的正能量的过程。"横向迁移法"的基本特点是要实现不同素养之间正能量的迁移，因此，找到此素养借力基点与彼素养进步目标之间正能量的共同点就显得非常重要。从何处着手呢？态度、方法、效果，这几方面都是可以提取并借力的"公因式"。做任何事情，都离不开做事的态度，比如，是不是主动，是不是热情，是不是认真，等等；做任何事情，也都要讲究个方法，比如，怎样的设计，怎样的程序，怎样的技巧，等等；做任何事情，更要追求个效果，比如，质量的提高，数量的增加，效益的拓展，等等。在落实的过程中，要帮助学生发现其在态度、方法、效果等方面所具有的正能量，并帮助他们把借力基点的这种正能量与进步目标有机地关联起来，从而为教育的迁移做好思想和心理的准备。

**步骤三：横向迁移**

是指把此素养借力基点的正能量向彼素养的教育目标进行横向迁移的过程。操作的过程中，要抓好明确引导和具体指导的工作。明确引导，是指用借力基点中的正能量引导学生去实现进步目标的过程。明确指出学生借力点的正能量是什么，明确指出学生此素养中的正能量在实现彼素养教育目标中的作用是什么。具体指导，是指对学生在利用正能量实现进步目标过程中的行为进行具体指导。这种指导更多的是行为上的明确、状态上的鼓励、方法上的指点、问题上的纠正、效果上的评析，等等。

值得注意的是，如果要实现的迁移目标有一定的难度，或要实现的迁移目标与素养借力基点之间没有直接关联的节点，那么，就需要借助某种中间环节的铺垫和衔接来实现正能量的迁移。比如，前文中对小静进行教育迁移的事例就具备了这样的特点：

在对小静正能量的横向迁移中，共有"鼓励小静画板报、鼓励小静通过画板报树立自信心、鼓励小静在文化课学习上的取得进步"这三个工作要点。这里，"小静板报画得好"是发挥正能量的借力基点；"小静在文化课学习上的取得进步"，这是最后要实现的进步目标；而"鼓励小静通过画板报所树立起来的自信心"就是借力基点和进步目标的中间环节，这种中间环节所激发的热情和自信就在借力基点和进步目标之间起到了桥梁衔接的作用。

# 【他山之石】

《素养教育绿镜头——班主任工作纪实及思考》一书的相关篇章

**关键词：**教育策略（知学之策）

1. 第 9 章《第一堂课怎么上》

2. 第 48 章《英雄安泰的警示》

**关键词：**教育方法（横向迁移法）

1. 第 61 章《"一堂累并快乐着的体育课"》

2. 第 90 章《推开心中的"阳光之门"》

# 1.8 访得春风度玉门

> 亲情，可能是离不开的关爱，也可能是躲不掉的伤害。教育的意义，在于让亲情的关爱和伤害都变得更有价值。
>
> ——题记

## 【抛砖引玉】

与其他学生相比，小于显得有点与众不同。

他的身上，表现出了与他这个年龄段的孩子不大相称的"沉稳"。上课的时候，他默默听讲；下课的时候，他独自发呆；体育课自由活动的时候，同学们大都三五成群地打球或游戏，而小于则常常是站在一旁看"热闹"，或是干脆就自己绕着操场走一走，或是找个角落看一些可能只属于他自己的"风景"。

有时候，小于还表现出异乎寻常的敏感和多疑，他会长时间地生闷气，有时还会偷偷地落泪。

一天，有同学不小心碰掉了他的文具，从来都十分隐忍的他竟然大发雷霆，在众多同学面前大声哭喊了起来。当时，所有的同学都感到十分不解：这么点小事，不至于吧？

好在班级的风气是良好的，经过简单的调整，班级秩序随即恢复了正常。

通过谈话，我知道了小于当时的心理状态：他是觉得同学在欺负他。经过劝导，小于最后明白是自己误解了同学。至此，这件事似乎已经"圆满"解决了。

但是，我总觉得事情并没有得到根本的解决。小于的背后，一定隐藏着什么，而这隐藏着的东西，很可能就是让他与众不同的根源。

那个年代，普通家庭里还没有电话，与家长的沟通多半靠家访或是把家长请到学校来。我想，还是家访比较好一些吧——至少，显得我这个老师没有架子，比较平易近人嘛。于是，我向小于表达了打算到他家去家访的愿望，请他回去跟家长商量一下。

听到我这个打算，小于一下子愣住了，脸上立刻现出十分复杂的表情，但他还是答应了我。当时，我并不知道，一天之后，我将被自己的粗心大意"绊倒"了！

第二天，小于没来上学。家长打电话来说小于几乎彻夜未眠，第二天就起不来了。后来才得知，是我要去家访的事给他带来了压力。

我全然没有想到自己一个原本善良的想法会给学生带来这么大的压力。现在想起来，当时的自己是何等的幼稚！没有必要的了解，没有情感基础，没有必要的铺垫，不讲时机，不懂技巧，这种贸然的家访怎会取得好效果呢？

我知道，这完全是自己的问题，只有调整自己，教育才能有效。于是，接下来，我主要做了如下这么几件事。

先要打消小于的顾虑。

再上学的时候，我发现小于见我的眼神总是躲躲闪闪的。瞧我这个老师当的，本来是"一片好心"，结果却给人家带来如此大的心理负担，多失败呀！

"你看我这命，想去家访吧，偏赶上你身体不好。唉——连老天都不让我去。看来，对你的家访是得取消啦！"我以这样的理由为我和小于开脱。

听到我这么说，小于愣了一下，随即，我看到他的脸有些发红。

就这样，我以自我调侃的方式结束了对小于的这次"家访"。此后，我再也没对他提过去家访的事。

但我没有放弃对小于的了解。家长会的时候，我从小于家长那里了解到，小于的父母前几年离婚了，小于现在是与父亲和继母在一起生活。家庭的变故给小于的心理造成了很大的影响，他的性格也因此发生了非常大的变化。原本也是活力四射的他，开始变得寡言少语，孤独敏感。

我终于明白：小于的"病倒"，正是不自觉地用一种特殊的方式在进行"自我保护"。

于是，我彻底放弃了对小于家访的想法，而是决定通过拉近与他的关系、通过改善他与同学的关系来帮助他。

过了几天，我对小于说有事相"求"：请他负责班级窗台的整洁工作，发现有胡乱摆放物品的现象就"帮"我处理好。小于爽快地答应了帮我这个忙。这个任务他非常用心，工作效果相当不错。

我想，他会不会因为曾"因病"使我放弃了家访而心存愧疚，所以才格外地愿意帮我的忙呢？

但不管怎样，我都及时表扬了他。

又过了一段时间，我"得寸进尺"地对小于提出了新的要求：我把包括小于在内的几个学生组成了一个背诵课文的临时学习小组，请他们轮流当组长。这样安排的目的是让小于学会跟人打交道，尽快地融入集体当中。

小于的轮值组长工作做得相当不错。我想，他能够那么用心地去做，一方面在于他本身就是个做事认真的学生，另一方面也说明他是有与人交流的需要的。

随着时间的推移，小于与同学的关系开始改善了。从刚开始工作上的简单交流，到后来对相关话题的讨论，到再后来谈论话题的不受限制……渐渐地，小于脸上的笑容多了起来，后来还常常能看到他与同学一起活动的身影，再后来，小于还有了自己的好朋友！

就在小于日渐开朗的过程中，我与小于的心理距离也在逐步地拉近。从刚开始单纯地对他完成任务的肯定，到后来对他工作优点的点评，到再后来偶尔与他开一句玩笑，到更后来的请他帮我对某项工作出出主意……小于对我由戒备到放松，由放松到放心，终于有一天，他向我敞开了心扉。

一天，我在小于所写的周记中看到了一篇长长的倾诉，那是他对亲情的困惑和苦恼。我知道，当他把这些心里话写在能被我看到的本子里的时候，其实就是发出了要与我交流的信号——以他的性格，如果不想交流，他是绝不会让这些话让别人看到的。

我读懂了他，并且抓住这来之不易的机会与他进行了推心置腹的交流。交流过程中，小于向我倾诉了他对生母的怨愤、对继母的排斥和对父亲的不解……这些，都成了小于难以解开的心结。我则坦诚地表达了自己的看法，引导他以更积极的态度去对待生活。

那一次，我们谈了许久。这次谈话使得小于对亲情、对生活有了更深的理解，使他的精神得以振作起来。经过这次交流，我与小于之间的心理距离更近了。

随着精神状态的调整，小于的学习成绩也逐步提高了，他的心理也日渐成熟起来。后来，他曾写过两篇关于亲情主题的文章：一篇写他对生母的理解，一篇写他对继母的接受。两篇文章从日常小事入手，都写得那么情真意切，都写得那么令人动容。

小于终于从情感的纠结中解脱出来，理性地去认识亲情，达观地去对待坎坷。对此，我自然感到十分欣慰！

亲情，可以最简单，也可以最复杂；亲情，可以最无私，也可以最自私；亲情，可以最温暖，也可以最阴冷。如果能通过自己的努力，让每一种亲情都化作吹度玉门的春风，那么，教育是不是就有了塞外春风的温度？

# ▌【出谋划策】

在引导小于成长的过程中，面对小于敏感、孤僻等性格特点，教师在了解到他家庭的特殊情况后，放弃了再次前去家访的想法，之后，又通过帮助小于理解亲情等办法引导他走出了情绪的低谷——像这样，**知晓亲子关系等学生家庭的相关情况并据此对其进行教育引导，我们把这样的教育策略称为"知亲之策"。**

**知晓和谐关系**。是指了解学生与其父母等亲人的关系是否和谐并据此进行有针对性的教育引导。和谐的亲子关系是学生健康成长最好的营养液，找到这些最天然、也最有益的营养液，会对学生的教育起到极大的帮助；其中，最关键的是要找到亲子和谐关系的"和点"。所谓"和点"，是指学生与其亲人之间最亲和的连接点。比如，母亲对孩子的"和点"往往是情感、生活方面的关心，父亲对孩子的"和点"往往是理性、思想上的影响，而隔代长辈对孩子的"和点"则往往是物质上的满足、行为上的娇惯，等等。找到这些"和点"，就可以在教育过程中很好地利用它。比如，面对学习比较怠惰的学生，就可以利用母爱的"和点"在情感上感化学生，就可以利用父爱的"和点"在思想上引导学生，等等。

**知晓亲疏状况**。是指了解学生与亲人之间关系的亲疏状况并据此进行有针对性的教育引导。多数情况下，学生与家长的关系是亲近的，是和谐的；但我们也不能不看到，亲子关系并不总是十分和谐的，有时候，它甚至是十分不和谐的。及时了解这种不和谐的状况，及时了解学生在亲情上的疏离之处，会有效避免或减轻学生的一些心理问题，会有助于排除隐形的教育障碍。这方面，单亲家庭和留守儿童的问题应该引起足够的重视：单亲家庭往往会给学生带来严重的心理伤害，而留守儿童所面临的问题则可能更突出地体现在情感素养的缺失上。了解学生这方面的问题，就可以有针对性地去关心和爱护学生，去帮助和引导学生，使他们在亲情疏离的关头，能够理性地面对，能够坚强地应对。

**知晓家教瑕疵**。是指了解家庭教育中存在的问题并据此进行有针对性的教育引导。家长在教育孩子的过程中，也许会存在教育不当的问题，了解到这些问题，能为家校教育的配合提供必要的信息。家庭教育的问题，溺爱和虐爱（如"狼爸虎妈"们的极端之爱）这两种比较极端的情况应引起足够的关注：溺爱往往会给孩子一种唯我独尊的错觉，其结果往往会使孩子在集体、在社会中产生地位错位的认识和行为，最终造成孩子社会化的能力低下，甚至可能出现被孤立的后果。而虐爱的结果，则可能会使孩子产生情感错位的认识和行为，甚至使孩子身心受到一定程度的伤害。

一旦发现家庭教育中存在这些问题，一方面，可对家长进行适当的提醒，另一方面，更要高度关注这种现象可能会给学生带来的不利影响，及时对学生进行必要的疏导和引导，使之能够向着人格健全的方向健康成长。

# 【想方设法】

## 特点指要

在帮助小于成长的过程中，教师在家访受挫之后，没有放弃对学生的帮助，而是通过情感的接近为对小于的进一步了解进行铺垫，再借助小于的日记了解他的相关情况，最后实现了与小于推心置腹的长谈。其中，主动家访、阅读日记、真心长谈都是在以不同的方式对学生进行访问——像这样，**通过深入细致的访问来对学生进行心理疏导和行为引导，我们把这样的疏导方法称为"访问疏导法"。**

## 程序参考

**步骤一：明确目的**

是指根据学生的实际情况而确定访问目的的过程。通常情况下，访问的目的可从了解情况、沟通情感、铺垫教育这三个方面来思考。了解情况，既有对综合情况的泛泛了解，更有根据学生的突出问题而进行的专题性了解，后者更有利于解决具体问题，从而使访问更有实用价值。沟通情感，是指要通过关心的访问来与学生密切师生关系、拉近心理距离。访问是要解决具体问题的，但访问的价值绝不止于此，让学生感受到教师更深入的关心，这才是访问极具价值的地方。即便什么具体问题都没有解决，用心的访问也可以起到使师生关系更加和谐的作用。铺垫教育，是指在访问过程中尽可能地为以后的教育做好一定的铺垫工作。访问只是针对某些问题进行教育的开始，能在访问过程中为下一步的教育进行某种铺垫，会更有利于整体教育工作的落实。这方面，可从心理感受、思想认识、事务操作等角度进行铺垫。

**步骤二：灵活访问**

是指通过灵活多样的访问来关心爱护学生以助其健康成长的过程。这里，我们从面访、文访、电访、家访这几种方式来进行探讨。

**面访。**是指通过与学生面对面交流的方式进行访问。面对面的访问具有更直接、获得信息更丰富、更便于机动灵活地进行调整等特点。这种方式的运用，关键在于问、听、看的紧密结合，要在访问的同时，注意听学生说话的声音，观察他说话的表情和动作——有时候，单是从学生在访问过程中的表情、动作的细微变化中，教师就可以捕捉到许多有用的信息。

值得一提的是，面访与一般的交流谈话还是有所不同的，这主要体现在交流目的和方式上：面访主要是通过"问"来获取信息，而谈话则往往是通过"谈"来进行引导。此外，面访是面对面的访问，但不一定进行深入的谈话，只凭观察和表情也能达到某种效果。

**文访。**是指通过阅读学生所写文字的方式进行访问。"文以载道"，这是众人皆知的道理，其实，文还可以"达情"，这也是不言而喻的。让学生借用写文章、写文句来表达意愿、宣泄情绪，这也是对他们进行访问的好方法。这种方法，教师其实是经常使用的，无论是具有命题性质的作文，还是随意抒怀的日记，哪怕仅仅是随意所写的一两句话，都可以起到这样的作用。相应地，品评他人的文章也可以起到访问的作用。就是在这撰文与品文的过程中，教师可以发现学生的内心世界及其所面临的困惑和困境，从而为下一步的教育提供必要的信息。

**电访。**是指通过短信、微信、网络文字（特别是网络里的个人空间）、视频聊天、电子邮件等电子信息的方式进行访问。这些方式的访问，往往具有更真实、更丰富的特点。在形式多样、表达自由的网络世界里，学生们更容易展现其更丰富多彩的生活状态和内心世界。以电访的形式对学生进行访问，教师可以了解更多的情况，可以为教育找到更多的有用信息。不过，这些手段也存在一些问题，这就需要我们在实际应用中慎重使用，尽量避免出现由此带来的麻烦。比如，事先与学生进行必要的沟通，以避免给学生造成被监视的感觉；比如，如果要以上述的方式表达看法，就要对自己要说的内容及语句进行斟酌，以避免因表达不当而影响教育引导的效果。

**家访。**是指通过对学生进行家访的形式进行访问。一般来讲，家访可分为"专访"和"泛访"这两种基本类型。专访，是指专门为解决某一问题而进行的家访。这种家访具有很强的目的性，对于学生而言，往往伴有一定的压迫感。所以，进行这种家访，教师最好对学生进行必要的心理铺垫和意见征求，并且在家访的过程中注意把握好表达的语气、神态等问题，以取得理想的效果。这种形式的家访，最好事先与学生进行良好的沟通，由其自己坦诚地说明问题，而教师与家长则在此基础上对学生进行鼓励，给其一些具体化的建议，以帮助其取得进步。泛访，是指没有什么特定的目的的家访。这种家访类似于日常生活中的"串门"，通过这样的家访，教师可以对学生进行更宽泛的了解，更有利于促进师生关系的和谐。这实际上是一种更主动出击的教育，是一种更值得提倡的教育，这样的家访，会为以后的教育提供更多的信息和便利。

### 步骤三：疏导解困

是指根据访问的结果来对学生进行教育疏导、进而助其脱离困境的过程。这个疏导解困的过程，要具有针对性、指导性、自主性的特点。针对性，是指要根据访问所取得的效果和所了解的问题进行有针对性的疏导。学生所面临的困境究竟是什么？学生对这种困境的态度如何？学生在思想和能力方面具有哪些脱离困境的条件……根据这些问题来进行教育疏导，这个疏导就会更有实效。指导性，是指要在具体问题的解决方法上给学生以必要的指导。访问的目的往往就是要帮助学生脱离困境，要做到这一点，就需要有具体的方法和措施，这些方法和措施要具有很强的可操作性和实效性，使学生觉得既能用、又好用。自主性，是指要充分发挥学生的主观能动性来实现其对困境的脱离。学生最终脱离困境，教师的疏导是必要的，但这个疏导过程的安排，一定要有学生自己主观努力、主动进取的环节，而且，这个自主的思路要贯穿疏导的整个过程，只有这样，这个疏导解困对于学生来讲才更有价值。

## 【他山之石】

《素养教育绿镜头——班主任工作纪实及思考》一书的相关篇章

**关键词：** 教育策略（知亲之策）

1. 第15章《"我懂你的牵挂"》
2. 第52章《家长会就是互助会》

**关键词：** 教育方法（访问疏导法）

1. 第27章《日有所进〈日进录〉》
2. 第42章《评价中的有价与无价》

# 1.9　"不可能"的友情

成长的旅途中，不同的阶段会遇到不同的旅伴。最好的选择往往是与这些旅伴携手而行，这样，牵手的其实不仅仅是旅伴，更有真诚的信任、快乐的心境、轻松的步伐、前进的力量。

——题记

## 【抛砖引玉】

"他俩真的成了好朋友？"听完我的介绍，友人脸上现出了讶异的表情。

"是啊，就是这样。原先我也没想到，但事实就是如此。发人深思呀！"我点着头，感慨道。

这里说的"他俩"，指的是小成与小何。

他俩都是我班的学生，但两人在许多方面都有着很大的差异。比如，小成是个大块头，比较好动，还贪玩；但他充满活力，很懂事理，懂礼貌，尤其懂感情，尊敬长辈。小何则是个小个头，他好静，好读书，学习特别专心，是个小小的"老学究"；但他过于"老成持重"，不大会与人交流，对他这个年龄段应知应会的一些生活常识和能力也比较欠缺。

"物以类聚，人以群分"，小成与小何的差别是如此之大，用通常的观点来看，他们就是两个群体的人。然而，就是这样两个差别巨大的小男生，入学不到两个月的时间里，竟然成了一对十分要好的朋友。

谈起他们的交好，还真是有话可说呢。

俗话说："不打不相识。"小成与小何的交往，就始于两人之间的一次纠纷。当时，小何受了委屈，但他却没有能力处理这个问题，也没有向我这个班主任表达他的委屈。得知这种情况后，我与双方家长进行了沟通，家长们都非常通情达理，对我的工作给予了非常大的支持。

随后，我分别做了小成和小何的工作，然后，小成赔礼道歉，小何表示谅解。他俩还在我面前握手致意，至此，这场纠纷应该说是得到了较好的解决。

看着小成和小何的背影，我觉得还应该再做点什么。最初的想法是，不能因这件事而为他们以后的成长埋下隐患。所以，我决定把工作做得再细致一些，再深入一些。

过了几天，我把他们找在一起，让他俩说一说这几天有没有产生过新的矛盾，或是有没有互相看着别扭。这样问既是要巩固以往的教育成果，也是为下一步的深入教育做铺垫。

"没有！"他们异口同声地说。

"好呀！好呀！"我连声夸赞，之后继续问道，"那么，你们之间，以后有什么打算呢？"

"没啥打算……"小何有些茫然，他可能根本都没有想过这个问题。

"老师，我保证离他远远的，不打扰他。"在这样的时候，小成显得比较机灵。

"这可不行……"我笑着否定了小成的打算。

"那……那可怎么办呢？"这回，小成也有点摸不着头脑了。

"不打扰是必须的，但'离得远远的'嘛——"我沉吟了一下，说，"我并不提倡！"

两个人面面相觑，一时还没有明白我说话的意图。

"今后，你们还要在同一个集体里共同学习将近三年的时光，总不能天天都形同陌路吧？具体需要做哪些事，我也没想好。不过，你们可以先比一比，搞个竞赛：比谁的胸怀更宽广，比谁能更主动地跟对方表示友好！"我把成长的机会交给了他们自己。

当时，我说这番话就是要促使他们进一步和解，以免他们因前几天的矛盾留下什么"后遗症"。至于具体要做哪些事，我的确是还没有什么成熟的想法。

我不知道，正是我这样一个只有努力方向的比赛要求，为他们友谊的种子铺上了一层足以使其生根发芽的沃土。

不久，小何的家长与我沟通情况，说小何打算在周末与小成等几个同学出去玩，问我是否可以。他的顾虑主要有两点：一是他十分希望孩子能得到与人交流这方面的锻炼，但小何几乎没有单独跟同学出去玩过，如果答应了孩子的要求，又恐怕他与大家合不来；二是小何与小成曾发生过矛盾，恐怕他们会玩不到一起去。

看得出来，这是一位十分有头脑的家长，他所关心的可绝不仅仅是孩子的学习。我帮他具体分析了"去与不去"的利弊，并比较细致地介绍了小成等另外几个学生的基本情况，请他自己拿主意……

周一上学的时候，我了解到，小何与小成他们成功地进行了一次"放松之旅"的游玩。听到这个消息，我不禁暗自为家长的选择而喝彩。家长的这个选择，受益的不仅仅是小何，还有小成，还有更多的人。

这次的游玩，使得小何与小成建立起了真正的友谊。从此，校园里，教室里，常常能看到他俩在一起有说有笑的身影。这种场景，自然让我这个老师感到很是欣慰。

"能不能用点什么办法，使他们的友谊更有益于彼此的进步成长呢？"看着小何与小成亲密无间的样子，我想。

学生自由活动的时候，我问小成与小何："怎么样呀？都成了好朋友了，也不向我汇报比赛的结果。"

"什么比赛呀？"小何没有反应过来。

"哦哦，我知道，我知道。"小成连忙高高地举起了手臂想要发言——虽然是在自由活动的操场上。

"哦？那你说说。"我鼓励他道。

"老师是不是在说让我俩更好的事？"小成试探着说。

我点了点头。

"啊，我俩呀……"小成一下子搂住了小何的肩膀，"现在是兄弟啦！"

我把视线移向了小何，他顺势拽住了小成搂过来的那只手，频频地点头："嗯嗯嗯！"

"这么说，你俩都对对方很好喽？"我似乎有几分怀疑地问。

"那还用说吗？您看这关系！"说着话，小成搂着小何的臂膀又加了把劲儿。

瘦小的小何可能是感到有点疼了，他咧了咧嘴。

我嗔怪地瞪了小成一眼。

小成笑了，小何笑了。

我，也笑了。

"那好吧，第一轮比赛算你们都第一！"

"耶——"小成夸张地举手欢呼起来。

小何也颇有满足感地笑了。

"第二轮比赛：取长补短，具体谁取谁的长处，谁补谁的短处，你们自己想吧，明天告诉我。"我下达了任务。

"没说的，赢了！"

"嗯嗯……"

第二天，小成和小何向我汇报了他们取长补短、互相帮助的打算：小何帮小成学习，小成带小何活动。从此，这对好朋友开始了新一轮的成长友谊赛……

我不知道小成和小何在游玩的时候是否爬过山，但是，事实告诉我，在成长之路上，他们显然已经爬上了一座叫作胸怀的高山。站在这座山的山顶，就会拥有更高远的境界，更宽广的视野。

而我，作为教师，只是给他们指了指山的方向。

# ▌【出谋划策】

在教育引导小成和小何的过程中，面对以矛盾纠纷相识的这两个学生，教师根据他们各自的交友情况和性格特点，不但帮助他俩化解了矛盾，还进一步促使他们结成了互助成长的好朋友——像这样，**知晓学生交友的相关情况并据此对其进行教育引导，我们把这样的教育策略称为"知友之策"。**

**知晓友人信息。**是指了解学生重点友人的重要信息并据此进行教育或以备所需。学生们知近的人很可能不是老师，也不是家长，而是同学，是朋友。因此，对学生的友人进行必要的了解、特别是对学生重要友人的重要信息（那些能帮助我们了解学生、接近学生、解决问题的信息）的了解就显得十分必要。比如，重要友人的年龄、性别、志趣爱好、经济状况、就读学校，等等。对于大多数学生来讲，未必需要进行这些情况的了解，但对于特殊学生来讲，这些信息就很有可能在关键的时候为我们提供必要的帮助。

**知晓友人品行。**是指了解学生重要友人的品行状况并据此进行教育引导。这里所说的品行状况，有两方面的基本含义：一是这些友人在品行方面值得肯定的地方，二是指这些友人在品行方面有所偏差的地方。对这些状况的了解，能及时地发现学生的思想、心理和行为状态，以便对其进行必要的引导和调控，以避免出现其与友人相互"促退"的现象。在这方面，主动引导的做法更值得提倡，就是要了解学生与友人可以相互学习的长处并据此进行教育引导。学生们在相互交往的时候，更多地是出于"求同"的需要，即往往是在思想情感、兴趣爱好、利益追求等方面有共同的追求。对此，教师最好在他们"求同"的基础上，努力促进他们"互补"，也就是分别找到他们各自的长处，引导他们取长补短，相互帮助，共同进步。这种引导，往往不需要花费多大的力气，只需有一点必要的点拨、有一点细心的过问就可以了——因为，互相帮助，这本来就是友人之间乐于去做的事情。

# 【想方设法】

## 特点指要

在教育引导小成和小何的过程中，为了化解矛盾，教师让他们开展了第一次比赛："比谁的胸怀更宽广，比谁能更主动地跟对方表示友好"；为了增进他们的友谊，促进他们更好地成长，教师又让他们开展了相互取长补短的第二轮比赛，最终使这一对以矛盾冲突相识的同学成了很好的朋友——像这样，**通过比赛竞争来鼓励学生目标明确地互助进步，我们把这样的鼓励方法称为"比竞鼓励法"。**

## 程序参考

### 步骤一：目标先导

是指根据培养目标来安排参与比赛竞争的学生及活动方案的过程。这种培养的目标，最好根据学生的成长需要，紧密结合日常的教育来确定。从内容上看，德、智、体、美、劳，任何方面的教育都可以作为比赛竞争的目标来确定。从形式上来说，口头表达、文字书写、行动表现，各种形式都可一试，只要能为实现设定的比竞目标服务就行。不同的教育目标，决定了不同的人员组合。个人与个人、团队与团队，只要有利于教育目标的实现，人员的组合应该是灵活多样的。这种方法，教师们平日里在教学上用的最多，各种各样的学科竞赛就是最常见的一种比竞方式。

### 步骤二：比赛竞争

是指通过比赛竞争的方式来鼓励学生自主进步的过程。这种比赛竞争，目的可不是争个名次的高低，而是为了更大程度地调动学生自主成长、互助成长的热情。其中，抓好比赛热情的激励和比赛互助的落实是最重要的环节。

**比赛热情的激励。**这是基础性的工作，有了比赛的热情，学生的上进就有了动力。这种热情，在学生们尤其是在朋友之间毫不缺乏，但这种热情需要在方向上给予恰当的引导：先从提议开始，提出一个容易让他们接受的比赛竞争的建议，或是引导他们自己确定比赛竞争的内容；然后，在比赛竞争的过程中，对比赛状况给予足够的关注，给予必要的修正，给予及时的激励。

**比赛互助的落实。**是指引导学生比赛以自己的所长所能来使双方共同进步的过程。这种所长所能，可抓住有益和互补这两点来思考。有益，就是有益处，是指有利于对方进步成长之处；互补，是指受助者原本存在某方面的不足或欠缺，而助人者恰恰在这一点上有所能，有所长。这样，双方都能取对方之长，补自己之短，互助互益，携手共进。为此，教师要把关定向，适当引导，帮助学生与友人确定比赛互益的内容，这样操作起来会更顺利些。

**步骤三：互评共进**

是指通过相互评价比赛效果来促进双方共同进步的过程。既然是比赛，就要有结果，就要有评价。这种评价，建议抓好简易、时常、互评这几方面的工作。简易，就是从最容易取得成效的比赛内容入手。学生可用来互助的地方有很多，有些是简单明快的，而有些是需要长时间的努力才可以做得到。显而易见，前者更容易取得成功，更容易见到效果；而这种更容易见到的效果，对鼓励学生的热情，对树立他们的信心，无疑会具有更实时的效能。时常，是指时常点评，经常鼓励，这种及时而有效的评价，会给学生带来更密集、更强化的目标激励。互评，是指让比赛的双方相互评价，这种方式能更好地激发学生自身的积极性和自主性。

# 【他山之石】

《素养教育绿镜头——班主任工作纪实及思考》一书的相关篇章

**关键词：**教育策略（知友之策）

1. 第 41 章《笑着流泪的欢送会》

2. 第 50 章《四个最温暖的相拥》

**关键词：**教育方法（比竞鼓励法）

1. 第 12 章《携手阳光的力量》

2. 第 96 章《"你最强！我更强！"》

# 1.10 "因境施教" 诚可为

心由境造，是一种客观的影响；境由心造，是一种精神的修炼。对学生的教育，既要考虑心由境造的影响，又要考虑境由心造的修炼。能做到这样的"因境施教"，教育自然会别有一番境界。

——题记

## 【抛砖引玉】

与同学相比，小午是个十分好动的男生，对于他来讲，"静止"仿佛是个永远也实现不了的奢望。

初识小午的这种"活力"，是在他们刚入学不久的自习课上。

那节课，学生们要进行自控能力的训练。为了激励他们练出较好的效果，我决定离开教室，让他们自我训练。当时，我还安排学生拍几张他们自控练习的照片，并把此事预先告知了全体学生。

有了这样的提示，学生们理应会更加认真地进行练习——事实上，大多数学生也的确是做到了这一点。可是，在检查照片时，我发现有几名学生打破了我的"臆想"：他们不但没有认真练习，还居然对着镜头做鬼脸！有的还不止一次，而次数最多的、表情最丰富、姿态最"优美"的则非小午莫属。

随着了解的不断深入，我知道了小午的好动有他自己不用心控制的原因，但也有很多时候，他是不由自主的。

对于"不由自主"这种说法，有人恐怕是难以认同的：那么一个大活人，怎么就控制不住自己的行为？

为此，小午常常会受到批评，招致埋怨。

面对这样的情况，我一方面要做一些解释工作，另一方面则着手通过训练等方式努力帮助小午增强他的自控能力。

然而，这种训练的效果并不理想。我知道，这除了年龄等生理上的原因之外，还与小午并没有真正深入地感受到自控能力的重要性有关。于是，我开始寻找一个机会，以便在小午的内心深处引起震动。

一天，小午怒气冲冲地找到我，要我给他"做主"。原来，某堂课上，他前桌女生的衣袖垂到了地上，而这名女生并未发觉。小午好心地要提醒一下那个女生，于是，他用笔捅了女生几下，教师发现了这个情况，并用眼神示意小午停下来。但小午并没有在意教师的提示，依然对那个女生捅个不停，教师终于忍无可忍，批评小午"又像以前那样的故意撩闲"。当时，小午想要解释自己是在"做好事"，但教师急于讲课，并没有听取他的解释。

自己"做好事"反倒挨批评，天底下哪有这样的道理呀？为此，小午感到十分委屈，他本想自己向那位教师"讨个说法"，但由于我以前对学生有要求，不许他们与科任老师有冲突，如果有什么矛盾，都要通过我来沟通。于是，小午才气鼓鼓地找我来"评理"。

听完了他的一番"慷慨陈词"之后，看着他一副正义在胸的样子，我决定借此对他进行一次磨砺教育。

"这么说，是老师错了？那你有什么想法？"我笑着问。

"老师得给我赔礼道歉……"小午的脖子一扬，摆出一副得理不饶人的架势。

"嗯？"我意味深长地看了他一眼，"让老师给你赔礼道歉？"

"嗯！老师错了也要承认！"小午的口气不容置疑，脸上满是天大的"愤愤不平"。

"你是不是觉得自己很委屈啊？"我笑着问。

"本来嘛！我……是做……好事……"小午应着，本来还是一副坚贞不屈的样子，一听见"委屈"二字，他的眼里还闪出了泪光。

从一开始的得理不饶人，到后来的坚贞不屈，再到现在的满脸委屈，小午的表情为什么会有这样的大起大落呢？原来，这是个几乎在批评声中长大的学生，而每次被批评基本上都是他本身犯了明显的错误造成的。而这次被批评，在他看来根本就是老师"看不上"他才发生的，好不容易抓住了一回"理"，怎么能善罢甘休呢？

平心而论，小午这次的被批评是有点失当之处，从这个角度来讲，立刻帮他理解老师的批评从而消除这种不满的情绪也是应该的。不过，我决定先不这么做。一方面，我要利用一下这个机会，让小午的内心受到足够的触动，从而促进他警醒自我，增强一下自控的能力；另一方面，对他进行一点宽以待人的教育也是必要的。

于是，我一改刚才的笑脸相对，板起面孔，冷冷地对他说："你觉得你委屈，要我看，你一点也不委屈！"

我的这个态度完全出乎小午的意料，他一下子愣住了，一时不知说什么好，但他嘴唇哆嗦着，牙关一个劲儿地紧咬着，呼吸也急促起来。

"不明白，是吧？那就好好想一想！坐下，我陪你一起想！"我指了指座椅，让他坐下，"想一想，你明明做了好事，为什么还挨了批评？想好了我们再聊。"我特意强调了一下他"做好事"而挨批评这一点，就是要让他动情。果然，听我这么一说，小午的泪水立刻夺眶而出。

我为什么要这样"无情"呢？目的就是要让他难受，难受才可能动情，动情才能深刻。

所以，我对他的"委屈"没有表现出丝毫的同情。

一开始，小午还是满腹的委屈，一脸的怨气，还不时地抹抹眼泪。过了一会儿，眼泪没有了，脸上的表情也不那么怒不可遏了。又过了一会儿，他的脸上开始趋于平静，整个人坐着发呆。

看看小午的情绪趋于平静，不会做出什么异常的举动，我借机去向相关人员了解了一下当时的情况，确认了小午所说的事实之后，又赶紧回到小午的身边。

这时的小午，已经完全恢复了平常的状态。于是，我开始了对他的引导。

"现在，能不能不带情绪地与我说话？"之所以这样问，是为了让他能理性地认识问题。

"能。"小午的语气很是平和。

"想明白了？"我一边问，一边看他的表情。

"嗯——我也有做得不对的地方。"回答我的时候，小午的确没有带着什么怨气。

"哪里不对？"我开始诱导他。

"不该在老师讲课时做好事。"小午的态度是诚恳的。

"为什么？"我问。

"您以前说过，雷锋不能把自己的工作放下不管，专门去做好事。"看来，他是真心的。

"嗯，不错！难得你还记得这些。还有呢？"我进一步诱导他。

"还有……第一次老师瞪了我一眼，我不该还接着提醒前面的同学。"他能认识到这一点，真是不容易。

"说得对。还有呢？"我对他给予肯定。

小午看了看我，摇了摇头。

"给你出一个测试题，看你能不能答对：一个秃头戴墨镜的男人和一个发型整齐戴近视镜的男人，他们手里都拿着同样的一根细木棍，你觉得他们分别要拿木棍干什么？"我通过这样的对比来启发他思考。

"老师，这题也太简单了。"小午一下子又恢复了平时"贫嘴"好动的状态，比比画画地说，"那个戴近视镜的是个老师，他拿的木棍就是教鞭——要上课呗！那个戴墨镜的肯定不是什么好人，他拿木棍肯定想要打架！"

"你根据什么能说戴墨镜的不是好人呢？"我追问道。

"那还用说吗？就他那个打扮，戴墨镜、秃脑袋，准不是好人，在电影里经常看到。"小午为自己的"见多识广"而洋洋得意起来。

"你是根据你以往的经验得出的结论，也就是说，电影里看到的某些坏人往往就是这个打扮，对吗？"我开始为下面的教育做准备。

"是。"小午回答得很肯定。

"你说得有一定道理。人们往往会根据以往的经验而给一个人贴上某种标签。"我看了一眼小午，话里有话地说，"比如，咱班小石，因为她经常会给同学讲题，那么，当看到她与同学围坐在一起、即便是课堂上老师正在讲课的时候，大家也可能认为她是在给同学讲题，而不会认为她在破坏班级秩序。我说得对不？"

"对！"小午很肯定地说。不过，回答之后，他似乎明白了什么。

"今天发生的事，我其实感到非常难受。你明明是在做好事，却受到了误解。为什么呢？"我表现出很惋惜的样子。

听我这么说，小午也低下了头。

"为什么呢？是不是我们平时给自己贴上了'说闲话'的标签？"我启发他思考。

"老师……"他欲言又止。

"其实，咱们真是不能控制自己的行为吗？不是，当然不是。你是有能力自控的，不然，为什么每次见到老师都能那么有礼貌地问好？不然，为什么坐姿能越来越好？咱们差啥呀，怎么就不能把这个让人产生误解的标签摘下去呢？"说话时，我不忘给他鼓励。

"老师，我明白了。"小午若有所思地点了点头。

……

这件事过后，小午自我控制的意识比以前增强了不少，自控的行为也有了一定的进步。尽管跟同学相比，还有很明显的差距，但与自己相比，他的进步还是很大的。

吃饭需要均衡营养，成长也需要均衡素养。多动的学生，他也许要靠静来均衡；多学的学生，他也许要靠玩来均衡；多话的学生，他也许要靠默来均衡；多顺的学生，他也许要靠逆来均衡……如果用一句话来概括这次教育实践的收获的话，那么，这句话就是——给学生他所需要的！

# 【出谋划策】

在对小午进行教育引导的过程中，面对小午的怒气冲冲，教师根据小午情绪激动的具体情况而让其先静坐思考，之后又向相关人员了解小午想做好事但被误解的具体情境，再根据小午欠缺自控和宽容的实际情况而对其进行经受磨砺的教育，最后，直到小午平复心境之后再对他进行深入的教育引导——像这样，**知晓学生行为产生的具体情境、环境、心境等情况并据此对其进行教育引导，我们把这样的教育策略称为"知境之策"。这种教育策略，我们可以简称为"因境施教"。**

**知晓情由境况。**是指了解促使学生行为产生的具体情境缘由并据此进行教育引导。任何异常行为的产生都是有一定条件的，这些条件往往还是比较特殊的。了解这特殊的情境和缘由，才能找到更有利于教育的种种因素，才能进行更有针对性的教育。要做到这一点，需要教育者具有较强的专业意识，具有较强的专业习惯，具有调查研究的工作作风，这样，才有可能实现真正的"因境施教"。比如，上文所举事例中的小午，以往课上干扰别人可能都是淘气的行为，而这次的"干扰"却是想提醒同学拿起掉落的衣袖，这就是一种具体的情境。这时的教育如果不考虑这个具体的情境，就难以取得较好的效果。

**知晓行为环境。**是指了解影响学生行为的环境因素并据此进行教育引导。这里所说的环境，有小环境和大环境之分。

小环境，是指影响学生具体行为的具体环境。比如，学生行为发生之时，其周围人员、事物、氛围、时空等能对其所产生影响的环境因素。

大环境，是指对学生产生潜在影响的时代风尚。有个成语叫"时过境迁"，不同的时代，不同的年代，学生们所处的社会环境、世态风尚都发生着变化，而教育的思想理念和方式方法也必须与时俱进才行，否则，就难以适应社会发展的需要。当今的信息时代里，人们的生活方式、思想观念都在以前所未有的速度和节奏变化着，而教育所面临的新问题、新课题也是层出不穷。面对这些，教育既要与时俱进，也要坚守必要的底线。比如，异性同学之间正常交往的行为表现，当代中学生与中老年教师们的初中时代相比，几乎已经发生了天翻地覆的变化，如果还以过去的标准来衡量当代学生的某些行为，那就可能会使教育陷入被动。再比如，当代青年中，也不乏不劳而获、金钱万能、贱视民众等"时髦"的思想，对此，教育也必须发挥应有的引导作用。

**知晓心境情绪。**是指了解学生受教育时的心境和情绪并据此进行教育引导。对于成长中的青少年来讲，心境和情绪在其行为中的影响力是不可小视的。年龄越低，这种影响力就越大。心情好、情绪高，做什么都有热情、有劲头；反之，不管你的教育内容有多重要，他们都可能难以接受或干脆就不会接受。所以，对学生的教育，不但要考虑心境和环境的种种影响，还要高度重视这心境和情绪的影响。这方面，要"择机"而教，也就是要根据学生的心境特点，在他们的心境处于最有利于教育的时机而实施教育。如果觉得这样做会比较被动，需要等待才能实现，那么，一方面可以等待；另一方面也可以采取更主动的办法来"主动出击"——学会"设机"而教，就是要主动设计、创造一些条件，使学生在所创造条件的影响下出现有利于教育的心境，再借机实施下一步的教育。

# 【想方设法】

## 特点指要

在对小午进行教育引导的过程中，教师抓住小午觉得自己"委屈"的机会，不但没有迅速帮他排解"郁闷"，反而明确告诉小午"你一点也不委屈"，抑制了他想向科任教师"讨说法"的打算；又以静坐的方式抑制他"讨说法"的行为，让一向行为浮躁的小午经受了内心的痛苦和深刻的反思，然后再进一步引导他自主进步——像这样，**通过抑制行为的做法而使学生经受磨砺、坚强身心，我们把这样的磨砺方法称为"抑制磨砺法"。**

### 步骤一：选用抑制

是指对能使学生经历困苦磨砺的抑制方法和内容进行选用的过程。抑制往往是与困厄之苦相伴而生的，抑制是外部所施加的阻遏之力，而困苦则是被抑制者受到抑制之后的感受之苦。用这种方法对学生进行教育，首先要对学生经过抑制磨砺之后要达到的教育目标有明确的认识，这样的教育才有针对性。在此基础上，要对用来抑制磨砺学生的困苦有所选择。这种困苦大致有两个来源：一是自然发生的，二是人为制造的。自然发生的困苦，这是生活送给学生的最好的成长之礼，教育者不要随意地把这份礼物夺走；人为制造的困苦，则是为了对学生进行某种教育而量身打造的，它更有针对性，更有时效性，更容易解决学生的某些具体问题。

### 步骤二：感受抑制

是指让学生切实经历并感受抑制磨砺的过程。这方面，最重要的是给学生一个"身"受其苦的过程，就是让学生通过身体所受的困苦来进行磨砺。这种身体的困苦，可从"痛、困、苦"这三个角度来考虑。

痛，是指因身体的难受、苦痛而受磨砺。这种苦痛最直接，最现实，利用这种身体上的苦痛，能够培养学生的生理和心理承受能力，能够有利于增强学生应对困难的能力。比如，学生有了身体的病痛，那么，经历这病痛的折磨和其所带来的不便，这就是一个感受疼痛之苦的磨砺过程。

需要特别提醒的是，对于初中生来讲，这种身体上的痛苦只要借用自然发生的苦痛就够了，不适宜人为地去制造。

困，是指因行为的受限而受磨砺。从某种意义上来讲，学生的成长过程就是一个不断认识规则和遵守规则的过程，而遵守规则就意味着行为受到限制，就意味着不能随心所欲。有时候，为了使教育的效果更有力度，可通过对学生某些行为的限制来进行教育引导，以此来帮助他们认识到某些问题的严重性。

苦，是指因内心的苦恼而受磨砺。这是让学生感受困苦的最重要的阶段。只有从内心深处真正感受到了困苦，感受到了这种困苦给自己带来的种种弊端，才会使他更愿意采取切切实实的行动去调整自己的行为，从而让自己更理性地成长。

**步骤三：感悟抑制**

是指让学生通过感悟抑制之苦而坚强心志、自主成长的过程。困苦的感悟，最重要的是要学会对困苦过程的反思。要想一想为什么会产生这个困苦，这个困苦所带来的后果有哪些，这个困苦让自己失去了什么，等等。这样思"苦"的过程，就是反思不当之处的过程，就是从挫折和苦痛中吸取教训的过程。

这种感悟有两种基本的呈现方式：一种是通过学生的表达来呈现，就是让学生以口语或书面语的形式把感悟表达出来，并借此促进自己的成长；另一种是通过学生的承受来呈现，就是让学生在实际的经历中自己独自承受困苦所带来的种种后果，而不需要表达出来，也不需要教师现场的指点。

感悟之后，更重要的是对感悟的思考进行行为上的转化。引导学生正确面对所经历的挫折，引导他们学会痛定思痛，学会奋起求变。这种转化，要紧扣思想上的成熟和行为上的进步这两个基本目标来落实。使学生在困苦磨砺之后，能心有所鉴，能行有所止，能自主进步，能举一反三。

## 【他山之石】

《素养教育绿镜头——班主任工作纪实及思考》一书的相关篇章

**关键词：**教育策略（知境之策）

1. 第 90 章《推开心中的"阳光之门"》

2. 第 95 章《暖洋洋，亮堂堂》

**关键词：**教育方法（抑制磨砺法）

1. 第 23 章《发人深思的"选择"题》

2. 第 35 章《拔河——拔的不是河》

# 2. "垫"之策

## 单元提示

### 【教育策略】

本单元探讨的是"垫"的策略。

垫，就是奠基、铺垫。"垫"之策，是指为以后的教育进行有益奠基和铺垫的策略。

这种奠基和铺垫，往往是没有明确、具体的目标的，因此，它是一种立足当下、功在以后的"奠基"工程，而不是急功近利、立竿见影的"形象"工程。

关于"垫"的策略，我们从"垫心、垫思、垫情、垫场、垫势"这几个方面来探讨。

"垫心之策"是指通过为学生铺垫美好的心灵和健康的心理以促其成长进步，这是帮助学生自主成长的动力之源；"垫思之策"是指通过为学生铺垫正确的思想观念、基本的思考和思辨能力以促其自主成长，这是帮助学生自主成长的能力之源；"垫情之策"是指通过帮助学生铺垫良好的情感基础以促其健康成长，这是帮助学生自主成长的活力之源。这三方面铺垫的是学生本身的素养和能力。

"垫场之策"是指通过为学生铺垫充满正能量的立场和风气以

助其健康成长，"垫势之策"是指通过铺垫能拥动学生求取进步的外部情势以助其健康成长。这两方面铺垫的是推动学生成长的外部环境影响力。

"垫"之策的实施，既可以帮助学生具备更良好的素养，也可以帮助学生避免某些不良行为的发生，还可以为解决某些具体问题创造有利的条件。

# 【教育方法】

本单元探讨的教育方法有4种，共5个做法。它们是：属于"熏染法"的意情熏染法，属于"诱导法"的启思诱导法，属于"鼓励法"的复得鼓励法，属于"携助法"的牵引携助法、舆论携助法。

对上述方法的具体介绍详见相应篇目及本书附录《教育方法简要说明表》。

# 2.1 播种善良的阳光

> 播种阳光，收获的不仅是温暖，还有善良；播种阳光，收获的不仅是善良，还有热情；播种阳光，收获的不仅是热情，还有希望；播种阳光，收获的不仅希望，更有耕耘未来的信心。
>
> ——题记

## 【抛砖引玉】

小乐是个活泼开朗的女生，甚至，她的身上还多少有点"假小子"的影子。平时，她总是那么有说有笑的，可是有一天，她哭了!

问她原因，她哭得更厉害了，而且很委屈，很伤心。但无论如何她也不肯说自己为什么哭。

职业的敏感告诉我，这原因可能不同寻常。

小乐所在的班级刚升入初中不久，我又是后接任这个班级的班主任工作的。当时，我对学生们还很不了解。所以，面对这样的难题，我只能先向其他学生了解一下情况，然后再作打算。

令我意想不到的是，当我向学生们了解情况的时候，他们当中好些人的表情都有些异样。经过一番更深入的了解后，我终于找到了问题的根源。

原来，小乐一贯性格外向，说话总是不加思考，口无遮拦，同学因此不愿与她接近。前些年，一些同学总是故意躲避她，一看见她就把双臂抱在胸前，做出自我保护的样子，说是要给自己罩上了一层"防护罩"，她因此十分苦恼……进入中学后，由于是新的集体，原先与她同班的同学并不多，同学们用"防护罩"的事情也就没再发生过。但最近几天，小乐由于说话不慎，又引起了班里她几个小学同学的反感，这些同学又发起了新一轮的"防护罩反击"行动，而且，他们把这个"防护措施"又教给了现在班级的其他同学。于是，不管是否与小乐产生过矛盾，班级里不少的学生看到小乐的时候，都会做出一个"防护罩"的动作。正是同学们的这种"反击"与冷落使小乐受到了伤害，她因此而陷入了深深的痛苦之中。

这种情况，怎样处理才好呢？

如果只是找到相关的学生，告诉他们不要伤害小乐，这是最简单的办法，但或许也是效果最差的办法——即便大家面对小乐不再为自己罩上一层"防护罩"，但他们彼此在心里会不会仍然罩着一层冰冷的"防护网"呢？

我决定采取另一种办法，力争从根本上解决他们之间的矛盾，并且，还要让他们收获更珍贵的东西。

我先找到了那些为自己罩"防护罩"的学生，引导他们懂得同学之间要相互团结的道理，并让他们观察孤独无助、形单影只的小乐，让他们设身处地地理解自己的行为给同学带来的伤害。

在引导的过程中，我并没有严厉地批评这些学生的行为的"恶劣"，而是先给他们的行为进行了引导性的定位：大家只是出于"好玩"，而并不是要成心伤害同学。这样的说法，既符合绝大多数学生参与此事的事实，也为他们解除了被贴上"不善良"标签的后顾之忧，更有利于他们放下包袱，轻装前进——其实，他们不过就是小孩子嘛，哪有什么需要上纲上线的大是大非呢？

同时，我也细致地做了小乐的工作，让她懂得尽管这次一些同学的行为不当，但事情是因她的言语不当和行为不当而起的，她自己身上也有不可推卸的责任，她口无遮拦的话语同样也会伤害同学。

这样，通过引导，双方都表示愿意从此和睦相处。

事情到这里似乎可以画上句号了，但是，我觉得应该抓住这个机会对全体学生进行一次关于善良的教育。

在我的引导下，班委会和团支部拟就了一份《关于开展与人为善活动的倡议书》，这份倡议书的主要内容是这样的：

亲爱的同学们：

善良是每个人心中最美好的东西，这种美好并不一定需要你做一番惊天动地的大事才能体现出来，平平常常的一件小事足以体现你心底的那份善良。为此，我们向全班同学发出如下倡议：

一、不说侮辱他人人格的话，如：不给同学起外号。

二、支持同学提出的合理化建议。

三、随时帮助有困难的同学。

四、对因病不能上学的同学及时关心、探望。

"勿以恶小而为之，勿以善小而不为"，同学们，让我们行动起来，从你做起，从我做起，从你我身边的小事做起，大家都来做一个善良的人吧！

这份倡议书从尊重入手，不但在内容上对全班同学提出了具体的要求，还从更深的层次倡导大家做一个善良的人。

随后，班委会和团支部联合召开了一个以"与人为善"为主题的班会。班会上，大家针对不尊重他人的现象进行了讨论，分清了是非，明确了方向。之后，班干部宣读了倡议书，号召大家都做一个善良的人，都让自己具有更闪光的美德。

班主任讲话的时候，我没有责备任何学生，而是给他们讲了如何与他人相处的道理，告诉他们生活其实就是一面镜子，你对它笑脸相待，它就还你一份愉快；你对它恶语相向，它就会对你还以颜色。

听了我的话之后，学生们深受触动，他们纷纷发言，发自内心地表达了深刻的感受和与人为善的心愿。

接着，我拿出一张白纸，白纸上印着一个大大的心形图案。我对他们说：你们都是孩子，你们的心地就像、也理应像这白纸一样纯洁无瑕，即使偶尔无意中伤害了他人，但只要有决心改正，你们仍然可以用行动的橡皮擦掉那些不合适的痕迹——从此以后，你的心灵仍然是洁白的、纯净的、善良的……学生们都在静静地听着，小乐和那些曾参与过"防护罩反击"的学生，都露出了羞愧的表情。

最后，经我的推荐和同学们的认可，作为班级的"善良大使"，小乐把印有心形图案的白纸捧到每个同学面前，请愿意与人为善的同学在那个心形图案里签名。学生们都郑重地拿起笔来，端端正正地签上了自己的名字。我注意到，签名的时候，每个同学都对小乐格外地尊重，他们都对小乐投去友善的目光，报以热情的微笑……

会后，我又找到小乐，叮嘱她抓住机会，尽快融入集体之中。这时，她又哭了，但这次与泪水一起流下的不是痛苦，而是块垒释怀的舒畅，是发自内心的感激。

第二天，我收到了小乐给我的一封信，信中写道：

老师：

谢谢您，您实现了我心中一个埋藏半年的梦，我渴望大家善意的眼光！我想这次

2. "垫" 之策 \ 77

班会后，我的生命将走入一个转折点，从那条黑暗的小路走入散发着善良的大路上，我觉得我没有白等半年！我也更应该谢谢您，这个转折点的缔造者！

谢谢！

另外，还应该告诉全班同学，无论如何，不要失去梦想！正如一首歌所唱的：

没有月亮，我们可以看星光，失去星光，还有温暖的眼光……希望是迷雾中还能眺望未来的窗，心酸酿成美酒，苦涩因爱芬芳，回头，风里有歌，歌里有泪，泪里有阳光。

收到这封信，我及时把这位"善良大使"的祝愿转达给了全班学生，大家把最热烈的掌声送给了小乐。小乐，这个众人一直躲避的对象，终于变成了最受欢迎的天使。我想，此时此刻，她的心里一定荡漾起了她的那首歌——"回头，风里有歌，歌里有泪，泪里有阳光。"

那一刻，还有一个人也如他们一样的幸福，环视教室，从学生们的眼里，他看到的满是善良的阳光！

# ▌【出谋划策】

在化解小乐与同学矛盾的过程中，教师通过开班会、让小乐担任"善良大使"等形式，对全体学生进行了一次有关善良的教育。在这里，善良之心既帮助化解了当下存在的矛盾，也为学生将来的成长铺垫了做人做事的基础——像这样，**通过为学生铺垫美好的心灵和健康的心理以促其成长进步，我们把这样的教育策略称为"垫心之策"**。

**铺垫美好心灵**。是指通过为学生铺垫美好的心灵以促其成长进步。让心灵美好的因素有很多，其中最重要的就是善良。善良是学生成长的根本之心，如果心地是善良的，那么，人的言谈举止等外部表现就有了美好的基础。有了这种善心的铺垫，学生的成长和教师的教育就都会深受其益。怎样做到这一点呢？教学生学会友爱和宽容，这是非常重要的两个内容。友爱，侧重以善良来和谐关系；宽容，侧重以善良来化解矛盾。有了这两大法宝，从个人角度来讲，能让自己更有修养，更有高度；从群体的角度来讲，能使彼此更和谐、集体更温暖。

利用善良来教育引导学生，不但会使学生更健康、更优秀，而且对解决教育难题也有不可忽视的作用。比如，频频出现的校园歧视问题，就可以通过善良教育的铺垫来避免或解决。校园歧视的表现有多种，如学习歧视，相貌歧视，性格歧视，家境歧视，性别歧视等。不管哪种歧视，它带给学生的伤害都是不能等闲视之的，它伤害的不仅仅是被歧视的学生，也包括歧视他人的学生。被歧视者会在强大的心理压力下生活，而歧视者在思想上所受的毒害会使他们经常处于一种建立在虚幻之上的优越感中；这种错位的优越感会大大削弱他们的社会化能力，到头来必定会使他们自食苦果。如果学生得到了有效的善良教育，那么，他自然不会去歧视别人；而已经有了歧视行为的人，也会因为善良的影响而终止歧视，学会与人为善。

**铺垫健康心理**。是指通过为学生铺垫健康的心理以促其成长进步。什么样的心理是健康的呢？上进而乐观，这应该是最基本的两个特征。上进是活力的源泉，乐观是进步的动力，二者缺一不可。而要想使学生具备这样的心理，给学生信心和宽心是值得一试的好办法。

给信心，是指给学生铺垫积极上进的心理基础。有了这样的信心，就相当于给发动机加满了油，它总会动力十足，总会迎难而上。这一点，可通过帮助学生获得成功之后的成就感和自信心来实现。具体来讲，就是要给学生一些机会，一些做事的机会，一些表现的机会，一些成功的机会，一些鼓励的机会，一些拓展的机会——在这种种的机会当中，让学生体验成就感，感受成功的快乐。

给宽心，是指给学生铺垫一个宽松乐观的心理基础。这一方面有助于学生的健康成长，另一方面也非常有利于教师的教育管理。给学生宽心的做法有很多，比如，宽容学生的过错，这样能让学生的心情轻松起来；比如，营造友爱的氛围，这样能让学生舒心起来；比如，打造上进的班风，这样能让学生活跃起来；比如，减轻过重的压力，这样能让学生清爽起来；比如，丰富日常的生活，这样能让学生快乐起来，等等。给宽心是帮助学生健康成长的重要手段，有了宽心，许多难以解决的问题连出现的机会都不会有。

# 【想方设法】

## 特点指要

在帮助小乐脱离困境的过程中，教师先通过谈话引导学生正确理解同学关系，对他们进行思想情感的引导；再通过班会对学生进行教育。班会中，又通过学生自主讨论、班干部倡议、教师讲说、学生郑重签名等多种方式营造了极富感染力的教育氛围，从而深入有效地引导全班学生懂得了善良、感受了善良、表达了善良——像这样，**通过心意情感的引导和情绪氛围的营造来对学生进行感染化育，我们把这样的熏染方法称为"意情熏染法"**。

## 程序参考

**步骤一：意情引导**

是指以正确的价值取向和积极的情感取向对学生进行引导的过程。意情的引导，具有引导性、针对性、铺垫性的特点。引导性，是指要通过意情的引导，帮助学生选择正确的方向和态度。意情之意，既是心意，也是意愿，更是意识，就是要引导学生在人生观和价值观等思想意识上能有正确的认识，能有正确的取向；意情之情，既是情感，也是情愿，还是情绪，就是要引导学生能心甘情愿又情绪积极地具有正确的情感取向。针对性，是指意情的引导要紧密结合解决具体问题的需要来进行。既要有大方向的引导，又要立足实际工作的需要，学会"就事论事"，这样才不空洞。铺垫性，是指要通过意情的引导为下一步的工作做好铺垫，为"意情熏染法"的取得实效创造条件。要做到这一点，就需要思考下一步要做什么，需要思考当下的引导能与下一步的工作之间具有怎样的联系。做到立足当下，着眼以后。

### 步骤二：氛围营造

是指为实施熏染式的教育而营造良好意情氛围的过程。这种氛围的营造，具有体验性、激发性、群体性的特点。体验性，是指要通过让学生的亲身参与而获得行为和情感的切实体验，从而为营造氛围进行心理和情感的预热。激发性，是指通过必要的手段使学生的意情得到激发。意情，往往就是为实现意愿而激发的情绪，就是为实现教育目标而必需的积极的情绪。比如，教育的目标是团结同学，那么，与之相应的积极的情绪就可以是强烈的关爱之情；教育的目标是不忘国耻，那么，与之相应的积极的情绪就可以是强烈的愤激之情，等等。意情的激发，要靠多种手段来实现，比如，语言的刺激、视觉的冲击、音乐的感染、环境的烘托，等等。群体性，是指要争取现场中的每个成员都能受到触动、都能成为意情氛围的有机组成部分。情感和情绪是可以传染的，充分利用情感和情绪的这种特性，就会很好地引导学生做到情动于衷，并且产生共鸣，当每个成员都情为所动的时候，用来进行熏染教育的氛围自然也就形成了。

### 步骤三：感染化育

是指通过感染化育的方式对学生进行相应教育的过程。感染，就是利用环境对学生的心理、情感产生影响，它侧重通过身临其境、动心动情的情绪感染来对学生产生立竿见影的影响，讲究的是"现场感"，讲究的是"快"的功夫。这种感染化育，具有感悟性、作为性的特点。感悟性，是指要使学生在熏染的过程中感悟到某些道理。这些道理，是基于第一步骤"意情引导"的内容而引发的，应该是与实现本次教育目标密切相关的道理。作为性，是指在经受了意情感染、感悟到了相关道理之后，学生们能自主自愿地有所作为，能把所感悟到的道理落实在自己的行为上。比如，"意情引导"部分要针对欺侮同学的现象而进行关爱之情的引导，那么，在进行感染化育的过程中，就要帮助学生感悟与人为善之类的道理，并且，能引导他们想出并表现出自己在这方面可以操作的具体行为来。这样，感染化育的工作就做实了。感悟性和作为性，就是既心动又行动的过程，也是知行合一的过程。

　　总体来看，"意情引导"是理性铺垫的阶段，"氛围营造"是感性启动的阶段，而"感染化育"是行为落实的阶段。这三个阶段渐次推进，共同促成"意情熏染法"的有效实施。

# 【他山之石】

《素养教育绿镜头——班主任工作纪实及思考》一书的相关篇章

**关键词**：教育策略（垫心之策）

1. 第 33 章《"七六版"的〈学习雷锋好榜样〉》

2. 第 86 章《玛雅预言与"阳光秘诀"》

**关键词**：教育方法（意情熏染法）

1. 第 41 章《笑着流泪的欢送会》

2. 第 67 章《"青春之歌"唱豪情》

# 2.2 追寻思想的星光

> 暗夜的旷野中，没有了星光的照亮，走路就可能磕磕绊绊；成长的道路上，没有了思想的引领，人生就可能迷失方向。教育的意义，更重要的是让思想的星光引领成长的方向。
>
> ——题记

## 【抛砖引玉】

曾跟一个学生闲聊。

我问他："为什么要上学读书呀？"

学生摇摇头："不知道呀，没想过。"

我又问："那你长大之后打算干什么呀？"

学生又摇摇头："嘿嘿，不知道。"

我接着说："那你现在就想一想。"

学生非常为难地看着我："老师，这、这咋想呀？"

这次"三问三不知"的经历，引起我深深的思索：对学生来讲，教他们有头脑应该比教他们有知识更重要。从那时起，我就开始有意识地对学生进行思考能力和思想意识的培养。

具体怎样操作呢？

在某届学生入学的见面会上，我向学生们提出了这样的要求："教师要做学生的学生，学生要做教师的教师。"这句话，在表达了教师虚心向学生学习这个愿望的同时，更重要的是要为学生种下一颗思想的种子，为他们点燃一支思想的火把。

听到我的话之后，学生们睁大了眼睛，他们对这种说法既感到新鲜，又感到好奇：什么意思呢？

待他们思考之后，我才对这两句话做了简单的解释。听了我的解释，学生们疑惑的脸上露出了兴奋的笑容。

说得好不如做得好。话说出去了，进行具体落实才是最重要的。

在随后到来的军训活动中，我就开始了对学生进行思考能力的培养。通常情况下，军训间隙的时间都是用来对学生进行行为强化训练的，我则把这些时间交给了学生。做什么呢？让他们根据我所提供的评价标准进行讨论，相互评价得失，用这样的方式培养他们的思考意识和思考热情。

从此，合作讨论、互评互助这种自主成长的方式开始走进了学生们的学习生活，而这讨论和互评，正是思考的实践，更是思想的发端。

正式上课的前一天，我告诉学生们：明天就要正式开始初中阶段文化课的学习，我要给大家讲一讲初中阶段的学习要求。

学生们立刻正襟危坐，表现出了非常专注的状态，准备听我的学习引导。

"想不想做一个热心助人的人啊？"在大家期待的目光中，我说出的话却似乎与学习并不相干。

"想！"学生们异口同声地回答，他们并没有注意到我说话"跑题"的问题。

我拿出了一张纸币："我打算到学校旁边的超市里买些东西，这里有十元钱，能立刻帮我做到的同学请举手！"

唰的一下，学生们几乎都举起了手。

"谢谢，谢谢！看来，咱班同学都是助人为乐的模范呀！"我一边"满意"地表扬着他们，一边把目光移到了几名没有举手的学生身上。

"甲同学，你怎么不举手？难道你不愿意帮老师吗？"我似乎有点"不悦"地问。

"老师，我愿意帮您。可是，我不知道买啥呀！"甲同学充满疑问地答道。

听了他的回答，有几个学生忍不住笑了起来。

"哦？是呀，我的确没说要买什么。"我"恍然大悟"地说，"那——乙同学，你为什么不举手呢？"我把目光移向了另一位没有举手的学生。

"老师，我一是不知道买什么。再有，要'立刻'也做不到，因为我现在是在教室里——"他的话音未落，教室里立刻哄堂大笑起来，可能是大家觉得他的回答有点太"幼稚"了吧？

我笑着请这两名学生坐下，然后说道："大家可能觉得两位同学在说笑，或是在给自己找理由。其实，他们的回答正是我想要的。"

听我这么一说，学生们都止住了笑声，不解地看着我。

"没明白，是吧？那好，现在把钱拿到手，哪位同学能立刻兑现自己刚才的诺言？请立刻起立！"我又把纸币晃动了起来。

学生们面面相觑，谁也没有站出来。

"这就是了。连'买什么、买多少'这些基本的信息都不知道，还想帮我的忙，你们有多大的胆子啊！"我揶揄他们道。

学生们都似有所悟地笑了。

"不过，刚才老师说这些买东西的话好像犯了个前提性的错误。谁知道是什么？"我话题一转，这样问道，"现在是考验你们这些'老师'是否合格的时候了。可以参考一下我们说过的发言的标准来思考。"

军训期间，在对学生们进行讨论发言训练的时候，我曾提出过"不跑题"的标准，学生们想到这一点应该不算特别难。

七嘴八舌的议论之后，就有学生找到了问题所在：老师的讲话"跑题"了！

"那么，明明是要告诉你们学习方面的要求，老师却浪费时间请大家帮助买东西。老师是真的'跑题'了吗？"我这样启发他们。

片刻的沉寂之后，有学生举手发言："我觉得老师不是'跑题'了，而是要告诉我们一个道理。"

"什么道理呢？"我追问道。

"我说的不一定对啊。"这名学生显得有点犹豫。

"没关系，说了就对！"我鼓励她道。

"我想……嗯……老师可能是想告诉我们：学习和做事一样，都要先想清楚要干什么吧？"学生说。

"此处有掌声！"我禁不住喝起彩来，"她所说的'要干什么'，就是做事要有目标。"

接着，我与学生们一起探讨了明确目标对于做事和学习的重要性。经过引导，学生们开始懂得了思考的意义。

此后，我从日常活动和日常学习这两条线入手，多角度、多层次地引导学生学习思考、练习思考，努力把他们从惯于听从、缺乏思考的状态中解放出来。

除了日常行为上的训练之外，我还通过制度化的引导来培养学生的思考能力。比如，在学习形式上，安排以学习小组的形式进行讨论、讲课等活动；在学习内容上，学习笔记上专门设置了有关猜想和提问的栏目……这些举措，对激发学生们的学习热情和主动思考的热情，都发挥了积极的作用。

除了日常的启发引导，我还通过形式多样的主题教育来培养学生的思考能力。比如，通过"走进我的家"的主题引导他们思考个人与集体的关系；通过"自省日"的活动引导他们思考如何加强个人的修养；通过写"日进录"的方式引导他们理解反思与进步的关系；通过"人生自画像"的写作活动引导他们思考自己的人生方向……

这样的启发，贯穿了学生们从入学到毕业的整个过程。也就是在这贯穿始终的启发过程中，学生们懂得了很多很多。而最为可贵的是，他们懂得了自己是学习的主人，懂得了自己是独立的人，懂得了自己是独立的能够有所作为的人。而教会他们这些"懂得"的，就是思考，就是思想。

如果说思想是暗夜中闪烁的航标灯，那么，思考就是航船上动力强劲的发动机。有了思想的引导，有了思考的推动，不管人生的大海有多么浩瀚和晦暗，人们总会为自己的航船找到正确的方向，劈波斩浪，自信前行！

# ▌【出谋划策】

在帮助学生成长的过程中，教师用"教师要做学生的学生，学生要做教师的教师"的思想理念引导学生自主进步；又从学生无法立刻完成购买物品的实例说起，引导学生做事要学会思考；之后，又从日常活动和学习两条线入手，多角度、多层次地引导学生学会思考，帮助他们从懵懵懂懂的幼稚孩童逐步成长为会思考、懂思想的有志青年——像这样，**通过为学生铺垫正确的思想观念、基本的思考和思辨能力以促其自主成长，我们把这样的教育策略称为"垫思之策"。**

**铺垫思想观念。**指帮助学生铺垫思想的意识和正确的思想观念以促其自主成长。这里所说的思想，首先是指产生念头和想法，是指"产生念头和想法"的意识和欲望。学会思想，就是给自己的行走找个方向，就是给自己的行为找个理由。无论是走出家门的抬腿走路，还是寻找自己的人生之路，都需要借助这基本的念头和想法来完成。这里所说的思想，还指更高层次的思想认识，特别是正确的世界观、人生观和价值观。有了正确的世界观、人生观和价值观的指引，学生的思想才能垫得厚、垫得实、垫得牢。对于学生们来讲，他们的成长和发展更需要靠这种更高层次的思想去引导，如果没有这种思想，如果不会这种思想，那么，他们的成长将步履维艰。

铺垫了思想的能力，就是帮助学生找到了前进的方向。

**铺垫思考能力。**指帮助学生铺垫思考的能力和习惯以促其自主成长。培养思考的能力，可遵循"千里之行，始于足下"的原则来进行。千里之行，说的是要对发疑启思有比较明确的方向性目标。先要想清楚发疑启思目的是什么，是为了解决什么问题才这样做的。这是前提性的工作，这样的发疑才具有诱导的意义，学生所受的启发才不至于偏离方向，才有利于问题的解决。始于足下，就是用来启思的所发之疑要立足于具体情境来设置，要以学生的接受能力为基础来设疑、来启思。这样，学生才有能力思考相关的疑问，才有机会逐步解决相关的问题，才有信心继续地思考下去。反之，如果所发之疑是学生力所不及的，那么，这个发疑就是失败的了，启思的目的也很难达到——启思的目的，不仅仅是具体问题的思考和解决，更是思考意识、思考信心的树立。

　　铺垫了思考的能力，就是帮助学生找到了进步的阶梯。

　　**铺垫思辨能力**。指帮助学生铺垫思考辨析的意识和能力以促其自主成长。思考辨析，就是要通过思考、分析来实现对事物的辨别和选择。从初中生的角度来讲，他们做事正处于"半懂不懂、半能不能"的过渡阶段，"半懂"的他们觉得自己什么都懂了，其实没有真正的懂；"半能"的他们觉得自己什么都能做，其实很多事情他们并不能做得成。所以，培养他们具有一定的思辨意识和思辨能力是十分必要的。培养这种思辨的能力，可借三个"用"字来落实：用事实说话，用比较鉴别，用效果选择。就是用具有说服力的事实（最好是发生在学生身边的事实）来进行教育引导；通过对相关人、行、事、物等进行比较，帮他们在这种比较中辨别真假、善恶、美丑；最后，通过对相关人、行、事、物等效果的衡量，让他们自己做出有利于成长的选择。

　　铺垫了思辨的能力，就是帮助学生筑起了防洪的堤坝。

# 【想方设法】

## 特点指要

　　在引导学生学习思考的过程中，教师先以"做热心助人的人"作为"诱饵"来诱导学生，激发其思考的意愿和热情；再把学生置于不知道买什么而无法兑现承诺的困境之中，通过切实的体验来启发他们思考"目标"的重要性；由此再提示和引发学生思考做人做事的目标的重要性——像这样，**通过具有吸引力的目标来启发学生思考并诱导其自愿求取进步，我们把这样的诱导方法称为"启思诱导法"。**

## 程序参考

**步骤一：感受求思**

是指让学生在经历中感受到对思考的需求的过程。有需求，才会有追求。诱导学生学会思考，首要的问题就是帮助他们感受到对思考的需求。这种对思考的需求，可通过用语言进行思想动员的方式来实现，也可通过让学生亲身经历体验的方式来实现。相对来讲，后者这种体验式的诱导更有利于激发学生的自主意识，更有利于引导其明确思考的方向，更有利于挖掘其思考的潜力。

具体来讲，用"脱困法"更有利于帮助学生通过体验来感受对思考的需求。有句成语叫"穷则思变"，现在常用来表达"在穷困艰难的时候就要想办法改变现状"的意思。利用这种原理，可以有效地来诱导学生练习思考：设置某种情境，使学生在这种情境当中面临某种困难，使其切身感受到这困难所带来的不便，由此激发其产生脱离困境的意愿。这种想要脱离困境的过程，就是促其通过思考脱困的办法而练习思考的过程。

**步骤二：发疑启思**

是指通过设疑的方式来启发并诱导学生学会思考的过程。发疑启思，关键在一个"还"字，就是要把本属于学生自己的思考的机会还给他们。还他们以必要的经历，还他们以应有的思考，还他们以自觉的意识，还他们以自主的作为。从具体做法上来看，可通过教给学生下面的思路来学习思考：为什么（做事的目的、目标），做什么（做事的内容），怎样做（操作的程序和方法），怎么样（做事的效果），怎么改（相关的修正）。培养思考的能力，还在于一个"引"字，就是要引导学生养成思考的习惯。这方面，可以请"为什么"来帮忙：引导学生常想"为什么"，常问"为什么"，常答"为什么"。久而久之，"为什么"就成了学生发现问题、认识问题和解决问题的"初始程序"，那么，思考的习惯自然也就容易养成了。

**步骤三：释疑悟思**

是指通过对疑问的解决和思考的领悟来培养学生思考能力的过程。"启思诱导法"的使用，不但要在具体问题上帮助学生释疑解惑，还要帮助他们对某种道理能有所悟，有所得。这方面，可通过以下几种思路来试试：其一，小中见大。就是引导学生在小事当中领悟到大的道理。比如，引导学生从秋风落叶的自然现象来认识一叶知秋的道理。其二，平中见奇。就是引导学生在平常的事物现象中获得不平常的感悟。比如，引导学生从司空见惯的汉字中领悟其所蕴含的哲理。其三，由此及彼。就是引导学生能进行由此及彼地思考感悟。比如，引导学生把某一学科的学习方法借鉴迁移到其他学科的学习当中去。

"启思诱导法"的使用，既需要领悟到某种道理，还需要学生把这种道理用恰当的语言表述出来。这样，所启之思就会更明晰，所思之理也就更明确，而学生从中所受的教育也就更有实效。更进一步点说，"启思诱导法"最好还能做到思以致用，就是能用所思所悟的道理去指导行为，这实际上是通过应用来对所启之思进行强化和再认识的过程。

# 【他山之石】

《素养教育绿镜头——班主任工作纪实及思考》一书的相关篇章

**关键词：**教育策略（垫思之策）

1.第2章《军训究竟训什么》

2.第3章《熔铸班级的灵魂——班训》

**关键词：**教育方法（启思诱导法）

1.第23章《发人深思的"选择"题》

2.第85章《"三思"而行"每一次"》

# 2.3　最温暖的手套

> 世界上有两种力量最为强大：一种是思想，一种是情感。思想的力量能让人更有深度，情感的力量能让人更有温度。
>
> ——题记

## ▌【抛砖引玉】

小丁是这个集体中第一个给我留下深刻印象的学生。

入学军训的第一个晚上，队伍休息的间隙，一个男生对别的同学说了不该说的话。接到求助后，我找到了这个男生。出于维护其尊严的考虑，我并没有批评他，只是简单地提醒了他几句。令大家没有想到的是，就在我提醒之后转身离开的时候，他以一种特殊的方式表达了对我的不满，然后就满不在乎地回到热热闹闹的人群中去了。

"嗯，挺有'胆量'呀！"看着他的背影，我若有所思。

这个男生，就是小丁。

当晚检查内务的时候，有几个学生带了一些军训期间禁止携带的东西，小丁也是其中之一。不过，他的这种"违禁品"也显得与众不同，别人的都是零食之类的东西，他的却是一本比较特殊的读物。

小丁是来自其他小学的毕业生，按理来讲，他应该与大多数相互熟悉的学生之间存在一种天然的距离感。但小丁身上似乎有一种"魔力"，短短几天，他就迅速成了一个交流的中心。有事没事的，总有一大堆的同学围拢在他的身旁，高谈阔论着，哈哈大笑着，前仰后合着。而当老师或教官走近的时候，大家就立刻安静了下来。

"嗯，挺有'能量'呀！"看着小丁在人群中说说笑笑的身影，我若有所思。

军训结束。

开学典礼那天的早晨，小丁因为不想按学校要求做事而与家长闹了别扭。家长打电话向我求助，我重申了学校的要求之后他才不再争执了。

"嗯，挺有'主意'呀！"听着电话那头母子二人的对话，我若有所思。

还没有正式上学，小丁就以他的表现令我"三思"了。看来，这个学生的确不是"一般战士"。要想对他产生足够的教育影响力，需要从长计议才行，而要想从长计议，做好情感的铺垫将是十分必要的。

开学第一周的军训总结会上，我播放了一些军训期间学生们的照片。这些照片，都是我亲自拍下的，又都是经过精挑细选才拿出来使用的，每个学生积极向上的良好状态都在这些照片中得到了体现。而表现小丁的，不是他训练的整肃，也不是他谈笑的欢快，而是他帮助同学捆背包的热情。我的想法是，用他自身的正能量来促使他走向正确的方向。

不久，我发现小丁的汉字在男生里还算写得不错，于是，我就特意找一个他写字的时候经过他的身边，"顺口"说了句："嗯，这字写得还算工整。"他愣了一下，抬头看了看我，笑了。

我又发现小丁在英语课上发言比较积极，于是，在进行英语学习动员的时候，我提倡大家不但要自己学得好，还要起到带动作用。当时，我提到了一些学生的姓名，并请这些被提到名字的学生站起来"荣耀亮相"，还请大家为他们鼓掌。提到小丁的时候，他先是愣了一下，似乎不大相信自己会有这样的"光荣时刻"，但他还是站了起来，只不过动作有些迟缓而已。

掌声中，我看到有异样的光彩在他的脸上泛起。

不久，学生们迎来了他们进入中学的第一次运动会。运动会上，小丁可以说是大放异彩，他参加了好几个项目的比赛，都取得了很好的成绩。

这个与小丁拉近距离的机会我是不会放过的。迎着手拿奖品归来的小丁，我笑着说："有两下子呀！"

"呵呵，还行吧！"听了我的话，小丁喜笑颜开。他倒也不客气，语气也随便起来。

"嘿——，你倒是一点也不谦虚呀！"我佯作嗔怒地瞪起了眼睛。

"嘿嘿嘿——"小丁开心地笑着，蹦回座位去了。

此后，与小丁类似的交流日渐多了起来。此间，我从小丁和他的家长那里了解了有关他的更多的情况。

"以前很优秀，以后也错不了！"我这样鼓励小丁道。

听了我的话，小丁的眼里闪出了热烈的光芒。

接下来，我又做了许多的工作，再加上班级整体上所进行的一系列教育，使得小丁与我的心理距离日渐接近了起来。除了日常的交流，我还紧紧抓住一些特殊事件来关心他。比如，他有一次因病不能上学，我带了写满全班同学祝愿的"慰问卡"去探望他。在与家长见了面之后，家长出于对我的尊重，执意不肯带我去家里，我也只好作罢。

尽管没有亲自到家里去看望小丁，不过，这件事给了小丁很大的触动，他懂得老师的关心是真诚的。这种"懂得"，后来逐渐渗透进了小丁的日常行为当中，特别是渗透进了他对老师的态度上：面对所有老师任何形式的教育，他都能毕恭毕敬地接受，再也没有表现出不满和怨气了。

一个冬日的早晨，我发现我教室的办公桌上放了一个小盒子，上面还插着一张卡片，卡片上工工整整地写着：

老师，圣诞节快乐！

以后大冷天照相戴上这个！

小丁

打开盒子，里面是一副新买的手套。

看到这些，我的心头不由得一热：这孩子，长大了！

从学生们入学开始，我就用相机记录他们成长的历程，春夏秋冬，从未间断。现在是冬季，在室外给他们拍照，有时也的确有点冻手。对此，我自己并没有太在意，可是，小丁注意到了这一点，而且，还在一个特殊的日子以这样一种方式表达了他对老师的关心。这种师生间的情谊，是用任何礼物也换不来的啊！

在为终于走进了小丁的心里而欣喜的同时，我也犯了难：我是不收学生的礼品的，那么，这手套收还是不收呢？最后，我决定收下这副手套，但只收藏不使用。这一方面是为了不让小丁误解，另一方面，也许以后还用得着。

果然，进入九年级之后，这副手套还真的帮了我一次大忙。

那段时间，小丁的情绪波动比较大，行为也出现了失当之处。老师们都很关心他，但大家的教育引导似乎没有起到太明显的作用。我也提醒过他，但显然也没有起到足够的警示作用。

怎么办呢？

看来，得给他下点"猛药"了，否则，迎接他的将不仅仅是学习状态的下滑，还可能有其他方面的负面影响。

于是，我把小丁请到了办公室。请他坐下后，我开始表情严肃地看着他。

"唉——你呀！"我似乎很无奈，重重地叹了口气，"这么多老师都在关心你，我也提醒你好几次了吧？"

"是……"小丁低下了头，他知道我要说什么，也做好了被批评的准备。

"你是个很聪明的学生，又那么懂事，老师还用得着像对小孩子那样给你讲道理吗？"我语气亲近地责备他道。

"不用……"小丁摇了摇头。

"那我该怎么做？我怎么做你才能改？"我追问道。

小丁沉默起来。

"给你看样东西吧！"说着，我拿出一个红纸包递给了小丁。

小丁疑惑地打开了纸包，出现在他面前的是他送我手套时写着关心话语的那张卡片。

"老师，这……什么意思呀？"小丁不解地看着我。

"什么意思？我打算把它还给你啊！"我带着"怨气"地说。

小丁惊愕地看着我，表情一下子僵住了。

"唉——"我故作伤感地长叹了口气，"手套只能暖暖手，可我的心却冷得多了！反正有人也不拿我这个老师当回事了，感情都没有了，我还留着手套有什么用呢？"

"老师，我没不拿你当回事呀！"小丁有点慌了。

"没不拿我当回事？那为什么我说的话你不在乎了呢？"我的话里明显带着责备和不满。

"哎呀，老师，我不是不在乎您说的话，我只是控制不住自己！"小丁急得站了起来。

"我怎么那么不信呢？想控制自己还能控制不住？那你以前的那些进步该怎么解释？你不但能改正以前的毛病，还能主动关心老师，这都是你想做就能做到的事。可是，现在你却说控制不住自己了，谁信哪？这不明摆着要跟老师说'拜拜'吗？"我特意把话说得随意些。说着，我还站了起来，摆出一副要送客的架势。

"老师您坐，我、我、我真不是要跟您说'拜拜'！"小丁一边急切地表白，一边扶我坐下。

我借机坐下来："按你的意思，是对我这个老师还有感情喽？"

"那当然，那当然啦！是我不对，老师别生气，别生气！"小丁连忙点头哈腰地给我赔不是。

"我觉得也是。"我赶紧接过他的话茬，顺势说道，"正因为如此，我才没有在教室里把卡片和手套直接还给你。而且，你看，我用红纸把这个卡片包起来，这是为什么呢？"

"珍惜，是珍惜呀！"不等小丁回答，我接着说道，"老师特别珍惜我们之间的这份情感，那么，珍惜的表现是什么？就是想方设法帮你取得更大的进步。可你呢？"

"老师，我改，我改，我改！"小丁连忙表决心。

"你要真能改，那我就先收着。不过，你要是再气我，我可一定要把它还给你！"我的语气里明显带着"威胁"的味道，但小丁一定从中听出了亲切……

这次亲切的"要挟"之后，小丁的确有了明显的改正。看到这些，我不能不暗暗感谢我曾经为小丁做过的一切。

其实，就算小丁没有明显的改正，我也不能真的把卡片和手套还给他。为什么？不敢哪！一旦还给了他，这根感情的丝线不就断了吗？这可是最有价值的"底线"呀。

毕业之后，小丁还时不时给我发个信息，有汇报自己进步的，有提醒我天凉加衣的。一天，他的家长给我打来电话，告诉我小丁要办一个十六岁生日的庆祝会，这个庆祝会的参加者，除了小丁和他的家长，只邀请了我一个人。我知道，这与其说是庆祝会，不如说是一个高规格的成长仪式和答谢仪式更为合适。尽管我没有去参加这个庆祝会，但我懂得小丁和他家长这份情谊的厚重——在我的经历中，这是最珍贵、最难忘的邀请之一。

直到现在，小丁送我的那副手套还静静地躺在那个小盒子里。尽管我从没有戴过它，但每当想起它的时候，就总会有一股无形的暖流在周身涌动，不可阻挡地热着我的手，暖着我的心。

# ▌【出谋划策】

在对小丁的教育引导中，教师通过细心的鼓励、真诚的探望等多种办法，与小丁建立了良好的情感基础，后来又借助这良好的情感基础对小丁进行亲切的"要挟"，帮助小丁改正了自己的不当行为——像这样，**通过帮助学生铺垫良好的情感基础以促进其健康成长，我们把这样的教育策略称为"垫情之策"。**

**铺垫热情活力**。是指帮助学生铺垫其自身的热情和活力以促其健康成长。一方面，要铺垫学生对人生的热情。对于学生来讲，热情就是他们的活力。有了必要的热情，他们才能生机勃勃，才能活力四射。这种热情和活力从哪里来？从他们上进的愿望中来，从他们进步的成绩中来，从他们进步的自信中来……所以，给学生鼓励，就是帮他们铺垫了活力，就是帮他们铺垫了热情。另一方面，要铺垫学生对集体的热情。从教育的角度来讲，仅仅对自己的人生充满热情是不够的，还需要有集体意识，还需要有团队精神，这就需要对班集体也要充满热情。当学生对班集体充满了热情，班集体反过来也对学生个体形成了吸引力和影响力，这样，个人与集体之间相互作用，相互影响，相互促进，会更有利于学生的成长和进步。

**铺垫师生情谊**。是指帮助学生铺垫师生之间良好的情感基础以促其健康成长。亲其师而信其道，这是为人们所公认的道理。师生关系的和谐，无疑会对学生的成长起到非常积极的促进作用。许多情况下，学生能够按照老师的要求去做，也许并不是因为他们认为老师所说的事情是多么的有道理，而是他们热爱老师，亲近老师，信赖老师。所以，对学生做好必要的情感铺垫，往往会使得对学生的教育行为更为顺利。许多事情，即使事情本身没有什么道理，但由于有足够的师生情谊作基础，这个事情落实起来也就没有障碍（当然，这不是说老师要做无理的事情）；有些事情，即使事情本身很有道理，但由于师生关系存在障碍，那么，这件事也可能就做不好。对于成长中的学生来讲，情感的影响力往往更强大、更持久。

要想把师生的情感基础铺垫得好，需要在关爱学生和让学生学会关爱这两个方面去努力。关爱学生，并且让学生能感受到来自教师的关爱，这是基础的基础，是前提的前提。但如果学生不懂得这些关爱，那再多的关爱也是徒劳，甚至会产生"溺爱"的负作用。所以，要通过实践操作来引导学生学会感受关爱、感恩关爱，直至学会付出关爱。

**铺垫同窗情谊**。是指帮助学生铺垫同学之间良好的情感基础以促其健康成长。同学关系的亲密和谐，直接关系到学生生活和成长的质量。在校期间，学生们彼此在一起的时间要更多，这就需要教师努力为学生营造和谐的成长氛围，让他们彼此友爱，互帮互助，共同进步。这方面，需要做的工作有许多，而对学生价值观的正确引导可能尤为重要。教学生学会平等，学会友爱，学会不歧视，学会不抛弃，学会不放弃，这些都是引导学生具有和谐同窗情谊的要点。学生们一旦具有了这样的情感基础，他们的性情和行为就都会向着更好的方向发展，他们的成长之路也就会走得更加顺畅。

# 【想方设法】

## 特点指要

在对小丁的引导过程中，教师先铺垫了必要的师生情谊。在小丁犯错误之后，教师假意送还小丁赠给老师的手套，以使小丁面临失去与教师友谊的局面；在小丁因此而受触动并表示改正错误后，教师又终止了送还手套的行为，使小丁与教师的情谊得以"失而复得"，并借此促进小丁改正了错误——像这样，**通过使学生经历失而复得的触动来鼓励其目标明确地自主进步，我们把这样的鼓励方法称为"复得鼓励法"**。这里所说的学生"失而复得"的对象，往往是指其所在意的人、事、物等。

# 程序参考

### 步骤一：铺垫在意

是指通过强化学生与其在意对象的密切关系来为后续教育进行铺垫的过程。这种关系的强化，可从两个角度来尝试。

其一，通过分析利害来强化。通常情况下，凡是学生所在意的人、事、物，其与学生的关系本就都比较密切。这时，通过对学生与其在意对象的利益关联的分析，使学生充分认识到其在意对象对于他的珍贵性，由此而使其更加在意这些人、事、物。

其二，通过密切关系来强化。对于有些学生来讲，可能未必会找到其足够在意的人、事、物，这时，就需要教育者选取那些与学生关系相对密切一些的在意对象，通过适当的方式使其关系密切到足以借来进行借力教育的程度。数量的增多、质量的提高、程度的加深，都可以取得这样的效果。比如，打算用友情来对某学生进行教育的铺垫，那么，就可以不断增加教育对象与其好友的交往次数，或安排好友帮助其解决某个关键的问题……通过这样的方式使他们由一般的朋友关系发展为更进一步的挚友关系，这就为接下来利用友情进行教育引导打下了基础。

### 步骤二：分离触动

是指通过人为分离学生与其在意对象以使其受到触动的过程。明确了学生的在意对象，并且使之深入理解这些在意对象的重要性之后，接下来就要明明白白地告知学生要对他们进行分离，以此而使其受到触动，使其产生失去这在意对象的不舍之情；在此基础上，引导学生自己表达出不愿意与在意对象分离的意愿，然后，以答应其请求为条件来促其改正缺点错误，向着正确的目标成长。

这一环节的操作，可能会出现两种结果：一种是实现了学生与其在意对象的分离，一种是经过学生的请求而没有实现分离。不管结果如何，这种做法都多少带着点"要挟"的意味。需要提醒的是，利用这种"讲条件促进步"的办法，之前要对教育对象的心理以及其与在意对象的关系有理性的评估，对可能出现的结果要进行相当有把握的预判，而且要有相应的备选方案，使用时还要拿捏好火候，要把握好分寸，切不可鲁莽行事。否则，很可能会使教育对象产生误解、甚至弄假成真，那可就麻烦了。

### 步骤三：还原鼓励

是指通过满足学生还原其在意对象原有状态的愿望来对其进行正面鼓励的过程。第一，肯定优点。肯定学生在此事过程中的固有优点，比如，其对在意对象的真情实意、其对目标的执着追求、其提出相关请求的诚恳态度，等等。第二，明确目标。根据学生的态度表现而应允其还原其在意对象原有状态的请求，但要对学生提出其要实现一定进步目标的要求；而且，这个目标要引导学生根据其自身的不足由其自己提出来。第三，肯定进步。对学生的进步落实情况进行考核，及时评价、鼓励，使其看到自己努力的效果。第四，适时还原。根据学生的进步情况，适时还原学生与其在意对象原有的状态，并以此为契机，对其进行更进一步的鼓励。

# 【他山之石】

《素养教育绿镜头——班主任工作纪实及思考》一书的相关篇章

**关键词：**教育策略（垫情之策）

1. 第1章《"走进我的家"》

2. 第79章《一枝一叶总关情》

**关键词：**教育方法（复得鼓励法）

1. 第5章《"与尊严同行"》

2. 第18章《濯洗高贵的心灵》

# 2.4 铸起自信的脊梁

> 对于一个学生来讲，给了他事做，他就显示了价值；显示了价值，他就拥有了地位；拥有了地位，他就会受到尊重；受到了尊重，他就会更有了自信；更有了自信，他的生活就会充满阳光。
>
> ——题记

## 【抛砖引玉】

我是后到这个班级担任班主任工作的。

上任不久，我就发现有一个女生很是特别，她的这种特别之处高度概括起来就一个字：闷。

上课时，她是闷声不响。听课从不抬头，偶尔遇到老师提问，她回答的声音是又细又小，别人根本听不见。下课时，她是闷头走路。走在同学中间，她也是不抬头，不说话，蹑手蹑脚，总好像躲着什么似的。

经过了解，这个女生叫小玟，是这个班里学习成绩最差的学生，每次考试，她的成绩总是稳居末位。为此，有的学生曾公开嘲讽她，说她"给班级丢了脸"，个别学习好的学生甚至说出了一些更刻薄的话……小玟渐渐地被集体所忽视，甚至被集体所无视。

不能这样啊！

我决定改变这种现状——为了小玟，也为了全体学生。

　　既然是学习方面的问题，那就从学习开始抓吧。可是，实际操作之后我才明白，我想得实在是太简单了：小玟在学习上的困难是巨大的，而且是多方面的，要想在短时间内取得成效而被大家认可，这是不可能的。而她所需要的是尽早融入集体，尽早被大家所接受。

　　只能另寻出路。

　　出路在哪里呢？经过仔细的思考，我终于明白：给小玟向上的勇气和热情，给她成功的希望和信心，这比什么都重要；而对于整个班级来讲，如何友爱同学、如何转变那种轻视他人的不良观念和风气则是应该首要解决的问题。

　　为了实现这样的目标，我决定为小玟创造一个能被大家了解和认可的机会，并以此为突破口开展以后的工作。而要想做到这一点，就需要先给她创造与大家交流的机会，要让她在与同学们的交流当中找到存在感；同时，也帮助其他学生在这种交流中转变观念，培养他们的友爱意识。

　　思前想后，我觉得让小玟负责一定的班务工作会比较有利于她和大家的共同进步。那么，什么职务比较适合她呢？班长？她能力不行；学习委员？更不好办，她本身学习成绩最低，搞不好的话，不但同学不信服，她自己也会更痛苦；体育委员、文娱委员呢？也不合适，她在众人面前连大声说话都不敢，怎么能胜任这两方面的工作呢？思来想去，好像卫生委员的工作还比较合适。如果用心，她应该能做好这项工作。

　　为了顺利落实这个打算，我进行了必要的铺垫。这个铺垫过程，主要是按如下的几个步骤来进行的。

　　第一步：激发上进的热情

　　这种热情的激发，是从班集体和小玟这两个层面来进行的。先进行的是全班学生的思想动员，我在班会上先提出了学生们的许多优点，比如上进、能力强、关心集体，等等。每提出一个优点，都有相对应的一些学生受到点名表扬，这样，这个班会就成了全班优点的展示会，同时又成了每个学生优点的宣传会。在每个学生都受到了相应的赞赏之后，我顺势提出：每个人都应该更进一步，但从哪个方面进步，还需要学生们自己去思考——这实际上是为下一步的工作而进行的动员和铺垫。

　　班级动员之后，我又找了一些学生单独谈话，其中就包括小玟。我先表扬了小玟近阶段的进步，尤其表扬了她个人卫生好、会清洁，并请她利用自己卫生好的优势为班级做贡献——做贡献的具体任务就是每天放学查看一下她周围的几个同学的卫生情况。

　　小玟比较爽快地答应了我的"请求"，她并不知道，我这样做既是为了班级，也是为了她。从此，小玟成了行动有目标的人。

　　第二步：转变错误的观念

　　当时，在一些人的思想意识里，"好学生"的全部内涵就是学习好，这种观念在这个集体里表现得十分突出，一种盲目的优越感让一些人自视高人一等而鄙视劳动；而如果哪个学生的评价中有"劳动积极"之类的话，有的家长就可能会特别失望地说：唉，老师是实在没有什么可说的了才说劳动积极的。

在这样的大背景下，如果匆匆地安排小玟上任，那结果恐怕是难以乐观的。

不久，班级开展了劳动光荣的教育活动。先是在思想层面引导学生热爱劳动，珍惜劳动成果。接着，以适当方式引导学生把这种思想转化为自己的实际行动。为了使劳动的观念深入人心，班级还开展了学会清扫的劳动评比活动。

这项活动的开展，既是为了教育全体学生，也是为小玟的工作安排而进行的心理和舆论的铺垫。当然，在这一过程中，小玟也得到了实实在在的锻炼。比如，她学会了怎样帮助同学，学会了与同学的有效沟通，学会了大胆地在老师面前笑出声来……

小玟，她正在向着我所期待的目标努力着。

第三步：营造友爱的氛围

在开展劳动光荣教育的同时，友爱互助的教育也顺利开展了起来。这项教育，是借助"助人为乐"活动开展起来的。活动中，班级紧紧抓住"助人"与"为乐"这两个关键词来引导：帮助别人的过程中能得到快乐，这是一种更高层次的快乐；要想得到这种更高层次的快乐，请到助人的行动中去寻找。

这项活动的开展，使学生们在助人的同时获得了心理的满足感，更使他们的心灵得到了净化。这样，团结友爱的氛围逐渐就被营造了出来。

顺理成章地，小玟在卫生方面对同学们的帮助受到了大家的关注和肯定。

"表现很好呀，将来可以为大家做更多的工作啦！"面对日益进步的小玟，我给了她这样的鼓励和努力目标。

第四步：创设有利的环境

要想让小玟顺利担当起卫生委员的职务，还需要为她创设有利的工作环境，让她有机会展示自我，让她能够以自己的实力被选举为班干部，而不是被安排为班干部。

这种工作环境，更多地体现在同学们对她的认可和接受上。所以，在热爱劳动和助人为乐的教育活动中，每次的反馈和总结，小玟的名字都会出现在被表扬的名单之中，而每次的表扬也都伴随着同学们热烈的掌声。这些表扬，使全班学生和小玟自己都在悄悄地发生着变化。同学们惊喜地看到，小玟不再是那个在大家眼里一无是处的所谓"差生"，她的身上同样有闪光的地方。而且，随着时间的推移，大家逐步认识到，自己以前对小玟的看法是那样的不合适。而小玟呢，同学们的掌声更使她受到了鼓舞，她不但清扫任务完成得更好，跟同学交流的音量也逐渐大了起来；有时，大家还能听到她开心的笑声。

随着大家对小玟的好感越来越强，眼见时机已经成熟，我向班委会提出增加一个卫生委员职位的想法，班委会成员一致同意了我的提议。然后，通过引导，小玟主动参加了新卫生委员的竞选，结果自然是毫无悬念的：小玟以很高的选票成功当选。当宣布竞选结果的时候，全班响起了热烈的掌声。

这掌声，意味着同学们接受了小玟，新的生活即将在她的面前展开了！

接下来要做的就是帮助小玟巩固已经取得的成果：从人员的安排，到清扫的技术，我都耐心地引导她，帮助她知道怎样才能做得更好。而看到她点滴的进步，我都及时表扬，适时鼓励。小玟也没有辜负大家的期待，从陌生到熟练，从胆怯到自信，她把工作做得越来越好。

自从小玟当上了卫生委员，班级的卫生工作有了很大的起色，而小玟自己也变得越来越开朗自信，这种自信让她能大声说话，能开怀大笑，能与同学一起游戏，能在班会上大胆发言……这时的她，再也不是那个总低头走路、闷声不响的"局外人"了。这种自信也激发了她学习的积极性，在知识越来越难的情况下，她从来没有放弃学习，中考的时候，她的语文学科还考出了相当不错的成绩。

人在困境中，最怕失去的是意志和信心。对于有的学生来讲，给他们以应有的机会和地位，让他们能有尊严地学习和生活，让他们可以挺起胸膛来理直气壮地走路，这比什么都重要。

如果有人要问，怎样做才能让小玟们可以挺起胸膛来走路？我愿意这样来回答：

请给他（她）一柱自信的脊梁。

# 【出谋划策】

为帮助小玟在集体中能有尊严地学习和生活，也为了让班集体更加健康地成长，教师开展了一系列的铺垫工作：通过劳动光荣的教育来进行正确观念的铺垫，通过友爱互助的教育来进行良好班风的铺垫，通过能力展示来进行良好形象的铺垫——像这样，**通过为学生铺垫充满正能量的力场和风气以助其健康成长，我们把这样的教育策略称为"垫场之策"。**

**铺垫班风气场**。是指通过为学生铺垫健康的班级风气以助其健康成长。这里所说的班风，是指一个班集体所形成的稳固的精神追求和行事风格。良好的班风对学生的正向影响力是巨大的，正因为如此，铺垫了良好的班风就相当于铺垫了良好的精神追求和良好的行事风格。良好班风对学生所产生的良好影响，在防患和化解这两方面的作用尤为突出。防患，是指防止不良因素的影响。因为有了良好的班风，所以，一些不良现象就不会或难以出现，就如同园圃的土壤是健康的，那么，害虫们就没有滋生的机会了。化解，是指出现了不良现象后能够恰当地转化和消除。良好的班风是靠集体力量来形成的，而且，班风正能量的精神追求和行事风格是稳固的，这样，即便偶尔出现了不良的现象，这不良的影响也会被稳固而强大的班风正能量所抵消、所化解。

**铺垫舆论声场**。是指通过为学生铺垫正确的舆论氛围以助其健康成长。声，就是声音，就是舆论；声场，就是众多的声音，就是众多声音所形成的舆论，就是众人的舆论所形成的环境及影响力。充分利用声音来引导舆论的方向，充分利用声音来强化舆论的作用，这就是铺垫舆论声场的意义所在。其中，正声和众声的铺垫最为重要。正声，就是正确的声音，就是正能量的声音；铺垫正声，就是不断地以正能量的声音去影响学生。众声，就是群体的声音，就是代表群众的声音；铺垫众声，就是在集体中形成人人可发声、人人愿发声、人人发正声的局面。做到了这两点，集体中就会有理性的认识，就会有广泛的共识，就会有统一的思想——而这些，都会有助于为学生的成长营造良好的舆论氛围、形成正确的舆论导向。

**铺垫聚力磁场**。是指通过为学生铺垫班集体的正向凝聚力以助其健康成长。一个集体是必须要有凝聚力的，这种凝聚力就像磁场一样，会牢牢吸住集体的每一个成员。班集体中，能够起到这种凝聚作用的因素有很多，比如，出色的教师队伍；比如，向上的精神追求；比如，良好的班级风气；比如，进步的班级成绩；比如，多元的成功机会，等等。这些因素对学生的吸引力是无形的，也是巨大的。正是有了这些因素的存在，正是铺垫出了这样的磁场，学生们对这个集体才心向往之，他们在这个集体中学习和生活才能如沐春风，才能有存在感，有获得感，有成就感，有幸福感，有归属感。

# 【想方设法】

## 特点指要

在引导小玟进步的过程中，教师先鼓励她利用自己卫生好的优势为班级做贡献。接着，在劳动光荣的活动中让小玟得到实实在在的锻炼，在友爱互助的教育活动中让小玟因帮助同学而受到了大家的格外关注和肯定，帮助小玟以自己的良好表现在卫生委员的选举中高票当选。后来又在工作细节上帮助小玟取得成功，直至最后携助小玟做到了充满自信地成长——像这样，**通过目标牵动、渐次引导的做法来引领和扶助学生渡过难关，我们把这样的携助方法称为"牵引携助法"**。

# 程序参考

### 步骤一：目标牵引

是指用量身定制的努力目标来牵动学生健康成长的过程。首先，要做好"牵"的工作。要帮学生会思考，有头脑，有热情，有活力，有动力，有自信，这是牵动的动力基础。在此基础上，帮助学生确立其奋斗的具体目标。这个目标要能说得出，看得见，评得明，这样，牵引起来才有抓手，也才更容易让学生感受到成功的快乐。这种目标，最好是虚实结合的。虚，是指情感、态度、价值观的认知和倾向；实，是指与情感、态度、价值观的倾向相对应的具体行为。其次，还要做好"引"的工作。要用目标时常提醒和引领学生前进。让前进的目标成为学生成长的日常伙伴，让他们不忘记、不放弃这个"伙伴"，让这个"伙伴"时常提醒学生上进。这样既有了前进方向和目标，又能紧紧向着这个目标前进了。

### 步骤二：务实准备

是指为携助学生自主进步而对其进行相关能力的务实准备的过程。首先，要帮助学生做好主动进步的工作。这是解决被携助学生的思想认识和主观能动性的问题：以学生的某种能力为借力点，通过适当的引领，让学生对自己的潜力有足够的认识，让他有进步的愿望，让他能对自己有新的期待，让他能有为实现这愿望而行动的冲动。这样，学生的主观能动性被调动起来了，他的进步就有了必要的基础。其次，要帮助学生做好目标的认知工作。就是要把学生总体的进步目标分解成若干个阶段目标，并且，要把阶段目标的落实明确交代给学生，让他知道自己该干什么，该怎么干，这样落实起来就更具体，更明确。第三，要帮助学生做好必要的能力准备。这些能力，都是为实现其进步目标而必需的。比如，观察思考的能力准备，独立操作的能力准备，与人交流的能力准备，应对变化的能力准备，等等。

### 步骤三：携助进步

是指携助学生向着成长目标自主求取进步的过程。一方面，要重视循序渐进。学生的进步不可能是一蹴而就的，因此，要根据其自身的需要和成长环境的特点，采取分级推进的办法，使学生在被携助的过程中每一步都迈得踏踏实实，每一步都有所收获，每一步都增强信心。可以说，这渐次引领的过程，就是学生积跬步致千里的过程，就是学生不断树立信心的过程。另一方面，要重视随时修正。就是帮助学生能随时调整、随时修正其实现目标的行为。在操作过程中，教师最好先给学生一个方向，然后引导学生自己去观察现象，自己去查找问题，自己去寻找解决问题的办法。在此基础上，对学生给予充分的肯定，然后再给予必要的指导，使之完成自主成长的进步。

# 【他山之石】

《素养教育绿镜头——班主任工作纪实及思考》一书的相关篇章

**关键词：**教育策略（垫场之策）

1. 第 26 章《我们心中有个太阳》

2. 第 28 章《用舆论芬芳心灵》

**关键词：**教育方法（牵引携助法）

1. 第 13 章《精雕细琢自习课》

2. 第 53 章《雏鹰振翅"放单飞"》

# 2.5 垦造成长的沃土

秧苗的茁壮成长，除了精心的田间管理，除了必要的阳光雨露，很大程度上还决定于它所生长的土地。一方水土一方人，给学生垦造一方健康成长的沃土，这样的教育更有益，更给力，更持久。

——题记

## 【抛砖引玉】

仅仅一个上午的时间，小季就以他独特的做派引起了我这个新班主任的注意。

上课的时候，他基本上是低着头的，但时不时会偷偷地"瞄"几眼老师，我从他身边走过之后，他会用眼睛的余光警惕地戒备着我，而且，他的眼神也颇为"犀利"。课间的时候，学生们大多三五成群地在一起交流或玩耍，而小季则不知道去了哪里。上午一共有三个"课间十分钟"，他一个是踩着上课铃声走进教室的，而另两个则是迟到进来的——而且，每次回来，他都是气喘吁吁的。

此后，我渐渐发现，小季的与众不同可不仅仅表现在行为的散漫上。

作为升入初中不久的男生，学生们大多还没有摆脱孩童的稚气和顽皮。他们常常闹成一团，偶尔还因为一点小事而恶语相向、甚至拳脚相加。不过，没过多一会儿，他们又会有说有笑地玩在一起了。而他们的衣着打扮也很是随便，不少的男生可能还常常是一身的泥土——没办法，谁让他们正是能淘气的年龄呢？

然而，与大多数同学相比，小季却显得"成熟"许多。他喜爱运动，但几乎看不到他满身泥土的时候。他的衣着总是非常整洁，每次运动之后宁可上课迟到也要把脸洗得干干净净。他的书包里还常备着连这个年龄段的女生都很少拿到学校的东西：一块比较讲究的小镜子和一把漂亮的小梳子。

小季并不是个孤僻的人，相反，他是具有较广的"人脉"的。不过，他所结交的大多是本校高年级的学生或是外校的人——在他的眼里，本班同学太"幼稚"，实在是没有共同语言。所以，课间或午休等自由活动的时间段，本班学生的人群里往往看不到他的身影。更为突出的是，他所关注话题的"超前"也让本班其他的男同学"望尘莫及"。

最让我感到为难的是，这个小季还是个班干部。对他的教育，不动一番脑筋、不费一番功夫恐怕是不行的。

然而，树欲静而风不止，他没有给我这个新班主任从容思考和设计的时间。我上任没有几天，小季就给我来了个"下马威"。

那天，我在走廊里组织学生们站队，准备去参加一个活动。当时，大部分学生已经站好，大家等着几个去卫生间的学生回来，然后再一起出发。我则站在离排头不远的位置，面向全体学生观察站排的状况。此时，那几个去卫生间的学生陆续跑了回来，我正想回过身去提醒他们不要跑，忽然感觉有一串跑步声似乎在我后面停顿了一下，紧接着就是更重一些的脚步声。与此同时，我看到我对面几个表情本来平静的学生有的瞪大了眼睛，有的则忍不住掩口笑了一下，但他们随即意识到了我就站在他们的对面，所以立刻努力控制住了自己。

我猜想，我的背后可能有人在做什么搞笑的动作或表情。凭经验判断，起码也是有人轻轻地跳了起来。我原本打算回头看看发生了什么，但我瞬间控制住了自己。

为什么没有回头看呢？一是我现在不想节外生枝，不想因为其他的事情而影响了当前最重要的任务；二是我不知道我的背后有几个学生做了什么样的事情，如果我回过头去，看到他或他们的所作所为很不合适，但我又没有把握立刻实施有效的教育，那么，这就会使我自己处于一种进退两难的尴尬境地。那样一来，受影响的不仅是我这个班主任的威信，更重要的是全体学生（包括做出不当行为的学生在内）都会受到一次不恰当教育的影响。

事实证明，我的这个做法是正确的。因为，紧接着从我身后回到队伍里的就是那个给我留下深刻印象的小季，而且，只有他一个人。

于是，我装作什么都不知道，然后就带着队伍参加活动去了。

但是，这件事我不能不处理，否则，会给学生造成一种可以恣意妄为的误解，那样一来，他们以后的成长和教育可就都有了隐患了。我一向以为，对学生的教育，亲切和蔼是必须的，这是对学生的尊重；但学生对老师的尊重也是必不可少的，这其实也是对学生的尊重——对他们理应接受正确教育的权利的尊重。那种为了迎合某种"理念"就对学生的错误行为视而不见的做法，其实是助长学生畸形成长的不当教育。

活动结束后，我先总结了本次活动的情况，突出表扬了学生们值得肯定的地方。接着，我以提问的方式搞了三个问题调查：

问题一：从走廊站队开始一直到我此时讲话的过程中没有与我单独说过话的同学请举手。

问题二：愿意做一个受人尊敬、同时也尊敬他人的同学请举手。

问题三：对不尊敬老师的人能非常佩服的同学请举手。

前两个问题的调查，每个学生都举了手；而第三个问题的调查，没有任何一个学生举手。对每一个问题调查的结果，我都特意大声予以了确认。

为什么要进行这三个问题的调查呢？

调查第一个问题的目的有两点：一是为我接下来要说出的小季的不当行为进行铺垫。这个小季其实是有点"霸道"的，他对本班同学曾有过某种类似"胁迫"的行为。我要让他知道，没有任何人告诉我他在我身后做了什么，以免他无端猜忌而迁怒于他人。二是要为我以后对全班的管理进行铺垫。我要让学生们知道，我这个班主任即使没有学生"打小报告"也是"眼观六路、耳听八方"的。

调查第二个问题的目的既是对学生的教育引导，也是为第三个问题的调查作铺垫。

调查第三个问题的目的则是为了给接下来进行的教育进行一种舆论和形势的铺垫：大家都不认可、大家都不愿意做的事情，个别人就算想去做，其心理也是面临着"民意"的压力和影响的。

针对大家的选择，我高度肯定了他们具有是非观念的可贵，并结合他们在刚才整个活动过程中的表现，与他们共同理解了"要想被他人尊重就需要做好自己"的道理。

"反之也是如此，如果我们自己的行为不端，就会失去被他人尊重的机会。'人必自侮，然后人侮之'，说的就是这个道理。这句话的意思是，'人一定是自己做了能让自己受侮辱的事，别人才会借机去侮辱他'。比如，某个班级活动之前在走廊站排的时候，有的学生在班主任的身后做了不该做的事情，这就是在做让自己受侮辱、让自己不受人尊敬的事。"说到这里，我的目光在全班学生的脸上扫了一遍，当与小季的目光相对的时候，我看到了他眼神中的惊愕。但是，我的目光略微顿了一下，随即移开了。这时，那几个曾看到过小季不当行为的学生立刻扭过头，朝着小季的方向看去。不过，我用"不要走神"这样一句话把他们的注意力转移了回来。

我接着说道："这个学生的行为，有两种可能：第一，他要显示一下自己的'本事'。如果真是这样，那么，这不尊重老师的行为算不算是'本事'？我想，刚才我调查第三个问题时大家都没有举手，这已经做了明确的回答。第二，这个学生只是个无心之举，也许他只是觉得好玩儿而已。不过，他这样的无心之举很可能会让看到的人误以为他是在故意不尊敬老师，这样的话，他同样是做了让自己的形象受辱的事。当然，我宁愿相信那个同学的表现属于第二种情况。你们现在是中学生了，应该学着不自毁形象，应该学着尊重他人。只有这样，才会让自己的形象更美好……"

在上述的教育引导中，有这么几点需要说明：

第一，关于教育的目的。

我教育小季的目的不是为了让他惧怕我，而是为了让他在心底有所触动，为以后对他的教育做铺垫。因此，我采取的是"宽严相济、点到为止"的策略。

第二，关于语言的分寸。

为什么说"某个班级"而不明确指出就是这个班级？为什么说"我宁愿相信那个同学的表现属于第二种情况"？这两点，都是为了让小季不至于陷入千夫所指的境地，都是为了给今后对他的教育留有余地。否则，很可能会使其产生对抗的心理，这就会给以后的教育人为地设置了障碍。但即便是这样，无论是小季本人，还是那几个看到了小季不当行为的学生，大家都知道我说的是谁，该提醒的也都提醒到位了。至于小季是班干部这一点，我干脆提都没提，这更是出于对他的爱护和下一步教育的需要。

为什么说"做了不该做的事情"而不说"随意跑跳"之类的话呢？当时，小季在我身后做了什么，我完全不知道，一切的判断都是根据我听到的脚步声、我看到对面学生的表情所推测出来的，所以，用"做了不该做的事情"这样模糊的说法来表达，既点到了问题，又避免了具体表述不准确而致使教育失败的可能。对学生的教育，尤其是批评教育，没有确切的依据是不能随便说的，否则，会让自己陷入被动，教育效果也会大打折扣。

关于这次"走廊事件"的教育，就以这样暗中发力的形式暂时告一段落了。但我知道，对这个班级学生的教育才刚刚开始；而且，对他们的教育，必须从思想的引导、情感的培育入手才行。

于是，我在班级开展了以"学会尊重"为主题的教育活动。教育活动中，在针对全体学生进行教育的同时，我尤其注意寻找机会对小季进行有针对性的引导。其中，抓住小季不犯错误、取得进步、触动心灵这三种机会对其进行教育，使得小季发生了根本性的变化。

先说说抓小季不犯错误的机会对其进行教育。

为什么要抓这样的机会呢？还是出于要从根本上解决问题的考虑。因为只有抓住这样的机会，对小季进行"改造"的针对性才不那么强，他心里才不会抵触，对他才能起到改

良思想 "土质" 的作用。比如，小季在班里有过以大欺小的行为，这种行为必须进行教育，但由于他的行为并不严重，所以，在教育的时候我没有采取疾风暴雨式的方式，而是专门挑小季没犯此类错误的一段时间里进行相关的教育。我由 "好汉护三村，好狗护三邻" 这样一句俗语说起，在班级里给学生们讲了要与人为善、与邻为伴的道理，引导他们学会与同学和睦相处；引导他们理解真正的本领不是欺负别人，而是能在更大的舞台上惩恶扬善。凡是此类的教育，我从来都不会对小季搞对号入座——我的想法是，能让他在这个过程中有所感悟，能通过这种方式在班集体中形成一种正确的舆论，这就够了。

再说说抓小季取得进步的机会对其进行教育。

经过一段时间的引导，在班集体整体风气好转的大背景下，小季个人也在悄悄地发生着变化。比如，他的不当行为收敛了许多，至少，在我面前不再放肆了。每当他有所进步，我都会不失时机地对他进行适当的鼓励。渐渐地，小季脸上的端正之气越来越多，看人的眼神也没有那么 "犀利" 了。

最后，说说抓能触动小季心灵的机会对其进行教育。

为了让小季能取得更大的进步，也为了促进班集体整体的成长进步，我在班干部的培养方面做了不少工作。比如，组织他们进行讨论学习，组织对他们进行引导式的评价。不过，在良好行为习惯的养成方面，小季毕竟 "欠账" 太多，在大家都在进步的情况下，他与其他同学的差距渐渐明显地显现出来。

也许是成长经历的原因吧，小季似乎并没有把自己不能起到班干部模范带头作用的问题当回事。尽管我也单独与他交流过这方面的想法，但是，认识的误差和行为的难以自控使得他在这方面与同学的差距明显加大。无论是班级的同学，还是科任教师，大家对小季的看法都很大，不少人向我表达了应该撤换小季班干部的想法。

我知道，班集体、科任教师、小季本人，无论是对于哪方面来讲，小季的班干部工作都不适合再做下去了。否则，就是对大家的不负责任。

怎么来做呢？我想，我需要进行一些必要的铺垫。

根据班干部的培养需要，我把以往的一些要求进行了进一步的明确，并形成了相应的评价标准。这些标准，学生们并不陌生，这都是以往提过的要求，只不过这次整理得更正规、更明确罢了。然后，把这些标准公之于众，并与大家约定，以后要根据这些标准对班干部进行全班公开投票评价。之后，我专门给班干部们开会，给他们讲公开评价的目的是帮助他们改正缺点，弥补不足，鼓励他们努力达到相应的要求；并且说明如果某一方面的评价数次不合格，那么就要考虑对班干部职务进行调整。会后，我又跟包括小季在内的几个需要重点帮扶的班干部进行了单独交流。我的想法是，只要有一线希望，对他们都要进行最大程度的帮助，能不换尽量还是不换。

一周之后，第一次公开评价开始了。评价采取的是全班同学自主评价、公开投票、公开唱票、现场计票的方式进行的。在"努力学习、工作负责、团结同学、带头遵守纪律"这四个项目的评比中，小季各项评价均不合格。

这个结果是预料之中的。为此，我一方面引导大家给"相关班干部"逐步改进的机会，一方面鼓励小季继续努力。

第二次评价的结果，全班对小季后三项的评价结果与第一次没有太大的好转。为此，我非常郑重地找小季谈了一次话。

"大家对你后三项的评价怎么两次都不合格呢？是不是都对你有看法呢？"我问。

"是我自己做得不好……"小季的声音有些迟疑。也许，他心里多少还有些想不通。

"你这么说有什么根据吗？为什么不是大家对你不公正？"我追问道。

"嗯——如果是不公正，那第一项的评价也都应该是挺差的，所以……"小季的回答，帮我消除了他可能会对同学产生误解和怨气的担心。

"那你为什么说是你自己做得不好？具体说说？"此时此刻，我仍然对不撤换他抱有一丝希望。

接下来，小季具体说明了自己的不足之处，并明确表示，如果下一次评价再有一项不合格，他就主动辞去班干部职务。

第三次评价的时候，小季"工作负责""团结同学"这两方面的评价都略有好转，但总体上还是不合格，特别是由于参与了一次与高年级同学的纠纷，"带头遵守纪律"这一项的评价非常低。

放学前，小季找到我，打算"兑现"他的诺言。我告诉他，我需要与老师们商量，明天再给他答复。其实，关于对他的下一步教育，我已有了打算，但之所以没有当时就告诉他，一方面的确需要与相关的科任老师进行一些必要的沟通，另一方面，也是要通过这件事让小季有个"煎熬"的过程，只有这样，才能让他有更深刻的感受，才会给他更深入的教育。

第二天，我找小季进行了深入的交流，引导他对自己的所作所为和同学们的评价有正确的认识，帮他理解前因与后果的关系。然后，我告诉他，对他的班干部职务是停职而不是撤职……

之后，我在班级宣布了对小季的停职决定。在宣布的过程中，我主要表达了四层意思：第一，小季曾经为班级做出了一定的贡献，这一点是要肯定的；第二，小季的问题十分突出，这一点是与班干部的身份不相称的；第三，希望小季能够迎头赶上，早日改掉自己突出的缺点，待时机成熟可以重返工作岗位；第四，每一位同学对小季都要热情帮助，不能歧视，小季对同学也不能有怨言。

    事实证明，对小季的这个安排是正确的。此后，小季逐步取得了非常明显的进步，在遵守纪律和与同学关系的改善方面进步尤为突出。而在这一过程中，每当他有比较突出表现的时候，我都注意通过表扬、表奖等方式宣传他的这种进步，让大家懂得"改了就是好同志"的道理。

    有一天，小季郑重其事地向我"坦白"了本文前面提到的那次"走廊事件"的真相：那天他在我身后不仅仅高高地蹦了起来，还在我头顶上做出了一个向下砸的动作。那时候，我们之间并没有什么矛盾，他那样做只是为了在同学面前显得自己"挺厉害"。我笑着告诉他，那件事我早都抛到爪哇国去了。

    对小季的教育引导，集体的力量起到了难以替代的作用。

    如果把对学生的教育比作培育秧苗的话，那么，人们常常关注的是如何培土、浇水、施肥，如何间苗、除草、掐尖，这些都没有错，但人们往往忽视了一个最重要的工作，这就是给秧苗的成长铺垫起足够厚度的、健康的、肥沃的土壤来。这种土壤的铺垫，有时甚至会以填海造地的难度来进行：填负面的海，造正面的地。刚开始，可能一切都会很辛苦，但这是最基础、也是最根本的工作，这项工作做好了，会给秧苗的成长带来源源不断的营养。而且，这种营养，很可能会把它们的一生都滋养得健康饱满。

    这填海之后所造的地，就是具有良好风气的班集体，就是具有良好风气的班集体所蕴含着的正能量。

# ▌【出谋划策】

    在帮助小季进步的过程中，为了引起他内心的触动，教师先对班干部的评价标准进行宣传，引导全班形成重视班干部建设的形势；再通过班干部讨论会等方式，让大家都知晓数次评价不合格就要调整职务的要求，并通过公开投票评价的方式形成班干部不称职就必须进行调整的客观形势；在对小季进行了停职的处理后，并没有弃之不顾，而是给他努力的方向，为他创造出努力进步的改进趋势——像这样，**通过铺垫能推动学生求取进步的外部情势以助其健康成长，我们把这样的教育策略称为"垫势之策"。**

    **铺垫推动形势**。是指铺垫能推动学生求取进步的客观形势以助其健康成长。这种形势，包括管理要求、客观条件、群体意愿、群众舆论等多个方面。其中，"管理要求"具有引导和强制的双重特点，因此，在其形成具有影响力的形势的过程中，既要提要求，还要帮助学生理解不按要求去做可能带来的种种后果，以此形成具有强大影响力的客观形势。"客观条件"是指对教育对象求取进步有促进作用的种种客观条件，要善于为学生正能量的发展创造激励性的条件，要善于为学生负能量的发展设置障碍性的条件，从而形成一种让学生感到只能进步、不能落后的客观形势。"群体意愿"的突出特点就是多数人意愿的趋同性。我们常说的"人多势众",强调的就是这种具有趋同意愿的群体所具有的影响力的强大。借助这样的力量,可以对学生个体产生足够的推动力,从而为实施相应的教育创造条件。"群众舆论"是与"群体意愿"共生的,当多数人所形成的舆论趋于共同方向的时候,这种舆论就会形成一个强大的宣传机器,会在无形之中帮助所要实施的教育创造出良好的客观形势。

**铺垫推动趋势**。是指铺垫能推动学生求取进步的发展趋势以助其健康成长。这种发展的趋势,要借助于以下三个方面的工作来落实。第一,进行方向引导。是指帮助学生明确成长的方向、明确进步的目标。第二,进行方案制定。是指帮助学生根据成长方向和进步目标而制定相应的落实方案。第三,进行行为规定。是指帮助学生根据其进步目标和进步规划而对其行为进行必要的限定。这些限定,可从引导和禁止两方面来考虑:有利于实现进步目标和进步规划的行为要引导,不利于实现进步目标和进步规划的行为要禁止。具体落实的时候,最好根据学生的成长需要分别在引导和禁止的行为中列出几条具有操作性的内容,这样才更有利于这种发展趋势的创造。

发展趋势的铺垫,相当于把被帮助的学生放在了成长的轨道上——有方向,有引导,有约束。

**铺垫推动势力**。是指铺垫能推动学生求取进步的群体势力以助其健康成长。任何的工作,最后都要靠人来落实,而这落实的人当中,最重要的还是学生本身。充分发挥学生自己在教育中的主体作用,充分发挥学生群体在教育中的自主作用,这是取得良好教育效果的重要途径。

要想发挥自主作用,就需要加强对具有正向影响力的学生群体的培育。这种群体,可以是整个的班集体,也可以是根据需要而专门安排的特定群体。这种群体势力的培育,要做到"三有",即有积极能量、有核心人物、有推动作用:所培育的群体势力具有积极向上的目标和状态,能在学生中起到积极向上的良好影响,这是培育群体势力的大前提;在这个群体势力当中,还必须有几个核心的人物,他们本身就是积极向上的先进分子,他们本身就具有正向的影响力;核心人物能够按照正确的方向努力,能组织、带动和影响他人,进而使群体能形成推动大家共同进步的力量。

形势、趋势、势力,共同组成了对学生教育能产生良好影响的客观情势。这种情势的铺垫,对班集体的建设和学生个体的教育都是十分有益的,很多时候,它会起到教师本身所难以起到或根本不具备的作用。

# 【想方设法】

## 特点指要

在帮助小季进步的过程中，面对小季要显示自己"厉害"的"走廊事件"，教师没有立刻去处理，而是通过调查三个问题的办法引导班级形成"做一个受人尊敬、同时也尊敬他人的人"的舆论氛围；在进行"学会尊重"的教育中，教师又引导班集体形成"与人为善、与邻为伴"的舆论氛围；在对小季的班干部职务进行调整的过程中，教师则引导班集体形成班干部如果做不到"努力学习、工作负责、团结同学、带头遵守纪律"就是不称职的舆论氛围；在帮助小季进步的过程中，教师又通过宣传而引导班集体形成"改了就是好同志"的舆论氛围——像这样，**通过形成具有正能量的舆论来引领和扶助学生渡过难关，我们把这样的携助方法称为"舆论携助法"。**

## 程序参考

### 步骤一：形成舆论

是指在集体中引导并形成具有正能量的舆论的过程。舆论的形成，首先要根据需要来进行。根据学生进步的需要，根据对学生进行教育的需要。舆论的形成，还要做到观点明确。舆论，其实就是众人对事物的看法，就是众人对事物的立场和观点。所以，形成一种舆论，就是要引导和发动大家表明对事物的看法，借众人的力量对教育对象施加思想、心理的影响。在形成舆论的过程中，一方面要引导学生明辨是非、善恶、美丑；另一方面，还要帮助他们在辨析的基础上学会选择，学会表明立场。舆论的形成，还要明确衡量标准。舆论的携助作用，既体现在思想的引导上，还体现在行为的扶助上。而行为扶助的实现，就需要对相关的行为有具体的要求，尤其要有对这种行为进行评价的标准。做到了这一点，舆论的引导就有了着力点，就有了能看得见的效果。

### 步骤二：理解舆论

是指引导学生深入理解舆论正能量的过程。这个理解过程，可从基本理解和强化宣传这两个方面来进行。

基本理解，是指在引导学生理解舆论的基本意思、价值取向的基础上，请他们表达出自己对舆论的立场。这方面，可侧重引导学生理解个人成长与舆论具体内容的内在联系，引导他们学会在舆论的影响下自主上进。

强化宣传，是指通过对舆论的正能量进行强化宣传以最大限度地发挥舆论的积极作用。

这种宣传，可从"三全""三重""三得"这几方面去尝试。"三全"是指要面向全体学生进行宣传，做到"全知道，全认同，全支持"，即要让宣传落实到位，使全体学生对所宣传的内容全都了解清楚，不但能全都认同所宣传的内容，还要争取做到全都支持这些内容。"三重"是指要进行重点突出地宣传，要做到"重是非，重品行，重当前"。即重点宣传对是非的分辨，重点宣传个人的品德和与品德相匹配的行为，重点宣传当前急于解决的问题。"三得"是指要形式多样地宣传，要做到"看得到，听得见，想得起"，就是从视觉、听觉、思想等多方面入手，运用多种形式来为舆论宣传服务。

### 步骤三：利用舆论

是指利用具有正能量的舆论来携助学生渡过难关的过程。这个携助的过程，可分以下这四个阶段来落实。

舆论反馈。是指帮助身处困境的学生知晓舆论对其所处困境的看法和立场。学生面临的困难，可能是自己正当行为中所面临的如何克服困难的问题，也可能是自己不当行为所面临的改不改、如何改的问题。无论是哪方面的问题，由教育者主导发动的舆论都会给这个学生以正能量的支持：对正当行为所面临的克服困难的问题，舆论给的就应该是肯定和鼓励；对不当行为所面临的问题，舆论给的就应该是否定和批评。

对比选择。是指帮助身处困境的学生通过对舆论的对比反思来选择自己的进退之路。舆论支持他的，就鼓励他奋勇而上，乘势而进；舆论反对他的，就促使他顺势而为，改弦易辙。

渡过难关。是指帮助学生借舆论之力找到解决问题的办法并脱离困境。在这一过程中，要力争多借助舆论的力量对被帮助的学生进行鼓励。舆论的赞许和鼓励，会带给学生更大的动力，从而推动其不断进步。

舆论优化。是指在被携助的学生脱离困境之后借助舆论的力量对教育成果进行优化。一方面，被携助的学生是舆论的受益者，他因舆论的引导和携助而脱离困境；另一方面，形成和传播舆论的其他学生也是舆论的受益者，他们因正确的方向和热情助人而有了更高的境界。把舆论在这两方面的益处向学生讲清楚，从而形成新的舆论氛围，进而促进全体学生的进步成长。

## 【他山之石】

《素养教育绿镜头——班主任工作纪实及思考》一书的相关篇章

**关键词：**教育策略（垫势之策）

1. 第12章《携手阳光的力量》

# 3.“预”之策

## 单元提示

### 【教育策略】

本单元探讨的是"预"的策略。

预，就是预想、预备。"预"之策，是指对确定了的教育目标和内容进行先期思考并做好相关准备的策略。

关于"预"的策略，我们从"预谋、预见、预防、预避、预补"这几方面来探讨。

"预谋之策"是指预先对学生的成长目标和教育过程进行谋划设计，再根据这种谋划设计进行教育；"预见之策"是指通过帮助学生推导"预见"与其行为相对应的结果并据此引导其自主进步，它既要靠教师进行前瞻性的思考，也需要学生进行前瞻性的思考。"预防之策"是指对学生可能出现的不利情况进行预判并采取措施防止其发生；"预避之策"是指预先采取措施避免师源性的消极影响以为教育创造有利的条件；"预补之策"是指借助预先为学生补充出来的有益素养而对其进行教育引导。这几个方面的工作，主要靠教师进行前瞻性的思考并把相关思考作用于学生来落实。

"预"之策的实施，一方面可以使教育的方向正确、目标明确、思路清晰，能更大限度地获得教育的效益；另一方面，还可以有效地避免某些不良行为或不利局面的出现，使以后的教育更踏实、更稳妥。

"预"之策与"垫"之策是不同的。从服务目标上看，"预"所服务的目标是确定的，而且往往是固定的一个或一次；而"垫"的服务目标则是不确定的，而且很可能不只一个、不只一次。从具体内容上看，"预"的所作所为本身就是教育目标所涵盖的内容；而"垫"的所作所为则只是为实现教育目标而采取的服务性内容。此外，从服务时限上看，"预"的服务时限常常是已知的近期，而"垫"的服务时限却往往是未知的近期、中期或远期。

# 【教育方法】

本单元探讨的教育方法有4种，共5个做法。它们是：属于"磨砺法"的抑扬磨砺法，属于"鼓励法"的温故鼓励法，属于"携助法"的规则携助法、联合携助法，属于"压力法"的递减压力法。

对上述方法的具体介绍详见相应篇目及本书附录《教育方法简要说明表》。

# 3.1 百炼千锤万打磨

从顽石，到铁水；从铁水，到浑钢；从浑钢，到剑坯；从剑坯，到利刃。这一系列嬗变靠的是什么？是冶炼，是锤打，是磨砺。没错，是浴火重生的冶炼，是痛快交织的锤打，是动心忍性的磨砺。

——题记

## 【抛砖引玉】

小峰是个让我欢喜让我忧的学生。

初识小峰，源于他的"急"。

当时，入学的军训期间，学生们被安排以寝室为单位进行相互评价，在讨论某个具体问题的时候，大家各执己见，一时难有定论。

"……要是那样的话，接下来怎么办？"语气很硬，里面还带着明显的急躁，甚至有一些恼怒。

说话的正是小峰。

听他这么一说，这个寝室的学生们一时安静了下来。显然，小峰说到了关键之处。

虽然脾气有点急，但是没有说不该说的话，没有做不该做的事。不难看出，这是一个比较有头脑的学生。

从此，我记住了这个有主见但急脾气的男生。

军训结束，正常的学习生活开始了，小峰的"急"开始越来越多地大显身手。

上课的时候，小峰急着抢答问题。他的热情，他的上进，他的好学，让老师们很是喜欢。但是，急着答完了题之后，他的注意力便不那么集中了，有时还说点闲话、左顾右盼。

而课间呢，小峰会急不可耐地跑出教室去玩。下课铃一响，他常常会飞出教室：一阵风，两眼火；而返回到教室的时候则很可能是一身汗，两手泥。他跨进教室的最后一步，很可能是踩着上课铃声的最后一响；接下来呢，当然就是急急忙忙地喝口水，急急忙忙地抹脸上的汗，急急忙忙地掏书本，急急忙忙地听课……

小峰在小学期间曾担任过班级的主要干部，初中阶段如果能继续做下去，倒应该是两全其美的事。不过，小峰身上各种的"急症"却着实使他难以担当大任，他的状态甚至让我有点担心——这种急脾气，早晚会惹祸的。

不久，小峰就"急不可耐"地把我的这种担心变成了现实。

中午玩篮球时，我班的一群男生因不听从一位体育老师的安排而与老师发生了冲突。这群刚入学不久的"小牛犊"们脑子里根本就没有多少纪律观念，更没有什么大局意识。他们不但没有听从老师的劝导，而且态度还相当不好。面对老师的劝导，小峰"挺身而出"，据"理"力争。后来，他虽然听从了指挥，但还是一脸的不高兴，一脸的不服气，一脸的不甘心！

就这样，升入中学没几天就如此"英勇"，小峰一下子就"对着窗眼儿吹喇叭——鸣（名）声在外"了。这次"壮举"，甚至为以后对他的培养都埋下了"伏笔"。

看来，对小峰的教育还真是任重而道远啊。

怎么办呢？

经过认真思考，我决定把对小峰的教育与对班级男生干部的教育培养结合在一起来进行。

当时，鉴于男生中没有带头人的实际情况，我在广泛培养的基础上，着意让一些男生经受重点的锻炼，力争在一两年的时间内，培养出几个品学兼优的带头人来。对他们的培养，我的总体设想是：七年级学会自控，进行品行修养；八年级学会自理，锻炼综合能力；九年级品学兼优，能独当一面。

不过，班里好几个入学前当过干部的学生都有一个不容忽视的毛病：自我要求不严格，有错误还说不得。这种状态不及时调整，受影响的将不只是几个人，而是整个集体。要知道，一个由着性子做事的人是成不了大事的；而一个集体中，负有一定责任的人尤其不能这样。

小峰也是这样的培养对象之一。针对他急脾气的特点，我决定以"大目标，小打磨"的策略对他进行教育引导：通过给他一个长远规划的引导，逐步让他经受大考验、大锻炼，但这一切都要从基础抓起，从细处打磨。

对小峰，首先磨的就是他的急脾气，要让他能隐忍、有定力。于是，针对他在打篮球风波中不尊重老师、不遵守规则的"壮举"，我借题发挥，开始了对他的"磨"炼。

第一磨：找茬反思

一天，因为一点小事我有意严肃地批评了小峰几句，借此看他的反应如何。果然，小峰的脸子立刻"吧嗒"一下掉了下来，一点也没有虚心接受批评的表现。我告诉他，自己有过失而受到批评的时候态度应该是谦恭的，至少不应该是满脸不悦的；即便是自己没有过错，也不应该怒气冲冲，得理不饶人。

我的话，小峰显然没有听进去。见此情景，我知道本次的教育恐怕不会取得什么实质性的效果了，于是，我决定终止谈话，以后找到更合适的机会再对他进行教育引导。

此时，我的脸上也表现出了明显的不悦，我告诉小峰，他可以走了。

就在小峰离开教室的当口，一股过堂风瞬间穿过，"咣当"一声，教室的门重重地摔上了！

我感受到了这股风力，尽管我并不能确定关门的力量是不是完全来自这股风力，但我决定要借用这股风力来扫一扫小峰的傲气。

"回来！"我厉声叫住了正要离去的小峰。

"怎么？对老师不满意吗？什么态度？"我开始发脾气了。

"老师，我，我不是有意的……"小峰急忙为自己辩解。

"不管是不是有意的，你坐下，好好反思你最近的问题！"我不由分说，强势地要求小峰回到了教室。

当时，正赶上教室里没有其他学生，于是，我决定让小峰独自坐在教室里进行自我反思。

这个要求让小峰倍感委屈！平时连自己有问题都容易"酸脸"的他，现在更是忿忿不平起来。满脸不服地坐下去，身体挺直，胸脯一起一伏，不时发出粗重的喘息声。看着他那一副"不屈不挠"的样子，我不由得暗自发笑：你就"折腾"吧，看你能挺多久！

果不其然，过了一会儿，他的坐姿渐渐不再那么挺直，脸色也渐渐不那么难看，喘息声也渐渐变得均匀了。见此情景，我暗自给自己点了一个"赞"：有效果了；同时，我更为小峰点了一个大大的"赞"：这小子，禁住了考验，值得一磨！

但是，我并没有给他"解禁"。又过了一段时间，小峰的坐姿已经发生了完全的变化，不但不再挺直，还弯下了腰，表情也变得平和起来，看不到任何的情绪。看到他整个的人已经完全没有了先前锋芒毕露的锐气，我才放他回到自己的座位。

"没事时想一想，为什么让你坐这么长时间。"当时，我并没有说太多的话。不是没话可说，而是没到时候。

我知道，这次的"磨"并没有从根本上解决问题——实际上，我也根本没打算通过这一次的磨砺就从根本上解决问题。对于这样有主见又有脾气的"小牛犊"来讲，长期形成的习惯是不大可能通过一两次独坐就可以改变的。

还要磨呀！

第二磨：暂停工作

不久，小峰又犯了几次急脾气。当时，小峰与另一名同学一起担任班级某一学科的科代表工作。我安排小峰的科代表工作先停几天。至于为什么停，停几天，我都没有说。

为什么有了这样一个安排呢？

暂停小峰的科代表工作，是为了给他一个具有震动性的警醒，要让他知道自己的过错是严重的，要让他知道有了严重的过错是要承担后果的。但是，为什么不给他说明白呢？我要让他自己经受"折磨"：他需要自己想，想自己的那些冲动值不值得；想被停止了科代表工作是暂时的，还是永久的；想同学们会怎样看待他忽然间不履行科代表职责这件事；想家长要是知道了这件事会怎么样；想接下来还会发生什么……

这第二磨持续了一个多星期。这段时间里，小峰沉静了不少，不但举止明显稳重了，更重要的是有了沉思的表现。我知道，他的心头还压着一块石头；而这正是我所希望的，更是他所需要的。

接下来，我与小峰进行了一次长谈。通过这次谈话，他知道了控制情绪和行为的重要性，知道了什么是真正的优秀，知道了老师的磨炼是为了让他更优秀，知道了老师对他和他们的期待……

"老师以后还会有意识地磨炼你们，特别是你。你——能受得了吗？"我问他。

"老师，我能。"他给了我一个肯定的回答。

"我重点要磨一磨你急脾气的毛病，你敢接受这个挑战吗？"我有点不相信似地问。

"老师，我敢。"他再一次以肯定的语气回答了我。

"不行！声音太小，语气一点儿也不坚定。"我摇摇头，表示不满意。

"老师，我敢！"小峰大声喊道，颇有几分豪壮之气。

"嗯，这还不错！"我笑着赞许他道。

此后，小峰不但科代表工作做得越来越好，其他方面也取得了长足的进步。渐渐地，他在男生群体中开始崭露头角。我也经常会安排他们几个比较有能力的男生做一些组织性的工作，这些工作，小峰基本上都能做得比较不错。后来，他被选为了班干部，尽管还不是主要的职务，但是，在男生的群体中，他往往都能发挥积极的、带动的作用了。

第三磨：当众批评

　　进入了八年级，班级的各项工作都在稳步推进，对班干部的培养和锻炼也都在顺利进行。作为男生群体中的领头人之一，小峰经常被委以重任：群体活动的时候，我基本上是让班委会中的男生来负责组织的，而实际负责这项组织工作的，往往就是小峰——这既是我的引导，也是学生们自己的选择。而小峰呢，也不负众望，总是努力把工作做得越来越好。

　　然而好景不长，一件偶发事件让小峰"旧病复发"了。不过，这却给我创造了让小峰经受更大磨砺的机会。

　　那是一节体育活动课。当时，操场上正有另一个班级在上公开课。操场的空间有限，为了不对上课的班级造成影响，我嘱咐学生们到远一点的场地去活动。

　　我提完要求之后，女生们迅速按要求去做了，可这些男生们却不大情愿离开——这里，有一个最好的篮球场地。这时，小峰站了出来，表达了男生想留在原地的愿望，并且说，保证不影响那个上公开课的班级。

　　针对他们的保证，我心平气和地指出了其中存在的问题，帮他们分析了他们的"保证"其实只是一种良好的愿望，实际操作起来是难以落实的。大家都听明白了我的话，也知道了他们的保证是没有任何把握的。

　　听了我的话，男生们也开始散开，而小峰却没有动。看起来，他自己并没有想通这个问题，也忘记了自己班干部的身份和应起的作用。

　　他的这种表现引起了我的警觉：以个人好恶为选择，没有大局意识，这怎么可以担当大任呢？

　　于是，我果断决定给小峰一次重量级的磨砺。

　　"其他人都散开，小峰留下！"我突然语气严厉地说。

　　学生们一下子都愣住了。他们没见过我如此严厉地说话，尤其是对一个班干部如此严厉地说话。这样反常的举动着实把学生们"吓"到了。

　　"你怎么回事？我都这样解释了你还转不过弯来？这是一个班干部应该做的吗？"说这话的时候，我有意提高了音量，为的是让周围的学生都听得到，为的是让小峰在更大范围、更大程度上"没面子"。

　　显然，小峰也没有料到我会这样，他一下子没有反应过来。

　　接着，我非常严肃地批评了他。平时，我是很少批评学生的，即使非批评不可，也基本不会在大庭广众之下进行；但这次对小峰的批评，我偏偏是在大庭广众之下毫不留情地进行的，而且，整个教育过程持续了有十多分钟的时间。

　　值得欣慰的是，小峰没有如以往那样表现出那种"急"的状态。当时，我一边严厉地"数落"着他，一边在心里暗暗赞许：好呀，好呀，坚持住啦！

　　这次批评教育，既是对小峰的磨砺，也是对全体班干部的警示，还是对全班同学的引导：老师是一视同仁的；班干部更要有大局意识，要起模范带头作用。

第二天，我又单独与小峰进行了交流。一方面帮他认识到自己的问题，引导他学会有大局意识；另一方面，充分肯定了他前一天受批评时不犯急脾气的进步表现。

经过这次教育，小峰的认识水平又有了明显的提高。在此基础上，我又通过给任务、压担子的方法，不断地让他经受锻炼。渐渐地，他在思想境界、心理承受能力、工作能力、学习能力等方面都有了明显的进步。一年下来，他已经能独当一面。而到了毕业年级，他更是担任了班级的主要干部，这时的他不但具有很强的工作能力，而且真正达到了品学兼优的程度，成了一个能够带领全班同学朝着正确方向不断进步的领头人。

玉不琢，不成器。琢不力，难大器。

磨砺，永远是成才的必由之路。

# 【出谋划策】

在培养男生带头人的过程中，教师先形成了"七年级学会自控，进行品行修养；八年级学会自理，锻炼综合能力；九年级品学兼优，能独当一面"的总体设想，再逐步落实这种设想；在引导小峰成长的过程中，教师为他制定了"大目标，小打磨"的培养策略，然后再逐步落实这一策略，使其逐步成长为一个品学兼优的班干部——像这样，**预先对学生的成长目标和教育过程进行谋划设计，再根据这种谋划设计进行教育，我们把这样的教育策略称为"预谋之策"**。

**预谋远期规划**。是指为学生整个学段乃至终身的发展而谋划并据此进行教育引导。无论是哪个学段的教育，都不能仅仅看着眼前的一方小天地，而要把目光放长远些，要努力为学生的全面成长和终身发展进行必要的谋划和准备。首先要对学生有基本的了解和评估，再根据其特点和成长需要为其提供个性化的成长规划或参考意见。这种远期的谋划，是对学生综合素养的了解，是对学生全面成长的考量，是对学生终身发展的谋划。这种远期的谋划，因材施教是非常重要的原则，要根据学生本身的具体特点和实际情况来谋划，切忌千篇一律，切忌千人一面。

**预谋中期规划**。是指为学生某个学期或学年的成长而谋划并据此进行教育引导。这种谋划，可按照"倒序"的思路来进行：先谋划好学生毕业时在身心、德行、学习等方面素养要达到的目标，然后把这些目标分解倒推到各个学期当中。这样，每个学期、每个阶段对某个学生的具体培养目标就比较明了了。这种谋划，要注意根据学生不同时期的成长规律和成长需要来进行，要充分考虑学生不同年龄段的身心特点等因素，切忌揠苗助长，切忌求全责备。

**预谋近期计划**。是指为学生近阶段的成长而谋划并据此进行教育引导。如果说远期谋划和中期谋划都是对学生成长的大目标而进行的设想和谋划的话，那么，近期谋划则是对能解决具体问题的小目标的计划。这种近期的谋划，往往体现在对具体问题的解决上，需要更加具体，更有针对性，更具操作性。这种为具体教育而进行的有目标、有针对性的预先设计，最好做到有教案、有落实、有评价、有反馈、有改进，这样才能取得更好的效果。

# ▌【想方设法】

## 特点指要

在对小峰的教育引导中，教师先通过独坐反思的办法让他冷静，又暂停了他科代表的工作促其省悟，还通过当众批评的办法挫其锐气，再通过不同阶段、不同方式的鼓励引其进步——像这样，**通过先抑制后激扬的做法而使学生经受磨砺、坚强身心，我们把这样的磨砺方法称为"抑扬磨砺法"。**

## 程序参考

### 步骤一：合理抑制

是指根据学生的成长需要而对其进行合理抑制的过程。

所谓合理，首先要符合学生的成长需要。这种成长的需要，一方面是共性的要求，主要是指学生要成为具有什么样思想品质的人，学生要具备哪些成长的基本素养，这是大方向的问题；另一方面是个性的要求，即要根据学生的天资、能力、身体、性格等个性特点对其进行因材施教的教育。综合考虑如上的种种因素，对其不合理的思想、心理、行为等进行抑制，这样的抑制教育才是有益的。

所谓合理，还指要符合教育的客观规律。根据实际情况，尊重教育规律，对学生进行抑制磨砺才可能取得理想的效果。比如，抑制的态度要合理：根据实际情况，可灵活对被抑制学生采取和蔼的态度、平和的态度、严肃的态度、严厉的态度，等等；比如，抑制的方式方法要合理：根据实际情况，可灵活进行思想的引导、心理的疏导、行为的劝导，等等；比如，抑制的程度要合理：根据实际情况，可灵活进行轻微的抑制、有力度的抑制、高强度的抑制，等等；比如，抑制的时间要合理：根据实际情况，可灵活进行短时间的抑制、较长时间的抑制、间接性的抑制，等等；比如，抑制的影响面要合理：根据实际情况，可灵活让抑制不扩散、让抑制在小范围内扩散、让抑制在更大范围扩散，等等。不同的选择会产生不同的抑制效果，这些，都需要根据学生的成长需要和教育规律来灵活把握。

**步骤二：深入磨砺**

是指激励学生通过努力克服艰难而经受磨砺的过程。这一点，可从三个方面来考虑。

**第一，磨砺行为。**是指引导学生通过磨砺而修养举止行为。其中，学会自控是最重要的磨砺内容，引导学生学会让自己的行为不随意、不恣意、不放纵，这是磨砺行为的基本功。这是个从易到难、先简后繁、由少到多、逐步积累、梯次上进的过程。所以，这样的磨砺急不得，教师的引导、督促、鼓励要及时，要持久，唯其如此，才可能有效果，有成果。从这个意义上来讲，磨砺的又何止是学生呢？

**第二，磨砺心志。**是指帮助学生通过磨砺而具有较强的心理素质。通过对举止行为的磨砺，使学生具有坚强的意志，具有持久的耐力，具有冷静的态度，具有乐观的心态，这些，是在初中阶段对学生进行心理磨砺的重要内容。在"火"力四射的青春期到来的阶段，有了这些方面的磨砺，会帮助学生们更平稳地度过这段激情燃烧的岁月，使他们少走弯路，不走弯路。

**第三，磨砺能力。**是指帮助学生通过磨砺来具备必要的能力。学生的成长是需要多方面的能力的，这许许多多的能力需要实际的锻炼才能形成，而磨砺就是锻炼的方式之一。有意识地让学生经历跌倒的痛苦，让他们从跌倒的痛苦中学会反思，学会识别，学会规避，学会借鉴，这都是磨砺之于能力的价值。

**步骤三：激扬进取**

是指在抑制磨砺之后对学生进行激扬鼓励以使其自主进步的过程。

**第一，要引导学生理解抑制的目的。**抑制就是要让影响进步的思想和行为受到控制，其实就是避免走弯路、做错事的过程。理解了这一点，抑制的磨砺就有了操作的思想基础。

**第二，要引导学生认识磨砺的成果。**一方面，引导学生找到自己努力的效果，通过对比，让他们切实感受到磨砺给自己带来的进步；另一方面，引导他们总结自己成功的经验，这样的经验越具体越好。由此，让学生最终能得出这样的结论：能够克服困难，主要是自己在磨砺当中自我努力的结果。这样，就更有利于他们增强克服困难的自信心。

**第三，要激扬学生求取进步的斗志。**对此，我们不妨通过以下几个方面来落实。谈目标，是指帮助学生主动求取更进一步的目标，并且，要把实现这目标的难点交代清楚。这样，会给学生以足够的提醒，使其具有足够的面对磨砺的心理准备。说条件，是指帮助学生分析其实现目标的有利和不利条件。其中，最重要的是帮助学生找到其自身的有利条件。望前景，是指帮助学生展望其将要取得的进步的前景。可从这前景本身能给学生带来的益处以及众人对这个学生的关注、评价等角度来引导，从而助其树立信心，更有热情地自主进步。

# 【他山之石】

《素养教育绿镜头——班主任工作纪实及思考》一书的相关篇章

**关键词：**教育策略（预谋之策）

1. 第 29 章《开学前的返校干点啥》

2. 第 40 章《从从容容倒计时》

**关键词：**教育方法（抑扬磨砺法）

1. 第 12 章《携手阳光的力量》

2. 第 34 章《冰块里握出的热度》

# 3.2 未知我梦里有梦

给未来一个期待，这就是梦想；给梦想一个承诺，这就是追求；给追求一个收获，这就是成功；给成功一个思考，这就是成熟……梦想，是永无止境的，只要你爱梦想。

——题记

## 【抛砖引玉】

偶然打开毕业生的影像文件夹，一张特殊的照片吸引了我的目光。

这是一张照中照：照片的远景位置，一个男生正背对镜头笔直地坐着；而照片的近景则是电脑的显示屏，显示屏上也有一张照片，照片的主人公依然是那个男生，那是他在跳高比赛时奋力越过横杆的情形。

这个男生，名字叫小冬。

看着这张照中照，我的思绪又飞回到了两年前的那个上午。

上午的最后一节课原本是体育活动课，由于特殊原因，这节课临时换成了自习课。尽管学生们有点失望，但大家还是很快进入了学习状态。不过，小冬的表现却很不理想，他不是主动跟同学说话，就是向同学借东西，好不容易安定下来了，却是看着书本发呆，好半天也翻不过一页去……

小冬其实是一个比较上进的学生，上课认真听讲，也积极发言。不过，近几天他的状态不大理想，对自己的要求开始放松起来，有时还出现迟到的现象。

我想，趁现在还没有出现大的问题，应提早采取一定的预防措施，以避免他的状态"滑坡"才好。

怎么办呢？

想来想去，我打算通过对比的办法对他进行警示，让他清醒地认识当下，也理性地预见未来。为此，我给小冬备下了两份"大礼"：一份是他的学习成绩对比表，表中显示了他学习成绩下降的趋势。另一份就是记录他在运动会上跳高情形的照片——当时，本不具备什么优势的他明知道自己的实力难以取得好成绩，但仍然义无反顾地参赛，仍然义无反顾地跳跃。这张照片小冬是非常熟悉的，班级曾展览过它，我也曾专门评价过它。

我先把这张照片放在了电脑的桌面上，然后，把小冬领到了办公室，请他坐下。

"老师，我、我还是站着吧！"小冬面带愧色地说。

"为什么要站着呢？"我问。

"我犯错误了！"他低着头，态度很诚恳。

我笑了，对他的说法不置可否。随后，我拿出一张纸，递给了小冬。

小冬疑惑地接了过去，看了几眼，立刻满脸通红：这正是那张成绩对比表。看着下降的成绩，他不能不脸红。

"照现在的状态发展下去，这张成绩表还会有'续集'的！"我笑着调侃他。

"老师，我错了……"小冬低着头，再一次诚恳认错。

"我不大认同你的说法。"我摇了摇头。

小冬抬起头来，诧异地看着我。

"我看也无所谓错不错的。你看呀，以你现在的状态发展下去，无非是以后的成绩一次次下滑而已，也没啥大不了的吧？再说了，成绩虽然下滑了，但咱人舒服了呀！像坐滑梯那样，一路顺畅地滑下去，多自在呀！哎呦，这比那些刻苦学习的人可轻松多啦！"我跟小冬有良好的师生关系和情感基础，小冬也具有对反话的辨别能力，所以我才敢这样地正话反说。

小冬苦笑着想要说点什么，可我没给他这样的机会，继续说道："有人说，现在有能力但不好好学习将来会后悔。我看也没啥可后悔的，大不了别人考上了好高中，咱学点别的什么呗！大不了将来同学聚会的时候，啊——"我故意没往下说，同时看着小冬的反应。

"哎呀，哎呀，老师，您别说了……"此时，小冬已羞得脸上冒汗了，一个劲地向我作揖告饶。

"就差一句：按你现在的状态，两年之后咱俩在街上偶然相遇，我问你：'小冬，在哪上学呢呀？'你怎么回答我呀？来，现在就回答我的问话。"我给他设置了一个穿越未来的情境和问题。

"老师，我哪还好意思见您哪，早跑没影了……"小冬羞愧难当，他搓着两手，一脸的苦笑。

"哼！"我嗔怪地瞪了他一眼，"过来，我有东西给你看！"我让小冬转到我的身旁，示意他看电脑的显示屏。

显示屏上，正是以前小冬在运动会跳高比赛时的那张照片。

"多想看到你总是像跳高那么要强啊！"这样说着，我期待地看着小冬的脸。

"老师，我一定改！"小冬开始表决心了。

"嗯，改了当然好呀。如果真的改了，你考上了好学校，有了大出息，将来见面也不用躲着我啦！不过，怎么改你心里有数吗？"我一方面帮他确定努力的目标，同时，也要知道他的具体做法。

小冬自己说出了改进的具体措施，还不错。

"不过，现在怎么办？"我问。

"老师，我想加深一下印象。让我坐'养德椅'反思一会儿吧！"他提出了一个出乎我意料的想法。

"养德椅"是班级曾经用过的帮助大家自我反思、自我修养的两把椅子，它们只在七年级上学期用过，当学生们已经具有了自我修养的意识和基本习惯之后就取消了。

"嗯，思考自己，加深一点印象，也好。"我沉吟了一下，"不过，咱班现在没有'养德椅'了呀。"

"那我就借您的凳子用一用吧！"他指了指办公室里的一个小圆凳。

于是，就有了这张小冬穿越时空的照中照……

当初，照完了这张照中照之后，我还曾设想将来用它给小冬以更有冲击力的警示。不过，这个想法最终没有变成现实——因为小冬再也没有需要这样的警示。

在与这一届学生三年的朝夕相处中，我给他们拍摄了数不清的照片。这些照片，对学生的健康成长、对我的教育工作都发挥了积极的作用。

有一次，我正在后门处抓拍学生上自习的良好状态，恰巧一位熟人经过，他笑着说："抓到'收拾'他们的证据了吧？"我知道他在跟我开玩笑。于是，我笑了笑，没有做什么解释。

其实，我给学生所拍的照片，它们的作用只有一个，就是正面的鼓励和调动。我拍照片，只是为了积累鼓励学生的依据，而绝不是寻找"收拾"他们的证据。给学生拍第一张照片时我就是这么对学生说的，三年的时间里，我也是这么做的。

　　眼前，那张帮助过我的照中照正热切地看着我。它是静态的，但我分明从中看到了涌动的激情，还有那火热的岁月。对于我来讲，那些照片，那些岁月，就是一个色彩斑斓的梦；只不过，这个梦有一个真实的别名，它叫做——"历史"。

　　忽然想起了一句歌词

　　——你非他，更非我，未知我梦里有梦。

# ▍【出谋划策】

　　在引导小冬进步的过程中，教师以小冬现有的学习状态为基点，通过对这种学习状态发展趋势的推导，帮助小冬看到了自己将来可能出现的不良后果；又通过对其改进之后的状态的推导，帮助他看到自己的光明前景——像这样，**通过帮助学生推导"预见"与其行为相对应的结果并据此引导其自主进步，我们把这样的教育策略称为"预见之策"。**

　　**"预见"消极后果**。是指帮助学生推导"预见"与其不良行为相对应的后果。不良的表现与不良的后果往往是成正比的，对不良后果的推导"预见"就是以学生现有的不良行为表现为基点，对这种行为表现的不良发展趋势进行合乎逻辑的推导预判，让学生理性地"预先见到"其不良行为表现所必然导致的不良后果。这种对不良后果的"预见"，可通过语言推导或情境推演的方式来实现。语言推导，是指通过语言的一步步推导来让学生"预见"到自己的不良行为可能带来的不良后果。情境推演，是指创设一种以未来为场景、以不良后果为特点的情境，安排学生在这种情境中进行模拟推演或表演，以这种类似身临其境的"预先体验"来帮助其"预见"和理解不良行为的后果。

　　**"预见"积极成果**。是指帮助学生推导"预见"与其良好行为相对应的积极成果。这种成果的"预见"，可从两个角度来进行。其一，进步式"预见"。是指以原本良好的行为为基点而进行的成果"预见"。学生的行为表现原本就是良好的，引导其对这种良好表现的发展趋势和可能取得的成果进行推演、"预见"，帮助其再接再厉，更进一步。其二，改进式"预见"。是指以原本不良但得到改进了的行为为基点而进行的成果"预见"。这种预见能帮助学生改正缺点，树立信心。要想实现这种"预见"，需要做好对学生进行后果警示和改进引导的工作。警示，是指要以警告的方式把警醒的理由明白清楚地表示出来，让学生理解其行为可能产生的不良后果的严重性，让他们理解对其警示的目的是什么。对学生的预先警示不是简单的警告或禁止，而是通过适当的方式方法使他们能够受到触动，以实现更有意义的理性的进步。引导，是指引导学生在警醒之后能在行为上有所改进。这种行为的改进，需要有督促，有评价。

# 【想方设法】

## 特点指要

在对小冬的引导中，面对刚开始出现懈怠状态的小冬，教师先用前高后低的成绩单提示他要重视自己成绩滑坡的问题，再让小冬观看显示他跳高时积极向上状态的照片，以此来引导他要像以往那样"要强"——像这样，**通过引导学生回顾往昔来鼓励其目标明确地自主进步，我们把这样的鼓励方法称为"温故鼓励法"**。

## 程序参考

### 步骤一：积累素材

是指对学生自身的有益素材进行观察和积累的过程。学生本身的所作所为，都可以作为对其进行教育的参考材料，对这些材料的积累，可从促进性、代表性、具体性三个角度来思考。促进性，是指所观察和积累的素材能对学生本身的教育起到促进作用。这种促进的作用，既可以是正面的鼓励，也可以是负面的警示。不过，在积累的过程中，应以正面促进的材料为主。如果不是极为特殊的人或是极为特殊的事，负面的材料还是不要积累的好；即便有所积累，也应该以教育为目的而慎重地使用，并且要及时销毁。真正的教育，绝不是用抓住什么"把柄"去进行胁迫。代表性，是指所积累的材料能体现学生某方面的突出特点或在某方面有突出的作用。在学生的所作所为中，总有一些对其来讲比较重要的材料，把这些材料积累起来，会为以后的教育提供强有力的事实依据。具体性，是指材料所表现的是学生的某种具体行为，而且，这种具体行为能体现出学生某种突出的特点来。能有具体的行为表现，会使材料更鲜活，使用的时候会更能打动学生；能体现出突出的特点，则更有利于发挥材料的教育作用。

### 步骤二：温故励今

是指引导学生通过回顾过往的经历来自我激励的过程。这种过往经历的回顾，具有差异性、铺垫性、激励性的特点。差异性，是指学生所回顾的过往与其当下的行为表现存在明显的差异。这种差异，可以是前劣今优的"顺差"，也可以是前优今劣的"逆差"。前者重在让学生看到自己的进步，从而促使其更加进步；后者重在让学生看到自己的退步，从而促使其及时警醒，迎头赶上。铺垫性，是指对学生过往经历的回顾要对下一步的教育引导起到铺垫的作用。或是思想的铺垫，或是行为的预热，或是方法的明晰，等等。激励性，是指对学生过往经历的回顾要在其内心深处起到鼓动和激励的作用。或者使学生感到热血沸腾，或者使学生感到无比荣耀，或者使学生感到前程似锦，或者使学生感到惭愧懊悔，或者使学生感到精神振作……总之，回顾过往的过程，就是要帮学生鼓足勇气、更加上进的过程。

### 步骤三：自主进取

是指引导学生目标明确地自主进步的过程。这种温故知今的进步，具有自主性、即时性、愉悦性的特点。自主性，是指引导学生能自愿自觉地主动求取进步。经过教师巧妙而到位的引导，学生能愿意进步，而且能主动地、自觉地去求取进步，这样，学生的主观能动性被调动起来，才会给其以后的进步挖掘出不竭的动力。即时性，是指学生在"温故知今"之后能即刻采取求取进步的具体行动。教育要趁热打铁，要做到立刻有认识，立刻有行动，立刻有进步。这样，教育的效果也就比较容易显现出来了。愉悦性，是指让学生在即刻落实的教育行为中体验到进步的愉悦。这种愉悦，一方面体现在自主进步所取得的成效上，要努力帮助学生取得成效；哪怕一点点成效，这也会对学生起到很好的鼓舞作用。另一方面，更重要的则是体现在学生所采取的努力态度和努力行动上。有时候，某些效果是需要长期努力才能体现出来的，努力了未必就会取得立竿见影的效果。在这样的情况下，就有必要引导学生懂得"具有主动求取进步的态度和行动本身就是进步"这个道理，从而帮助他们在自主进取的道路上坚持下去，直至取得进步。

## 【他山之石】

《素养教育绿镜头——班主任工作纪实及思考》一书的相关篇章

**关键词：**教育策略（预见之策）

1. 第 43 章《总结并不是"总算了结"》
2. 第 85 章《"三思"而行"每一次"》

**关键词：**教育方法（温故鼓励法）

1. 第 82 章《品味"阳光灿烂的日子"》
2. 第 93 章《最美的毕业照》

# 3.3 动感的小豪与小豪的感动

水未来而先筑坝，天未雨而早绸缪。许多时候，学会避免问题出现的预防式教育，比问题出现了再去解决的补救式教育可能更有价值。

——题记

## ▌【抛砖引玉】

小豪是个"动感"十足的学生。

第一，身体多动。课堂上，尤其是自习课的时候，小豪的身体几乎没有不动的时候；就算身子不动，他的脚也十有八九在东挪西碰；就算身、脚都不动，他的手也在不停地转笔或翻找东西之类；就算身、脚、手都没有动，他的嘴也在说着什么；就算身、脚、手、口都不动，那他的眼睛可能也在左顾右盼……怎么样，够一说吧？

第二，偏好运动。只要有机会，小豪的身影基本都会出现在操场上，或是追逐跑跳，或是打滚摔跤，有时，也打打篮球。

第三，容易激动。小豪是个十分情绪化的学生，爱"酸脸"，常常会因为一点小事就发脾气，发脾气的时候谁也不在乎，有时候还会用武力来解决。正因为如此，他的"人缘"也就不大好，一些同学不大愿意与他一起活动。有时候，他只能落寞地看着同学热火朝天地活动。

照这样下去，终有一日，他会逐渐走下坡路，最后，很可能被众人所抛弃。

为了帮助小豪走上健康的成长之路，我做了许多工作，而初始阶段，我着重做的是关于"防"的工作。其中，防止小豪失去上进心和意志力、防止他在学习和日常行为上走下坡路、防止其脱离集体是工作重点。

"下坡容易上坡难"。用更高的标准来要求自己，这对于刚刚升入初中的学生来讲不是一件容易的事情，而对于"动"惯了的小豪来讲，他所面临的挑战则远远大于其他的学生。面对中学阶段的各种要求，他刚开始还能努力去做，但没过几天，他就开始变得焦躁起来，这种焦躁使他的听课状态和行为状态都出现了"滑坡"的迹象。

看到小豪的这种状态，我也有点着急了。但是，具体做点什么？又怎么去做呢？

经过一番思考，我打算先"刺激刺激"小豪。我以为，小豪之所以与同学之间的差距那么大，就是他在主观上对中学生的各种要求不够重视所造成的。所以，必须给他点切实的压力才行；而最能有立竿见影效果的，就是用学习成绩来说话。

于是，我找到小豪，满腔热情地对他进行了一番"教育"。我告诉他，小学阶段的知识量比较小，难度也不大，所以，靠临时突击的"小聪明"取得好成绩也许并不难；但到了中学，学习的科目增多了，知识量也大了，难度加深了，要求也提高了，如果不扎扎实实地努力，是难以取得更好成绩的。

小豪似乎注意听了我说的话，但是，我觉得他并没有真心信服我所说的这些。

他的这种表现，我并不感到意外：对于这样一个有特点的学生来讲，不大可能通过几句话就能让他发生明显改变的。我必须要"用事实说话"才行。

过了几天，我在语文课上对当堂学习的内容进行了一次小测试。测试过后，我问小豪能不能得满分，小豪随口说了句"没问题"。试卷批阅之后，小豪错了好几个知识点，分数自然很不理想。但我还觉得这个分数的"分量"有点儿不够，就又给他扣了 5 分，理由是"卷面杂乱"。

看着完全在意料之外的分数，小豪直直地看着我，脸憋得通红。

我以为这次的"教训"应该是很深刻的，小豪一定会"知耻后勇"、奋起直追的。可令我没想到的是，小豪并没有如我所想的那样积极进取，而是一切都一如既往，好像什么都没发生过一样！

怎么会是这样？

冰冷的现实逼得我不得不自我反思。这时，我开始意识到自己的两大失误：第一，自己的情绪过于急躁，忽视了学生的身心特点和成长规律。第二，自己的方式方法过于"简单粗暴"，以为靠强硬的手段就可以让学生被"压服"，这其实是大错特错了。

于是，我不得不改变对小豪的教育策略：既然问题出在了"急"上，那就下点"慢"

功夫吧。

先要消除先前不当做法的不良影响。

毫无疑问，我在小豪的心里已经留下了"硬派"的印象，以往的经验告诉我，此时怎么跟他交流，他都会以戒备的心墙来"防御"我。所以，只能通过润物无声的春雨来浸湿、泡塌这堵心墙，而不能急于与他正面交流，更不能直奔主题地进行教育。

我的策略是分三步走。

第一步：化影无形消戒心

一天，我对小豪所在的小组进行了"团结互助"的专项表扬。表扬的时候，我不但把每个组员的姓名都郑重其事地宣读出来，还逐一点评了他们进步的亮点；其中，表扬小豪的亮点是能与人合作，"不小心眼，有男生的大气"。

表扬的当时和过后，通过仔细地观察，我得出了一个令我满意的判断：小豪正常地接受了我的表扬。

几天后的放学扫除，并不是值日生的小豪在等待一名值日生同学一起回家。我立刻抓住机会，对小豪进行又一次的接近。

"小豪，站着也是站着，来来来，帮他们扫两下！"我看似无心地招呼着小豪。

小豪没有犹豫，立刻加入了卫生清扫的行列。

放学时，我同时拍了拍小豪和他的伙伴的肩膀："有这样互相帮助的朋友，真不错！"

当时，两个人都开心地笑了。

没几天，我在课堂上进行了一次小测验。测验的结果显示，全班同学答得都不错，小豪的成绩也很好。这样的结果，对于小豪来讲的确是个不小的进步。其实，他这次的测验成绩是必须、也必然不错的，因为，我的测试题是在他们前几天的作业当中选出的，这几道题都不难，更重要的是，小豪的作业当中，这几道"潜伏"的测试题都做得很正确。

于是，我就有了单独直接表扬小豪的充分理由。听着我的表扬，小豪的眼睛不由得闪闪发光。

第二步：正面交流表诚心

经过将近一个月的准备，我决定找机会与小豪来一次正面交流。

一天，小豪因违反纪律而被某一科任老师严肃地批评了，这次批评给我创造了与他深入交流的机会。

不上课的时候，我把小豪请到了走廊里。

"知道我为什么找你吗？"我问。

"知道。要批评我……"小豪似乎早都料到了一切。

"不全对，还有别的。"我摇摇头。

"那……还有什么呀?"小豪疑惑地看着我。

"还有表扬!"我的话简短而清晰。

"表……扬? 这怎么可能?"显然,他不大相信自己所听到的话。

"是的,表扬。"我再次肯定了这个意思,"今天你被批评这个事,起因是你做错了,这一点毫无疑问地要批评你。不过,接下来你的表现还是值得肯定的:比如,你没有'酸脸',没有顶撞老师,特别是,你当时立刻改正了自己的行为。所以——"

"这……这……"这个结果太出乎意外了,小豪搓着双手,一时竟不知道说什么好。

"其实,我对你的表扬可不仅仅是这么一件事。你看——"说着,我拿出了一个记录本,翻开一页,递给了小豪。

小豪疑惑地接过记录本,映入他眼帘的是如下的内容:

×月×日,自习课回头比前一天少 3 次

×月×日,与同学有矛盾之后不"记仇"

×月×日,帮数学老师拿三角板

×月×日,帮第一小组扫除

×月×日,语文作业字迹工整

×月×日,语文小测验成绩大有进步

……

看到这些记录,小豪的脸竟然红了起来,还自觉调整了一下站姿,表现得规矩多了。

"其实,我的记录还很不全面,你的许多优点我可能都没有记下来。不过,我相信你肯定能做得更好。你说呢?"我充满期待地说,同时,我拿回了记录本。

"嗯——"小豪点点头。

"那你说说,在哪些方面可以做得更好呢? 比如,在课上或课下的纪律方面?"我紧追不舍。

在我的启发下,小豪说出了自己的一些缺点。

"你能说出这些话来,说明你是上进的。其实,不管是哪个老师,大家都希望你能做得更好。也正是因为如此,我们也真的是很为你担心哪! 知道为什么吗?"我要让他领会老师的良苦用心。

"不太明白……"小豪摇了摇头。

"你看看这个——"说着,我又把记录本递给了他。这次,他看到的是这样的内容:

×月×日,开学第一天,某男生站队时多次乱动(注:小豪)

×月×日,小豪因玩球而说脏话、与同学"动手"

×月×日,小豪英语课违反纪律被批评后态度不好,酸脸……

关于小豪的错误实例，我只是挑主要问题记录了六七条，但这些已足以让小豪羞得抬不起头来。

我注意到，他看这些记录的时候，并没有表现出以往的那种"酸脸"的状态。

"请你想想：同学们会敬佩一个给集体捣乱的人吗？会敬佩一个不尊敬老师的人吗？会敬佩一个给同学和家长找麻烦的人吗？"针对小豪的主要问题，我用一连串的问句引发他思考。

"不会……"小豪低着头说。

"所以呀，这些毛病如果不改正，你自己的形象就会越来越受到影响，而同学也会离你越来越远。可是，你呀，还稀里糊涂地没感觉呢！你说，老师能不为你担心吗？不过，值得庆幸的是你已经开始改正缺点了。比如，你现在的表情比以前的好多了。这就是进步，这就是老师为什么还会对你充满期待的原因呀。"在让他明白了他的问题和老师的心意之后，我把话题引到了对他的期待上面。

小豪满脸通红，双手不知所措地摆弄着那个同时记录着他的优点和缺点的本子。

我拿回了记录本，"刺啦"一声，撕掉了记录着小豪缺点的那一页。

"这些缺点如果能得到改正，你在班集体的形象将会焕然一新。所以，"我停顿了一下，把这页纸递给了小豪，"现在，由你自己全权处理它。你可以把它撕掉，那将意味着你要与自己的缺点告别；你也可以把它留下，不时地用它来提醒和督促自己不断进步。"

小豪完全没有料到我会这样处理这个问题。他愣愣地看着我，一时不知道该怎么办才好。

最后，小豪选择了撕掉这页记录纸。同时向我承诺，他要努力改正自己的缺点。

后来的某一天，小豪曾与我聊起这件事。他对我说，我的这个举动当时令他非常感动。就是在撕毁记录纸的那一刻，他下定决心要做一个更好的自己。

第三步：助力助成强信心

不久，我郑重地告诉小豪，鉴于他已经取得的进步和所表现出的求取进步的状态，我决定安排他在班会上代表纪律进步的学生发言。

对于小豪来讲，这又是一个更大的激励。为了帮他以更好的形象出场，从发言稿的草拟和朗读，到发言时的表情、姿态、礼仪，我都进行了细致的指导。班会上，他在发言中表达了对老师和同学的感谢之情，同时也表达了更进一步的决心。当他在同学们热烈的掌声中回到座位坐下时，我看到他的脸上洋溢着满满的正能量！

为了促进小豪的成长，我对小豪又进行了有针对性的专项强化训练。其中，比较突出的是帮他调整对待错误的态度和"脸酸"的状态。在征得他同意的前提下，我通过三个阶段、逐层加力地训练他：先是他犯了错误而没有他人在场时狠狠地批评他，然后是他犯了错误而有其他同学在场时不留情面地批评他，最后是在他没有犯错误而故意"找茬"地批评他。最后的结果是，他不但对老师的批评再也不"酸脸"，跟同学的关系也越来越融洽了。

出于促进班级男生群体进步的考虑，班级实行了男生轮流担任组长的制度。为了帮助他们把这项工作顺利开展起来，我借用了规则的力量，特别为他们制订了《组长常规管理工作程序》（以下简称《程序》）。这份《程序》，以从上学到放学的时间推移为经线，以各个时间段组长的工作要点为纬线，具有很强的操作性，是学生们进行自我管理的"靠山"。

《程序》制定之后，先对全体学生进行了必要的宣传，为的是使大家清清楚楚地了解组长的工作内容和标准，也使这些组长们能够有所遵循。对于管理意识和管理能力不够强的小豪来讲，这个《程序》尤其有用得很：工作时，他只要"照本宣科"、"循规蹈矩"就可以了。使用之前，我对他进行了专门的培训，并让他根据《程序》进行使用过程的口头推演，对可能出现的问题提出了相应的解决方案。经过这样的准备之后，小豪们都比较顺利地完成了自己的组长管理任务。

就这样，通过一系列的工作，我不但及时防止了小豪各方面状态的下滑，帮他避免了出现脱离集体局面的后果，还帮他在集体中赢得了存在感、成就感和自豪感……

毕业后，小豪回来看我，还非常感动地表达对我的感激之情。其实，我只不过是尽了自己作为教师的一份责任而已，可学生们对此却还是念念不忘！值啦！

从"动感的小豪"到"小豪的感动"，这样一个变化的过程给了我们哪些启示呢？前者告诉我们，疏于教育引导，会使成长之树随意生长、枝丫漫恣；后者告诉我们，很多时候，教育的真谛就是要用一颗心去焐热另一颗心。

# 【出谋划策】

在对小豪的教育引导中，教师以适当的鼓励努力防止小豪丧失自信，以强化小豪在班里的存在感来防止他在心理上脱离班集体，以循序渐进的表扬防止小豪对老师的鼓励产生误解——像这样，**对学生可能出现的不利情况进行预判并采取措施防止其发生，我们把这样的教育策略称为"预防之策"。**

**预防萎靡退步。**是指预先采取措施以防止学生出现萎靡退步的情况。先要对学生的现状有个基本的判断，之后再以此为基点对其发展趋势进行预设研判。如果学生本身在行为上有明显的偏差，又存在着自信心不足或恒心不够的问题，那么，其发展的趋势往往就不那么乐观。在这样的情况下，就需要采取必要的预防措施，以防止其出现萎靡退步的情况。

这种预防的措施，要以帮助学生通过取得必要的成功来树立信心为根本，以帮助学生进行持之以恒的实践操作为抓手，以跟踪式的评价鼓励来作为辅助的手段。

**预防不良侵扰。**是指预先采取措施以防范外力对学生进行的不良侵扰。学生的成长有时会受到外力的消极影响，这种影响有时还体现在更大程度的不良侵扰上面。因此，密切关注能对学生产生不良侵扰的相关因素，这是帮助学生预防受到负面影响的关键所在。这方面，可采取双管齐下的策略来落实。一方面，通过净化环境以预防负面影响的侵扰。为此，可采取适当的干预措施，在时间和空间上巧妙地进行限制，这就减少了学生受到不良侵扰的机会。另一方面，通过大力度的正面引导来增强学生自身对不良侵扰的免疫力。相对来讲，后者才是根本之道，当然，做起来也更有难度。

**预防负效教育。**是指预先采取措施以防止教育不当而产生的负面影响。教育的负面影响，往往都是教育者本身的问题造成的。第一，防主观臆断。在教育行为实施之前，先要对学生的基本情况有客观的了解和理性的判断，这是教育成功的前提。这方面，最怕凭直觉或"经验"去工作，这种做法很可能一开始就是错误的，建立在错误认识和判断基础上的教育，自然不会取得理想的效果。第二，防粗心大意。在教育方案的设计和落实阶段，往往会出现因粗心大意而产生的漏洞，这种漏洞有时会直接影响教育的整体效果，甚至会产生一着不慎满盘皆输的严重后果。第三，防急于求成。教育往往都是靠慢功夫取胜的，要以敬畏之心来尊重教育规律、来对待成长中的学生，切忌亲自上演揠苗助长的悲剧。

# 【想方设法】

## 特点指要

在帮助小豪和其他男生轮流担任组长的过程中，针对学生们没有经验、能力不够的特点，教师制定了《组长常规管理工作程序》，利用程序化了的规则对全体学生进行了必要的宣传，使大家清清楚楚地了解值日组长的工作内容和标准；同时，也利用这个规则帮助组长们进行实践操作，使他们在工作中有所遵循，有所倚靠——像这样，**通过发挥规则规章的作用来引领和扶助学生渡过难关，我们把这样的携助方法称为"规则携助法"。**

## 程序参考

**步骤一：制定规则**

是指根据学生成长和教育的需要而制定出合适规则的过程。所谓合适，首先是指为学生所指定的规则要合法、合理、合情，也就是要符合国家相关的法律法规、符合学生的身心成长规律及教育规律、符合特定的情境和情感需要。凡是班集体中要求大家共同遵守的规则，如学生守则、校规校纪、班规班训等，都要考虑上述要求。所谓合适，还指所定的规则要实用、明确。实用，就是要贴近学生的实际生活，能为解决学生成长的具体问题服务；明确，就是规则的内容不空泛，有操作性，最好要有对行为的描述才好。

**步骤二：宣传规则**

是指对规则进行及时而到位的宣传的过程。所谓及时，主要指规则的宣传要早于规则的落实。所谓到位，是指要让规则的适用者知晓这规则与其切身利益的关系和规则的具体内容。其中，知晓规则的内容，是让学生们知道要"做什么"；而知晓规则与学生切身利益的关系，则是引导他们懂得"为什么"要这么做。这种关系的知晓，一方面要努力引导学生心甘情愿、甚至是心向往之地对待这些规则；另一方面，还要培养学生学会对规则的尊重和敬畏，要引导学生感受规则的权威性。这两方面，前者是柔性的引导，后者是刚性的约束，要教会学生在刚柔相济中理解规则与其切身的利益关系。

**步骤三：落实规则**

是指把规则转化成学生的具体行为的过程。这个转化过程，最要重视对规则进行"三化"式的操作。第一，内容操作化。是指把规则内容转化为可以具体操作的内容，让学生不但知道做什么、做哪些，还知道用什么样的行为来进行操作。第二，标准明确化。是指对规则要达到的效果有明确的标准，在质量、数量、程度、范围等方面进行规定，这种标准，最好是可量化、可比较的，这样更有利于落实和考核。第三，操作程序化。是指要为规则的落实而制定一个有先后顺序的操作规程，按操作的先后顺序列出时间、地点、事件、标准、操作行为、评价方式、责任人等内容，这样，就使学生在操作落实的过程中能目标明确、任务明确、行为明确，从而使规则的落实更有实效，也更加规范。

# 【他山之石】

《素养教育绿镜头——班主任工作纪实及思考》一书的相关篇章

**关键词：**教育策略（预防之策）

1. 第8章《滋养健康的生命》

2. 第95章《暖洋洋，亮堂堂》

**关键词：**教育方法（规则携助法）

1. 第6章《制度有多重要》

2. 第90章《推开心中的"阳光之门"》

# 3.4 临阵倒戈的"告御状"

送人玫瑰，如果能手有余香，这就是双赢的善举；送人玫瑰，如果是手被扎伤，那就是两输的拙行。教育之举，可以有双赢的余香，也可以有两输的苦涩，就看你怎么做。

——题记

## ▌【抛砖引玉】

多年以前，我教过一个叫小尧的学生。那时，他刚升入中学不久。

担任他的班主任没有几天，我就发现小尧有点与众不同。

他不属于那种大吵大闹的男生，看起来似乎很稳重，但总是会小打小闹地制造点小事端，用有的人的话说，他是那种"蔫淘"的学生。他喜好运动，有时会因打篮球而上课迟到，但他又基本上是自己在玩，与大多数男生的成帮成伙并不一样。

上课或是自习课上，他常常是坐得笔直，仰脸朝向黑板或老师，嘴角似乎还挂着一丝微笑，可他的眼神却是游离的，好几次都是被老师点名回答问题时他才缓过神来，有一回甚至是被叫了好几遍名字他才结束了"神游"。

当时的我工作经验还很不足，看到他这个样子，我只是以为他行为习惯不好，或者干脆就是不爱学习。于是，我很严肃地找他谈话，给他讲学习的重要性，给他讲遵守纪律的必要性。

我说话的时候，小尧的眼睛直勾勾地看着我，脸上没有任何反应。

他的这副表情大大出乎我的意料，我不由得心生不满：这个学生，也太不拿我这个老师当回事了！怎么可以对我如此的漠然相对呢？

然而，生气归生气，我还能控制住自己的情绪。我意识到：我的谈话有问题，不会取得什么好效果了。既然如此，那就先到这里，以后再说。

"老师的话，希望你能往心里去！"末了，我以这句话结束了这次不成功的谈话。我知道，我的话他也许一点都没往心里去。

此时此刻，我的心里很是郁闷，感觉自己呼吸都异常的压抑。

不过，再郁闷也无济于事呀，还是要冷静地想一想，自己究竟在什么地方出现了问题呢？最后，我总结出了这次跟小尧沟通不顺畅的三大原因：第一，对小尧不够了解，没有找到最佳的交流途径；第二，与小尧的关系不够亲近，对待一个"外人"，谁会说出心里话呢？第三，交流的方式方法有问题，一通大道理的说教，谁爱听呀？

于是，我决定改变策略，另辟蹊径。

先要接近他，争取消除他对我的戒备。于是，我利用日常的一些机会与小尧搭话，所涉及的话题都是与他的问题无关的，这样，他对我逐渐放松了"警惕"。我还找机会"不经意"地观看了男生们课间的篮球活动，也"顺便"看到了小尧自娱自乐的拍球活动，在赞赏大家的同时，也"捎带"夸了小尧的球技……

经过了一段时间的调整，小尧对我没有那么强的距离感了。就在我以为可以与他进一步交流的时候，一件意想不到的事情打乱了我的计划。

一天，小尧犯了一个比较严重的错误，按学校的要求，要请家长来学校进行解决。可这却让我感到很为难：一是因为我通常不愿意请家长到学校来解决问题，除非是因为学生身体有问题或是出现了特别重大的事件；二是当时正是我努力修复与小尧关系的当口，如果把他的家长请过来，那我的努力很可能会受到影响，甚至前功尽弃。

怎么办呢？我一时陷入了两难的境地。

这时，小尧各种"不好"的表现一个接一个地在我头脑中闪现出来，我越想越生气，最后终于打定主意：还是按要求请家长来校，我也好趁机把小尧的表现向家长"全面举报"，以此给他施加压力，让他受到强烈的震动！

对，就这么办！这个"御状"，我告定了！

第二天，小尧的家长如约来到了学校。但就在与家长见面的那一刻，我立刻就后悔了：一方面是为让家长特意跑一趟学校感到有点儿于心不忍；另一方面，我总觉得这样强硬的方式未必会起到理想的教育效果，反之，它很可能会让学生因颜面扫地、因家长被"折腾"

而引发强烈的对抗——或激烈反抗，或消极对抗。那样一来，找家长又有什么意义呢？恐怕很可能会适得其反吧？

于是，我决定换一种说法。小尧犯错误的事情本来是主要话题，但是，我只是简单介绍了一下事情的经过和小尧对待错误的正确态度，随后，就把交流的重点放在了小尧最近的进步和以后的引导上来。最后，我与这位家长达成共识：对小尧的教育，既要让他认识错误，更要给他进步的要求和希望；而针对本次小尧所犯的错误，先让他自己思考怎么办，不要硬性处理，更不能打骂……

之后，我还与小尧的家长一起来到教室外面，请她看一看小尧听课的良好状态。最后，家长一再感谢地离开了。

如果是以往，我还真不大敢请家长看小尧的听课状态，万一家长看到的是不好的学习状态，那不是火上浇油了吗？但这一天我心里却比较有底，因为，早上小尧向我反馈家长能来学校的信息的时候，我已经告诉他要请家长看他的学习状态了。

第二天，我发现小尧看我的眼神发生了变化——那种冷冷的东西不见了。

我暗自庆幸，我昨天的选择是对的。

接下来，我又不动声色地对小尧发动了第二波"进攻"。

当时，班级开展了学习结对子的活动，这项活动，以往都是安排成绩好的同学教成绩差的，这次我则要求大家取长补短，互帮互学。于是，小尧这样的学生就有了教别人的机会。实际上，我这样做既是在激发小尧们的学习热情，也是在给他们创造与他人交流的机会。

与此同时，我与各位科任教师取得了联系，请他们帮助我关注和鼓励包括小尧在内的几个学习不受重视的学生。这些老师本来就很关爱学生，经过协调之后，他们的关注和鼓励就更有了倾向性，更有了针对性。后来，我又请教导处的一位老师帮忙，请她在合适的时候对小尧说一句鼓励的话。这位老师非常热心地帮我实现了这个愿望。

经过了将近一个学期的努力，小尧的精神状态发生了明显的变化。课堂上"发愣"的现象越来越少了，脸上还逐渐有了笑容。而且，他再也不是一个人独自拍球，而是与其他男生"打伙"（学生们发明的专用语，是"合伙打球"的意思）的了。

我很为自己在"告御状"时的临阵反悔而感到庆幸。正是这段经历，使我对教师、特别是班主任的影响力有了更进一步的认识。

从学校教育来讲，如果说教育学生有三道防线的话，那么，学校管理部门是第一道，其他教师是第二道，而班主任则是第三道——这第三道，也是最后一道。

无论如何，班主任都要筑牢自己这最后一道防线，都要守好自己这最后一道防线；而守住这道防线最好的办法就是不让自己成为学生的"敌人"。

# ▌【出谋划策】

在教育引导小尧的过程中，面对"屡教不改"的小尧，教师把家长请到学校后，预想到"告御状"的不当做法所可能产生的后果之后，及时调整了自己的教育行为，从而避免了消极教育后果的产生——像这样，**预先采取措施避免师源性的消极影响以为教育创造有利的条件，我们把这样的教育策略称为"预避之策"。**

**预避师源隐患**。是指预先避免来源于教师的教育隐患以为教育创造有利条件。隐患的特点就是消极的影响存在着隐蔽性，它往往隐藏在貌似合理的教育行为之中。对这样的隐患，教师要学会主动审视并预先避免，否则，就可能影响教育的效果。比如，与家长进行以解决问题为目的的平等沟通，这不失为一种可用的教育手段，但如果与家长沟通就是为了"告状"，那教育效果可能就会大打折扣了，甚至，这种做法还可能使师生之间、亲子之间、家校之间的关系更加紧张。怎样找到这种隐患呢？用以下的办法试一试，也许能有点效果：如果教育行为使家长对教师"敬而远之"、使学生对老师"畏而远之"了，那么，这种行为可能就存在着教育的隐患了。

**预避师源伤害**。是指预先避免来源于教师的伤害以为教育创造有利条件。教师有时会因为教育行为的不当而给学生造成伤害，发现并预先避免这些伤害，是具有根本意义的教育策略之一。教育理念的落后和教育方式方法的简单草率，常会导致师源性伤害的发生。这种伤害，比较突出地表现在体罚和变相体罚上。实际上，此类做法的作用是及其有限的，甚至是会起反作用的：体罚能让学生变得"规矩"的也许只能是他们的身体，有时甚至连这一点也做不到；而在心理上，体罚的结果恐怕只能是让学生与教师的距离变得越来越远。师源性的伤害，还体现在对学生的心罚上：对学生进行人格侮辱，讽刺挖苦，揭露隐私，指责埋怨……这些都可能是对学生心罚的表现。

体罚与心罚往往是相伴而生的，同一种行为会给学生造成双重的伤害。比如，把学生撵出课堂的行为，既是一种变相的体罚，也是一种实在的心罚。这种双重的伤害其实是非常失策的：被"驱逐出境"的学生会颜面扫地，这就可能会激起其强烈的自卑心理或逆反心理；同时，他的功课也会因此而落下，那么学习就越来越差；学习越差就越不愿意学习，越不愿意学习就越容易在其他方面出问题……由此而形成恶性循环，"教育"的效果当然就不会好了。

# ▌【想方设法】

## 特点指要

在对小尧的引导中，教师通过家长向小尧传递了鼓励的信息，又求得科任教师关注包括小尧在内的几个学习不受重视的学生，再请教导处的老师对小尧说鼓励的话——像这样，**通过联合具有教育影响力的各方力量共同引领和扶助学生渡过难关，我们把这样的携助方法称为"联合携助法"。**

## 程序参考

### 步骤一：合心合愿

是指联合各方力量达成共识并明确教育目标的过程。第一，要在思想认识上达成共识。要对被携助学生有共同携助的愿望，并且对携助方向和所面临的困难有基本的认识，这是对学生实施有效携助的前提。第二，要明确共同携助的行为目标。这种操作层面的目标，需要班主任多动脑筋，选准操作的切入点，这样才有利于汇聚各方的力量，才有利于实现有针对性的突破。大家齐抓共管，就会形成一个不断强化的过程，而这种不断强化的过程，更容易促进学生某种进步行为的动力定型，进而形成这种进步行为的良好习惯和能力。比如，要对学生进行专注听讲的训练，如果只是由某一学科的教师单独训练，那就不如每个学科的教师联合起来训练的效果好。

### 步骤二：协调分工

是指协调各方力量对学生进行个性化携助的过程。使用"联合携助法"，班主任要起到一个核心的作用，要对各方力量的特点和能力进行评估，并据此进行相关任务的安排，以使每一方力量都"能有所用，用有所得"。这种分工，不妨从密切关系、引导思想、促进学习、调整行为这几个方面来考虑。其中，"密切关系"是任何一方教育力量都需要做的基础工程，有了比较密切的关系，对学生进行携助就少了许多障碍。这方面，无论是班主任还是科任教师，都有许多优势可以利用，关键是要找到这些优势，扬长避短，为我所用。比如，同性别的师生在情感交流上就具有更多的优势；比如，教师与喜欢自己学科的学生在密切关系上就更有优势，等等。对这些优势，班主任要心中有数，并且能根据学生个体的教育需要，有意识、有计划地去协调这些优势作用的发挥，做到统筹兼顾，合理利用。

### 步骤三：沟通携助

是指通过及时有效的沟通来协调各方力量以对学生进行适当携助的过程。首先，通报任务。就是要把各方教育力量所要承担的任务彼此通报，相互了解。其次，协调携助。是指各方力量在实施操作的过程中，要随时协调动作，把握好各自工作的定位、态度、时间、力度、效果，做到及时调控，适当修正。这种动作的协调是非常必要的，它直接关系到携助的效果。比如，大家联合携助某一学生的学习，如果每位教师同时都给予这个学生以同样的高强度、大剂量的任务，那么，这个学生在受宠若惊的同时，恐怕也会感到力不从心，那么，这同时的"关心"很可能就演变成了同时的"闹心"，最后也许会落得个适得其反的结果。

# 【他山之石】

《素养教育绿镜头——班主任工作纪实及思考》一书的相关篇章

**关键词：**教育策略（预避之策）

1. 第 22 章 《"尊重"的重量》

2. 第 89 章 《以健康的名义》

**关键词：**教育方法（联合携助法）

1. 第 52 章 《家长会就是互助会》

2. 第 97 章 《我们的队伍向太阳》

# 3.5 织补人格的衣裳

尊严是人格的衣裳，尊严是立命的根本。帮助学生能有尊严地学习，有尊严地成长，这是教师最基本的责任。

——题记

## 【抛砖引玉】

接任班主任不久的一次语文课上，我请一名叫小玉的男生回答问题。不料，我刚念出他的名字，教室里的学生们便立刻哄堂大笑起来。

这一笑，可把我懵住了：我说错了名字？没有呀，我是照着名单念的；我语音发出了怪声吗？没有呀，我的发音很正常；要不，就是发生了什么意外而搞笑的事情？也没有呀，刚才学生们都是在认真听讲的。

究竟是怎么回事呢？

下课后，我向几名学生询问他们哄笑的原因，他们有的说"没什么"，有的说"有意思"。

"什么有意思？"

"小玉有意思。"

从此，我记住了小玉这个"有意思"的学生。

我开始留心小玉的有关情况。我发现，不管什么场合，只要一提到他，学生们就免不了发笑。这是什么原因呢？经过观察和深入了解，我基本上找到了这个问题的答案。

原来，小玉是个行为习惯有偏差的学生，无论是纪律还是学习，他都是班里最后面的那一个。他的形象也很特别，瘦瘦的身子本来是可以挺直的，可他却总是弓着腰；一站起来说话身子就来回地晃动，还不时地用手在脸上挠来挠去；自习课上说闲话的声音大得全班都听得到，可回答提问的声音却连他的同桌都听不清楚，偶尔声音大了，答案又往往与问题风马牛不相及。此外，课上说笑、玩闹、传纸条、扔粉笔头之类的事也往往少不了他……最让人担心的，是他把别人对他的取笑看成是一种很荣耀的事，有时候还故意扮个鬼脸以博得众人的笑声。

显然，这是个需要从根本上进行帮助的孩子。

要想帮助他，首先应弄清楚他这样的原因。通过家访，我了解到，跟多数同学一样，小玉也是个独生子；不过，与大家不一样的是，他不但在家里倍受宠爱，在学校里也一直像个幼儿似的备受呵护。因为，他所就读的小学就是他外祖母当教师的学校，心疼孩子的外祖母把家庭式的关爱移到了学校里。这样，小玉就得到了其他同学所没有的"厚"爱——用他母亲的话说，小玉是"在姥姥及其同事的搂抱中念完小学"的。

原来如此！

那些关爱小玉的人一定没有意识到，小玉在受到种种"关照"的同时，却失去了其他同学那些学习成长的机会，比如，学习懂规则、守纪律的机会。

这样看来，小玉不是不想做得好，而是他根本就没有要做好的意识，更不知道怎样做才是好。所以，要想使他有比较明显的转变，一方面要教他"懂"：尤其是懂自尊，懂规则；另一方面要教他"能"：尤其是能自觉，能自控。

是"笑"让我认识了小玉，也是"笑"让小玉失去了尊严，那么，对小玉自尊心的培育，就从"笑"入手吧。

小玉把博得大家的哄笑看成是一种乐趣和荣耀，就是因为他不懂那笑的含义，他以为别人的笑是对他的肯定与赞赏。从另一方面来讲，一些人常常主动地取笑小玉，尽管这样的取笑只是源于觉得"有意思，挺好玩儿"，并没有什么恶意，但这毕竟也是对小玉人格的不尊重——而这一点，小玉和大家都没有意识到。

针对这种情况，我引导小玉理解自尊自爱对于一个人的重要性，帮他懂得要想获得别人尊重首先应该自尊自爱的道理。然而，这样的引导并没有起到明显的效果。因为，在小玉的头脑里，根本就没有这方面的概念：他的心里，只有好玩儿和不好玩儿之分。

看来，对小玉的引导，可不是讲讲道理那么简单，必须给他足够的压力、让他的内心产生足够的震动才行。当时，小玉还担任着班干部的职务，为了使他对自己不当行为的后果有更深刻的认识，也为了使班级的管理不陷入混乱，我决定停止他班干部的工作。不过，我告诉小玉，如果他将来有了明显进步，还可以恢复他的职务。

果然，这个停职的安排，使小玉"蔫"了下来。

接下来，我给他的成长补了三块"补丁"。

第一，补认识。

就是引导小玉对事物有正确的认识。比如，要明是非、知美丑。

一天，我与小玉谈心。

我问他："如果让你只穿一件泳裤在教室里上课，你愿不愿意？"

"哈哈哈哈哈哈哈——"小玉立刻夸张地笑了起来，直到我板起了面孔，他才勉强忍住了笑说，"不不不，不愿意。"

"为什么？"我问。

"那多冷啊！"小玉脱口而出。

"除了冷，还有没有别的原因呢？"我引导道。

"嗯……"小玉思忖了一下，"还有……那多碜碜（方言，有"难看、丢脸"之意）哪！"

"碜碜又能怎么样？对你有不好的影响吗？"我进一步问道。

"那……多让人笑话呀！"小玉想了想，说道。

我立刻接过小玉的话茬，引导他懂得自尊就是要做到"不让人笑话"。然后，又通过让他回想自己在日常学习生活中的让人笑话的经历，引导他对自尊的含义有切实的认识。

"我知道，你父母和你姥姥以往听到的都是对你的夸奖，但他们对你的情况了解得并不全面。所以，我打算向他们全面介绍一下你在学校的表现，当然也包括你让大家哄笑的事。你觉得怎么样？"见小玉还是没有太在意我说的话，我提出了这样的想法。

之所以如此，就是要给他施加必要的压力，使其能在改正不当行为时产生必要的动力。不过，我以征求意见的方式来提这个想法，则是想让他提出反对意见，并借此进行教育引导。

不出所料，听我这么一说，小玉赶忙请求我不要那样做。这正是我想要的，于是，我顺水推舟，答应了他的请求。但是，我告诉他，如果他不能努力改正自己的缺点，我可能会改变主意。

对此，小玉自然是满口答应。

经过一段时间的努力，小玉渐渐能够把对美丑、是非的理解同日常的举止行为联系在一起了。知道了自尊自爱的可贵之后，他不会再主动招人取笑，连脏话也说得越来越少了。

第二，补规矩。

要想让小玉获得真正的自尊，就必须让他自己做得好，让他以自己良好的实际表现赢得他人的尊重。而要做到这一点，就必须给他补上守规矩这块"补丁"。懂得并遵守了公共认同的规矩，他就不会因为有不守规矩的"另类表现"而受到嘲笑。

先从最容易引起注意的地方补起吧。比如，补上自习课要遵守的规矩。这方面，我采取了"小微改进、跟踪促进"的办法，就是从小处入手促使他改进自习课上的状态，并通过紧密跟踪、随时鼓励的办法来促其进步。

只要用心，总会取得进步的，哪怕是对于小玉这样基础薄弱的学生来讲。共同的努力，使得小玉的规矩意识明显增强了。于是，我告诉小玉，鉴于他所取得的进步，我可以不与他家长交流他惹大家哄笑的问题。

这个消息让小玉很受鼓舞，在以后的日子里，他更加努力了。

第三，补荣耀。

补认识，补规矩，这些还都只是在做亡羊补牢的工作。能不能主动出击，从更高层面给小玉来点感受尊重的"大补"呢？

不久，机会来了。

为了美化环境，学校提倡各班在教室里摆放花卉。我感到这是一次让小玉转变的好机会，就提示他可以抓住这样的机会做点什么。

小玉抓住了这次机会。第二天，他的家长充满热望地把十几盆鲜花送到了教室里。

午检的时候，我先请全班同学欣赏摆满教室的鲜花，然后告诉大家，这些花都是小玉献给班级的——我特别强调，这些花是小玉主动献出的。

听了我的说明，全班同学立刻对小玉报以热烈的掌声。当时，小玉这个曾经对批评"面不改色心不跳"的顽皮大王，面对同学们赞赏的掌声却涨红了脸，他不好意思地笑了一下，随即双手捂着脸低下了头。有意思的是，他的头是低下了，可眼睛却在张开的指缝里偷偷地看着我！真是个孩子呀……

这件事对小玉的震撼是巨大的，他从心底体验到了受到尊重的那种被融化般的温暖，也从心底体会到了光荣的美好与可贵。从此，他的进步开始由被动转向主动；从此，他脸上荡漾着的是越来越多的自尊与荣耀。而从戏耍地哄笑到尊重地鼓掌，同学们对小玉的态度也发生了根本的变化。

一年后，小玉以其不断的努力和明显的改进赢得了老师和同学们的赞誉，他恢复了班干部的职务，以全新的姿态又回到了为班级服务的岗位上。

对小玉教育的成功，最根本的就是培育了他的自尊心，恢复了他本就该有的尊严。

没有了人格尊严，就没有了属于自己的灵魂。在孩子们的成长过程中，帮他们穿上一件人格的衣裳，让他们获得最基本的做人的资本——也许，这比什么都重要。

# 【出谋划策】

在对小玉进行教育引导的过程中，教师根据小玉自尊素养缺失的特点，通过"补认识、补规矩、补荣耀"等措施使其具备了进步的基本素养，在此基础上，再对他进行相关的教育引导，最后帮他找回了应有的尊严、树立了正常的正面形象——像这样，**借助预先为学生补充出来的有益素养而对其进行教育引导，我们把这样的教育策略称为"预补之策"。**

使用这种策略，先要根据学生的不当表现来探查并补充其所缺失的有益素养，然后，再把已经补充了的有益素养与学生的行为之间建立起对应关系，从而实现对学生不当行为的调整及相应的教育引导。

**预先修复补充。** 是指预先修复学生被忽视了的有益素养再借此进行教育。学生在成长过程中，有些具有教育功能的素养实际上是存在的，只不过是被忽视罢了。修复这些素养，会给教育带来许多的益处。这种修复的工作，关键在于对素养的激活，就是在学生的身上找到可用来进行教育的素养并通过适当的方式让它焕发生机。先要细心地找到它们，然后，找到其在学生身上所具有的光彩之处，创造机会让这些光彩之处发出光和热来，这样，这曾被忽视的素养就会起到引导和激励学生的作用。比如，学生本身是理应具有活力的，但由于某种原因使得这种活力被压抑了、被雪藏了；那么，创造机会让学生自主行动，就会慢慢恢复这种活力；利用这种恢复了的活力引导学生进步，就激活了他的活力素养。

**预先修造补充。** 是指预先修造学生所欠缺的有益素养再借此进行教育。

首先，要知晓学生所欠缺的基本素养是什么。怎样才能知晓呢？一方面，要借"尊重共性"来知晓。就是根据与学生年龄段相匹配的为社会所公认的相关标准来评估其素养是否欠缺。从人的成长历程来看，不同的阶段有不同的基本素养和标准。比如，能够把个人物品整理妥当，这对于一个正常的初中生来讲，是其理应具备的一种自理素养。另一方面，要借"尊重个性"来知晓。就是要根据学生的个体特点和实际情况来评估其素养是否欠缺。同一个年龄段的人，由于个体差异和成长经历等方面的不同，也就造成了其素养能力和素养现状的不同。比如，一个从没有弹过钢琴的学生，是无论如何也弹不出优美的钢琴曲的，而如果还拿能弹钢琴的标准来衡量这个学生，那显然是不合适的。

其次，对学生所欠缺的素养进行修造补充。可从"修造需求"和"修造培训"这两方面来做些工作。先要"修造需求"，是指通过创设某种情境而使学生切实感受到其对欠缺素养的成长需求。在这个所创设的情境当中，素养的欠缺直接影响到了学生的正常生活，直接对他的切身利益产生了不利的影响，这样，这个学生才会切实感受到其所欠缺的这种素养的重要性，他才能够有获得这种素养的意愿。然后，再进行"修造培训"，是指通过培养和训练而使学生具备其所欠缺的素养。培养，就是让学生"具有"素养，这是其欠缺的素养从无到有的过程；训练，就是让学生"熟练"某种素养，这是其欠缺素养日渐成熟的过程。

# 【想方设法】

## 特点指要

在帮助小玉获得尊重的过程中，教师根据小玉对哄笑之耻不以为意的现状，先用要向家长通报情况的做法来给小玉施加压力，以助其产生自我改进的动力；在小玉取得进步后则取消了向其家长通报情况的"计划"，以此减轻小玉的压力；在小玉取得了一定的进步之后，则不再向小玉施加压力，而是通过引导他为班级献花等措施让小玉感受到尊重的美好，进而助其取得更大的进步——像这样，**通过逐步给学生减轻压力的做法来促其修正行为、自主进步，我们把这样的施压方法称为"递减压力法"。**

## 程序参考

### 步骤一：施加重压

是指对问题严重而又无意或惰于修正的学生施加有重度的压力以促其进步的过程。施加有重度的压力，大前提是学生本身所存在的问题比较严重，而其自身又没有足够的修正意愿和行为。这种情况下，可根据学生的承受能力对其施加有重度的压力。关于压力的重度，一要有力量：就是对学生施加的压力对其能产生足够震动心理、震撼心灵的影响力。一般来讲，最能达到这种效果的压力，往往是来自内心情感的触动，或是来自重大利益的缺失。二要有数量：就是可从多方面、多角度、多数量地对学生施加压力，使其所受到的触动不止一面，不止一个，用数量的力量来施加影响。

需要强调的是，对学生施加这种有重度的压力，目的是为了促使其认识到问题的严重性并采取相应的修正行动，所以，相应的思想动员工作必须要跟上，要引导学生理解压力、接受压力，要避免因压力的施加而使学生产生叛逆心理和对抗行为。因此，这种有重度的压力只适用于某项教育的初始阶段，达到了引起重视和启动修正行为的目的即可，切不可持续使用。

### 步骤二：逐步减压

是指根据学生的实际情况而对其逐步减轻压力并把压力转化为动力的过程。

**关于"实际情况"。**可从学生的个性特点、主观意愿和行为修正这三个角度来考虑。个性特点，是指学生的年龄、性别、性格、对压力的承受能力等方面的特点。比如，性格比较外向又具有较强抗压能力的男生，压力的减轻可能就需要缓一些，否则，失去了压力的他可能就忽视了对行为的修正。主观意愿，是指学生本身对问题的认识程度及自我进步的愿望。那些对问题认识到位并且进步愿望较强的学生，减压的步子就可以大一些；反之，则可能需要放缓减压，以使其保持一个在压力作用下而不断进步的态势。行为修正，是指学生对不当行为的实际修正的效果。只要用心，学生对不当行为的修正总是会有成效的，有进步就减压，大进步则大减压，把握这样的原则，会有利于对学生进步积极性的调动。

**关于"把压力转化为动力"。** 要为这种压力的释放找到一个"出口"：其一，为学生指出在压力之下求取进步的方向和办法。让学生知道在压力之下该做什么，该怎么做。其二，让学生感到压力减轻的轻松和进步的快乐。减轻压力，可以作为对学生教育引导之前的"诱导条件"来使用，这样，学生就可能为了减轻这种压力而努力修正自己的不当行为；减轻压力，也可以作为学生取得进步之后的"奖励措施"来使用，让学生能通过修正自己的不当行为而获得压力的减轻。

**步骤三：修正止压**

是指帮助学生求取行为的修正并适时停止对其施加压力的过程。施加压力的目的是使学生不当行为得以修正，这个目的的实现是需要一个过程的。在这一过程中，随着不当行为的逐渐修正，用来帮助修正行为的压力也理应随之不断地减轻，直至适时停止施加。这里所说的"适时"，以下几个节点都可以考虑。其一，学生能主动自我控制不当行为的时候。这是从态度和行为控制力的角度来讲的，如果学生能主动想着去控制自己的不当行为，并且能够做到控制自己的不当行为，则可以考虑停止施加压力。其二，不当行为得到明显修正的时候。这是从效果的角度来讲的，不当行为得以修正是最后要达到的显性目标，但不一定非要等到这目标完全实现了再停止压力，当这种修正的努力取得了明显成效的时候，可以考虑提前停止压力。这两种情况的停止施加压力，都会更有利于学生自信心的增强，会更有利于促进其自主地求取进步。

# 【他山之石】

《素养教育绿镜头——班主任工作纪实及思考》一书的相关篇章

**关键词：** 教育策略（预补之策）

1. 第76章《摆正反光的"太阳板"》

2. 第83章《公开课"公开"的秘密》

**关键词：** 教育方法（递减压力法）

1. 第4章《第一天，第一次》

2. 第5章《"与尊严同行"》

# 4."谐"之策

## 单元提示

### 【教育策略】

本单元探讨的是"谐"的策略。

谐，就是和谐、谐顺。"谐"之策，是指通过师生关系的和谐来促使教育行为更加谐顺的策略。

关于"谐"的策略，我们从"爱谐、诚谐、尊谐、和谐、通谐、近谐、融谐"这几方面来探讨。

"爱谐之策"是指以大爱之心来和谐师生关系并借以助力教育，这是和谐师生关系的根本；"诚谐之策"是指以真诚之心和真诚之行来和谐师生关系并借以助力教育，这种真诚需要引导学生能切实感受得到并真正懂得才会更有效；"尊谐之策"是指以对教育、对学生、对自我的切实尊重来和谐师生关系并借以助力教育，尊重的不只是教育对象，也包括教育规律；"和谐之策"是指以亲和的态度及和顺的教育过程来和谐师生关系并借以助力教育，它主要体现在教育态度的调整和教育过程的和顺上；"通谐之策"是指以通畅交流、通达思想来和谐师生关系并借以助力教育，它体现在思想、交流、运作等层面。这些策略，主要是从教育学生的态度、思想、理念、行为等方面来说的。

"近谐之策"是指通过逐渐拉近与学生心理距离的方式来促进师生关系的和谐；"融谐之策"是指通过帮助学生融洽与他人的关系来和谐师生关系并借以助力教育。这两方面是从和谐行为的落实方式的角度来说的。

教育与受教育能否实现有效的对接，很大程度上取决于教育者与受教育者是否具有和谐的关系。努力实现师生关系的和谐并借此促进教育行为的谐顺，这就是"谐"之策的意义所在。

# 【教育方法】

本单元探讨的教育方法有 6 种，共 7 个做法。它们是：属于"鼓励法"的体谅鼓励法、假赞鼓励法，属于"迁移法"的纵向迁移法，属于"疏导法"的倾听疏导法，属于"提示法"的体态提示法，属于"诱导法"的示弱诱导法，属于"选择法"的定向选择法。

对上述方法的具体介绍详见相应篇目及本书附录《教育方法简要说明表》。

# 4.1 这条"小鱼"在乎

教育的阳光从来都应该是公平的，它不会因大树的伟岸就热情似火，也不会因小草的卑微就冷若冰霜。所有的学生，都值得用大爱的温暖去普照。

——题记

## ▌【抛砖引玉】

我曾教过一名叫小鱼的学生。

作为初中生的她，个头是班里女生中最高的，可她的行为表现却十分散漫、幼稚、甚至古怪，这与她的个头十分不称。

心情好的时候，小鱼常常会在课堂上莫名其妙地发笑，有时下课还会像幼儿园的孩子一样跟老师摆摆手，奶声奶气地喊一声："老西（师），再见——"然后，她把双臂高高抬起，做出小鸟儿拍打翅膀的样子，从老师身边一步一颠地飞过。而碰到心情不好的时候，她就长时间地发愣，或者干脆往桌子上一趴，一声不吭，或者不知所云地嘟囔一阵儿，有时甚至旁若无人地哭一会儿。有一次，她上课回答问题时嘻嘻哈哈，态度极不严肃，引得同学们哄堂大笑，可同学的笑声未落，她却"风云突变"，哇哇大哭起来……

一天，小鱼在课上看漫画书。得知情况后，我向她了解一下她看的是什么书，结果，她一边把书甩在桌上，一边竟随口说了一句脏话，然后昂首挺胸地跨出了教室！

我知道这个学生比较特殊，但没想到她会特殊到这个程度。我想，她这种种异常行为的背后也许有什么不同寻常的原因，而我刚刚接这个班，对这个学生的情况知之甚少，但有一点我知道：她需要帮助。

先从了解她开始吧。

经过家访，我得知小鱼生长在一个特殊的家庭，她自幼娇生惯养，后来，父母离异，她由父亲抚养。之后，父亲再婚，她对继母非常反感。由此，她与父亲的感情也出现了裂痕……这一连串的变故使得她几乎对一切都失去了信任感，对一切都采取敌视的态度，再加上一些特殊的原因，才导致她出现了种种"怪异"的行为。

看来，要想使小鱼的状态有所好转，就必须把她的心态调整好才行；而要想调整好她的心态，就必须先要在心理上接近她才行。

一个课间，刚从另一个班上完课的我正向本班的教室走去，这时，小鱼从我身边张着双臂飞过，我叫住了她。由于速度较快，她停下的时候差点向前摔倒。停下后，她直勾勾地看着我，眼里充满了戒备和惶恐，在她看来，老师的批评是不可避免的了——为了安全，也为了文明，学校是不允许在走廊里跑跳的。

"哎呀，跑那么快，这要是刹不住车可不得了！"我没有批评她，而是从提醒安全的角度跟她开了个玩笑。

她愣愣地看着我，对我的玩笑毫无反应。

"来，帮我把书放讲桌上。"我把手中的语文书递给她。

小鱼接过了语文书，却站着没动。然后，她用眼神在询问我：接下来呢？

看着小鱼，我笑着说："去吧，没事了。"

比我个头还高的小鱼像个幼儿园的小孩子那样地用食指抠着自己的嘴唇，有点不大相信地斜着眼问我："真……没事……啦?"

"对，真没事了。"我肯定地点点头。

"唉，吓我一大跳！"小鱼一边用手扑打着胸脯，一边转身向教室跑去，但她刚跑了一步，就稳住了自己，把跑步改成了快步走。

这次的经历，让小鱼和我都各有收获：她知道了我这个新老师并不可怕，我则看到了引导她进步的希望。

之后，我又采取了一些办法，使得小鱼跟我的心理距离逐步接近了些。

就在我有点沾沾自喜的时候，另一方面的压力开始找上门来。不久，有家长向我建议把小鱼的座位调走，因为她的自言自语和喜怒无常实在是让周围的同学吃不消。

自己的孩子受到了干扰，家长要求消除这种干扰，这是无可厚非的。但是，我并没有答应家长给小鱼调座的要求，我只是答应他们，我会尽力解决这个问题。

为什么这样回复家长呢？首先，从班级的角度来讲，只要小鱼还在这个班级，那么，调座只能是把问题换了个地方，问题本身并没有得到解决。其次，从小鱼的角度来讲，调座的举措不但不能解决问题，还可能激化她的逆反心理，使问题更严重，更复杂化。再次，从小鱼周围同学的角度来讲，把小鱼从他们的身边调走，这不但会使他们失去了一次提高自我的机会，还会给他们提供一次难以容人的经历，这种经历对培养他们的合作能力显然是无益的。

我的想法是，既要消除小鱼对同学的干扰，也要帮助全班学生有个更高的思想境界。

借此机会，对小鱼和其他学生进行一次自律与胸怀的教育，如何呢？

"请大家想一想，全世界有多少人口呀？"我这样问大家。

"五十亿！"

"六十亿！"

学生们七嘴八舌地回答。其实，我并不在意这个具体的数字。

"哦，几十亿的人口。大家算一算，你们这一辈子能认识多少呢？"我接着问。

"那怎么算呢？"

"是啊，没法算！"

学生们被难住了，纷纷摇头。

"那好，这样吧。你们大致估算一下，到现在为止，你们能认识多少人？"我问。

教室里立刻人声鼎沸，学生们当了真，掰着手指头吵吵嚷嚷地算了起来。

"怎么样？算出来了吗？"几分钟后，我开始要他们的答案，"有没有几万人？"

"没有、没有！"学生们的头摇得像拨浪鼓似的。

"那——有几千吗？"我追问道。

"没——没有吧？"不敢肯定地回答。

"好，咱往多了算，就算几千人吧。"我"大度"地说，"那么，你所认识的几千人里，有多少能天天见面呢？"

"那可太少了……"学生们面带感慨地说。

"那么，除了周末，每天都能坐在一个屋子里朝夕相处的又有多少呢？"我的话开始进入正题了。

"四十五——"学生们异口同声地回答，机灵的他们响亮地喊出了我班学生的人数。

此时，我笑而不语，静静地看着他们。

刚才还十分兴奋的学生们这时才有所醒悟：老师有话要说。他们都坐直了身子，等我往下说。

"同学们，全世界几十亿人，我们认识的不过区区几千人，而现在能够朝夕相处的更是只有几十人。在几十亿人中我们这些人能够认识，还能够在一起学习，这是什么？这是缘分！"学生们纷纷点头，表示赞同我的说法。

"那么，我们应该怎样来对待这份缘分呢？我们该如何相处呢？我们拿一个班级来理解这个道理：从个人来讲，如果他不注意自己的行为，让别人难以安心地学习，那么，这个人怎么对得起与全班同学的这份缘分？如果因为哪个人自己的干扰而使同学升学的成绩受到影响，耽误人家一辈子，那么，她将来该怎么面对她的同学？十年之后同学聚会的时候，她会不会感到羞愧？"说这话的时候，我扫视着全班每一个学生，当我的目光与小鱼的目光相对的时候，她正专注地看着我，而且，看得出来，她在思考。

"从小到大没有犯过错误的同学请举手！"我突然说出了这么一句话。

学生们先是自己思考，然后是面面相觑，没有人举手。

"没人举手。"我先是确认了一下调查的结果，然后接着说道，"这就是了。我们都是普通人，咱们同学，包括老师在内，又有谁没犯过错误呢？又有哪个人是十全十美的呢？如果因为某个同学有了过错就不依不饶，那么，咱们的心胸也未免太狭隘了些，而且，如果那样的话，这个班级每天就都生活在埋怨和争斗当中了。所以，每个人都要力争不干扰他人，这是成长的表现；而面对他人的影响，如果能宽而待之，并且能帮助对方去改正，这就是高尚的表现……"

这次谈话，对全班同学都起到了积极的引导作用，对小鱼和她周围的同学更是产生了比较深刻的影响。此后，我又采取了一系列的措施对小鱼进行了更具针对性的教育引导，给她提出了"不干扰同学"等具体的进步目标，使她渐渐具有了与他人一样的常态，使她的学习也有了很大的进步，而她周围的同学和家长也没有再向我提过要调整座位的要求。

曾经有人问我这个学生是不是精神上有问题，说实话，我不知道。不过，我想，即使她真的存在一些问题，我也宁愿相信它们不存在。因为这样去想的时候，我就会摆正自己的心态，我就会更积极地帮助她回归正常的生活，我就不会为不努力帮助她而寻找一些让自己心安理得的理由。

我曾看过一篇叫作《这条小鱼在乎》的文章。

文章的大意是，一个男人看到一个小男孩把困在沙滩水洼里的许多小鱼扔回大海，男人劝阻小男孩的"幼稚"行为时说，水洼里有成百上千条的小鱼，谁在乎呢？

"这条小鱼在乎！"男孩一边回答，一边继续把其他被困的小鱼扔回大海，"这条在乎，这条也在乎！还有这一条，这一条，这一条……"

这个故事令我深受感动。那么，作为一名教师，我们有没有尽心尽力地去帮助每一条被冲上沙滩的"小鱼"——那些身处困境而又需要帮助的学生呢？

当学生因上学迟到而惴惴不安地站在教室门口的时候，当学生因各种原因而没有完成作业的时候，当学生因没有完成某个任务而垂头丧气的时候，当学生郁郁寡欢的时候，当学生自轻自贱的时候，甚至，当学生屡次故意违反纪律的时候……他们其实都在某种程度上被冲上了成长的沙滩。这时候，作为教师，我们是否会对自己说"这条小鱼在乎"，并把他们送回到"大海"的怀抱？

让我们都来做那个善良的小男孩吧，面对被冲上沙滩的"小鱼"们，让我们都能这样说：

——这条小鱼在乎，这条也在乎！还有这一条，这一条，这一条……

# 【出谋划策】

在帮助小鱼的过程中，面对这个被认为"有病"的学生，教师没有嫌弃、没有放弃，而是从关爱学生出发，先通过主动帮小鱼调整心态和行为来和谐师生关系，再通过对全班学生的引导来帮助小鱼解决了被同学疏远的问题，由此实现了对小鱼和全班学生的教育引导，并使得师生关系变得更加和谐——像这样，**以大爱之心来和谐师生关系并借以助力教育，我们把这样的教育策略称为"爱谐之策"。**

**借仁爱以和谐。**是指以博大的仁爱之心对待学生来促进师生关系的和谐。这种博大的仁爱，就是要脱离小我，就是要用更高境界的爱心去对待学生。有时，我们会听到这样一种说法："有的学生本身就不可爱，让我怎么去爱？人都是有感情、有个性的，我怎么可能会喜欢所有的人呢？"这话听起来似乎有些道理，但它有的是小道理，不是大道理；它所说的爱是小爱，不是大爱。它混淆了喜爱与仁爱的区别：情感上的爱，那实际上是一种心理上的喜欢，我们姑且称之为小爱；而理性上的爱，是出于道德层面的仁爱，我们把这种爱称为大爱。教师之于学生，需要的是这种仁爱之心的大爱：不管个人情感上喜欢不喜欢某个学生，都要以仁爱之心去关心、爱护、教育、引导他，这是教师的天职。而如果教师能够做到这一点，那么，身受爱心关怀的学生，又怎么能不与老师亲近起来呢？师生关系又怎么能不和谐呢？

**借实爱以和谐。**是指以实际行动去关爱学生来促进师生关系的和谐。如果说用仁爱去关爱学生，更多的是一种理念和态度的话，那么，用实爱关爱学生则更需要切切实实的行动落实。这种行动落实，可从赏识进步和解决困难这两个方面去操作。赏识进步，就是赏识学生的优点和进步之处，这是一种主动鼓励的教育方式。通过日常的鼓励，使学生经常处于乐观、自信的状态之中，这样的爱护会更有利于学生充满热情地进步成长。解决困难，就是真心实意地帮助学生改正缺点和不足，就是满腔热情地帮助学生解决学习生活中的困难，使他们能在不断改进之中充满希望地成长。面对学生的缺点和不足，如果是本着帮助他们解困的目的去思考，去行动，那么，这样的教育就是有爱心的实爱，这样的实爱就会赢得学生的信任和敬爱，进而实现师生关系的和谐。

**借偏爱以和谐。**是指以对学生付出个性化的关爱来促进师生关系的和谐。教育需要公平，这种公平的表现之一就是要对每个学生都给予一定的偏爱，这是一种大公平，也是一种大平衡。每个学生都有只属于他自己的独特个性，实施教育的过程中，对学生个体给予适合于他自己的某种偏爱，会更有利于这个学生的健康成长，这实际上就是在因材施教。比如，甲生的性格很内向，心理很脆弱，敏感多疑，属于那种忧郁型的；乙生的性格很外向，心理承受能力极强，属于那种乐天派型的。假如这两个学生都在同一情境下犯了同样的错误，那么，对他们教育的方式方法可能就有必要各有偏爱：对甲生要谨慎细心一些，避免使其出现心理承受不了的状况；而对乙生则可强化一下力度，让他内心受到必要的触动，以使其学会自主成长。用偏爱的方式和谐师生关系，往往更适用于那些平常不大受重视的学生，偏爱了他们，往往会收到更佳的教育效果。

# 【想方设法】

## 特点指要

在对小鱼的教育引导中，面对小鱼的怪异和无礼，教师没有简单地批评教育，而是先进行必要的了解，从小鱼的角度去思考问题，设身处地地体谅她的难处，并想方设法帮助她回归到正常的学习生活中来——像这样，**通过体谅难处和切实帮扶来鼓励学生目标明确地自主进步，我们把这样的鼓励方法称为"体谅鼓励法"。**

## 程序参考

### 步骤一：体会难处

是指设身处地地体会学生难处的过程。要做到这一点，关键要"怀慈悲之心，消功利之欲"。怀慈悲之心，就是要以爱护为出发点，设身处地地站在学生的角度去理解他们的难处，通过换位思考去看待他们的"问题"。从现象上看，学生是在某方面表现不良，但这种不良表现的背后却是这个学生在这方面正面临着某些困难，而这些困难又往往是学生自身所无法解决的。从这个角度来讲，凡是有问题的学生，都是有困难的学生；凡是有困难的学生，都是需要体谅的学生。消功利之欲，就是不让"完成任务"这急功近利的欲望冲击了教育的本质。不少时候，人们对学生的种种要求实际上不是为了教育，而是为了完成工作任务：完成了任务，工作就"做得好"，否则，自己的"业绩"就会受影响。当为了"完成任务"而工作的时候，"育人"的教育本质很可能就被丢在一边了。所以，面对身处困境的学生，教师如果能以生为本地去思考、去研究、去教育、去引导，能不在意功利的因素（哪怕不特别在意也好），那么，他就更能理解学生，更能理解学生的难处，教育的效果也可能更为理想了。

**步骤二：知心体谅**

是指能以适当方式谅解学生并使其感知到教师对其体谅的过程。让学生感受到教师的体谅，这是能打动学生、进而对其施加进一步正面影响的关键。而要做到这一点，与学生进行知心的交流是必不可少的。这种知心主要体现在两个方面：第一，让学生感受到教师的"体"——教师与学生是命运共同体。当学生切实感受到老师与自己是"同一个战壕的战友"的时候，师生间的心理距离自然就会更拉近，学生自然也会更信任教师，也就更易于接受教师的教育引导。第二，让学生感受到教师的"谅"——谅解、宽容。这方面，关键是要灵活调整对学生的相关要求，具体来讲，可从降低标准和从长计议这两个角度考虑。降低标准，是指用低于常规的标准来评价需要体谅的学生；从长计议，是指对需要谅解的学生有打持久战的心理准备，不要急于求成。如果教师能如此体谅学生，那么，学生往往就会从这种体谅当中受到感动，进而产生自主进步的动力和信心。

**步骤三：扶助脱困**

是指以方法的引导和切实的扶助来帮助学生脱离困境的过程。首先，分析困难成因。要在体谅的基础上帮助学生找到他们所面临的困难，分析这困难产生的原因。努力帮助学生懂得教师谅解他们的意图，进而激发其克服困难的主观意愿。其次，扶助脱困。就是要在体谅的基础上帮助学生目标明确地解决难题、脱离困境。那些容易解决的问题，最好是帮助学生找到解决问题的办法，然后由他们自己去解决。而那些比较困难的问题，如果必要，则需要教师亲自去给予行为上的扶助。

需要强调的是，对学生的教育，最常见的不当表现就是"只说不助"：批评、指责的话说了一大堆，学生也明白了自己的"错误"，可是，教师并没有拿出什么切实可行的办法帮助学生进行行为上的改进。这样的做法，效果当然是不会很好的了。

# 【他山之石】

《素养教育绿镜头——班主任工作纪实及思考》一书的相关篇章

**关键词：**教育策略（爱谐之策）

1. 第 1 章《"走进我的家"》

2. 第 100 章《"阳光之路"其修远》

**关键词：** 教育方法（体谅鼓励法）

1. 第 11 章《男生该不该"野"一点儿》

2. 第 49 章《从"渐入'家'境"到"心灵筑家"》

# 4.2 让我猜猜"你"是谁

> 每个学生的心里都另有一片天地，其中的风景，唯有用真诚的钥匙开启心灵的大门之后才能看得到。
>
> ——题记

## 【抛砖引玉】

开学将近一个月的时间，我来到一所新的学校，接任了初中一年级一个班级的班主任工作。

在这个班集体中，学生们算是"元老"，而我则是个不折不扣的"新兵"。当时，原班主任已在班级选出了一批班干部，而且，为了有利于我这个后任的工作，这些班干部都是按双倍的人数配备的，只不过是没有进行最后的确定而已。

我想，有了他们的帮助，我的工作一定能顺利地开展起来。

不过，这些班干部毕竟还都是刚上初中的小孩子，而且，他们"上任"的时间也很短。所以，对他们的观察、培养和引导也是我工作的重点和难点之一。在这一过程中，对体育委员小锦的引导就是颇费了一番气力的。

小锦是个女生，她在班里算是个头比较高的，说话大门大嗓，走路风风火火，做事不拘小节，给人的印象她就是个"假小子"。作为体育委员，她的体育素质是不错的，但作为班级干部，她存在明显的不足：比如，经常违反纪律，等等。她的这些表现，无论对于她个人还是班集体，所产生的影响都是不利的。

根据小锦的特点，我初步设计了对她的培养思路：以对她真诚的关心为基础，从发挥她的体育特长入手，逐步引导其思想、规范其行为，最后把她培养成一个各方面都有长足进步的学生；而本学期的目标就是让她能在纪律上有明显的进步、能做个称职的班干部。

当时已是九月下旬，学校马上就要召开秋季运动会，我想，这是个机会。

于是，我找到小锦，笑着对她说："你体育是很强的，要把班级的运动会工作做好呀。"

小锦看了看我，几乎是面无表情地说："一般吧。"

说完，她把校服上衣一披，转身就下楼去了。

我的心不由得一冷：这太出人意料了！怎么会是这样？即使再不"懂事"的学生，面对老师恳切的交谈，反应也不至于如此的冷淡啊！难道，是我这几天有什么事"得罪"她了吗？可无论怎么仔细回想，我也没有发现自己在哪方面有什么问题。

是我太着急了吧？

也许，还需要更多地了解小锦才行。

经过仔细观察，我发现，小锦看起来总是嘻嘻哈哈的，但她的笑能立刻收得住，而且，那笑容有时给人的感觉并不是发自心底的。她的目光初看起来没有什么，但有时却让人感觉那里面似乎隐藏着什么；她看起来大大咧咧的，可有时候会呆呆地坐上好一会儿去想什么心事……

莫非，她那"豪放"的背后还隐藏着什么"秘密"吗？

我觉得应该跟小锦谈一谈，这样便于增进彼此的了解和信任。于是，一天午餐后，我对小锦表示要跟她谈一谈。

"有啥好谈的？"小锦的目光"勇敢"地迎着我，里面充满了警惕。

"哦……其实，我想告诉你一个好消息。不过，以后再说吧……"我故意流露出有好消息这个信息，就是希望能吸引她，以便进行下一步的谈话。

小锦用根本无所谓式的表情回应了我，她没有接下去问一问我要说的话，而是披起校服上衣，转身离去了。

我的心再次一凉：没戏！

我发现，把校服上衣披在身上，似乎是小锦的一个标志性的动作。这个动作意味着什么，目前我还不得而知。但我知道的是，对她的教育引导，原先的设计必须要调整了。

经过慎重的思考，我把本学期对小锦的引导目标调整为增进她对我的信任，力争走进她的心里。而具体工作的开展，我打算按"冷静—平静—接近—走进"这样四步走的策略来落实。

第一步：冷静

就是给小锦创造一个冷静思考的时空，力争化解她那强烈的戒备、抵触心理。

首先要调整利用运动会让她"大有作为"的想法。我没有再找小锦去担负运动会的组织工作，而是安排另一名男生体委担负起训练班级方队等工作。然而，令人失望的是，这名男生体委连口令都不会喊，而他又是行为习惯与大家差距很大的学生——他训练队伍的时候，带来的不是洪亮的口号声，而是随时爆发的阵阵笑声。

为了班级的整体利益，我果断对这名男生体委的工作进行了调整，并紧急培训了另一名更适合的男生担负起了这项工作。

宣布对这名男生体委职务进行调整的时候，我在班级进行了必要的引导。引导学生们、特别是班干部要努力称职，要对自己和班级负责。这些话是对全班同学讲的，也是对小锦讲的。说这话的时候，我注意到小锦也在认真听讲，她一边听，一边似乎在思考着什么。

此后，班级日常的体育工作，我就交给新任的男生体委来负责。而对小锦，无论是日常的体育工作，还是运动会的相关工作，我都没有安排她做什么。不过，对于她的体委职务，我既没有说继续留用，也没有说撤职调整。

对小锦的这种安排出于两种考虑：一是对她的真实情况不了解，如果贸然安排她去做事，而她又不能做或不愿做，那么，这不但可能会给她带去压力，而且对我这个班主任的工作也会造成不利影响——刚刚上任的班主任，工作落实不下去，班集体可怎么往下带呀？而从另一个角度来讲，这样安排也给小锦一个自我思考的机会，让她理一理自己的心绪，让她想一想自己的打算。

不知道我的这种"冷落"会不会让小锦也感到一丝意外，并且能引起她的些许思考。不过，相对于老师的这种"冷"，小锦反倒显得有点"热"了：她主动参与了运动会的一些组织工作，自己更是在运动会上奋力表现，并为班级赢得了荣誉。

第二步：平静

就是先放一放对小锦的要求，减少对小锦的刺激，让她心理趋于平静，力争使她能以"平常心"来对待我这个新老师。

运动会上，小锦取得了很好的成绩，可以说是大放异彩，这令同学们对她刮目相看。在这个过程中，我看到了她发自内心的愉悦，这种愉悦与她平时的嘻嘻哈哈完全不同。此时，我对她的认识似乎更深了一层。

"有的同学，尽管平时纪律方面存在问题，但他们内心对班级是充满了热爱之情的，他们积极参与运动会的准备工作、他们在运动会上的良好表现都充分说明了这一点。真心地希望这些同学在日常的学习生活中也能体现出对集体的这种热爱来。我们为他们鼓鼓掌吧!"运动会总结的这番话，我是说给全体学生的，更是说给小锦的。

按通常的做法，我可能会对小锦大张旗鼓地表扬一番，并借此好好做做文章，但这次我没有这样做。我只是把她包含在其他同学里面进行了集体表扬，并没有对她进行单独表扬。之所以如此，一方面是出于要让她继续冷静冷静的考虑；而另一方面，我的单独表扬会不会产生不利的教育效果？这一点，我着实难以预料。

这次进行表扬的时候，我注意到小锦看我的表情比较专注，而且，她的脸上，看不到以往的那种排斥。

此后，班级日常的体育工作，我还是交给新任的男生体委来做。这也是为了让小锦继续平静下去：让她平复心情，平静心境，平常心态；而且，不让她承担管理任务，还可以让她身上那些有损班干部形象的行为少一些"出头露面"的机会，以有利于以后对她的教育引导。

这段时间，我和小锦基本上处于一种"井水不犯河水"的状态。但实际上，我却在不动声色地观察着她，了解着她；客观上，这也是在用减少她犯错误机会的方式保护着她。我知道，小锦也在观察和衡量着我这个新老师。

渐渐地，小锦看我的眼神不那么戒备了，从她逐渐出现的"平常态"可以看得出来，她对我这个新老师也渐渐有了一些"平常心"了。

第三步：接近

就是从细微之处入手，能做到正常地交流互动，从而在心理上接近小锦。

眼见小锦对我的态度已趋于正常，我决定把工作推进一步。

一天课间，我发现小锦和几个同学正在一起热烈地议论着什么。走过去一看，原来是小锦在练习本上画了一些奇怪的符号，每个符号下面还对应着一个汉字。原来，那是她以象形或会意的方法自创的"文字"。

"是谁发明了一种新文字？挺有才呀！" 我明知故问地笑道。

在场的几个学生都笑了，小锦也笑了——虽然有点不那么自然，但笑出来总是好的。

我从语文教师的角度向小锦表达了想要研究一下她的"文字"的想法。

她同意了。

我不由得大喜过望！这在以前是不可想象的——放在以往，只要发现我走过来，小锦可能立刻就转身避开了。

小锦自创的"文字"还真的很有独到之处，几乎每个"文字"都比其对应汉字的笔画更简洁，也更形象。比如，在她的"文字"里，"学校"这个词是用一横四竖的栅栏的形象来表示的，"老师"一词则是用一个黑黑的猫脸简笔画来表示的，而"学生"这个词则是用了一个小老鼠的简笔画来表示。从这些"文字"中，我隐约看到了教育在她心中的形象……当然，我对她的"文字"的研究，可不是要进行什么学术方面的探讨，而是要借此进一步了解她，并找到对她进行教育引导的契机。

"你其实很有内秀，别浪费了自己呀！"再次谈论小锦自创的"文字"的时候，我这样对她说。

小锦咧了咧嘴，半笑不笑的，算是对我的回应。

过了几天，自习课的时候，我发现小锦正专心地画着什么，走近一看，只见她的练习本上画了一颗心形的图案，心上还画了一处伤口，伤口上画着十字交叉的医用胶布。

我注意到，当我走近她的时候，她没有戒备地掩饰自己没有学习的行为，甚至都没有把自己的"画作"遮盖起来。

通常情况下，这种行为可能是不专心学习的表现，但此时对于小锦来讲，她有可能是以这种方式在进行自我心理的调节，或者，她是在有意无意地传递某种信息？

不过，当时我什么也没有说。

放学的时候，我对小锦说，她的绘画水平很高，真诚地希望她加入班级的宣传小组，负责板报的美工工作。

"我……不行吧？"小锦迟疑地说。

"你不但行，而且非常行！来吧，班级需要你！"我期待地看着她说，态度很是真诚。

"那……好吧！"小锦答应了。

离开教室的时候，她的校服上衣没有像以往那样地披着，而是正儿八经地穿在了身上，而且，还扣了扣子。

小锦真的很有美术才能，班级的板报在她的手上变得更加多彩而闪光。同学们自然是对她敬佩有加，我也常常借机夸她几句。

刚开始，小锦对我的夸赞常常是一笑了之；渐渐地，她开始能说一两句自谦的话；后来，她还能回应我的一些咨询，讲一些绘画的想法；再后来，我们的交流就不仅仅是绘画，还有体育，还有班级的大事小情，甚至还有当时发生的重大时事。

第四步：走进

就是要走进小锦的心里，能让她对我不再戒备，能帮她消释心中的块垒，能帮她卸下包袱，轻装前进。

随着交流的逐步自然和畅通，不知不觉间，小锦设在我们之间的那堵无形的冰墙渐渐融化了。于是，我开始做下一步的工作，争取让小锦能早日打开心窗，能让清新的空气吹进她的心里。

"小锦啊，你其实是个很大气的学生，有点像男生，这一点在女生当中可是难能可贵的。"一天，我这样对小锦说。

"嘿嘿，我就这样，没心没肺的！"小锦自嘲道。

"哈哈，先别高兴得太早，我话还没说完呢，我其实是要批评你的——"我故弄玄虚地说道。

"什么呀？"一听我这么说，小锦不由得表情肃然起来。毕竟，我直白地表示要批评她，这对于她来讲还是第一次。

"你呀，总体上是很大气，可就有一样表现得有点小心眼。"我笑着说。

"什……什么呀？"小锦显得有点不安。

"你看你，自己的体育那么好，也要想着把班级的体育带好才行呀。下次运动会要是每个女生都像你那么厉害，咱班的成绩得多好呀！"我一边这样畅想地说着，一边看着她的反应。

"啊，是这个呀——"听我这么说，小锦如释重负地舒了口气。

"下周开始把体委的工作张罗起来，班级日常体育工作你和男体委轮流负责，怎么样？"我鼓励她道。

"行吧！"看着我热切的目光，小锦爽快地答应了。

……

这学期的最后一天，我收到了一封学生写给我的长信，三百字一页的稿纸，写了有七八页。

信中，这名学生除了向我预祝春节愉快之外，还毫无保留地向我倾诉了自己的成长经历和心中的烦恼。其中，下面的文字多少解开了我的一些谜团：

您见到我第一眼或与我第一次谈话的时候，也许你认为我是一个头脑简单四肢发达的运动儿，这我并不在乎，因为我已经习惯了……

我这才明白为什么我与这个学生刚开始的交流那么不顺畅，原来是以往的"习惯性"经历让她产生了习惯性的逆反心理：在她的眼里，也许所有的老师对她都是那个样子的，所以，她也用那种习惯性的态度来对待所有的老师。

在谈到自己的行为和性格的时候，信中说：

有时我真的好累，真的。你会时常看到我上体育课回来很潇洒地一披衣服就下楼去了，我很累，我不想让人看出我是个弱不禁风的人，不成大器的人……

我的脾气很大又非常固执，自己想做的事谁也别想拦，不想干的事十匹马也拉不动，这也是我一贯的缺点……

从这些文字里，我们不难看出这个学生坚强而又脆弱的心理。这是一个多么需要关心和帮助的学生呀！

在评价我这个老师的时候，她说我是"一位要强的人""一位不愿让自己落后的人"

"一位爱生如子的人"，每提到一点，她都用"这从……可以看得出"的句式，借一些实例来说明。难能可贵的是，在信中她还说出了我这个老师"也有缺点"这样的话。尽管她没有提到我的缺点具体是什么，但这句话是我非常看重的——因为，这句话是真诚的。只有真诚，才有利于彼此的了解，才有利于今后对她的教育。

在这封信中，我看到了一颗成长中的纯洁而上进的心灵，我更看到了一双默默观察老师的天真无邪的眼睛。

这个学生没有留下姓名，而是让我猜猜她是谁。为了帮我顺利猜到她，信中还以简笔画的形式画了一幅"自画像"，画中的人物手持一个大大的身份标牌，标牌的正中写着两个醒目的大字："体育"。

看完信的那一刻，我不由得笑了：小家伙，我早猜到你啦！

小锦，你一定知道，我会很容易就猜到你的；不过，你一定不知道的是，为了揭开这一刻的谜底，我可是"猜"了将近一个学期啊！

每个人的心底都有独属于自己的世界，对于某些成长中的孩子来讲，信任是长有硬壳的种子，戒心就是这种子的硬壳。想帮助他们的人，需要用最真诚的细雨去慢慢地浸润，这样，他们才可能让硬壳里最柔嫩的信任发芽，并且，会再也没有戒备地享受你的春风的吹拂。

# ▌【出谋划策】

在引导小锦进步的过程中，面对这个冷面、戒备的学生，教师以真诚之心为基础，对小锦的教育进行了精心的设计，通过真诚邀请小锦为班级出板报等一系列真诚的努力，终于打动了小锦，使其主动地与教师沟通思想，最后实现了师生关系的和谐，也促进了学生的进步——像这样，**以真诚之心和真诚之行来和谐师生关系并借以助力教育，我们把这样的教育策略称为"诚谐之策"。**

**借诚心以和谐。**是指通过引导学生理解教师的真诚之心来促进师生关系的和谐。首先，教师要具有真诚为学生排忧解难的心意。怎样才算是有真诚的心意呢？像对待家人那样对待学生，不嫌弃，不放弃，这是真诚的显著特点。对学生的困难有感同身受的体会，对学生的处境有设身处地的理解，对学生的问题有想方设法去解决的行动，这就是有诚心。反之，如果教育的行为只是在完成某种任务，甚至只是为了排解一下自己的不良情绪，而不是真正为学生排忧解难，那么，这样的行为就难以说是有诚心的教育。其次，教师要以恰当的方式让学生体会到自己的诚心。教师的诚心只有让学生看到了，明白了，这个诚心才可能对学生产生相应的影响，学生才可能因为懂得了这份诚心而接近老师，而信任老师。

所以，教师为学生的付出该讲清楚的要讲清楚，教师为学生的付出该让学生看得到的要让他们看到，这样，教师才真正是在进行教育——进行这方面教育引导的时候，做"无名英雄"是不合适的。

**借诚恳以和谐。**是指以诚恳的态度对待学生来促进师生关系的和谐。与学生的交流，诚恳的态度是非常重要的，它的作用是不可替代的。诚恳的态度，传递给学生的是教师的尊重精神，是教师的真心实意，是教师的良好愿望。诚恳的态度，尤其适用于教师本身存在过失的时候：教育学生的过程中，谁都难免会有过失，面对自己的过失，能够坦诚面对，能够诚恳地向学生进行说明，必要的时候，还能够诚恳地表达歉意。这样的做法，如果引导得当，无疑会让学生对教师心生敬意；而这种敬意，自然也会拉近师生间的距离，从而促进师生关系的和谐。

**借诚实以和谐。**是指通过诚实地承认自己的欠缺来促进师生关系的和谐。教师需要讲"师道"，这"师道"很重要的一点就是要教给学生实事求是的学习精神。作为学生学习的引导者、协助者、参与者，教师是离不开这种实事求是的精神的。承认自己在知识能力方面的欠缺，诚恳地做一个甘于向学生学习的教师，这实际上是促进学生自主学习、自主进步的重要手段。当学生被教师的诚实所感染的时候，教师所获得的不仅仅是学生的尊重，更有学生自主上进的信心，更有学生与教师心理距离的接近，更有师生关系的不断和谐。

怎样把真诚之心转化为真诚之行呢？一方面，要重视真诚地关爱学生。当学生觉得老师是真诚地帮助他们、是真心地为他们操心尽力的时候，教育的问题就解决了一大半。另一方面，还要讲究一下语言的技巧。教师与学生交流的过程中，不要总说"老师是为你们好"之类的话，这样的说法往往会给学生造成师生分属两个阵营的印象，无形之中就把学生推远了。有时候，关键词语的运用也有说道。比如，与学生交流最好不用"你们"来指代，而是用"咱们""我们"之类的词语来表达相同的意思——这样的说法，更有利于使学生产生老师与自己是"一家人"的感觉。

# 【想方设法】

## 特点指要

在教育引导小锦的过程中，教师通过"冷落"来促使小锦自己主动参与运动会的相关工作，并借此激发了其自主进步的意愿；运动会总结时，教师通过有针对性的鼓励而巩固了小锦自主进步的意愿；此后，又抓住评价小锦自创"文字"的契机，用"别浪费了自己"的鼓励使小锦自主进步的意愿更加强烈；然后，再通过邀请小锦参加板报小组来促其把上进的意愿转化为上进的行为；最后，再通过让小锦重新担负体委的常务工作来促其取得更大的自主进步——像这样，**通过对学生自身正能量进行由前而后的纵向迁移以促其取得更大的自主进步，我们把这样的迁移方法称为"纵向迁移法"。**

# 程序参考

### 步骤一：选取基点

是指在某种素养中选取能对另一种素养起促进作用的借力基点的过程。这个借力基点的选取，要突出自主性、目标性、操作性这么几个特点。自主性，是指所选取的素养基点应该体现出学生自身所具有的某种正能量，并且，这种正能量在发挥迁移作用时能使学生自身的主观能动性得到充分的调动。目标性，是指所选取的借力点要能为实现另一个进步发挥积极的促进作用，能为要实现的进步目标服务。在选取这个基点的时候，要充分考虑教育目标的需要，只有这样，才能更有效益地做好这个迁移的工作。操作性，是指所选取的借力基点能在下一步的借力过程中分解为可操作的具体内容，这样才能具有实实在在的迁移效果。

### 步骤二：优化选用

是指对素养借力基点进行巩固优化并确定其正能量的迁移目标的过程。

**关于借力基点的优化。**第一，做好借力基点的巩固工作。借力基点本身是具有正能量的素养，但这种素养可能并没有形成稳定的优势，这就需要对这种素养进行巩固和优化，让这种素养能固定下来，具有比较稳定的内容和形式。这样，其对正能量的迁移就有了比较稳固的基础。第二，做好借力基点正能量的优化工作。这种优化，重点要做到"明确"：一方面，要对借力基点中的正能量本身有明确的提炼和表达；另一方面，要使需要借此迁移的学生对正能量有明确的认识。

**关于迁移目标的确定。**正能量的迁移，需要确定相应的教育目标，而这种目标的确定，可分两种情况来考虑。其一，既定目标。是指在选取了素养基点之后，根据这种素养基点中正能量的特点而确定教育目标，再把这种正能量向这种目标进行迁移。这样的迁移目标明确，有利于解决既有的问题，有利于更有规划地引导学生进步。其二，未定目标。是指在选取了素养基点之后，在对其正能量的优化过程中，根据随机出现的契机和需要而选取相应的教育目标，而后再进行相关正能量的迁移。

### 步骤三：纵向迁移

是指把素养借力基点的正能量向教育目标进行纵向迁移的过程。这个迁移的过程，具有进、多、深的特点。进，是指要使素养借力基点正能量的迁移成果实现环环相扣的阶梯性上进，这是"质"的优化过程。在优化迁移素养借力基点的基础上，让每个阶段目标都能得到实实在在的落实，让每个落实了的阶段目标都能为下一阶段目标的落实进行必要的铺垫。这样，由易到难地层层实现、层层铺垫、层层迁移、层层上进，从而促进学生的不断进步。多，是指通过增加同一素养的任务目标来实现正能量的迁移，这是"量"的累积过程。从某种意义上来讲，数量就是质量，同一种正能量的多次迁移，能使这种被迁移的正能量取得更强化、更优化的效果，直至帮助学生形成相应的习惯或能力，从而实现教育效益的更大化。深，是指正能量迁移作用的不断深化。这种深化了的正能量的迁移，已不局限于某种具体行为的进步，更体现在意志品质、态度方法等方面的收获，最好能引导学生总结出一定的规律或道理，以帮助学生在更广的领域里更大地发挥这种正能量的迁移作用。

# 【他山之石】

《素养教育绿镜头——班主任工作纪实及思考》一书的相关篇章

**关键词：**教育策略（诚谐之策）

1. 第13章《精雕细琢自习课》
2. 第86章《玛雅预言与"阳光秘诀"》

**关键词：**教育方法（纵向迁移法）

1. 第10章《静女其姝诚可待》
2. 第81章《最有高度的第二跳》

# 4.3 没边的"唠叨"与无价的"邮票"

气顺则行通，行通则教成。怎样做才能使气顺、使行通、使教成呢？倾听，就是一种很有效的手段。从教育的角度来看，倾听不仅是一种方法，更是一种态度。

——题记

## 【抛砖引玉】

小粼是个有点特殊的学生，在小学阶段就常因为难以自控的"特立独行"而令人头痛。升入初中之后，他依然故我，平常话不多，情绪不稳定的时候，他会旁若无人地暴怒发作，而情绪稳定的时候，他可能会安安静静地在书桌上趴上好几节课。

我并不是小粼的班主任，我甚至也不是他的任课教师，但我与他班主任的关系比较密切，所以，我对这个学生也就格外地关注些。有机会的时候，我会尽可能地为他们做点什么。

先要接近他，然后我才能有机会引导他。

一天早晨，我在走廊里看到了独自行走的小粼，我立刻迎面走过去，打算利用他给我问好的机会进行相应的引导——看到老师的时候，学生们大多都会有礼貌地行礼问好的。

但小粼没有表现出丝毫要与我有所关联的意思，看到我后，他不但没有问好，反而把头扭向另一边，同时加快了前行的脚步——那是打算与我擦肩而过的节奏。

不过，我可不想放弃这个与他接触的"天赐良机"，立刻"霸道"地挡在了他的前面，微笑地看着他。

被挡住了去路的小粼也只好停下了脚步，他抬起头，愣愣地看着我。

"同学早上好！"我面带微笑，和蔼地给他问好。

显然，我的举动完全出乎了小粼的意料，他慌乱地点了点头，一时间竟不知道说什么好。

我笑了笑，拍拍他的肩膀，侧开身子，让他离开了。

之后，我向小粼的班主任通报了我与小粼"不期而遇"的情况，并建议他找机会表扬一下小粼对我的"有礼貌"。我告诉他：小粼的慌乱点头其实就是在给我行礼，只不过是由于紧张而不够规范罢了。

接下来，我数次找机会与小粼"巧遇"，不过，这几次我都只是微笑着看看他，并没有挡住他的去路，也没有对他说话；而他呢，尽管也不说话，但不再躲闪我的目光。

有一天，我又遇到了他，对他说了句"早上好"。这一次，他不但回了一句"老师好"，还同时给我行了礼。我及时把这个信息反馈给了他的班主任，请他再一次表扬小粼的有礼貌。

几天之后的一个中午，用完了午餐的学生们三三两两地在校园里散步，低头走回教学楼的我，隐约感觉前面有个学生停下了脚步，抬头一看，原来竟是小粼。

他专注地看着我，当我走到他面前的时候，他迟疑了一下，忽然对我说了句"老师好"。

这句话让我心头大喜：有效果了！

我知道小粼是非常难以沟通的，但此刻他是在主动地给我问好！并且，这个问好的机会，并不是我刻意创造出来的，而是真真正正"自然而然"地发生的。其实，我更愿意相信这是小粼主动创造出来的机会，因为，是他停下了脚步，我才有机会跟他相遇。

看来，与他的沟通也是完全可以实现的呀！

"你好！"我热情地回应了他，并夸他不但有礼貌，而且表情也特别好。

我知道，小粼今天的主动向我问好，一定与他班主任的努力付出、特别是几次转达我对小粼的表扬密切相关！顺理成章地，小粼这一次又从班主任那里得到了更多的鼓励。

当然，对小粼的引导并不是一帆风顺的。

一天下午，他的班主任忽然急匆匆地来到我的办公室，请我帮他临时照管一下小粼。原来，这位班主任正要带全班学生去参加一个大型活动，可小粼却忽然情绪失控，说什么也不跟随集体活动，非要独自待在教室里不可。班主任实在是无法兼顾，所以才请我帮忙。

答应了他的班主任之后，我随即来到小粼所在的班级，却发现里面空无一人。我不由得紧张起来：学生可不要出什么意外呀！我赶紧冲进教室寻找，却发现小粼正蹲在他的书桌下面，恼怒地撕扯着乱七八糟的书本。看到了我之后，他停止了撕扯的动作，但并没有起身。

我并没有制止小㶳的行为，但他却停止了撕扯，说明他在乎我的存在；不过，他没有站起身来，这或许是他因一时难以控制自己的情绪而不能站起来，或许他觉得有点下不了台而不愿意站起来。

这时候，引导小㶳的最好办法，就是转移他的注意力。

我的大脑迅速转动起来，想尽快找到相应的办法。这时，我发现挂在教室黑板上端的扩音器音箱正传出"嗞嗞"的静电声，我立刻决定借此一用。

"你班的音箱没有关闭呀。来来来，帮老师把它关掉！"我走到音箱下面，转过头对小㶳说。

"我也够不着呀。"小㶳一边嘟囔着，一边站起身来。

"没试怎么就知道够不着呢？"我的语气既有请求，也包含了些许命令。说着，我把一个凳子搬到了音箱下面，等着小㶳走过来。

小㶳无话可说了，他不大情愿地登上了凳子，用手去探摸音箱后面的开关，可是，他并没有摸到开关。

本来，我已经打算作罢，但小㶳又主动去搬着凳子走到黑板的另一边，站上去寻找那个音箱的开关；之后，在依然没有找到开关的情况下，他通过讲桌上的控制台把问题解决了。

我立刻对他尊重老师、主动帮助老师、善于想办法解决问题等优点提出了表扬，听了我的话，小㶳的情绪渐渐地恢复了正常。

此时，我还有其他工作要做，所以，我让小㶳做出选择：或者随我到办公室去，或者自己在教室但不要做不该做的事情。

小㶳选择了后者。在给他提醒了几个注意事项之后，我就赶紧回去工作了。

但是，回到办公室的我怎么也安不下心来，总是担心小㶳出什么问题——他毕竟是比较特殊的呀。所以，此后的十几分钟里，我数次去查看小㶳的状况。刚开始，他还能在教室里，而后来的两次，我发现他都在走廊里"徜徉"。

"走廊冷，你看，教室里多暖和呀！"把小㶳带回教室之后，我说。

"那也没有 X 省暖和！"小㶳看似无心地说。

他所说的 X 省处于我国南方，那里当然会比东北的这里温暖许多。

"哦……你对 X 省很了解呀？"我试探着问。

"我家就是 X 省的。"小㶳"轻描淡写"地回复了我。

"原来是这样呀。我还没去过呢，给我介绍一下你们那里的风土人情吧！"我临时决定，以求助的方式拉近与小粼的心理距离。

听我这么一说，小粼的眼中立刻现出欣喜的光来。他答应了！

为了给接下来的交流营造宁静而宽松的氛围，我带小粼来到了办公室，请他坐在沙发上给我描述他的童话世界。

刚开始，小粼还有几分拘谨，但随着讲述的深入，我适机提出了一些可以让他大显身手的问题，小粼的状态完全放松了。在我的引导下，他从气候说起，说到了北方的冷，说到了南方的热，说到了热带，说到了热带的食人鱼，说到了亚马孙河，说到了鲨鱼，说到了鲸鲨，说到了大海，说到了沙丁鱼。他又进一步谈到了自己的兴趣爱好和人生理想，谈到了他对教育的看法，甚至，他还主动给我介绍了他的家境、他的成长经历……

说着说着，他竟然站起来走到我的面前，十分神秘地凑到我耳边，悄悄地说："告诉你个秘密，别跟别人说：我还搂着小猫睡过觉呢！"

小粼的话海阔天空，无边无际。但他这些看起来没边的"唠叨"，对他对我，每一句都不是废话。

接下来，经过引导，小粼主动跟他的班主任承认了错误，还做到了很真诚地给班主任赔礼道歉。这位班主任表现得非常出色，他很自然地搂过小粼，轻轻地拍着小粼的肩膀，给他送去了温暖的鼓励。

这次教育的成功，我用了许多办法，其中，比较突出的一点就是我创造机会扮演了一个"很傻很天真"的听众，耐心地倾听了小粼的没边的"唠叨"。正是这样的"很傻很天真"，给小粼创造了畅所欲言的机会。那天，他给我讲述故事之时的真诚，他向我"炫耀"学识之时的自信，他讲述和"炫耀"之时的那种发自内心的欢畅，都在强烈地提醒我：充当一个倾听者，会很好地疏导学生的心理，更会很好地拉近师生间的心理距离，并获得学生更多的信任。

通过倾听来获取学生的信任，这是一种非常实用的教育方法。情境不同，倾听的方式也不同。比如，我曾以另一种倾听的方式帮助一个叫小雯的学生排除了心中的苦恼。

当时，由于种种原因，小雯受了比较大的委屈，我听她讲述了事情的原委，并对她进行了适当的疏导。

第二天，小雯给我写了一封信。信封是自制的，有意思的是，这信封上还画了一枚"邮票"：锯齿线构成的方框里画了一条曲线，方框的右下角写了两个字："无价"。

看到这个别出心裁的"邮票"后，我不由得哑然一笑：这孩子，真是一派"玩心"！但同时，我也感到一丝快慰。

在信中，小雯除了推心置腹地表达了她对一些问题的看法之外，还讲述了一件一直压在她心头的往事，这件事曾给心地纯洁而善良的她带来了很大的伤害……这段经历像石头一样一直压在她的心头，而现在，通过一位老师的倾听，这块石头终于被搬掉了。

看到这里，我感到自己的心头也轻松了许多。

直到此时，我才真正明白信封上那枚"无价"邮票的分量。是的，它的确是无价的，因为随着那"邮票"寄出的，是一个学生对老师的信任。这种信任的确是"无价"的，是无论多少金钱都换不来的！

许多年过去了，小雯那枚无价的"邮票"却没有随着时光的消逝而飘远，它与小粼那没边的"唠叨"一样，都在以一种特有的信赖在提醒着我：每个学生都是同我们一样值得尊重、值得用心去倾听的人，尽管他们还都是孩子。

其实，孩子的情感世界更多彩、更丰富，也更敏感、更稚嫩，更需要爱护和保护。让我们这些成年人，无论是老师还是家长，也用自己的方式画一枚"无价"的邮票吧，让这邮票飘进孩子们那稚嫩的心园，寄去我们对纯真的问候，也寄去我们对成长的倾听。

# 【出谋划策】

在对小粼的教育引导中，教师通过请小粼坐在办公室里"闲聊"等一系列尊重人格和教育规律的做法，在帮助小粼调整了不良状态的同时，还实现了师生关系的和谐；在帮助小雯成长的过程中，教师通过倾听、鼓励等尊重人格和教育规律的做法，在帮助小雯搬掉心头重石的同时，也进一步促进了师生关系的和谐——像这样，**以对教育、对学生、对自我的切实尊重来和谐师生关系并借以助力教育，我们把这样的教育策略称为"尊谐之策"。**

**借尊重以和谐。**是指通过对客观规律的尊重来促进师生关系的和谐。这里所说的客观规律，主要从学生的成长规律和对学生的教育规律这两方面来理解。一方面，尊重学生成长的规律能使教育行为更理性，从而避免因主观因素而造成的师生关系的不和谐。教育实践中，不尊重学生成长规律而造成师生关系不和谐的表现是多种多样的。比如，急于求成和急功近利就会造成师生关系的不和谐：由于急于要达到某种效果，急于完成某个任务，教育者就往往会给学生提出高于其实际认知水平和行为能力的要求，这样的要求学生自然是难以实现。而面对这难以实现的情况，教育者往往就要埋怨、批评、指责，于是，师生关系也就随之紧张了起来。另一方面，尊重教育的客观规律能使教育行为更有效，从而避免因随意施教而造成的师生关系的不和谐。教育实践中，不尊重教育规律而造成师生关系不和谐的现象并不少见，比如，不讲方法、率性而为就是不可忽视的具体表现：由于不讲方法，教育自然难以取得理想的效果，有时候甚至会南辕北辙、会适得其反。而这样教育的结果，往往就会使师生双方产生不理解、不满意的情绪，师生关系自然也就受到了影响。所以，要想避免上述问题，就要充分尊重客观规律，以达到师生关系的和谐。

**借尊严以和谐**。是指通过尊重和维护学生的人格尊严来促进师生关系的和谐。对学生尊严的尊重和维护，关键表现在教师对学生的态度和行为上。这方面，可从如下的几个角度去做。第一，不歧视。就是要平等相待，要一视同仁；不能把学生分成三六九等，不能因学生的身份、地位、学习能力、性格特点等方面存在差异就对学生另眼相待。第二，不羞辱。主要是指在对学生进行教育的过程中，教师的语言行为要尊重学生，对学生要做到不讽刺、不挖苦、不侮辱、不伤害。第三，不为难。就是要设身处地为学生着想，要从他们所面临的实际情况出发去提出适当的要求、去采取恰当的手段进行教育。有时候，教师可能并无心伤害学生，但由于对学生的实际能力和当时的具体情境不了解或把握不当，而把学生置于一个尴尬、难堪的境地，这也可能导致损害学生的尊严，伤害他们的自尊。第四，护隐私。对学生隐私权的尊重，是维护他们尊严的重要内容。在教育学生的过程中，教师往往会接触到一些学生的隐私问题，这就需要教师具有保护学生隐私的主动意识和自觉行动。

**借尊敬以和谐**。是指以加强自身修养赢得学生尊敬来促进师生关系的和谐。亲其师，信其道，这是众人皆知的道理。那么，"亲其师"从何而来呢？敬其德，亲其师——敬仰教师的德行，这是学生亲师的重要基础。所以，教师自身的品德修养是非常重要的。先要做到"正德"，是指教师自己注重品德修养，就是讲究师德，尤其不要在学生身上谋取私利。还要做到"正行"，是指要行为端正，就是言谈举止有教养，有修养，要能做学生的表率。还要做到"正形"，就是外表形象符合教师的礼仪要求，要庄重大方，不猥琐，倡主流。这三方面是学生最常看到的，做到了这"三正"，要赢得学生的尊敬就有了坚实的基础；而这种尊敬也就很自然地会转化成吸引力和感染力，从而促进师生关系的和谐。

# 【想方设法】

## 特点指要

在对小郯进行教育引导的过程中，教师先创造机会让小郯介绍家乡的风土人情，再通过适机引导并耐心倾听小郯随意"唠叨"的办法，很好地拉近了与这个学生的心理距离，最后还能引导小郯主动向班主任赔礼道歉。在对小雯进行教育引导的过程中，教师通过倾听的方式帮助她疏导心中的烦恼之后，还通过她的书信以另一种方式"倾听"她的心声，直至帮她推掉了心头的重石——像这样，**通过用心倾听学生畅所欲言地吐露心声来对其进行心理疏导和行为引导，我们把这样的疏导方法称为"倾听疏导法"**。

# 程序参考

### 步骤一：心理铺垫

是指对学生在情感和心理上进行良好的铺垫以使其愿意畅所欲言的过程。要想实现倾听，前提是学生愿意说、敢于说。而他们愿意说、敢于说的前提，则是对教师要有最基本的信任和亲近。这种信任感和亲近感的建立，可从如下两方面入手。

第一，提前铺垫。是指在倾听学生真心表达之前而对其进行必要心理铺垫的过程。这是为倾听而进行的准备性的工作，它往往是需要经过一段时间的积累才能形成的前期铺垫，而不是临时抱佛脚的现场救急。只有这样，才能在学生的心里建立起足够的信任感，他才有可能愿意畅所欲言地吐露心声。至于具体做法，教师的言谈举止、思想理念、教育的态度、教育的方式方法，这些都可以用来为这种心理的铺垫来服务。

第二，去除隐忧。是指为学生敢于真心表达而创造条件、排除其后顾之忧的过程。要让学生明白他们不会因为说了真话而受到负面的影响，要给他们"言者无罪"的宽心。要做到这一点，需要靠教师一贯的教育行为及其所体现出来的教育理念来实现，需要靠教师以往与学生心理距离的拉近来实现。当然，现场的交流和引导也会起到一定的作用，但这种作用往往是浅层次、非根本的。

### 步骤二：用心倾听

是指教师主动用心地倾听学生自主表达、畅所欲言的过程。自主表达，是指学生自己愿意表达、乐于表达；用心倾听，是指真心而专注地倾听。这种用心，我们可从真心、知心、细心、耐心、收心这几个角度来做。

**真心**，是指发自内心地关爱学生并能让学生感受到这样的真心。态度的亲和、话语的真诚、行为的关心，这些都是能体现真心的手段。其中，能够非常专注地倾听学生的表达，非常认真地回答学生的问题，这些，往往是最能体现真心的具体表现。

**知心**，是指能理解学生的心理需求并能让学生感受到这样的理解。理解学生的心理需求、能说出学生的难处、能帮助他们找到解决问题的办法，这些，都是能让学生感到知心的表现。

**耐心**，是指能耐心倾听学生所说的话。这是既容易又困难的事情，学生所说的话不一定都是教师所愿意或所需要听的，在这样的情况下，如果能做到耐着性子听他们去表达，那么，这会取得许多效果：比如，让学生释放了情绪；比如，让学生通过倾诉而获得了存在感；比如，让学生觉得教师是更值得亲近的人，等等。

**细心**，是指在倾听学生表达的过程中能敏锐地捕捉到对教育有益的信息。学生在表达中所涉及的任何人、任何事、任何思想和感情，包括其表达这些内容时的音调、音量、神态、动作，都是可以用来对其进行教育的素材，用心倾听，细心捕捉，就会从这些素材当中找到很多有用的教育信息。

**收心**，是指在倾听的过程中巧妙地引领方向、最终能让学生的心意收归正道。学生是表达者，教师是倾听者，看起来教师是被动的一方，但教师要善于在"被动"的位置上进行主动引导，以使得倾听更有价值。这种主动的引导主要通过对学生倾听的反应来实现，比如，对积极之处及时地表达肯定或赞赏，对消极之处暂时不予置评或向积极的方向引导，等等。

需要说明的是，用耳朵听是一种倾听，但这种倾听往往会受时间和空间的限制，这就需要采取另外的方式来"倾听"了。这种方式就是用眼睛"听"，听学生用笔端发出的心声。比起直接用耳朵来听，这种方式更私密，更从容，更细腻，更深入。

**步骤三：恰当疏导**

是指在倾听之中或之后对学生进行心理疏导、行为引导的过程。从某种意义上来讲，成长的过程就是不断面临烦恼、再不断消除烦恼的过程，所以，帮助学生消除烦恼就成了教育引导的内容之一。学生所面临的烦恼，基本上有两种消除的方式：其一，通过解决问题来消除。这种情况下，学生的烦恼往往来自某些具体问题的困扰，这些问题不解决，学生的心理就难以平静。面对这种"事不了、心难平"的情况，教师就要引导或帮助学生找到问题的所在及解决办法——问题解决了，烦恼自然也就消除了。其二，通过倾诉来消除。有的时候，学生的烦恼并不一定有什么具体的原因，也无须一定要找到什么症结，或采取什么具体行动。这样的情况下，也许让学生说一说心里话，让他们通过倾诉来发泄一下情绪，他们的烦恼也许就会消除了。

其实，与学生的交流未必都是为了解决问题，我们倾听的内容也不一定都是烦恼。不管学生要说什么，教师要善于做一个倾听者，多听听学生们的想法，这本身就是一种疏导。更好一些的，教师可以主动出击，创造机会多听听学生们的理想，多听听他们的畅想，多听听他们的梦想。当学生们的心中充满了远大的理想、舒心的畅想和美丽的梦想的时候，他们的心境该是怎样的美好呢？这时候，也就不需要其他的疏导了吧？

# 【他山之石】

《素养教育绿镜头——班主任工作纪实及思考》一书的相关篇章

**关键词：** 教育策略（尊谐之策）

1. 第 5 章《"与尊严同行"》
2. 第 22 章《"尊重"的重量》

**关键词：** 教育方法（倾听疏导法）

# 4.4 "钢铁般的笑"

在微笑中成长，常会充满自信；在愉悦中生活，常会朝气蓬勃。教育中，微笑是最美丽的表情，也是最有力的武器。

——题记

## 【抛砖引玉】

初识小丁，是通过一张小小的字条。

那天，我刚刚接任他们这个毕业班的班主任工作。对这个班级，对这个班级的学生们，我可以说是一无所知。为了使班级能够保持稳定，为了充分发挥班级干部的带动作用，我想先了解一点这些班级干部的情况。于是，我对学生们进行了一次问卷调查，内容包括班干部职务以及继续任职的意愿等。

调查问卷表明，包括班长在内的一些班干部都不愿继续任职，这尽管是一种比较消极的状态，但我也能够理解：进入毕业年级了，学生们想要专心备考，这没什么不对。

不过，这个调查的结果还是让我的心情多少有些沉重，我一边失望地整理着这些调查问卷，一边想着接下来要应对的措施。就在这时，一张小小的纸条从众多调查问卷的夹缝里掉落下来。这纸条宽度只有一厘米左右、长度也不过五六厘米的样子，如果我再粗心一点，就根本发现不了它。捡起来看，上面只写了一句话："小丁，继续担任文委。"我不由得摇了摇头：这孩子也太不庄重了吧？意愿很好，可这表达意愿的纸条也太过寒酸了。

这是个什么样的学生呢？太小气？还是太不拘小节？还是……这样想着，就在我打算放下它的时候，忽然发现纸条的后面还有一行小字："哪里需要，哪里有我。"

我顿时感到眼前一亮：这个学生，真是有点与众不同呢！

从此，我记住了小丁这个名字。

第二天，我在班级对学生们进行动员时提到了这件事。当时，我先不提名地表扬了这名学生的热情，并念出了"哪里需要，哪里有我"这句让人热血沸腾的豪言壮语。当时，很多学生都很受震动，他们满怀期待地看着我，想知道说这句话的是哪个同学。可是，当我十分郑重地说出小丁的名字时，学生们却立刻哄堂大笑起来，有几个男生甚至笑得前仰后合的，其中，一个五大三粗的男生笑得最起劲——令我意想不到的是，他竟然就是这字条的主人小丁！

什么情况？难道他是在搞恶作剧不成？

事后，我才渐渐了解到，小丁是个比较顽皮的学生，他和他的所作所为经常因为"幼稚"而成为同学们的笑料——那天的哄堂大笑，就是大家觉得小丁又是在开玩笑才导致的。

原来，在同学的眼里，小丁不是哪里需要哪里可用的英才，倒是一个随时随地能引人发笑的"笑星"！

但是，我决心让这件事的结果不是很好笑，而是要"笑得很好"。我要让全体学生都知道，小丁这样的同学一定会改变，一定会赢得大家尊重而善意的笑容；我还要让全体学生都知道，对任何一个同学，特别是小丁这样的同学，每个人都应该报以善意的笑容。

怎么办呢？

既然以笑开始，那么，索性就抓住笑来做点文章吧。

于是，我以"笑"为话题，与学生们进行了一次思想的交流。

"请大家看门！"站到讲台上之后，我开始了对学生的引导。

没用我说具体看什么，学生们立刻向前后门的上部看去。他们知道我要他们看的是贴在上面的两句标语。

几天前，跟学生第一次见面的时候，我分别在前门和后门的玻璃上贴上了两句标语："快乐""光彩"。当时，我请学生们列队从写有"快乐"标语的前门走进教室，再从写有"光彩"标语的后门走出教室。然后，我引导学生们理解了"快乐"和"光彩"的内涵，让他们懂得真正的快乐是包括努力学习在内的自强的快乐，是让自己进步也帮助同学进步的互助的快乐。当每一天离开教室的时候，如果充实了自己，友爱了同学，荣耀了班级，那么，这一天就是过得很光彩了……我对他们说："我希望每位同学每天都带着追求快乐的心境走进教室，都带着收获光彩的快乐离开教室。"

"现在请大家想一想，这几天你们收获快乐和光彩了吗？"在请学生们收回目光之后，我提出了这样的问题。

学生们有的在努力回想，有的相视一笑，有的则遗憾地摇着头。很显然，他们有些人已经把这件事抛到了脑后。

"同学们，我相信你们每天都收获了自己的快乐和光彩，只不过，你们没有主动去计划这些快乐，没有用心去回想这些光彩。现在想一想，你们是不是每个人都有了收获，哪怕一点儿也好？"我笑着说。

学生们纷纷点头表示赞同。

"我们在校只有一年都不到的时间了，学习要有目标、讲效率才会取得更好的成绩。其他方面也是一样。比如，我们自己的学习状态；比如，我们同学之间在学习和其他方面的互相帮助。"见学生们听得十分专注，我开始引入本次谈话的主要话题。

"前两天，我在宣读小丁那张字条的时候，很多同学都笑了。"我笑着说。

一听我提到这件事，学生中又发出了一些笑声。

"我相信大家的笑没有恶意，不过，你们那种笑的方式容易使人产生误解。"说到这里，我收起了笑容，"你们的笑给人的感觉是在嘲笑，是瞧不起人的笑。"这里，我故意没提小丁的名字。一方面是防止有人发笑，而更重要的是，我要以这种适用范围更广的说法来使每个人都能很认真地倾听和理解我的话。

听我这么一说，学生们坐直了身子，没人再发笑了。

"你们有人在笑话小丁吗？"这时，我故意提到了小丁的名字，是为了给小丁和一部分学生的心理造成一定的震动。

我看到，小丁满脸通红地看着我，而其他学生当中，有一两个男生刚开始还忍不住咧了咧嘴想笑一下，但他们看到了我的目光，立刻忍住了。

"如果真的是笑话小丁，那么，你们笑话的是不是那种'哪里需要，哪里有我'的热情？你们笑话的是不是那种积极向上的劲头？你们笑话的是不是那种对新老师的帮助？"我继续说道。

听我这么一说，学生们都严肃起来。接下来，我给他们讲了笑的多种含义，讲了笑对自己和他人能够产生的正面和负面的影响，讲了中学生所应该具有的笑……

"明天走进教室的时候，我希望你们的笑是积极进取的笑，希望你们不但有追求学习的快乐，还要有追求友爱的快乐；明天离开教室的时候，我希望你们不但有自己成长的精彩，还有帮助同学进步的精彩。"我以这样的话结束了这次谈话。

对全班的谈话过后，我又与小丁进行了单独的交流。

"你那张字条如果是其他同学写的，我在公布的时候，大家会不会哄堂大笑呢？"我这样启发小丁思考。要想解决他的问题，必须让他自己动脑、动心才行。

"不会吧！"小丁摇了摇头。

"为什么？"我追问道。

"他们总跟我闹！"说这话的时候，小丁似乎有点无奈。

"为什么总跟你闹呢？是你本身就愿意闹吗？还是他们觉得你身上有好笑的地方？还是有其他什么原因……"我一连提了好几个问题，既有疑问性的提示，也有反问式的引导。

"老师，我知道自己的毛病，就是太不老实，总爱说，总爱动，总爱笑，我也想改，但就是改不了。"小丁挠挠头说。

我告诉他，我愿意帮他改。当时，小丁非常高兴，表示以后一定要全力配合老师。

"不是你配合老师，而是老师配合你，重要的是你自己。只有自己努力，才会有成效。"我这样纠正他，目的就是激起他自主成长的愿望。

听了我的话，小丁似懂非懂地点了点头。

接下来，我采取了一系列措施，帮助小丁们努力地学会自主进步。

当时，包括小丁在内的六七个男生都存在纪律问题，他们坐在教室的后面，互相说话，彼此干扰。为此，小丁主动找到我，要求把座位调到前面。

其实，我已经有了这样的打算，但是，我当时并没有答应小丁的要求。而是充分肯定了小丁追求进步的愿望，同时告诉他，进步主要靠自己，不能把希望寄托在外部力量上。

过了一阶段，看到小丁有了自己努力的表现和一定的进步之后，我才给他调换了座位。同时为他和他周围的同学约法三章，要求他们遵守纪律，不能影响其他人学习。

从此，小丁的改进更有劲头了。

不过，小丁是个自主性比较差的学生，对他的帮助，还需要借助一些基本的提示手段才行。比如，他出现状况的时候，对他轻轻地摇摇头，或是嗔怪地瞪瞪眼，等等。

在进行这些基本的提示方式之中，最有力量的就是微笑。

他有进步的时候，我用微笑鼓励他；没达到要求的时候，我用微笑宽容他；他懈怠的时候，我用微笑鞭策他；他疏忽的时候，我用微笑提醒他……我对他最严厉的批评就是笑着对他说："哎呀，你心真大。"

而我对小丁笑的时候，他或开心地做出一个胜利的手势，或不好意思地挠挠头，或回报以感激的笑容……日子一天天过去，小丁也一天天长大。他还是那样热情，但多了几分成熟；他还是十分活泼，但都是在课下。

对此，我和小丁都非常高兴。有时，我们甚至为我们共同的成功而感动。而小丁，无疑在感动之中又多了一分感激。

毕业前夕，小丁在一篇文章中这样评价我道：

……一个和我以朋友相称的老师，一个给我最多笑脸与最多启迪的老师……仍记得您跟我开玩笑的场景，还记得您跟我说的最多的一句"心真大"……

看到这样的文字，我的嘴角再一次泛起了微笑。这时，我想起了曾经的那场哄堂大笑。

"给我最多笑脸的老师"，能得到学生这样的评价，我很欣慰——笑容，一种教师应有的表情，竟然让孩子如此感念于心！

一年过去了，小丁们已经进入了新的学校学习。

某一天，我的一位同事笑着告诉我，昨天她去参加孩子升入高中的入学家长会，那个家长会是孩子与家长共同参加的，恰巧小丁也在这个班级。家长会上，小丁谈到了我这个初中班主任，谈到了我对他的笑，他形容我的笑是"钢铁般的笑"，当时，引得与会者们都善意地笑了。

听了同事的介绍，我也不由得朗声大笑："这孩子，懂我！"

"钢铁般的笑"是什么样的呢？既柔和又有力，既亲切和蔼又不可动摇——这就是了吧？

其实，解决某些教育问题跟除掉厚厚的坚冰有点类似：钢钎铁镐不是不可用，但那种硬碰硬的方式难免会给彼此都留下对立的痕迹，甚至还可能造成某种伤害；但春风却不同，它融化坚冰的力量不可谓不强大，但这种力量却能让坚冰浑然不觉、欣然接受。

有时候，要想融化教育的坚冰，微笑就是春风。

# 【出谋划策】

在帮助小丁进步的过程中，教师以和蔼而又"钢铁般"的笑，让小丁感受到教育的力量之美；在引导全班学生进步的过程中，教师以平和的心态和亲切的态度引导大家认识快乐和光彩的含义，让大家感受到教育的温和之美——像这样，**以亲和的态度及和顺的教育过程来和谐师生关系并借以助力教育，我们把这样的教育策略称为"和谐之策"**。

**借亲和以和谐**。是指通过对学生态度的亲切和蔼来促进师生关系的和谐。要做到对学生态度亲切和蔼，关键要解决两个认识方面的问题。

第一，不忘自己的角色。自己是什么角色？是教师呀；是教师又怎样？是教师就要主动尽到教育的责任呀；怎样才能做到主动尽责？主动和谐师生的关系才有利于教育的实施呀……这样，不管学生出现怎样的问题，我们就都能不忘自己的角色和职责，就都能把教育的主动权牢牢抓在自己的手里。

第二，不忘学生的特点。学生有什么特点呢？成长之中的不稳定、不理性，这是很重要的特点。这样的特点，决定了他们在接受教育时感性因素和理性因素所起作用的程度是不同的，但不管怎样，亲和的态度都能直接影响到教育的效果。因此，能用亲和的态度去实施教育，会使学生接收到强大的感性影响力，从而促进师生关系的和谐。

**借和顺以和谐**。是指通过教育过程的和顺来促进师生关系的和谐。从某种意义上，教育就是教师处理有关学生的各种事务的过程。这些事务能平和顺利地得到处理，师生的关系就是和谐的；而如果这些事务处理得不和顺，就会影响双方的关系。要想实现教育过程的和顺，至少有如下两方面的工作要做。

一方面，教师要重视事务本身的处理过程的安排。方案的筹划、细节的安排、操作的落实，这些问题处理得好，就会使事务的处理比较顺利，就可能避免出现师生不和谐的局面。

另一方面，教师要有平和的心态、沉稳的状态。要想做到这一点，就要尽量避免急躁和多变这两种不良的工作作风。急躁的本质是对学生接受能力的忽视：学生的心智和能力与作为成年人的教师是有很大差距的，那么，急躁的心态、急躁的要求、急躁的评价，往往就会使学生难以达到教师所提出的要求。如此一来，学生们得到的往往就是不成功的挫败感，那么，师生关系自然是难以和谐的了。多变也会影响师生关系的和谐：学生与教师的亲近，很大程度上取决于教师稳定的行事标准和行事风格。而多变的行事标准和行事风格会毫不留情地破坏学生对教师的亲近感——朝令夕改，学生就会无所适从、茫然无措，这样一来，他们往往就会疲于应对以致心绪不佳，甚至通过选择逃避来减少麻烦，于是，他们与教师心理的距离也就会渐行渐远了。

# 【想方设法】

## 特点指要

在引导小丁进步的过程中，体态语言起到了独特的作用：他难以自控的时候，教师对他轻轻地摇摇头；他有进步的时候，教师用微笑鼓励他；他没达到要求的时候，教师用微笑宽容他；他懈怠的时候，教师用微笑鞭策他；他疏忽的时候，教师用微笑提醒他——像这样，**通过体态语言来对学生进行提示以促其修正行为、自主进步，我们把这样的提示方法称为"体态提示法"**。

# 程序参考

### 步骤一：时机选取

是指对使用体态提示的时机进行选取的过程。利用体态来提示学生，同时要满足"做得来"和"看得懂"这两个基本条件。所谓"做得来"，是指具备借助体态所独有的特点来提示学生的条件。比如，在不方便说话的时候就利用体态"无声"的特点来提示；比如，在不方便动作的时候就用体态"形象"的特点来提示；比如，在不方便明示的时候就用体态"意会"的特点进行提示；比如，在需要传递情绪化信息的时候就用丰富的"表情"来提示，等等。所谓"看得懂"，是指用来提示的体态要适合学生的接受能力、要使学生能懂得体态的提示意义。要做到这一点，需要对被体态提示的学生的接受能力有个基本的判断。比如，学生的心理年龄是否足以理解提示体态的含义；比如，学生的个性特点是否会使其能正确理解提示体态的含义；比如，学生的心境是否使其愿意接受相应的体态提示，等等。

### 步骤二：体态提示

是指灵活选用适宜的体态语言来对学生进行提示的过程。这里，我们分别从动作和神态这两方面来探讨这个问题。

用动作来提示学生，最常见的就是各种手势。这种手势，可分成常规动作和特定动作这两种类型。前者是指人们日常生活中经常使用的手势，比如，在口前竖起食指表示"禁声"或"轻声"，竖起拇指表示"肯定"或"赞赏"，等等。后者是指专门规定的具有特定意义的动作，比如，可用握拳上举的手势提示学生"要精神抖擞"，等等。

我们再来说说神态。人的神态有冷热之分，热的神态由温和到热情，到热情洋溢；冷的神态由冷淡到冷漠，到冷若冰霜。毫无疑问，热的神态会使人愉快、充满活力，所以，我们平时应多给学生们一点"热"情，让我们的神态有一分"热"发一分光。

不过，在特定情况下，适当来点"晴转多云"降降温也是必要的。比如，一个学生做了有损集体利益的事，如果有必要据此对全体学生都进行教育，那你尽可以紧锁双眉，让大家知道这是个很严肃的问题。有的时候，面无表情本身也就是一种表情，它往往具有引起注意和反思的作用。

把神态用于教育，关键要把眼神和笑容用好。

我们先说说眼神。人们常说，眼睛是心灵的窗户。这窗户最核心的部分就是眼神，眼神能传递的信息是十分丰富、也十分奇妙的。通常情况下，有这么几种眼神值得一用。

看。这里指的是专注而稍长一点时间的看。这种眼神可用来对学生进行鼓励，它往往适用于学生被提示之后对行为的修正阶段。这时的"看"，不是普通的"看一眼"，而是充满热情的"看一会"。它的意义不在于看见了什么，而在于让学生在老师的"看"当中体会到了什么。肯定、鼓励、赞赏……一切尽在不言中，一切尽在"看"之中。

盯。这种眼神可常用来对学生进行高强度的提醒或警示。比如，某学生自习课总是不专注，那么，盯他一会，让他知道教师在关注他、在督促他，从而达到提醒他专注学习的目的。不过，这样盯的频次不宜过多，否则，很可能会引起副作用。

睨。就是"斜着眼看"，或者叫"白了一眼"。这种斜看的眼神可用来传递不满和否定的信息。比如，某学生做了什么不该做的事情，但还不是很严重，或是教师还不打算很正式、很严肃地去处理，那么，教师就可以睨他一眼，用这种方式给他一个态度明确的提醒。

瞪。这种眼神可用来明确表达否定或愤怒的内涵，它往往是在学生犯了比较严重的错误的时候才使用。这种瞪，不是满腔怒火的瞪，不是大加挞伐的瞪，不是弃之不管的瞪；而是蕴含真切关心的瞪，而是怒其不争的瞪，而是恨铁不成钢的瞪。瞪中有怒，瞪中有威，瞪中有爱。

我们再来说说笑容。

从不同的角度去认识，笑容可以有多种理解。这里，我们只简要谈谈微笑和冷笑对教育的辅助作用。

微笑。这是教师对学生最常用的表情。微笑可以表达亲切的情感，可以传递热情的关心，可以表达肯定的鼓励，可以化解紧张的气氛，可以营造和谐的氛围……微笑，几乎可以帮助我们解决所有的教育问题，最重要的，它可以让教育变得顺畅而舒心。

当然，这样说并不意味着教师对学生的表情要一直是微笑，永远都和蔼。在必要情况下，教师需要有严肃、严厉的表情，甚至，可能需要大发雷霆。比如，学生正在打架，用微笑去制止可能就不会奏效，如果怒目而视、再加上大吼一声，就可能用震慑的力量阻止事态的恶化。从另一个角度来讲，严肃的表情也是教育学生成长的需要：假如学生一直都在微笑中长大，那么，他们的心理承受力就可能比较脆弱，他们就可能无法承受挫折所带来的压力。

冷笑。此种笑容，可用来表达不满的情绪、不满足的态度。对学生的教育，不可能全是顺着他们的意愿来进行，否则，学生所接受的教育必定是不完整的。教育是有必要向学生说"不"的，这说"不"的形式，冷笑就可以一用。

不过，冷笑与直接用语言表达否定还不大一样。把冷笑用得好，可以使否定的表达更柔和一些，也更具内涵一些，使得学生在理解了教师想法的同时不至于感到很生硬，不至于产生严重的挫败感。

需要特殊提醒的是：用体态语言来提示学生，要注意体态的端庄、正派，切忌低俗、猥琐。

**步骤三：自主进步**

是指使用体态语言对学生进行提示之后引导其自主进步的过程。这种提示后的引导，可从思想引导和行为引导两方面去落实。

关于思想的引导。要引导学生理解教师所用体态的提示意义，确保学生懂得了这种提示的目的是什么。如果必要，还可以引导其思考教师为什么不用其他的方式、而要用这样的方式来提示。通过更深入的对比，引导学生理解教师的良苦用心，从而达到教育的目的。不过，思想的引导并不是必须存在的环节，如果学生能够理解，那么，这个环节完全可以忽略不用。

关于行为的引导。先要关注学生修正行为的行动，督促其立刻行动起来；还要关注其修正行为的效果，及时进行评价，以使其自我修正的成果得到巩固。通过思想和行为的双重作用，引导学生逐步实现从被动的被提示到主动的自主进步，这样，才能使提示发挥更大的作用。

# ▌【他山之石】

《素养教育绿镜头——班主任工作纪实及思考》一书的相关篇章

**关键词：**教育策略（和谐之策）

1. 第 30 章《众里寻"他"千百度》

2. 第 32 章《盛开阳光的花朵——班状》

**关键词：**教育方法（体态提示法）

1. 第 1 章《"走进我的家"》

2. 第 9 章《第一堂课怎么上》

# 4.5 美丽的谎言

教育不能弄虚作假，但"弄虚"和"作假"可以用来进行教育。对正能量的引导，先"弄虚作假"，再弄假成真。这，其实是一种教育的技巧。

——题记

## 【抛砖引玉】

入学还不到两个月的时间，小贾就成了七年级一个"响当当"的人物。凭着超强的交际能力，他不但迅速成了本年级"活跃分子"的核心人物之一，还结识了一些高年级的朋友。而"声名远扬"的他，自然也就成了老师们重点关注的人物。

小贾对老师们的教育基本上是无动于衷的，有时还是逆反对抗的，而他的眼神尤其给人们留下了深刻的印象，曾有人用"毒毒"这样的词来形容他的眼神。

对小贾的教育引导，我用了很多办法，其中，就有几次是借用"说谎"来进行的。

第一次的这种"说谎"，其实是一种随机应变的无奈选择。

那天中午，我正在上楼，忽然发现走在我前面的 X 老师向右前方看着什么，当我走到他身边的时候，X 老师也恰巧看到了我，他赶紧对我说："你看看，你班小贾在人家班级干什么呢？"顺着 X 老师示意的方向看去，只见小贾正站在另一个班教室的门口，对着里面笑嘻嘻地说着什么。

"你看他那表情，他那眼神，一看就……" X 老师一边给我提示着，一边用手指着小贾。

恰在这时，小贾回过头来，他看到了我，也看到了 X 老师用手指着他的情景，他立刻停止了说笑。

向 X 老师道过谢后，我招呼小贾跟我一起向我班的教室走去。

小贾面色很是难看，一边跟我走，一边恨恨地看了一眼 X 老师的背影。我知道，他可能是在怀疑 X 老师在说他的"不是"——也难怪，小贾曾因犯错误受到过 X 老师的批评，以往的经历使他们彼此都给对方留下了"深刻"的印象。

见此情景，我觉得如果不采取恰当的方式来处理此事，小贾很可能会对 X 老师产生更深的误解和不满。于是，我决定立刻进行干预。

"哎呀，小贾呀，我可真为你高兴！"我捶了一下小贾的肩膀，笑着说。

"为我高兴？"小贾根本没有想到我会说出这样的话，他愣愣地问我，"老师，我有啥好事呀？"

"猜猜，X 老师跟我说你什么了？"我边走边说。

"还能有什么，我看见他指着我了，准没好事！"小贾愤愤地说。

"唉，你这人怎么这么没良心啊？人家 X 老师跟我表扬你了。你怎么这么不懂好赖呀？"我指着小贾的脸，假意不满地说道——不过，我把 X 老师的批评换成了表扬。

这个阶段的我，尽管还没有完全走进小贾的内心，但与他已经有了一定的情感基础，所以，我才敢这样对他说话。

"什么？表扬我？"小贾有点玩世不恭地笑道，"哼，怎么可能？"

"怎么不可能？X 老师说你的表情和眼神比以前温和多了，他还特意把你指给我看呢。"我说出了 X 老师"表扬"小贾的具体内容。

"真——的吗？"小贾还是不相信。

"我有必要说谎吗？我问你，你站在那里有多长时间了？"我开始为我的说法找根据。

"有两分钟吧。"小贾说。

"那你之前有没有看到 X 老师在看你呢？"我这样问。

"没有，就刚才才看到的"小贾说。

"就是啊，人家 X 老师早都看到你了，他没有立刻制止你说话，就是要让我看你的进步表现的。"我为自己随机应变而感到有点得意。

"哦……是真的呀？"听了我的解释，小贾的脸色由阴转晴。

"啥人呢！被表扬都不愿意要。不信就算了……"我欲擒故纵地说，然后加快了脚步，做出了一副不理睬他的样子。

"老师，我信，我信！"小贾一边应着，一边加快脚步紧跟着我。

到底是个孩子，终于被我给"蒙骗过关"啦。

这时，我俩已经走到了我班的门口。我并不想轻易就放过这次教育的机会：一方面是觉得可以借机深入地做些工作，另一方面也担心自己的谎言被戳穿。

"接下来怎么办呢？"我问小贾。

"嘿嘿，光顾着高兴了，还没想呢。"显然，小贾是真的很高兴。

是啊，本来准备的是被批评，但实际得来的却是被表扬，这个反差太大了，不由得他不高兴。

"那你赶紧想，我这就要答复！"我对小贾下了一道这样的命令。其实，这是在为我自己争取时间——这时的我也没有想好接下来该怎么办。

就在小贾低头思考的时候，我已经有了初步的打算，但我并没有立刻告诉他，我要让他自己独立地思考。教育学生的过程中，只要有机会，我都会让他们自己想，自己说，自己做。

待小贾思考了一会儿之后，我与他约定：第一，以后他对 X 老师要特别尊敬，见到 X 老师时要行礼问好。但不要问今天被 X 老师表扬的事，否则，会显得自己太肤浅，影响自己形象的高大。第二，争取再次得到 X 老师在纪律方面的表扬。

按理来讲，我应该把这个情况通报给 X 老师，但这次我没有这样做。一方面，某些客观因素会影响通报的效果；另一方面，我也要借此检验一下我的方法能否奏效。

此后的日子里，小贾果真努力做到了对 X 老师的格外尊重。后来，一次与 X 老师闲聊，谈到小贾的时候，他说："小贾的变化太大啦，你看他那眼神，一点原来的样子都没有了。"

听了这话，我笑了，有脸上的，也有心里的。

我把 X 老师的夸奖反馈给小贾，他自然是十分高兴。而我，这个曾经的谎言制造者，也从这个结果中看到了谎言的美丽。

用说谎来教育小贾，这次是属于被动的临时应变；而用这种方法教育他，还有主动出击的尝试。

W 老师曾经与小贾存在一些误会。为了消除这种误会，我开始寻找一些可以利用的机会。不久，机会来了。

那天，W 老师跟我交流班级课堂秩序的问题，我们谈到了小贾。细心的 W 老师注意到，当天小贾没来上学。我立刻高度肯定了这位老师工作的责任心和对学生的关心；同时提醒她，小贾此时正生病在家休养，如果她能抓住这个机会沟通一下与小贾的感情，那会非常有利于以后的工作。我建议她晚上给小贾发个短信什么的，表达一下对小贾的关心。W老师欣然接受了我的建议，并且进行了很好的沟通。

小贾再来上学的时候，我发现他对W老师的态度明显好了许多，一种发自内心的亲切感洋溢在双方的脸上。看到这样的表情，我这个班主任顿时感到心里暖暖的。

抓住这个机会，我与小贾进行了交流。

"你人缘挺好啊，一天不上学就有老师主动跟我打听你，还那么主动地关心你！"我似乎有点嫉妒地对他说。

"是呀，W老师给我打电话，我真的没想到！"小贾很是感慨。

"你个没心没肺的，只顾着气老师了，哪会想到这些？其实，W老师平时就没少跟我说怎么让你的成绩更进一步的事。"我决定给他对W老师的好感"加点量"。

"真的呀？"说这话的时候，小贾的脸上泛出欣喜的光来。

"那可不！说说，你打算怎么做吧？"我趁热打铁，要密切一下他与W老师的关系。

"我一定要好好上W老师的课！"小贾的情绪立刻高涨起来。

"这就够了呀？"我得寸进尺地问。

"那——还怎么办呀？"小贾热切地看着我，等着我的建议。

"第一，见到W老师时主动帮她拿拿备品什么的；第二，找机会多问她问题。能做到吗？"我给了他两个似乎很"不值一提"的建议。

"我——试试看吧。"小贾有点迟疑。

"什么？试试看？那你别做了！"我佯装不悦地扭过头去。

"不不不，老师，我能做到，能做到！"小贾连忙改口，一个劲地表决心。

"这还差不多！"我笑着瞪了他一眼。

小贾笑了，笑得很开心。

其实，此时的我在心底笑得比他开心多了！一方面为了他与老师之间（包括我）越来越亲近的关系，一方面为了我那些美丽的谎言和谎言的美丽。

班主任的工作，有时候就是要学会"和稀泥"。这"稀泥"和得好，被帮助的双方就会消除嫌隙，就会和谐相处。而为了让这稀泥具有更强的黏性，有时可适当地加点特殊的黏合剂，这种黏合剂名字就叫作

——美丽的谎言。

## 【出谋划策】

在帮助小贾进步的过程中，面对他对X老师的"误解"，班主任先是告诉他X老师是

在表扬他，随后又进一步解释这种表扬的合理性，让小贾消除了误会，最后又引导他真正获得了 X 老师的表扬；面对 W 老师与小贾曾有过误会的情况，班主任抓住小贾因病修养的契机提示 W 老师对小贾表达关心，并引导小贾领会了 W 老师"主动"关心的良苦用心，使小贾不但消除了以往的误解，还能进一步以自己的良好表现来表达对 W 老师的敬爱，最后实现了师生之间关系的和谐美好——像这样，**以通畅交流、通达思想来和谐师生关系并借以助力教育，我们把这样的教育策略称为"通谐之策"。**

**借通畅以和谐**。是指通过交流的通畅来促进师生关系的和谐。交流的目的或是为了增加了解，或是为了解决问题，或是为了密切关系……不管是哪种情况，最好都能实现"通畅"这个目标。这里所说的通畅，包含通顺和舒畅两个要点。

通顺，是指交流的过程顺达而没有障碍。这个目标的实现，需要做到"三清"。第一，说清需要解决的问题是什么；第二，说清解决问题的关键环节在哪里，解决问题的关键人物是谁；第三，说清解决问题的具体措施和办法。

舒畅，是指交流的结果能让各方心情舒畅。这个目标的实现，需要做到"三给"。第一，给肯定，就是要找到学生身上值得肯定的地方，这个值得肯定之处未必是所谈问题之中的，以往的、其他方面的均可，其实这是平复学生情绪、对其进行正向心理暗示的过程；第二，给台阶，就是要给学生一个解决问题的"软着陆"的机会，使其保持一定的尊严（面子），这实际上是帮学生下定决心、也是给教育留有余地的过程；第三，给希望，就是要帮助学生展望美好前景和实现这美好前景的有利条件，这实际上是给学生更大的进步信心和进步动力的过程。

**借通达以和谐**。是指通过打通思想、通达想法来促进师生关系的和谐。在成长过程中，学生们常常会遇到某些问题所带来的困惑和苦恼，这些困惑和苦恼往往会阻碍学生的进步和成长。如果能有效地帮助学生打通思想，使他们不受这些问题的困扰，自然就会让学生对老师更信服、更亲近。对此，要重点做好如下两方面的工作：第一，用心了解学生。注意观察学生，及时发现其所面临的问题，并采取有效的措施帮助学生正确地理解和处理这些问题。其二，用心打通思想。打通思想是一件并不容易的事情，它往往需要方方面面的积极因素来发挥作用。比如，需要有正确的是非观念作铺垫，需要光明的前途作引力，需要有力的材料作支撑，需要适合的策略方法来推动，等等。而且，在打通了思想之后，最好还能把认识问题、解决问题的方法教给学生。这样，学生在感激和钦佩教师的同时，教师也就会以更知心、更贴心的形象更深入地走进学生心里了。

# 【想方设法】

## 特点指要

在小贾对 X 老师产生敌对情绪的情况下，班主任把 X 老师对小贾的"问题提醒"谎称为对他进步的表扬，再以此为契机，通过一些具体的要求来进一步化解小贾对 X 老师的误解，直至最后促成了小贾的进步；在小贾生病的情况下，班主任建议 W 老师主动关心小贾，并在小贾上学后又假托 W 老师多次关心他学习的"往事"而对其进行引导，从而化解了小贾对 W 老师的误解，使之具有了更上进的状态——像这样，**通过假托赞许的做法来鼓励学生目标明确地自主进步，我们把这样的鼓励方法称为"假赞鼓励法"。**

这里所说的"假"，既可以是"无中生有"的"假托"，也可以是"实有借用"的"假借"。使用这种方法，先要明确与之密切相关的三种角色：发赞者，是指对学生发出赞许的人；受赞者，是指被发赞者所赞许的学生；用赞者，是指利用假赞而对受赞者进行教育引导的"中间人"。

## 程序参考

### 步骤一：假定赞源

是指根据教育需要而为受赞者选取发赞者的过程。对学生的赞许，一种是真实存在的，对这种实有赞许的利用能起到锦上添花的作用，这一点不多解释。另一种情况是发赞者并没有对受赞者进行过赞许，但用赞者出于教育的需要而对受赞者假说发赞者对其进行了赞许。这种"无中生有"的赞许多适用于受赞者与发赞者关系不大和谐的情况。正是由于关系不大和谐，利用这种方法才可以使受赞者对发赞者产生好感，从而有利于促进双方关系的改善、和谐。

这种假托式赞许的利用，用赞者要争取做到对发赞者和受赞者的"两头送好"：一方面把假托的发赞者的"赞许"传递给受赞者，使之对发赞者心存感激；另一方面，把受赞者在受赞之后的良好反应、友好态度等正面情况通报给发赞者，使之能对以后的行为有所调整，从而促进双方关系的和谐。

### 步骤二：假赞鼓励

是指通过假托赞许来对受赞者进行鼓励促进的过程。这个过程，有两方面的问题值得注意：一是假托赞许要做到目标明确，也就是说，所假托的赞许是为解决受赞者某一具体问题、使其在这方面取得一定进步而用的。二是要讲究假托赞许的方式，要考虑假托赞许的不同方式所起到的独特作用。关于假托赞许的方式，我们就以下两种方式来探讨。

**暗式假赞。**是指对发赞者和受赞者都不说明假赞真相的假赞方式。这种方式的假赞，要做到"三位一体两头瞒"。"三位一体"是指发赞者、用赞者、受赞者这三方所共同组成的假赞鼓励共同体，其中，发赞者和受赞者处于需要通过用赞者来协调关系的状态，而用赞者则恰恰能起到这种传递赞许、协调关系的桥梁作用。"两头瞒"是指用赞者在假托赞许的过程中，不向发赞者和受赞者说破真相，只有这样，被"蒙在鼓里"的双方才会真心地对对方产生好感，那假托的赞许也才能更好地起到和谐双方关系的作用。利用这种暗式假赞来鼓励学生、协调关系，往往需要用赞者有一定的胸怀，有一定的全局意识和调控能力。

**明式假赞。**是指用赞者明确告知受赞者谁是发赞者的假赞方式。这实际上是通过假赞来对受赞者和发赞者这双方都进行触动的教育方式。这个明确告知的过程，一方面会使受赞者对发赞者"心存感激"，从而受到触动而积极进取；另一方面，它又会使发赞者受到激励而更进一步。比如，两位同学的关系需要进行和谐，那么，教师就可以明确告知双方都曾表扬过对方的优点，通过这样的假赞来和谐他们的关系。

**步骤三：弄假成真**

是指用赞者在进行假赞鼓励之后促使受赞者和发赞者实现关系和谐的过程。这种弄假成真，大致有两方面的工作要做。

一是要协调立场。无论是"无中生有"的"假托式"假赞，还是"实有借用"的"假借式"假赞，最后，用赞者最好把这种"赞许"都告知发赞者，使之知晓他的"赞许"已经被传递给了受赞者，促使其借此调整自己对受赞者的态度，这样才能更有利于发挥其"赞许"的鼓励作用。

二是巩固强化。赞许的鼓励作用是毋庸置疑的，但这种鼓励作用的发挥需要借助环环相扣的行为引导来落实。要适时引导受赞者和发赞者都能理解用赞者的良苦用心，对双方都提出团结互助的具体努力目标，引导他们能在最短时间内真正主动地向对方表达赞赏和友善。这样的引导，初始阶段是用赞者在单枪匹马地"弄虚作假"，但接下来它应该演变成用赞者、受赞者和发赞者这三方共同参与的"弄假成真"（最起码，也要使被赞者做到这一点），并以此为契机逐步推进双方关系的改善，直至达到和谐友爱的程度。

# ▌【他山之石】

《素养教育绿镜头——班主任工作纪实及思考》一书的相关篇章

**关键词：**教育策略（通谐之策）

1. 第 24 章《掌声响起来》

2. 第 49 章 《从"渐入'家'境"到"心灵筑家"》

**关键词：**教育方法（假赞鼓励法）

1. 第 3 章 《熔铸班级的灵魂——班训》

2. 第 42 章 《评价中的有价与无价》

# 4.6 求你让我表扬你

表扬可以有两种境界：求求你表扬我，这是对上进的渴望；求求你让我表扬，这是对教育的追求。

——题记

## 【抛砖引玉】

新的班集体成立了。

对于刚刚升入初中的学生们来讲，他们需要一段适应的时间，因为他们面对的是标准更高的新生活；而对于习惯了用初中生标准来要求学生的老师们来讲，他们也需要一段适应的时间，因为他们面对的是刚从小学毕业、对初中生活完全陌生的小孩子。

过渡、磨合、适应，这些应该是班集体建设初始阶段难以回避的关键词。在对一个叫小印的学生进行教育引导的过程中，这几个关键词的作用可真是得到了淋漓尽致的印证。

小印是个让某些老师有点头疼的学生。开学仅仅一周的时间，对他的"投诉"就不断地从科任老师那里传过来。集中起来看，对小印"投诉"的问题主要有如下三个方面：

第一，学习习惯不好。具体表现是听课、自习课经常与周围同学说闲话或做与学习无关的事。

第二，行为习惯不好。具体表现是课间在走廊里跑跳喧哗。

第三，认错态度不好。具体表现是面对批评毫无悔改之意，有时还怒目而视。

之所以如此，小印的基础不好肯定是重要的原因之一；而另一方面，老师们要求的标准太高、方式方法过于简单化，这也是造成小印被频繁"投诉"的原因。比如，小印这样的学生，往往都是在批评中长大的，对批评已经具有了较强的抵抗力，那么，老师们还用批评的方式来对他，效果不好也就不奇怪了。

换一种方式来教育，从肯定、鼓励入手，也许会有所改变吧？

于是，我信心满满地找机会表扬了小印，然后，热切地期待着他的令我满意的回应。

通常情况下，面对老师的表扬，学生们的回应总是令老师暖心的：愉悦的表情、礼貌的行礼、感激的答谢、热情高涨的表决心，等等。然而，小印对我表扬他的反应却是"异常冷静"，他用毫无表情的表情回应了我，而且，什么都没说。

软硬不吃？看来，这个学生的确不是"一般战士"！

"哦？是不愿意我表扬你呀？既然如此，我尊重你的意见。"我尽量平静地这样对小印说。

之所以这样说，一是我的确没有想好该如何对待他；二是自己当时多少还是有点赌气的情绪，我要告诉小印，我并不是非要"死皮赖脸"地表扬他不可。俗话说："上赶着不是买卖。"过于主动地示好，有时候会让对方产生一种盲目的优越感，这样反而会影响教育的效果。

听到我这样的回答，小印愣了一下。显然，他对我的回答也感到了意外，从表情上看，他似乎有点失望。

原本以为可以通过表扬来调动小印的想法就这样以失败告终了，当时，一种强烈的挫败感一下子涌上我的心头！怎么会这样？为什么?!

后来，让自己冷静下来之后，我反思到了自身存在的问题：我对这个学生了解得太少了——不了解，何谈教育呢？

接下来，经过一段时间的努力，我终于对小印有了比较深入的了解。原来，小印在小学阶段曾数度转学，这种"颠沛流离"的经历使得他在同学中几乎没有什么朋友，再加上他自己由于"不听话"而经常被老师批评，所以，在他的眼里，同学似乎总是在有意无意地冷落他、嘲笑他，而老师则似乎总是在挑他的毛病。正是这样近乎扭曲的心理，使他对学校的环境常常会产生一种不安全感，他还会时不时地制造点事端——我想，那也许是一种近乎绝望的、破罐破摔的反抗。而越是这样，他在班集体中就越没有归属感，对学习也就越没有兴趣，学习成绩也就越来越差。

——这是个需要特殊帮助的学生。

怎样来帮助他呢？

先要找到对他实施教育的有利条件。

小印尽管存在着这样那样的问题，但他基本上还是个懂感情的学生；尽管对老师和同学没有什么亲近感，但这是由于他以往的"经验"造成的，现在的这个新的班集体并没有给他造成过什么伤害；尽管不是热情洋溢地积极进取，但他对自己所负责的工作还基本上能够完成，比如卫生清扫；尽管学习状态和学习成绩并不好，但他所写的字在男生里还算是不错的，大约能排在中等左右。此外，他的家境尽管有些特殊，但家长还是通情达理的。

针对小印的具体情况，我拟定了对他的教育目标。这种目标分意情目标和行为目标两个层面：前者意在引导他学会上进，使之有上进的意愿、对鼓励有正面的回应；后者则是引导他学会自控，使之在课堂上不与周围同学说闲话或做与学习无关的事、在走廊不跑跳喧哗。完成如上教育目标所用时间暂定为两个月。

定好目标之后，我又设计了初步的教育思路：通过帮助小印在生活中体验存在感、在活动中培育成就感、在群体中获得自豪感等策略激发他的上进心。

这个教育思路，是以小印对表扬的态度为抓手来落实的。整个的落实过程，可分为接受表扬、在意表扬、愿意表扬、渴望表扬这么四个阶段。这里，我们重点说说前两个阶段的落实过程。

第一阶段：接受表扬

为了使小印能够接受表扬，也为了激发全班学生团结向上的活力，我设计了两个活动。

体育活动课上，我组织学生以小组为单位开展了一次非正式的"蹦高"游戏活动：没有任何的规则限制，只要往高处使劲蹦就行。这个活动，其实就是一次简单的蹦蹦跳跳而已，对于刚升入初中不久的孩童们来讲，这是具有天然的吸引力的，而那些男生们更是找到了自己"逞能"的机会。一声令下之后，他们立刻大显身手地蹦了起来，同时还伴随着夸张的大呼小叫……

游戏结束后，我在表扬所有学生的基础上，还特殊表扬了几个小组的精神状态特别好，其中就包括小印所在的小组。表扬的时候，我只说出了小组的名称，并没有提到学生个人的姓名。

听到表扬的时候，与其他被表扬同学一样，小印的脸上同样也露出了笑容。看到这一幕，我感到心里有了底。

没过几天，我又针对桌椅不整齐的现象开展了一次"摆正桌椅"的活动，活动的唯一要求就是小组成员要相互帮助。

活动开展得很顺利，总结的时候，我表扬了几个合作较好的小组。这次的表扬，我不仅说出了小组的名称，还对小组的每一位成员进行点名表扬。当提到小印名字的时候，他并没有流露出我第一次表扬他时的那种无所谓的表情。见此情景，我心里暗暗舒了口气。

设计这两个活动的目的就是要让小印在生活中体验到存在感，不留痕迹地让他接受我的表扬，从而缩短他与老师的心理距离。

看起来，这第一步还算是成功的。

第二阶段：在意表扬

为了促进班集体整体秩序更进一步稳定，也为了让小印由被动地接受表扬转化为在主观上能够在意表扬，我又设计了两个活动。

先是以小组为单位开展一次"第3节课间走廊不跑跳"的评比活动。这个活动的目的就是想抓住学生的进步之处，激励他们能有信心地自主进步；同时，为单独表扬小印创造条件。

开展这个活动是有说道的。"走廊不跑跳"，这是针对一部分男生走廊跑跳的问题而设定的纠偏措施；而只搞一次这样的评比，是因为包括小印在内的几个男生自控能力比较差，他们无法持久地达到要求，只搞一次便于达到要求，从而创造出表扬他们进步的机会；而在第3节课的课间来搞这个评比，是因为这个课间是最少受到其他因素干扰的课间，最有利于观察和考核。

活动开展得十分顺利。下午，我单独给每个小组开会进行总结，总结过程中，我再次点名表扬了小组中的每个学生。提到小印的时候，他的表情同样是愉悦的，没有表现出初始阶段的那种冷漠。

课间，我在走廊里"无意中"与小印走了个碰面。

"表现不错！"我"随意"夸了他一句。

听了我的夸奖，小印尽管没有很热烈地回应，但他的嘴角动了动，还露出了笑容。

此后的一段时间里，我常常会参与到有小印在场的各种闲谈、活动当中去，在跟其他人交流的过程中，也"顺便"与小印聊上那么几句。渐渐地，小印接纳了我的参与和言谈，有时候，他还会回应我的话，尽管回应得很简单，但那是一种正常心理状态下的回应。

我知道，我该做更深入的工作了。

一天，再一次在走廊与小印"偶遇"，当时，我的手里拿着几本书。我一边与他闲聊，一边向楼下走。突然，我停下了脚步，急切地自言自语道："哎呀，这可怎么办哪？要耽误事了！"

小印也停下了脚步，疑惑地看着我。

"我现在要去办点别的事，再不去就办不成了。可这书我不能带去——"我掂着手里的几本书，表现出很为难的样子。

"老师，要不——我帮您把书拿回教室吧？"小印犹豫了一下，说出了我期待他说出的话。

"太好啦！把书放在我办公桌上，用字典压上。"把书递给小印后，我急匆匆地离开了。

过了一会儿，我回到了教室。

我的办公桌上，端端正正地摆放着小印帮我拿回来的那几本书，书上还端端正正地压着我原本放在桌面上的字典。

见此情景，我不由得心花怒放！

第二天，我找了个机会与小印进行了深入的交流。

"小印，如果你遇到了难以克服的困难，这时有人帮助了你，你会对他表示感谢吗？"我问。

"会呀。"回答我的时候，小印还不知道我为什么要这么问。

"那你的这种感谢会不会是虚伪的表现？"我继续问。

"不会。"小印十分肯定地回答。

"那好，谢谢你昨天帮老师把书拿回教室。"我郑重地说。

"这……"小印看着我，欲言又止。

"怎么？你可以真诚地谢别人，我就不可以谢你呀？"我笑着反问道。

"这也没啥呀……"小印有点不好意思了。

"今天，我一是要表达谢意，另外呢，也要对你提出表扬。"我开始进入正题了，"表扬什么呢？请你帮我想一想。"

"我？哪有自己表扬自己的？"对于我的话，小印颇感意外。

"今天是第一次，我先替你说。不过呢，以后你要帮我说。这可是任务！"说这话的时候，我的语气带有不容置疑的命令语气。我知道，这样要求他表扬自己的命令是不会引起他的反感的。

接下来，我给小印详细解释了表扬他的理由：第一，当时的我正有难处，小印主动帮我把书拿回来，说明他有乐于助人的品质；第二，答应帮老师并能把这个帮助化成实际行动，这说明他是个能信守承诺的人；第三，能够按我的要求把书放在办公桌上，还压上了一本字典，这说明他是个既用心又细心的人；第四，在老师表达谢意的时候能不好意思地说"没啥"，这说明他是个谦虚的人……

这次的谈话，对小印内心的触动是空前的。从此以后，他对我的态度发生了根本性的改变。再对他说什么，他都不会戒备、反感了。

接下来，对小印的教育进入了第三阶段——引导他"愿意表扬"。

在这一过程中，我引导小印学会了在课堂上控制自己而不干扰同学学习，并以小组为单位进行自评和互评，以此培育小印在集体中的存在感，帮助他获得和体会在群体中的自豪感。其中，自评的方式有助于他强化上进的意向和内容；而互评的方式有助于众人对他进步之处的了解，进而使他在同伴的肯定和赞赏中获得自豪感。

再以后，对小印的教育进入了第四阶段——引导他"渴望表扬"。

在这一过程中，我通过表扬他的字迹工整来鼓励他加强学习，并通过与他约定进步之后要向家长汇报的办法，激励他自主求取更多更大的进步。

一个学期之后，小印的进步已经非常明显。尤为值得欣喜的是，小印开始主动找我交流思想。再后来，他已经能把我这个老师看成是可以推心置腹地交流的知心人了。

对小印引导的经历告诉我，教育就是一个用成熟战胜幼稚的过程：一个用自己的成熟战胜学生的幼稚的过程，一个用自己的成熟战胜自己的幼稚的过程。当你不会因学生的幼稚而气恼时，当你不会因自己的幼稚而冲动时，你才是在更有效地进行教育。

# ▎【出谋划策】

在帮助"软硬不吃"的小印自主成长的过程中，教师借助表扬来逐渐拉近与他的心理距离，从而实现了师生关系的和谐：先是通过表扬小组、表扬小组成员这两种方式让小印"软着陆"地"接受表扬"，接着通过点名表扬、"随意"夸奖、直接交流这三种方式让小印能"在意表扬"，又通过小组自评、互评等方式引导小印"愿意表扬"，最后再通过与小印约定进步之后向家长汇报的办法引导其"渴望表扬"——像这样，**通过逐渐拉近与学生心理距离的方式来促进师生关系的和谐，我们把这样的教育策略称为"近谐之策"。**

**借近事以和谐**。是指通过接近和评价相关事件来促进师生关系的和谐。相关事件，是指与教育对象密切相关的事件，最好是教育对象置身其中而又有良好表现的事件。教育引导那些对老师存在戒备心理的学生，急于求成是难以奏效的，它往往需要有一个在心理上逐步铺垫、逐步接近的过程。而接近了这些与教育对象密切相关的事件，也就相当于与这些学生建立起了相应的联系。在对这事件的评价中，最好做到让教育对象在不知不觉当中被接近、被影响，这样的安排，会有利于消除其戒备的心理，从而为师生关系的和谐建立起必要的基础。这种对相关事件的评价，最好是对包括教育对象在内的学生群体在事件中的表现进行正面评价，而不对学生的个体进行评价。这样做的好处就是避免"惊动"教育对象，使其在没有"警觉"的情况下获得愉悦感——这种愉悦感，恰恰是和谐师生关系所必需的。

**借近人以和谐**。是指通过直接与教育对象进行交流的方式来促进师生关系的和谐。这种直接的交流，目的是让学生能接受教师的存在和影响，因此，要根据学生的接受能力和接受效果来循序渐进地实施。对于那些心理上与教师存在较大距离的学生，与其直接交流的初始阶段，最好采取"两小两缓"的办法来引导。所谓"两小"，即小进步、小肯定，是指抓住学生微小的进步给予小力度的肯定。这样做是为了使学生能得到及时的鼓励，又不至于使其产生太大的心理变化，从而有利于拉近其与教师的心理距离。所谓"两缓"，即缓彰扬、缓改过，是指对刚刚接近的教育对象不要急于大张旗鼓地彰扬其优点、不要急于对其提出主要缺点的改正要求。这样做还是出于保护师生关系即有和谐成果的考虑：如果教育对象的优点被不合时宜地大力彰扬，可能会使其产生自己被"小瞧"的误解，也可能会使其由于受到这种过度的表扬而飘飘然，闹不好，还可能会因此而出现"乐极生悲"的情况；如果急于针对其主要问题而提出改正的要求，则可能会使其产生教师"动机不纯"之类的误解，这同样是不利于和谐双方关系的。

**借近心以和谐**。是指通过真正走进教育对象的心里来促进师生关系的和谐。要做到这一点，第一步是建立信任。信任的建立，要借助于对"借近事以和谐"和"借近人以和谐"这两个环节的落实来实现。第二步是要交流思想。这种思想的交流，具有"双主双重"的特点。所谓"双主"，即交流要以教师为主导、以学生为主体来进行。教师在把握交流的主动权、把握交流方向的基础上，引导学生自主思考、自主表达，这样才使得交流真正深入到学生的心里，也才可能真正对学生产生深刻的、长远的影响。为了实现这一点，教师不妨以问题引领的方式来引导学生思考和表达。所谓"双重"，即交流要重视对学生进步的肯定、重视提出努力的重点目标。充分肯定学生的进步，这是促进师生关系和谐的必要手段，也是引导学生更加进步的基础。提出努力的重点目标，要充分考虑学生实现这目标的能力和对其信心的树立。

# 【想方设法】

## 特点指要

在帮助小印进步的过程中，教师设计了一个自己身处困境而需要小印帮助把书送回教室的情境，诱导小印主动帮助老师解决困难，然后再以此为突破口，引导他不断取得进步——像这样，**通过示弱的做法给学生提供具有吸引力的目标来诱导其自愿求取进步，我们把这样的诱导方法称为"示弱诱导法"**。

这里所说的"示弱"，是一种主动展示自己"弱势"或"弱能"而向学生求助以引导其进步的教育方法，与通常意义的那种对决情况下的"服软"有着本质的区别。

# 程序参考

## 步骤一：设置困境

是指教师根据诱导学生的需要而为自己选择或设置困境的过程。这种困境的安排，可分为两种情况。

其一，选择困境。是指困境本来就存在，教师有意识地利用这种困境来对学生进行教育的过程。日常的教育中，能使自己处于困境的困难是无处不在的，教师要善于发现并利用这些困难来为教育服务。操作过程中，最重要的是教师对自己要有"弱者"意识和"弱者"表现，凡是学生能做的事情，自己就尽可能地不去做。这样，自己省了力气，学生也得到了锻炼。

其二，创造困境。是指教师为了诱导学生帮助自己而特意创造出某种困境来对其进行教育的过程。这种困境的创造具有鲜明的针对性，它往往需要根据教育的对象和教育的内容而进行量身定制。这种量身定制，就是要为学生提供一些其有能力解决的困难。这就需要对学生的能力、困难的内容、操作的程序、操作的环境、操作的条件等各方面的因素进行综合考量，经过这样精心设计的困境，才能更真实地激发学生"扶危济困"的意愿。

## 步骤二：示弱诱导

是指教师把自己的困境展示给教育对象并诱导其主动提供帮助的过程。

**关于示弱，要做到让困境的出现顺理成章、天衣无缝。**如果是困难本来就存在而教师有意识地对其进行利用的困境，教师直接向教育对象提出让其提供"帮助"的要求即可。如果是为了诱导教育对象提供帮助而特意创造出的困境，教师则需要把这种困境"真实"地展现出来，让教育对象真切地看到教师所面临的困难，这样才有利于激发其主动提供帮助的意识。

**关于诱导，要做到让学生能主动帮助、成功帮助。**这种"主动帮助"，需要帮助学生树立主动助人的意识和热情，这种意识和热情，有赖于平素的教育引导，也可以在示弱之前有针对性地进行铺垫和引导；而这种"成功帮助"，则要靠教师对学生进行相关能力的了解或铺垫性的培养。

水到渠成，这是示弱诱导的理想境界。

## 步骤三：鼓励进取

是指对提供帮助的学生进行鼓励并诱导其求取更大进步的过程。

关于鼓励，要做到鼓励到位。怎样才算是到位呢？由外到内的评价是最好的办法。外，是指要肯定学生助人的行为表现；内，是指要挖掘学生助人行为内在的精神品质，尤其要突出"主动帮助"和"成功帮助"的积极意义：能"主动帮助"，说明其有热情；能"成功帮助",说明其有能力。这两点内容的强调,都是对下一步的教育迁移所进行的铺垫。

关于进取,要做到明确具体。要通过鼓励评价而诱导学生实现下一个有具体目标的进步,通过这样具体的目标来巩固此前鼓励和诱导的成果。这样,示弱所达到的效果就不仅仅是就事论事,而是向着由小到大、由少到多、由此及彼的趋势发展了。

# 【他山之石】

《素养教育绿镜头——班主任工作纪实及思考》一书的相关篇章

**关键词:**教育策略(近谐之策)

1. 第 38 章《最是一年春好处》

2. 第 90 章《推开心中的"阳光之门"》

**关键词:**教育方法(示弱诱导法)

1. 第 14 章《"纵虎归山"的运动会》

2. 第 36 章《让学生讲课值不值》

# 4.7 一次痛苦而快乐的选择

一对产生了摩擦的齿轮，如果就此把它们分开，那么，这摩擦就可能变成了永久的鸿沟；只有让它们继续摩擦，它们才能彼此适应，从而实现默契、和谐的咬合。

——题记

## ▌【抛砖引玉】

距中考还有两个来月的一天，小石忽然请求我把她的座位换到后边去。

这个请求让我大惑不解：一般情况下，学生们都是愿意往前边坐的，而且，小石的个头比较矮，一直是坐在前排的。那么，她提出了这个反常的请求，该不是发生什么意外的事情了吧？

问她原因，她只说要把好位置让给别人。但从各方面来分析，我总觉得她没有换座的理由，一定是什么地方出了问题。所以，我没有答应她的要求。

我开始注意观察，这才发现小石和她的同桌小丁正处于"冷战"状态：平时好得像一个人似的她俩，现在彼此都不说话，而且，她们的脸上都布满了阴云。

见此情景，我并没有急于干预。进入初三之后，学生之间的矛盾，我一般是只关注而不直接干预的，有时甚至是任其自生自灭的；如果必要，则通过一些安排，暗中帮助他们解决。之所以如此，一方面，我觉得应该培养学生自己解决矛盾的能力，否则，他们将来难以适应社会生活的需要；另一方面，这种小事如果老师去插手，有时还会使学生难为情——他们是很想在老师面前有一个美好的形象的。所以，不去管它，既解决了问题，又省去了口舌，何乐而不为呢？

可是，这次的事情却没那么简单。课间的时候，我发现小丁哭了，而且哭得很厉害。看来，我不干预是不行了。

我先找一些与她们关系比较好的学生了解情况，再找小丁询问缘由，这才知道，这一对同桌因为一点儿小事产生了矛盾，相互怄气，已经连续两天都没说一句话了。小丁越想越觉得委屈，终于忍不住哭了起来。

在我了解情况的时候，小丁一直哭个不停。我告诉她，首先应该稳定情绪，然后再想解决问题的办法，可她就是止不住地哭。我又给她讲中考就要来临的紧迫，想以此转移她的注意力。可小丁却说，这些道理她都懂，但一想到自己跟小石同桌两年多，却受到她那样的对待，真是太伤心了，结果她是越说越激动，越激动就越使劲地哭。

见此情景，我决定用个"背道而驰"的办法来解决问题。我问小丁哭出来是不是能好受些，她点了点头，我说："那你就哭吧，大声点！"她万没想到我会鼓励她哭，而且是大声地哭，要知道，那是在走廊里呀，同学们都在安静地上自习呢。她抬头惊异地看着我，我故意笑道："来，老师帮你哭。"她更惊异了，同时也止住了哭声。我趁机煞有介事地命令："你做好准备，我喊口令：预备——开哭！"我的令声一下，她反倒破涕为笑了……

打通了小丁的思想之后，我又找到了小石。

"你确定要换座吗？"我问。

小石默默地点了点头。

"那好，老师可以给你换。不过，你要回答我几个问题才行。"

"什……什么……问题呀"小石显得十分忐忑。

"先说说换座有什么好处吧！"我启发道。

"好处……"小石低下头，机械地重复着我的话，"不知道……"

"那哪能呢？是你要求换座的啊。没有好处，你怎么会提出这个要求呢？必须说！"我的语气是坚定的。

"好处……好处……"小石咬着嘴唇，"可以离开……那里。"

"离开那个座位。嗯，这是一条，还有呢？"我追问道。

小石紧咬着嘴唇，低头不语。

"说不出好处，那就说说坏处吧！"我说。

"坏处……坏处……给老师添了麻烦。"小石说。

"嗯，在自己忍受痛苦的时候还能想到给老师添了麻烦，这说明你是个很善良的学生。不过，这个可以忽略不计，老师就是为你们服务的。除了这一点，还有没有？"说到这里，我故意停顿了一下，"如果没有，我可以考虑给你换——"

小石的肩头抖了一下，她抬起头看着我，似乎有话要说，但欲言又止。

"看来，你并没有想好这个问题。这样吧，老师帮你分析一下，然后你自己做出个选择，怎么样？"我抓住机会，对小石进行了有倾向性地引导，"换座的好处是，你可以离开同桌，离开现在感觉特别别扭的这个环境。坏处是你从此将与同桌分开，两年多的友谊很可能就此画上句号，从此大家形同陌路；而你的心情也可能并不会因此而轻松，因为你们之间的友谊非常深厚，在即将毕业的时候因为一点小事而放弃了那么深厚的友谊，这其实会让你的心里很不好受，甚至很痛苦。从此，你们可能彼此都不说话，甚至会避开彼此的目光，但是，身在一个班级里，低头不见抬头见，你们……"

我的话还没有说完，小石也抽泣起来……

最后，小石收回了换座的请求。

见她的思想转过弯来了，我又鼓励她主动跟小丁沟通一下。她表示愿意主动和好，但很担心小丁不给"面子"，我向她保证小丁不会那样。我没有告诉小石，其实，此前我对小丁也做了同样的工作。

第二天，我分别向这一对"冤家"询问结果，两个人都红着脸地告诉我，她们和好了。尽管两人都有些不好意思，但她们的脸上满满都是轻松和愉悦。

当天，小石还给我写了一封信，信中这样写道：

经过昨天您给我和小丁相互开导，我们彼此的矛盾解开了。您昨天的一番话，（让我）胜读十年书，使我鼓足勇气给小丁打了电话，我们谈着谈着，都潸然泪下。说实在话，我们已经相识、相处两年了，彼此都珍惜这份友谊。就是因为珍惜，我才一时冲动，起初想用换座的方法调节误区。请原谅我的傻行为，给您增添了麻烦。世界上最宝贵的就是友谊了，一旦拥有它，则会别无选择，"它"捧在手里怕掉了，含在嘴里怕化了。世界上最美好的东西不是绝对的，都是相对而言。所以，我们把冲突都看开了，心灵再次被净化。

——海阔天空多好！

谢谢您，我的老师！

看完这些肺腑之言，我当即拿起笔来，也给她们写了几个字：

小石、小丁同学：

愿你们

心如海阔，情比天长。

此后的日子里，小石和小丁彼此关心，相互爱护，她们的友谊也因这场风波而更加牢固了。看到这些，看到她们向我投来的感激的目光，我欣慰地笑了。

生活中，随时随地都面临着各种各样的选择。小石在选择的过程中，刚开始时是艰难的，甚至是痛苦的，但结果却是快乐的。

——这，就是成长吧？

而我，在引导小石进步的过程中，有意识地利用引导选择的方法教她们学会了成长。

——这，又何尝不是一种成长呢？

# 【出谋划策】

在解决小石和小丁纠纷的过程中，面对情绪波动到难以继续同桌了的一对好友，教师通过耐心细致的工作，使她们不但言归于好，进一步融洽了彼此的关系，还因此更促进了师生关系的和谐——像这样，**通过帮助学生融洽与他人的关系来和谐师生关系并借以助力教育，我们把这样的教育策略称为"融谐之策"。**

**借融洽以和谐。**是指通过帮助学生融洽与他人的关系来促进师生关系的和谐。日常生活中，学生们所接触的人除了老师，主要就是家长和同学，帮助学生实现与这些人的关系的融洽，会进一步促进师生关系的和谐。

关于亲子关系的沟通融洽，重点要关注学生的情绪问题和家长的观念问题。亲子之间需要教师来进行沟通和融洽，往往是由于学生闹情绪所致，而学生的闹情绪大致有两方面的原因：一是家长的教育观念落后和教育方法不当，一是学生的情绪冲动和认识偏差。这两方面，都要进行适当的劝导：在家长方面，可向家长传递关于学生的正面的信息，让家长从这些信息中看到孩子的进步，让学生从这些信息中得到成长的动力；而在学生方面，要帮助学生打通思想，尽力助其恢复或建立起与家长的融洽关系，这样，会使学生对教师心存感激和信服，从而达到和谐师生关系的目的。

关于同学关系的沟通融洽，一方面，要帮助学生具有正常友好的同学关系。面对不平等、不友好等不正常的同学关系，教师要帮助他们调整定位、化解矛盾，引导他们通过自主的沟通来实现关系的融洽。另一方面，要引导学生主动参与到同他人正常的交流交际中来。独生子女、应试教育、电子化的生活方式等诸多原因，造成了有些学生的社会化程度偏低，他们不愿、不能、甚至不敢与人进行正常的交流，对这部分学生的引导也应引起足够的重视。而引导学生主动参与到与他人正常的交流交际中来，这恰恰是帮助他们实现社会化的一个过程。而这样的沟通融洽，在帮助学生融洽与同学关系的同时，自然也能促进师生关系的和谐。

**借融入以和谐。**是指教师主动融入学生的世界来促进师生关系的和谐。怎样做到这一点呢？第一，借深入了解来融入。深入了解学生的喜怒哀乐，深入了解他们的兴趣爱好，深入了解他们的所思所想，深入了解他们的所需所求。只有这样，融入他们的世界才有可能。第二，借共同语言来融入。教师不妨借学生感兴趣的话题去与他们交流，或是选取寓教于乐的话题去与他们交流，这样的共同语言，学生们不戒备、不反感，会有利于与他们的相融。需要提醒的是，教师使自己融入学生的过程本身也是一种教育，一定要把握方向，适当引导。第三，借参与活动来融入。学生是最具活力的，这活力往往都是在各种活动中表现出来的，教师如果能参与到学生的各种活动中去，无疑会有效地拉近彼此的距离，从而促进师生关系的和谐。这方面，年轻教师往往具有得天独厚的优势，但在利用这种优势的过程中，要注意把握尺度，牢牢守住教师的底线。否则，就很可能会减弱，甚至失去对学生的正向影响力。

# 【想方设法】

## 特点指要

在调解小石与小丁矛盾的过程中，教师并没有直截了当地告诉小石应该做什么，而是把她换座与否设置成了两个选项，帮她分析清楚换座的利弊，尤其帮助她想清楚换座之后可能产生的不良后果，引导她在对两种结果的衡量之后选择不换座，从而实现了对她们的教育引导——像这样，**通过对教育选项进行导向性分析以供学生自主选择的做法来助其成长，我们把这样的选择方法称为"定向选择法"。**

## 程序参考

**步骤一：设置选项**

是指把所要解决的问题设置成若干选项以供学生选择的过程。选项的设置，大致要考虑如下两方面的需要。

一方面，能帮助学生解决具体问题。从这个角度来讲，可把需要解决的问题设置成若干选项，不同的选项对应着不同的行为和结果。为了取得这样的效果，可从数量、质量、程度、特点等多个角度去考量，把相关内容设置成数量有别、质量不一、程度不同、特点各异的选项。

另一方面，能帮助学生学会思辨和选择。要做到这一点，就需要使各个选项之间有比较明显的差异，这样便于比较，便于引起思考，便于通过比较而进行选择。为了使比较的效果更突出，可以更具体地把各个选项的结果也明确表示出来，把选项本身的利与弊，其可能引起的连带影响都表示出来。

## 步骤二：定向引导

是指在思想、行为等方面对学生进行具有方向性分析引导的过程。教学生学会选择，这是促进学生成长的有效手段。不过，这种选择方法的使用，并不是把几个选项简单地摆放在那里就可以的，教师需要对学生进行必要的引导才行。这种引导有两大特点：其一，有明显的选择性。就是要把学生所面临的几种选项的性质、特点及选择后的效果分析清楚，每个选项都分析，每个选项都重视，这样才能锻炼学生的思维和判断能力，才有助于他们心智的成熟。其二，有明确的倾向性。就是在引导学生分析选项的效果时带有明显的倾向性，要把不利于学生成长的选项分析透彻，要引导他们透过现象看本质，要引导他们找出不利选项的潜在危害来。这种定向的引导分析，所给予学生的不仅仅是对某一个具体问题的选择，更重要的是给他们一种思维的方式，给他们一个选择的标准和取向。

## 步骤三：自主选择

是指让学生在充分理解的基础上对所设选项进行自主选择的过程。"定向选择法"的使用，尽管教师要有定向的引导，但选择的主体还是学生，只有让学生进行自主选择，这个结果才是他所愿意接受的，他也才会从这个自己的选择过程和结果中得到成长的思考和感悟。这种自主性要贯穿在这种方法使用的整个过程之中：在对选项进行分析引导的阶段，教师的引导最好以问题的形式出现，让学生通过对这些问题的思考，一步一步地理解问题，一步一步地明晰方向。如果这个阶段教师都是直奔主题的痛陈利害，或是一上来就毫不掩饰地表明看法，那么，学生的思维根本就没有发挥作用的机会，恐怕也就谈不上什么选择了。而在对选项进行选择的阶段，一定要让学生自己拿主意，切不可包办代替。因为只有是自己的选择，学生才能从这种选择的结果当中体验到自主的成就感或挫败感，才能从中感悟到选择的重要性，才能从中成熟自己的心智。

在帮助学生落实其所选择的成长目标的过程中。定向选择只是对学生进行了方向性的引导，而最终的选择权还是在学生自己的手里，所以，学生最终所选择的结果是不确定的。在这样的情况下，帮助学生落实其所做出的选择，就也需要分两种情况去考虑。

其一，学生的选择与教师的引导相一致。在这样的情况下，教师需要在落实的具体目标、实践操作、态度状态、落实效果等方面多加关注，并以评价的方式不断鼓励，以帮助学生落实其所做出的选择。

其二，学生的选择与教师的引导不一致。在这样的情况下，教师也要帮助学生对其所做出的选择进行落实，而且一定要真心实意地进行帮助。这样做的益处是多方面的，比如，让学生切实感受到教师的真情实意，从而进一步拉近师生之间的心理距离，这就更有利于以后的教育；比如，在落实非教师引导的选项的过程中检验教师所进行的引导是否存在问题，如果学生在落实其非教师引导的选择中取得了更好的效果，那么，这就为教师优化自己的教育引导提供了宝贵的实践参考；比如，让学生在落实非教师引导的选择过程中经受教育，如果这种非教师引导的选项在落实中被证明是不合适的，那么，教师可借此机会帮助学生懂得"接受教师引导"的重要性，从而帮助学生学会借鉴，不断成熟。

# 【他山之石】

《素养教育绿镜头——班主任工作纪实及思考》一书的相关篇章

**关键词**：教育策略（融谐之策）

1. 第 69 章 《男女搭配，成长不累》

2. 第 95 章 《暖洋洋，亮堂堂》

**关键词**：教育方法（定向选择法）

1. 第 23 章 《发人深思的 "选择" 题》

2. 第 31 章 《铸剑担大任》

# 5."导"之策

## 单元提示

## 【教育策略】

本单元探讨的是"导"的策略。

导，就是引导、疏导。"导"之策，是指对学生的思想行为进行引导、对学生的情绪心理进行疏导的策略。

这种"导"的策略，根本目的在于不但要帮助学生朝着正确的方向成长，而且要帮助他们在乐观的状态下健康向上地成长。"导"之策，可以是不针对具体问题而进行的主动性引导，也可以是针对具体问题而进行的应对性疏导。

关于"导"的策略，我们从"辨导、范导、行导、评导、化导、劝导、戒导"这几方面来探讨。

"辨导之策"是指通过帮助学生学习理性地辨识和利用事物来引导其自主成长，它更侧重于在思想认识方面进行引导。

"范导之策"是指通过对学生进行具有正向影响力的示范来引导其自主成长；"行导之策"是指通过帮助学生在生活里学以致用地锻炼行为能力来引导其自主成长；"评导之策"是指通过评价的方式来引导学生自主成长；"化导之策"是指通过班级文化的熏染化育来引导学生自主成长。这四方面都侧重于对学生的行为进行倡导式的引导。

"劝导之策"是指通过劝说的方式来引导学生自主成长；"戒导之策"是指通过有力度的警示和戒止来引导学生健康成长。这两方面的引导更侧重对不当思想和行为进行调整引导。

# 【教育方法】

本单元探讨的教育方法有6种，共7个做法。它们是：属于"疏导法"的讲理疏导法、谈话疏导法，属于"携助法"的示范携助法，属于"诱导法"的预约诱导法，属于"鼓励法"的评价鼓励法，属于"熏染法"的文化熏染法，属于"惩戒法"的失利惩戒法。

对上述方法的具体介绍详见相应篇目及本书附录《教育方法简要说明表》。

# 5.1 等闲识得"东风"面

> 在画师的眼里，一切都应该是风景；在乐师的眼里，一切都应该是音乐；在教师的眼里，一切都应该是教育。
>
> ——题记

## 【抛砖引玉】

七年级下学期。

开学之前，班干部返校清扫教室的时候，发现窗台的一角有一个花盆，花盆里的"花"已几近干枯。他们问我，这盆"花"要不要扔掉。

我走过去一看，只见花盆里的土壤都已经变成了吹口气就能到处飞扬的干土，里面看不到丝毫的水分。

糟糕！放假之前怎么把这盆花忘了呢？这下可好，一个多月都没有浇水，再加上暖气的烘烤，什么花能受得了呢？恐怕早已枯死了吧？

"唉——扔了吧。"这样说着，我在惋惜自责的同时，转身打算离开。

可就在转身的一瞬间，我忽然发觉这"花"的枝干上似乎还隐约透出来一层或有或无的浅绿。

是不是看花眼了呢？

再仔细看：天哪，真的！那"花"的枝干上真的有绿色！

我大为惊异！不由得仔细打量起这盆"花"来。

这不是我们常见的那些花卉，而是一株类似仙人掌一样的植物。它的高度大约有十来厘米的样子，枝干是一根直直的三棱柱，棱角的边沿长着长短不一的尖刺，尖刺顶端是枯萎得已经变得发白到几乎透明了的小小的叶子。由于严重的缺水，植物的枝干已经皱皱巴巴的了，但就在这皱巴巴、灰蒙蒙的枝干上，却顽强地透出了一丝淡淡的绿色！

那正是生命的颜色呀！

我惊讶于这盆"花"顽强的生命力。是什么力量支撑着它顽强地撑过了那漫长的干渴的煎熬？莫非，它一直在等待着一个教育行者来发现吗？莫非，它一直在期待着与一群成长的青春来约会吗？

我知道，这是一种冥冥之中的生命之缘，这是一种上天注定的成长之约。如此顽强的生命之花，对它最好的敬重和珍惜就是把它植入学生的心田。

"不要扔。咱们要变废为宝，把这盆花利用起来！你们说，该用它做点什么呢？"我制止了学生们，同时启发他们思考。

学生们立刻七嘴八舌地议论开来，他们有的说可用来提醒同学再到放假时把花盆搬回家照顾的，有说要用它当"模特"给大家上美术课的，有的说可用来当生物课试验品的……

听着他们的议论，我高兴得频频点头。同时，心里已有了主意。

开学后，从为班级献来这盆"花"的学生那里得知，这种"花"的名字叫"龙骨"。

"龙骨"？这名字真好！真好呀！

为什么我听到"龙骨"这个名字后会如此高兴呢？原来，现在是学生们进入初中的第二个学期，正是需要加大力度教育他们具有刻苦精神、养成自律习惯的关键时期，而这历经磨难而顽强存活的"龙骨"不恰恰可以借来进行磨砺的教育吗？

于是，第一周的语文课，我提前组织学生们学习了茅盾的《白杨礼赞》。之后，我把那盆"龙骨"摆在了讲桌上，向大家介绍了这盆"龙骨"在寒假里的不凡经历。然后，我请学生们观察这盆不平凡的"龙骨"，并以它为对象仿写一篇借物抒情的文章。

这次作文练习的效果非常好。学生们不但在语文课的学习上有所收获，更重要的是，他们通过切实的观察和感受，领悟到了逆境困苦能够磨炼意志、锻炼成长的道理。

之后，我又把"龙骨"差一点被扔掉的"历险"过程讲给学生，帮他们懂得"废物不废"的辩证之理，教他们"学会化益"，使他们对事物的认识又有了新的思考。

对学生的教育，有时候需要让他们明白"龙骨精神"这样具有普遍意义的"大道理"；有时候，还需要引导他们懂得一些与他们个人切身利益密切相关的"小道理"。

班里一个叫小魁的学生，他特别重视学习，在他的眼里，学习似乎就是生命。他很聪明，课堂上学习新知识的时候，他一向以反应快而被一部分同学所"崇拜"，他自己也颇为得意。不过，他又是个很不踏实的学生，正因为如此，他的成绩也就总是忽高忽低，非常不稳定；而一旦成绩不理想，他就怒气冲冲，甚至大发雷霆。

为此，我决定用"先理后兵"的办法来帮他改进。后兵，就是要在行为上对他进行强化训练；先理，就是先帮他懂道理，帮他认识问题的重要性。而让小魁所懂的道理，就是与他个人切身利益密切相关的"小道理"。

一天，小魁又因为成绩不理想而"闹心"了。

看着怒气冲冲的小魁，我把他领到了办公室。然后，请他看窗外的"风景"：不远处有一根木质的电线杆，电线杆的不远处长着一棵树干弯曲了几处的小树，它的高度与电线杆差不多。

"说说看，那棵树和那根电线杆的本质都是木头，谁的作用更大？"在让小魁观察之后，我问。

"电线杆。"小魁没精打采地回答。

"嗯——那么，那棵树能不能做成电线杆？"我继续问。

"做不成。"小魁又看了看柳树，摇了摇头道。

"理由？"我问。

"长得不直！"尽管还在气头上，但小魁的思路还是清晰的。

小魁一下子就说到了一个关键之处。其实，还有其他的原因，比如，电线杆是松木的材质，等等；但我不能向那方面去引导，因为那不是我现在说理要用的。

"如果你是一棵树，你希望做不被重视的那棵小树，还是做那根能有更大贡献的电线杆？"我转移了话题。

"这……做贡献大的。"小魁略一思忖，给出了答案。说话的时候，他的语气平缓了许多。

"真的？"我表示怀疑。

"真的！谁不想更好呀。"小魁认真地回答着我的问话。刚才还气鼓鼓的他，现在已经"气"消云散了。

"嗯，我也是这么认为的。"我先是肯定了他的回答，接着又说道，"你其实是完全有希望成为更受重视的栋梁之材的，不过，以你现在的表现，将来也许只是一棵无足轻重的小树而已。"我给了他一个希望，也给了他一盆冷水。

小魁看着我，一时不知道该说什么好。

"你说那小树是因为长得不直才不能做成电线杆，说得非常对。这就是随意生长的代价呀!"我意味深长地看了一眼小魁,继续说道,"要想成才,就要按一定的目标生长,就要受到一定的约束。比如你,本来可以取得很好的成绩,但你不甘心受学习规则的约束,不愿意做踏踏实实的工作,有时候,你答卷时为了显示自己的所谓'聪明',对试卷不检查,还抢着第一个交卷!所以,你的成绩就不稳定。这一点,你认可吗?"

"是……"小魁咧了咧嘴,脸上似有悔意。

"那棵树呀——"我把目光移到了窗外,似乎在自言自语,"现在长得很舒服,很自由,但是,这种舒服和自由的代价也许就是一辈子被忽视。虽然也有用处,但总归是没有发挥它更大的作用。唉——可惜了呀!"

小魁低着头,不停地搓着双手。

"你——是想甘于平庸,还是要长成大才?"我盯着小魁问。

"我……不想平庸……"小魁的声音不算大,但语气还够坚定。

接下来,我与小魁一起制订了他改掉缺点的具体措施,并在以后的日子里帮助他逐一落实。经过一个学期的训练,他的学习状态沉稳多了,学习成绩也稳定了不少。

对学生进行教育引导的过程中,少不得要给他们讲讲道理,少不得要通过讲道理来帮助他们更深入地认识世界。讲道理的方式有许许多多,而借用学生们日常生活中常见的事物来引导他们思考,通过给学生切切实实的感受和体验来进行,往往会取得更好的效果。

"等闲识得东风面,万紫千红总是春。"万物虽等闲,但只要用心观察和思考,就总能识得它们的庐山真面,把它们化作引导学生明道识理的东风,为成长的历程吹开万紫千红的希望。

## ▍【出谋划策】

面对因枯萎而即将被扔掉的"龙骨",教师引导学生化不利为有利,不但从"没有价值"了的"龙骨"身上发现了可贵的顽强精神,还由此而懂得了事物的辨证性;在引导小魁进步的过程中,教师借用弯曲的小树引导他理性地认识随意生长与难成大才的因果关系,从而促进了小魁的进步——像这样,**通过帮助学生学习理性地辨识和利用事物来引导其自主成长,我们把这样的教育策略称为"辨导之策"。**

**引导辨识弊端。**是指通过帮助学生学习认识某些事物的弊端来引导其自主成长。成长中的学生,是最容易被事物的表象所迷惑的,帮助他们学会看到某些事物表面现象之下的弊端,会更有利于他们的成长。要实现这一点,可以用"全、缓、推、避"的方式来试试。全,就是引导学生多观察事物的种种现象,尽可能全面而深入地了解事物,这样会有利于认识事物的本质;缓,是指不要急于下结论,不要急于采取应对的行动,要通过时间的推移来更完整地认识事物；推，是指根据所观察到的现象进行事物发展轨迹的推演，通过规律性的推演来预想可能出现的结果，由此来认识事物的弊端；避，是指在认识到了事物的弊端之后能主动规避以免受到这弊端的不利影响。

**引导辨识益处**。是指通过帮助学生学习认识事物的益处来引导其自主成长。这里所说的益处，是从两个层面来说的。一种是事物通常所表现出来的益处，比如某种实用价值；另一种是化不利为有利所体现出来的益处。关于后者，可从警示作用、借鉴作用这两个角度去思考：警示作用所体现出来的益处，是指把所认识的弊端作为反面的标志来使用，让学生一看到这个弊端就"打道回府"，就退避三舍。借鉴作用所体现出来的益处，是指找到弊端中所蕴含着的积极因素来为我所用。这种积极因素的寻找，需要换个角度去思考，比如，弊端本身有时只是一种消极的结果，而这弊端形成的过程可能蕴含着某种积极的因素。找到并利用这种可能蕴含着的积极因素，这也是对益处的一种借鉴。

用什么样的办法来帮助学生认识到事物的益处呢？可通过"近、时、实"这几种方式来试试。近，就是贴近生活，是指日常生活中选取素材来对学生进行教育引导，这些素材，本身就是学生生活的一部分，用它们的某些特点来引导学生认识生活、认识世界，更具有现实的教育力，也更容易取得实际成效；时，就是具有时效性，是指对学生的教育引导要紧密结合日常的工作来进行，这样才不会把教育做假、做空；实，就是具有针对性，是指对学生的教育引导要针对具体问题来进行，能帮助学生在某一具体思想行为上取得实际的进步。

# 【想方设法】

## 特点指要

在教育学生要具有刻苦精神的过程中，教师先安排学生们观察严重缺水但依然顽强存活的"龙骨"，然后再引导学生透过现象看本质，深入感悟磨难能使人更顽强的道理，从而引导学生们以更积极的心态面对成长中的困难。在引导小魁要有更高人生追求的时候，教师借用路边的柳树和电线杆来讲道理，从而有效疏导了小魁的不良情绪，引导其以更积极的心态求取进步——像这样，**通过富有实效的讲道理来对学生进行心理疏导和行为引导，我们把这样的疏导方法称为"讲理疏导法"。**

# 程序参考

### 步骤一：铺垫求理

是指激发学生对所讲道理产生真正的心理需求的过程。这里所说的道理，包括事理和情理这两个层面。所谓"事理"，指的是事物本身所具有的客观规律或科学原理等；所谓"情理"，指的是为人处世的道理和方式方法等。懂得了这两方面的"理"，会更有利于学生们学会做事做人、接物待人。

要想使讲道理取得较好的效果，先要让学生对所讲的道理有心理需求，这样他们才可能有接受所讲道理的意愿。这种需求，可从雪中送炭和锦上添花这两个层面来考虑。所谓"雪中送炭"，是指所讲的道理能帮助学生解决困难。学生所面临的困难，有些是显性的，是学生自己所能意识到的，比如，给他们造成困扰的一些具体问题、具体事件之类。但也有些困难是隐性的，是学生所没有意识或难以意识到的，这就需要对他们进行必要的引导以使其对这些困难有清醒的认识。比如，不良的行为习惯会影响学生的健康成长，教师就可以把"习惯与健康的关系"作为讨论的主题，以此来激发学生对讲这个道理的需求。所谓"锦上添花"，是指所讲的道理能帮助学生更进一步、更加优秀。给一个更大的希望，给一个更高的标准，给一个更大的舞台，给一个更优的评价，这些，都可以为锦上添花式的讲道理助上一臂之力。

### 步骤二：实效讲理

是指借助各种手段灵活实效地给学生讲明道理的过程。我们从以下几个方面来探讨这个问题。

**用真诚铺垫。** 如果说跟中学生讲道理是个系统工程，那么真诚则是这个系统工程里的基础工程。首先，什么是真诚？真诚就是设身处地地从学生的角度想问题，就是真心地为他们的成长想办法。我们常说"动之以情，晓之以理"，给学生讲道理的前提是让学生感受到你的真情，而真诚的态度则是真情的具体体现——"精诚所至，金石为开"，有了真诚这把钥匙，再坚固的心锁也能打得开。其次，要真诚地帮学生想办法解决问题。实心实意地帮助学生，并且让学生感觉到这种真诚，这也是能把道理讲得通、讲得成的前提之一。当学生懂得老师的讲道理是在真诚地帮他进步的时候，他可能就会愿意听取这个道理，可能就会愿意接受这个道理。

**用平等交流。** 教师在讲理时应充分尊重学生的人格，不以势压人，不摆师道尊严的架势。这种平等所营造出来的和谐氛围，有利于学生身心放松，让他们有"真理面前，人人平等"的感觉，让他们敢于说话，敢于说真话，这时的教师不是教师，学生也不是学生，大家都是学者，都有自己的发言权，真正做到各抒己见，以理服人——这样的讲道理，哪个学生能不愿意接受呢？反之，如果老师总是一副居高临下的架势，动辄板着面孔教训人，那样讲理的效果就可想而知了。

**用提问启发。**用提问的方式来启发学生，首先是尊重了学生的主体地位，这就有利于使讲道理取得实效。"学而不思则罔"，没有经过大脑的东西，永远是别人的，再好的道理也不能算是对学生有实用价值的道理。在教学上，我们会对"填鸭式"说"不"，给学生讲道理，也应该摒弃那种费力不讨好的"满堂灌"的方式。解决这个问题的最好办法就是启发，就是提问。拿出一些具有启发性、提示性的问题让学生思考，让他们在对问题思考探究的过程中得出结论，这样，所讲的道理才是他们明白的道理。用提问的方式来启发学生，还有一个尊重认识规律的问题：所提的问题应该是由浅入深、循序渐进的，这样的启发和思考，更有利于学生由表及里、由浅入深地认识事物，感悟道理。对于心智还没有成熟的中学生来讲，这样的提问尤为重要。

**用形象说理。**这里所说的形象说理，是指借用那些有形、有色、有声的形象来讲道理。表演、实物、图画、影音等都是这方面的生力军，而讲故事、读文章、搞讲演等语言类表现形式也可以起到形象说理的作用。形象化的说理生动有趣，直观可感，说理深入浅出，感染力强，便于理解和接受。形象是音乐，能引起共鸣；形象是雨露，能润物无声；形象是烈火，能煅化思想。对于成长中的中学生来讲，他们的思维尽管已具有越来越多的理性，但感性思维在他们的生活中还占有相当大的比重，对他们讲道理，形象化的方式可能更会取得理想的效果。

**用假设分析。**在对学生讲道理的时候，有人往往把自己的观点表达之后就没有什么话可说了，自己似乎也觉得意犹未尽，但就是不知道该说些什么、该从哪个角度去说。怎么办呢？不妨试试用假设分析的办法来解决这个问题。这种假设，可立足于所探讨的话题，从有利和不利这两个方面去假设某种情况，去分析推导这种假设的结果和影响。比如，学生因为一点小事而有了肢体冲突，这时的讲道理，就可以用假设的方法帮助他们分析这件事的正反结果：假设大家都忍让一下会不会引起肢体冲突的后果？假设没有肢体冲突是不是现在可以自由地做自己想做的事情？假设给对方造成了伤害，自己和同学将会承担怎样的后果？双方的家长将会是怎样的心情，他们将会做出怎样的反应……这样，通过一连串的假设，让他们认识到冲动行为可能带来的严重后果，从而达到讲理教育的目的。

**用比较鉴别。**给学生讲道理，无非是引导他们知善恶、明是非、辨美丑，让他们为自己的思想和行为做出恰当的选择。为此，我们可以通过比较的办法来说理：通过对人、对事、对物、对理的比较，让学生从中得出正确的认识。有比较才有鉴别，这种方法能使被比较的对象特点更突出，给人留下鲜明的印象，对认识判断能力不强的中学生来讲，这样讲道理是非常有效的。

**步骤三：感悟达理**

是指引导学生通过感悟和表达来求取进步和反馈讲理效果的过程。用道理帮助学生进步的关键在于引导，而引导的关键又在于让学生这个主体发挥作用。要想把道理讲得好，最关键的不是由教师来讲，而是要由学生自己来想、自己来讲。只有学生自己悟得并讲出的道理才是他们的道理，才是真正对他们有所启示和引领的道理。这里所说的学生"讲出"道理，其方式通常有自我表达（口头和书面）、合作讨论和对抗辩论这么三种。其中，最常用的当然就是口头表达、也就是最常用的"说"了。引导学生明确地"说"出道理，会使道理的内涵更明晰，会对学生的影响更深入、更持久。

当然，学生讲理的时候，要注意引导他们抓住本质来讲理，而且要讲公理、讲正理，不能讲歪理、不能强词夺理。

# 【他山之石】

《素养教育绿镜头——班主任工作纪实及思考》一书的相关篇章

**关键词：**教育策略（辨导之策）

1. 第 28 章《用舆论芬芳心灵》
2. 第 31 章《铸剑担大任》

**关键词：**教育方法（讲理疏导法）

1. 第 64 章《"'平'字密码"的密码》
2. 第 90 章《推开心中的"阳光之门"》

# 5.2 令我骄傲的《自责书》

> 教育是育人的，也是育己的。教育能育人，靠的是实用有效；教育能育己，靠的是自我修养。
>
> ——题记

## ▌【抛砖引玉】

接任初一某班的班主任工作没几天，学生们就无意间给我来了一个"下马威"。

当时，学校在大门处设立了一块展示班级纪律考评结果的公示板，上面第一时间粘贴着所有班级的《违纪通知单》。各班需要自己派人取回这些通知单，然后进行整改。这些通知单的大小虽然只在方寸之间，但它们就像"招牌"一样地在那里广而告之，让班级颜面尽失。

那天上午，刚刚上完两节课，就有班干部给我拿回了五张《违纪通知单》。

拿着这五张通知单，一向还算沉稳的我也有些坐不住了。正想着怎样来解决这个问题，我班的女体委走了进来，她拿着一张我再熟悉不过的小纸条递了过来："老师，我又给咱班扣分了……"

面对这张《违纪通知单》，我的心头一紧，只觉得浑身的血都迅猛地往头上涌撞！但是，我努力控制住了自己，接过纸条后，我只是淡淡地说了句："知道了，去吧。"

我的这个做法很是出乎这个学生的意料，她愣了愣，又看了看我手里拿着的那一叠《违纪通知单》，稍稍停顿了一下，这才离开了。离开的时候，她的脸上带着明显的疑惑——也许，在她看来，我应该对她大发雷霆才对，或者，至少要表现出足够的愤怒来才正常。

我之所以没有发作，除了我知道发脾气于事无补之外，还跟面前的这个学生有直接的关系。这个女生虽然是班干部，但行为规范方面进步的空间还非常大，而且，她还对我这个后来的班主任具有相当强的抵触心理。而我对她的教育，当时正处在一个心理接近的关键时期，所以，我自然要慎之又慎了。

然而，事情并没有就此结束，接下来的课间，我又接到了两张《违纪通知单》。这样，仅仅一个上午，学校的公示板上就展示了八张属于我班的《违纪通知单》。

八张啊，比同年级其他所有班级的总和还多！对于刚刚转入这个学校工作的我来说，对于半途接任这个班级班主任工作的我来说，这意味着什么呢？

这个结果当然让我很是"上火"，不过，我并没有因此而失去理智。我知道，如何想办法教育学生，如何从根本上解决问题，这才是我真正需要面对的。

怎么办呢？把学生狠狠地批评一顿吗？没用。因为，凡是行为习惯不好的学生，往往都是在批评之中长大的。对于批评，他们或许早就习以为常了。再者说了，就算是学生能在意批评，但一种长期形成的不良习惯又怎能通过一次批评就改掉呢？

那就换一种方式吧。

中午，我回住所拿了一些东西回来。

午检的时间到了。等所有的学生都坐好之后，我通报了班级一上午接到了八张《违纪通知单》的事情。听完了我的通报，学生们的表情都很复杂。他们不知道接下来会发生什么，尤其是那些给班级扣分的学生。

"我想请大家看点东西。"说着，我从讲桌里面拿出一个塞得满满的档案袋。

学生们的眼睛紧盯着档案袋，他们不知道这里面装着什么东西，他们更不知道，我的这个举动与刚才《违纪通知单》的话题有什么关系。

在学生们的注视下，我把档案袋里的东西慢慢地拿了出来。那是十几个红彤彤的获奖证书，我告诉他们，这些证书是我近些年工作所获得的。

"哇——"学生们不由得惊叹起来！

"我给大家看这些并不是为了炫耀。我只想让你们知道，你们的老师是个多么要强的人！"我说。

这简短的一句话，让学生们瞬间坐直了身子，他们仰望着站在讲台上的我，表情瞬间凝重起来。

当时，我没有再多说一句话。随后，学生们开始上自习。那天，学生们的状态比以往任何时候都好，而且，是出奇的好！

放学前，我表达了希望学生们都能做个"要强的人"的希望，并给他们提出了一个"要强"的基本标准：不做让人批评的事。我还给他们提出了一个更具体的要求：放学在走廊里要有最好的纪律表现。

也就是从这天起，班级的纪律有了明显的好转，学生们的精神面貌也在发生着变化。

第二周的班主任会上，校长还表扬了我班的进步——不愧是教育专家呀，她总是善于抓住一切机会给人以鼓励。

当天，放学之前，我特意把校长的表扬转达给全班学生，鼓励他们再接再厉，取得更大的进步。

可是，就在这天放学的时候，我却在走廊里看见校长正和蔼地与我班的一个学生谈话。原来，由于另一个班级的学生"挑衅"，我班的这个学生进行了口头的"英勇还击"。正在巡视的校长恰巧碰到了这一幕，她就替我做起了教育学生的工作。看见我后，校长并没有责怪我，而是笑着把学生交给了我。当时的我，心里却充满了深深的自责，真是感到无地自容！要知道，校长刚刚表扬过我班呀，我这不是给校长难堪吗？

不过，当时我并没有对这个学生进行深入的批评教育。因为，这是个行为偏差比较大的学生，究竟怎样教育引导他，我还没有什么成熟的思路。

当夜，我辗转反侧，难以入睡。怎样做才能对学生进行有效的教育呢？思虑再三，我终于拿定了主意……

第二天，我在班级进行了一次很正式的谈话。我先充分肯定了班级在纪律等方面取得的进步，特别对全班学生的努力提出了表扬；随后，我指出了班级存在的不足，尤其是纪律方面的不足；接着，我简要讲述了前一天班级被校长表扬但随后就有同学在走廊被校长亲自教育的事情，指出了问题的严重性和不良后果，并表示对这件事一定要"严肃处理"。

"所以，我决定——"当我说这句话的时候，刚才还议论纷纷的教室里一下子静了下来，大家都看着我，想知道这"严肃处理"能严肃到怎样的程度。如果我对违纪的那个学生进行严肃处理，大家并不会意外，有的还会暗自高兴——因为这几个行为习惯不好的学生经常干扰大家的学习，他们已经引起一些同学比较强烈的不满了。

此时，有几个学生对视了一下，有的则已露出了一丝不易察觉的笑意。

"所以，我决定，向学校领导呈交一份《自责书》！"

"《自责书》？"全体学生都愣住了，他们惊异地望着我。在他们的经历中，还从来没有听说过什么《自责书》。

在大家的注视下，我从讲桌里拿出了写在一张大纸上的《自责书》，面对全体同学大声念了起来。

在《自责书》里，我对前一天学生在走廊与他班学生发生冲突的事情作了深刻的检讨，深入分析了自己工作中的不足，并恳切地请求领导对我进行批评处分。

当我念完这份不同寻常的《自责书》的时候，教室里立刻鸦雀无声了，静得连喘息声都似乎能听得到。学生们静静地注视着我，他们没有想到，老师的"严肃处理"原来是处理老师自己！

之后，我委托班干部与那个违纪的学生一同代我把《自责书》呈交给校长。在这个环节中，根据学生文明礼貌方面缺乏培养的实际情况，我还在全班进行了文明礼貌的教育：引导学生们学会用双手与师长递接物品，学会表情端正、姿态谦恭。为了使这个教育更具体可感，我在说话音量、鞠躬行礼、站立姿态等方面提出了相应的标准，还请做得好的学生给大家进行了示范演示，又请这名替我送《自责书》的学生实际演练了一遍，这才放心地让他们去完成使命。

需要说明的是，之所以让那名被校长教育了的学生送《自责书》，就在于他此前从来不把批评当回事，他甚至给人一种把批评当表扬的印象，因此，对他的教育是需要给一点力度的。如果是对性格内向，自尊心特别强的学生，采取这种办法是不合适的。

这件事的处理，在全班学生，特别是在犯了错误的学生心里引起了很大的震动。一种全新的思维方式开始渗入他们成长中的心灵，这就是"从自身找原因"。我告诉学生：从自身找原因，这不仅仅是一句谦逊的话，更是一个让自己更进步的好方法。因为这样去想，你就不会怨天尤人，你就会主动想办法解决问题。

此后，每当犯了错误，每当遇到了问题，我的学生往往都会想到对自己说："从自身找原因。"

那份《自责书》，永远印在了我教育实践的精品榜上。说起来，那《自责书》里所记载的内容并不值得炫耀，但它却铭刻了一段历史，一段记载着师生共同进步的历史。从这个意义上来讲，这份《自责书》，它实在是我的骄傲！

## 【出谋划策】

在教育引导学生的过程中，面对习惯性犯错又习惯性难以改正的现象，教师以身作则，以向学校递交《自责书》的方式检讨自己的错误，以此引起学生内心的震动，进而引导学生学会自主改正错误——像这样，**通过对学生进行具有正向影响力的示范来引导其自主成长，我们把这样的教育策略称为"范导之策"。**

**学生示范引导**。是指通过发挥学生的示范作用来引导学生自主成长。榜样的力量是无穷的，从教育的角度来讲，这能产生无穷力量的榜样更多地需要从学生群体当中去发掘，去树立。对于同一个集体中的学生来讲，由他们自身去示范会更有说服力，也更有带动力。这种示范力量的发掘，可按全体和全面的原则来进行。所谓"全体"，就是让学生群体中的每一个成员都有机会成为示范的榜样；所谓"全面"，就是全方位地、从不同角度挖掘可以用来示范的内容。这样做会使所有的学生都能受到尊重，使所有学生的积极性都能得到调动，使所有学生的综合素养都能得到个性化的提高。

**教师示范引导**。是指通过发挥教师的示范作用来引导学生自主成长。"学为人师，行为示范"，这句话为教师指明了自我修养的方向。而要做到"行为示范"，首先可从"行为示范"做起，要先修养自己做学生表率、给学生示范的能力。对学生的示范，可从内在示范和外在示范这两方面来考虑。内在示范是从教师的思想意识、品德修养的角度来讲的，这种影响是潜移默化的。教师要充分发挥自身的示范作用，利用一切机会把正确的思想认识和品德修养传播给学生，示范给学生。外在示范是从教师的外部形象和言谈举止的角度来讲的，这种影响是立竿见影的。教师的一衣一饰、一颦一笑、一言一行，往往都是学生模仿和学习的对象。所以，一个特别敬业的教师，一定会非常注意修养自己的形象行为，一定会有意识地利用自己的形象行为对学生产生示范的作用。

# 【想方设法】

## 特点指要

面对一天被开出八张《违纪通知单》的"耻辱"，教师没有去批评学生，而是用展示自己荣誉证书的做法来激励学生们要"学会要强"；身处刚受到校长表扬就又有学生被校长亲自教育的窘境，教师没有批评学生，而是以写《自责书》的做法引导学生要学会"从自身找原因"；面对文明礼貌欠缺训练的学生，教师在给出指导和标准之后又安排示范给学生看——像这样，**通过直观而具体的行为示范来引领和扶助学生渡过难关，我们把这样的携助方法称为"示范携助法"。**

## 程序参考

### 步骤一：明确标准

是指通过行为示范来让学生明确相关内容及标准的过程。这一过程，重点要解决的是行为表现及相关标准的问题。示范，本就是把"范本"展示给大家看，实际上就是要给学习者树立一个用来学习的标杆，让人家知道要学习的内容是什么，让人家知道所学内容要达到什么样的标准。这个标准最好是可以用数量和程度来衡量的，这样的标准更具有实用性、操作性和实效性。那么，需要哪些人来明确这个标准呢？首先，教师自己要明确，这是进行示范的前提；其次，示范者（也包括教师）本身要明确，只有这样，示范出来的行为才可以作为样板，才能对学习者起到引领的作用；再次，学习者要明确，只有这样，他们才知道要学什么，学到什么样的效果。

### 步骤二：示范观摩

是指通过示范把行为及其要领具体展示出来以供学习的过程。示范的关键是把相关行为演示给学习者，使其在"示"的过程中有所见、有所学、有所得，而要做到这一点，就要在示范的同时抓好观摩的工作：一方面，要注重"观"，重点要让学习者观察所示范行为的形成过程和方法；另一方面，还要注重"摩"，要给学习者揣摩、领悟的过程。这样，在整个观摩的过程中，先做什么，后做什么，怎样来做，做的过程中有什么技巧，哪里是重点，哪个环节容易出现问题，出现了问题需要怎样去解决……凡此种种，都可以在观察和揣摩的过程中比较直观地进行理解。在示范观摩的过程中，示范者还可进行必要的解释，让学习者知其然也知其所以然。为此，示范者可根据实际需求安排一些停顿、交流的环节，以便于学习者能融会贯通，学有所得。

关于示范，还有一个讲究时机的问题。针对某一教育内容来讲，实施教育之前的示范，有利于学生事先的观察模仿，有利于减少失误；而实施教育之中的示范，则有利于观察对比，有利于学习改进。

总之，示范观摩的过程，一定要把所示范行为的"要点"和"原理"交代清楚，只有这样，示范者才能范有所成，学习者才能学有所得。

### 步骤三：携助实践

是指携助学生对所学习的示范内容进行实践应用的过程。这个过程，大致可分为模仿、实习、独立这么三个阶段。模仿的阶段，要注意难点的突破。为了取得更好的效果，可以把某种需要示范的行为分解成若干的细节要求，然后以慢镜头的方式"播放"给学习者，让他们一帧一帧地模仿，一步一步地学习。实习阶段，要对模仿阶段进行实际练习，并提出更进一步的具体要求。这一过程最好以"温故知新"的方式来进行，就是每进行一次新的训练都要重复已做过的模仿内容，这样更有利于巩固成果，扩大战果。独立阶段，要引导学生完成从学习者到践行者乃至示范者的转变，力争让每个学习者都有机会展示自己的学习成果。这一点，可采取让学生相互示范、相互展示的办法来落实。这样，学生能通过示范而有所见、有所学、有所悟、有所得、有所进，也就真正发挥了示范的带动作用。

# 【他山之石】

《素养教育绿镜头——班主任工作纪实及思考》一书的相关篇章

**关键词**：教育策略（范导之策）

1. 第 21 章 《"借"出来的班干部》

2. 第 73 章 《"小喇叭"开始广播啦》

**关键词**：教育方法（示范携助法）

1. 第 18 章 《洗濯高贵的心灵》

2. 第 92 章 《追逐阳光的脚步》

# 5.3　小个头的"擎天柱"

真正的长大不在于身体有多高，而在于你的心里是否站起一个顶天立地的巨人。这个巨人能磨砺你的魂魄，能刚强你的行为。这个巨人的名字叫——担当。

——题记

## ▌【抛砖引玉】

与小智的相识，是很有"力度"的。

那是一个课间，上课的铃声已经响过，可坐在前排的几个小男生还没有回来。

我不由得有点着急，想走出教室看一看。我刚迈出教室的门，就感觉几团黑影正迅速地向门口冲过来，眼看就要撞到我了，跑在最前面的学生急忙"紧急刹车"，但他还是与我来了个"亲密接触"。还好，我们双方都没有造成什么"车损"。

当然，这个男生还是吓得不轻——违犯了纪律，还跟班主任撞了个满怀，他不知道迎接他的会是什么。

我什么也没说，示意他们进教室去上课。当时，教室里的学生们甚至不知道走廊里刚上演了一场现实版的"惊情时速"。

下课了，我找到了刚才"冲锋陷阵"的那个急先锋。

"速度挺快啊!"我打趣他道。

他窘得满脸通红，不好意思地挠挠头："老师……"

"你叫什么名字呀?"我问。

"小智……"他低头答应着。

"哦,小智。我记住你了——"我故意拖长了声音道。

"啊?啊……"小智紧张地挠着头,等着我下一步的发落。

"运动会可得报名呀。去吧!"我拍了拍他的肩头。

"啊?"他抬头看看我,"完……啦?"

"对,没事了。"我肯定地点点头。

他一边挠着自己乱蓬蓬的头发,一边狐疑地离开了。

就这样,小智以其特有的方式"闯"进了我的视野。

不久,为了促进男生们的自觉成长,我在班级里进行了"学做男子汉"的主题教育。我引导男生们要懂得男子汉的真正含义,要自觉上进,要学会自控,要勇敢坚强,要有责任感,要有敢于担当的勇气和能力。而要想做到这些,首先要让自己逐渐成熟起来,要学会主动战胜自己的缺点和不足。

对我所说的话,学生们也许只能是半懂不懂。但有一个词他们记住了,这就是"男子汉",有一个目标他们记住了,这就是"学做男子汉"。

帮助小智早日从小男孩变成男子汉,这自然也是我工作的目标之一。

通过观察,我发现小智是一个很"纯粹"的小男孩。他虽然行为上非常活跃,常常动个不停,但他非常单纯,也很聪明灵活,还比较爱学习,又很尊重老师,在大家的眼里,他就是个没长大的"小土豆"。

怎样才能让这个小男孩长成男子汉呢?得先收收他的"野性",让他学会必要的稳重才好。

我决定从他特别张扬的大笑开始抓起。

当时,班里有个男生举止行为很是搞笑,他一说话往往就能引得哄堂大笑,男生们当然是笑得最"豪放"的,而小智的笑不但豪放,还很夸张。他大笑的时候腰上就像安了弹簧一样,大幅度地上下颤动,嘴巴也会毫无保留地张大到极值才肯罢休。那情景,好像全世界最好笑的事情全被他一个人看到了似的。

在对全体学生进行相关的教育之后,我对几个"领笑"或"豪笑"的男生都进行了单独的教育引导。而对小智进行引导的时候,我还给了他一个具体的要求:那名男生再惹大家发笑的时候,小智能忍住则忍住,实在忍不住那就做到身子不颤动、嘴巴不张大地笑。

听完我的这个要求,小智不停地挠着头,本来就乱蓬蓬的头发被他抓成了一团杂草。显然,他没有什么信心。

"怎么?是不是怕做不到才不敢答应啊?"我问。

"嘿嘿嘿……" 小智不好意思地笑了。

"能不轻易许诺，这说明你是个愿意守信的人。好啊，这样的人应该会有出息的！" 我抓住这个机会对小智进行鼓励，"既然这样，那就换一种方式，咱们先预约一下：你先试几回，如果能够做到，咱们再正式开始。怎么样？" 我灵机一动，采取了这样一个灵活应对的办法。

"那行！" 小智的胸脯一挺，爽快地答应了。

接下来的那段时间里，我有时故意创造机会让那名 "搞笑" 的男生在集体面前说话，而每当这时，我都注意观察小智等人的表现。刚开始，小智还是忍不住像原来那样大笑，可他看到我的目光后，就会立刻捂上嘴巴，同时还会努力控制着自己颤动的身子。

一段时间之后，再遇到搞笑情况的时候，我看到小智能自觉地先把嘴巴捂上，他的脸憋得通红，但绝不会笑出声来，身子也不那么大幅度地颤动了。再到后来，随着那名男生的自我进步和班级整体氛围的改善，小智的 "豪笑" 也渐渐消失了。

"嗯，能自控的人就是男子汉！" 我夸他道。

小智 "豪笑" 这个缺点的改正，完全是在 "预约阶段" 完成的。这件事也给了我自己一个启示：利用这种预约的方法，能够减轻学生的心理负担，可能更有利于他们热情高涨地去改正错误。既然如此，何不接着再用这种办法去引导他呢？

于是，我跟小智又预约了新的目标：学习上争取更好的成绩，显出男子汉的威风来；生活上争取不总是满身泥土，上衣不总丢扣子。经过一段时间的努力，小智在这几方面做得都不错，尤其是他的成绩有了明显的进步，后来还被选为了几何学科的科代表。

"嗯，能努力学习的人就是男子汉！" 我夸他道。

说起来也算是有趣，小智这个几何科代表还曾因为几何的问题被我给 "难为" 了一回。

那是个雨天的早晨，学生们来到教室后，都立刻安安静静地进入了学习状态，我则站在讲桌边批改着作业。

"老师，请您帮帮忙呗！" 是小智的声音。音量很低，只有我俩能听见。我抬起头，这才发现小智不知什么时候站在了我的旁边。

"好啊，什么事？" 我问。

"我的雨披说啥也装不进去了！" 小智手里拿着雨披（一种塑料制成的遮雨的斗篷）和雨披套，面露难色地说。

"啊，是这样啊，这个忙……" 我说。

"谢谢老师！" 我的话还没说完，小智就忙不迭地谢我。

"我能帮你，但不会帮你；而且，还要求你必须自己把雨披装进套子里去。去，到教室后面自己研究！" 我笑着，决定 "袖手旁观"。

"啊？老师，你不带这样的……"小智显得有点不大情愿。这个阶段，我们的关系已经很亲近，他们跟我说话也显得很随便了。

我笑着，坚定地摇了摇头。小智还想耍赖，但他知道，耍赖是没用的，就只好乖乖地去了。

片刻，他又悄悄地来找我："老师，我真不行……"

"几何科代表不会用几何知识解决问题？"我揶揄他道，"想一想，怎么用你的几何知识：平面、图形、折叠……"

他只好返回，过了一会，他拿着装好了的雨披来向我"交差"了。

"谁装进去的呀？"我笑着问。

"嘿嘿嘿——"他不好意思地挠着乱蓬蓬的头发，笑了。

"嗯，会动脑的人就是男子汉！"我拍了拍雨披套，对小智说。

针对这次发生的事情，我们又有了新的预约：以后要学会自己想办法解决问题。这个预约的目标，在以后的一次除雪活动中得到了近乎完美的体现。

那天上午下了一场大雪，下午学校就组织到校外除雪，可是，许多学生都来不及回家取除雪工具。这时，小智和他的好朋友小南找到我说，他们打算到离学校不远的一个小卖部里去借铁锹。

"你们认识吗？人家要是不借你怎么办？"我说这话的意思其实是不想让他们去借。

"没事。如果不借，我们买点东西不就行了吗？"小智机灵地说。

听他这么一说，我随即改变了主意：借机会让他锻炼一下解决问题的能力，这也不是不可以呀。

不长时间，一对好伙伴喜笑颜开地回来了，来到我面前的时候，他们一起紧握着借来的铁锹，争着说是自己借来的。

我不由得开怀大笑："好好好，都有功劳！嗯，能想方设法自己解决问题，这就是男子汉啊！"

此后，小智的进步一天比一天大了。

可是好景不长，有一天，他却突然出了一个"大事"。

课间活动的时候，他的头被磕了一道深深的口子。得知情况后，我立刻跟几个学生把他送到了医院，并与家长取得了联系。

诊断的结果没有太大的问题，但需要缝针。当时，小智的爷爷心疼得愁容满面，可是小智却笑着安慰爷爷："没事！我是男子汉！"

听了这话，我们大家都笑了。笑声里，充满了欣慰，也饱含了鼓励。

"嗯，坚强勇敢的人就是男子汉！"我夸他道。

转眼间，小智们已经进入了初二年级的学习。经过了一年多的磨炼，他们都已经更懂事，更上进了。在男子汉的成长之路上，男生们都有了很大的进步。

进入冬季之后，放学时的天色较暗，我就给小男子汉们提出了一个特别的成长要求：希望他们能勇于担当，放学时如果遇到不安全的情况，就护送一下顺路的女生。

元旦之后第一天上学的一大早，一名女生刚到校就兴冲冲地找到我，悄悄地说："老师，我得跟您说个事！"

"什么事？如果不急，就下课再说吧！"我这样说道。早自习需要稳定的氛围，班级历来都是这样的。

"哎呀，不行不行！我太激动了，必须现在就说！"女生一边不停地摆着手，一边充满了不容置疑的期待。

既然是"必须"的，那我这个班主任哪敢反对啊，听吧！

接着，女生急切地向我讲述了她和几个同学在元旦期间的一次"历险"过程。

原来，元旦假期的某天下午，她和另外一名女生到别处去学习，她们回家的时候，已是暮色时分。就在这时，她俩发现自己正被一个不明身份的人尾随着。发现了这个"尾巴"之后，两个女生不由得心慌起来。但是，当时的路上几乎没有什么行人，她们只好快速地往家赶。这时，她们恰好遇到了小智和他的好友小南，就立刻把遭遇的险情告诉了他俩。小智和小南听说了之后，立刻把胸脯一拍："别怕！我们是男子汉！我们保护你们！"然后，两名男子汉把两名女生平平安安地送回了家……

听了女生的讲述，我也不由得激动起来，连连称赞："好样的！好样的！"

当天，我在班里表扬了两名女生的机智和两名男生的勇敢。我特别表扬两名男生是"勇于担当、很有责任感的男子汉"，而当我说到小智和小南拍胸脯说"我们保护你们"这一情节的时候，全班学生立刻豪放地大笑起来，紧接着就是长时间的热烈的掌声！

学生们为什么会大笑起来了呢？这是因为，两位被男生保护的女生都是高个子的，而小智和小南又都是班里个头最矮小的男生，两个保护者几乎都比两个被保护者矮一头呢！这种强烈的反差不由得大家不大笑呀！不过，这种笑跟以往那种起哄的笑是有天壤之别的。

这笑，是善意的笑！

这笑，是赞赏的笑！

这笑，是敬佩的笑！

笑声和掌声中，小智和小南不好意思地涨红了脸。我知道，那就是成长的表情啊！

那一刻，我也跟学生们一起笑了起来，笑得无比欣慰，笑得无比舒心！

——长大了呀，都长大了呀！

这一年，小智和小南的个头都没有再长多高，但我知道，在他们的心灵深处，已经长出了顶天立地的巨人!

后来，这一对好友在高中阶段的个头都长高了很多。我想，他们心中的巨人也应该长得更高大、更魁梧了吧?

# 【出谋划策】

在对小智的教育引导中，教师通过让他不乱动等方式锻炼他自控的能力；又通过让他把雨披装进雨披套等方式锻炼其生活自理的能力；又通过对小智受伤缝针时的坚强表现和护送女生回家的勇敢行为的赞许来强化其自主成长的意识和能力——像这样，**通过帮助学生在生活里学以致用地锻炼行为能力来引导其自主成长，我们把这样的教育策略称为"行导之策"**。

**认识真实生活**。是指通过帮助学生认识真实的生活来引导其自主成长。教育不能太纯净，教育应该让学生认识到生活的真实性，甚至包括一点复杂性，否则，培养出来的人就难以适应社会的需要，他们自己的生活也会因此而大受影响。怎样帮助学生认识到真实的生活呢? 从个人生活上看，可帮助学生锻炼一定的自理能力、认识危害的辨识能力、防灾避险的自护能力，等等；从集体生活上看，可帮助学生感受和锻炼与他人交流与合作的能力、对外部压力的承受能力，等等；从社会生活上看，可利用社会生活中比较引人关注的事件，适度适量地引导学生认识生活的复杂性，以增强其自我保护、规避风险的意识和能力。

帮助学生认识真实的生活，还有一个认识真实的自己的问题，其中，很重要的一点就是要帮助学生根据自己的性别特点健康地成长。教育者 (特别是家长) 应该主动思考、主动设计，应该有计划、有步骤、有重点地进行有关性别特点的教育，要引导孩子对性别的心理认知与行为表现相匹配，这样才有利于孩子的健康成长。这方面，男生的女性化和女生的男性化问题应该引起必要的关注，否则，很可能会给青少年的成长带来困扰。

**尝试生活实践**。是指通过帮助学生在生活里学以致用地锻炼行为能力来引导其自主成长。这方面的工作，可从给引领、给机会、给提示这几个角度来尝试。

**给引领**。是指在思想认识层面给学生以方向性或规律性的引领。要引领他们不仅努力学习知识，还要有在实际生活中去应用这些知识的意识和实践，要尝试着用学到的知识去解决实际的问题。

**给机会**。是指给学生提供认识生活、锻炼生活能力的机会。这一点，要抓住日常生活中的实际需要来进行。其中，帮助学生懂得必要的人情事理及融洽交流是很重要的：学生的成长离不开与他人的交流，离不开与他人的合作，那么，引导学生具有基本的交流常识和能力就显得十分必要了。有些学生在这方面具有比较明显的不适应性，不适应就意味着与人相处的不和谐，不和谐就可能会给学生带来挫败感，而随着这种挫败感而来的则很可能是"对抗"或"逃避"这样比较极端的应对行为。

给提示。是指把与学生密切相关的生活内容提示给他们。这种提示大致分两种类型：一种是指导性的提示，就是把一些生活常识和能力的技巧提示给学生，使之在认识和把握这些知识能力的过程中能相对顺畅一些；另一种是警示性的提示，就是对可能造成不良影响的不利因素进行提示，这样有利于学生规避风险，不去冒险。

# 【想方设法】

## 特点指要

在对小智的教育引导中，教师先与小智预约"实在忍不住则身子不许颤动""不许张大嘴巴地笑"的目标，在小智实现目标之后夸他是"能自控"的男子汉；之后又与小智预约"学习上争取更好成绩"的目标，在小智实现目标之后夸他是"努力学习"的男子汉——像这样，**通过预约实现具有吸引力目标的做法来诱导学生自愿求取进步，我们把这样的诱导方法称为"预约诱导法"。**

## 程序参考

### 步骤一：预约目标

是指与学生预先约定其进取目标的过程。我们可从预先和约定这两个关键点来进行操作。

关于预先。一是给学生一个时间点。这个时间点就是目标实现的最后时限，它要根据进取目标的难易程度和给学生的试验期来确定。二是给学生一段试验期。这个试验期要设在实现目标的时间点之前，最好能让学生在这个试验期里就可以实现预定的目标。三是给学生一个成就感。一旦目标实现，则以提前完成目标为由夸赞学生，使其得到一种能力"超强"的成就感和自豪感，再以此为契机进行下一阶段的教育引导。

关于约定。可分为"约而必定"和"约而不定"这两种情况来处理。所谓"约而必定"，是指所预约的进取目标是确定的，而且是要坚定不移地去努力实现的。这就要求在确定目标的时候充分考虑学生的实际能力和各种客观因素，要约定那些能够实现得了的目标，这样才能帮助学生树立信心。同时，所预约的目标还应该是具体的，可操作的，可检验的，这样目标才能够落实。所谓"约而不定"，是指预先约定的试验期是灵活的，可根据学生实现预约目标的实际情况而灵活调整，这样更有利于对学生整体进步的调控和引导。

**步骤二：诱导提示**

是指在学生落实预约进步目标的过程中适时对其进行必要诱导提示的过程。这种提示的过程，其实就是帮助他们在心理上对所预约的进步目标进行强化的过程。一方面，要做到目标贯通。就是要让进取目标的诱导作用贯穿于诱导的整个过程，要让这个目标从头到尾都对学生有吸引力、诱惑力。另一方面，要做到善始善终。就是要牢牢抓住起始、过程和小结这三个关键的节点来进行目标的提示诱导：起始段的目标提示，强调的是努力方向，要注意激发热情，鼓舞干劲；过程中的目标提示，强调的是落实的行动，要注意强化操作，要及时修正和鼓励；小结时的目标提示，强调的是成效，要给学生以足够的自豪感和自信心，有利于促进其下一阶段的进步。

**步骤三：自主履约**

是指帮助学生自己主动实现其所预约目标的过程。要想做到这一点，首先要培育学生的履约意识。具体工作中，可借助诚信教育来落实所预约的目标。比如，可安排学生自己主动汇报其所约定的目标和所落实的行为，等等。帮助学生自主履约，还有一个培养履约能力的问题。所约定的目标能否实现，关键在于行为的落实如何。这方面，教师可按化整为零、随时鼓励的办法，让学生总能取得一点小小的进步，而在这"小步慢跑"的过程中，信心和能力就会逐渐地得到增强，直至最后实现预约的进步目标。

为了使这一过程具有一定的可操作性，教师可通过规定学生反馈履约情况的时间和方式等做法，借这些制度化的措施来推动学生"自主"完成履约的过程。

有时候，所预约的目标未必能实现，这该怎么办好呢？一方面，帮助学生找到没能实现目标的原因，以便下一步争取实现；另一方面，教师可根据实际情况，自己把没能履约的责任揽过来，这样更有利于学生树立信心，自主进步。

# 【他山之石】

《素养教育绿镜头——班主任工作纪实及思考》一书的相关篇章

**关键词**：教育策略（行导之策）

1. 第 17 章《闪光的"自省日"》

2. 第 33 章《"七六版"的〈学习雷锋好榜样〉》

**关键词**：教育方法（预约诱导法）

1. 第 53 章《雏鹰振翅"放单飞"》

2. 第 56 章《大鹏一日同风起》

# 5.4 何计身后评

评价是一把尺，它能量出行为的分寸；评价是一杆秤，它能称出修养的重量；评价是一块表，它能计出坚持的长度。

——题记

## 【抛砖引玉】

那天，放学前的自习课。

经过刚刚下过雨的后操场，忽然发现教学楼另一端有个篮球滚了出来，随后，一个学生追到了篮球。远远地，他看到了我，随即快速拐到了楼的另一侧躲了起来。

当时，已经接近放学的时间了，按照常规，这个时候学生都应该是在教室里的。即便是在操场上活动，也应该是集体的活动。单个学生脱离了班级，该不会是有什么特殊情况吧？

这样想着，我再次向那个学生"隐身"的地方看去。恰巧，那个躲着我的学生也探出头来，向我这里张望。看到我也在看他，那个学生迅速缩了回去。紧接着，又有一个男生探出头来向我这里张望。看到我后，他也迅速缩回身去。

他们的怪异之举引起了我的注意，我决定走过去一看究竟——事关学生的安全，还是谨慎一点的好。

就在我走近他们的时候，两个人却大模大样地跳了出来，他们呼啦啦地冲到了篮球场地当中，一改刚才躲避的状态，开始"光明正大"地打起球来。他们还把篮球重重地砸在满是积水的地面上，毫不在乎地大声说着什么。

也许，他们是在以这种方式来宣示自己打球的合理性吧？或者，他们是在表达一种"爱咋咋地"的对抗情绪？

我笑了笑，不紧不慢地向他们走去。

走近之后，我站在了篮球场地的边缘，但他俩自顾自地打着他们的篮球，谁也没有理睬我。

这时，我看清了这两个学生的长相，他们人高马大的，是还有一个来月就要毕业的学生，其中的一个我还认识。两年多前，我曾给他所在的班级代过几天语文课，在我的印象里，他似乎是个比较淘气的学生。遗憾的是，我叫不出他的名字——姑且，我就叫他小裘吧。

还有一个月就要参加中考了，一般情况下，这时的学生应该在集体中与大家一道学习才是。可这个学生现在却脱离了集体，在这里和另一个同学"任性"地打篮球。这意味着什么？

不能不管吧？

我径直走进篮球场地，站在篮筐的下面，微笑地看着小裘，看着这个我曾教过的学生。

见此情景，另一个男生停下了所有的动作，神情紧张地看着我和小裘。

小裘是背对着我打球的，就在转身投篮的时候，他发现了我就站在篮筐底下，于是，他不得不停了下来。

"怎么？见到我怎么一点也不热情呢？"见他并没有打算要跟我打招呼的意思，我只好主动出击了。

"老师好——"小裘一边大大咧咧地回应着我，一边仍然在"专注"地拍着篮球。

还行，他对我并没有过于强烈的抵触。

"嗯——这还行，还算是有礼貌！"我赞许了他，接着问道，"几年级了？"

"初三的学生！"他特意大声明确地回答了我。那意思似乎是说：我明白自己在干什么，你不用费什么口舌了。

"初三的学生？哎呀，还好意思说呢。没几天就中考了，还在这没轻没重地玩！"我的话有点没轻没重，但语气亲切，这样做是故意营造一种"没把自己当外人"的氛围，为此，我还故意把头转向了另一个男生，笑着说，"你说是不是？"

那个男生没想到我能有这么一问，他为难地勉强挤出一丝笑意，说"是"也不是，说"不是"也不是。

我笑了一下，回头再次面向小裘："你说你，这么大了，还这么让人操心：这到处都是水，弄得满身泥水，是不是全要让家长给洗？再说了，你们不在教室里，班主任得多担心呀！"我的话说起来是"数落"，但他们听出来的理应都是关心。

果然，小裘的表情缓和了许多，另一名男生也不那么紧张了。

"老师，我们都答完卷了。班主任允许我们出来打球！"小裘急于表白自己打球的合理性，另一个男生也赶紧随声附和。

这个回答有点出乎我的预料，我本以为他们是私自出来玩的。当然，也有可能他们是在"蒙"我。但是，我不能这么想，更不能表现出对他们一丝一毫的不信任。我宁可相信他们是得到允许才出来的，因为这样更有利于对他们的引导。

"你们说的话，我一点也不——"说到这，我有意停顿了一下，看着他们的反应。

两个人警惕地看着我，他们的表情显得有点紧张，显然，他们都很敏感。也许，他们以为我接下来要说出的那个词是——相信。

"我一点也不怀疑。"听我这么说，两个人似乎长出了一口气，"不过呢，考虑到我给你班代课那段时间里你那么有礼貌，我还是想多说一句——"

"什么呀？"听了我的"戴高帽"，小裘的表情缓和了不少。

"还有两天半就中考了，我想以老朋友的身份劝你回去学习，不知道你能不能听？"这样说着，我期待地看着小裘的眼睛。

"哎呀！这——这——"听我这么说，小裘抱着篮球在原地转了好几圈。

显然，"老朋友"的面子似乎不能不给，但自由放松的诱惑实在更是难以抗拒。

"呵呵，你要觉得我说的是好事呢，你就听；是坏事呢，你就不用听！"我将了他一军。

"哎呀老师，你——你——哎呀，你——"小裘是很不情愿，但又有点无计可施。

此时，我把目光移向另一个男生。我看到，那个男生似乎在犹豫着什么，但脸上也是阴云密布的。

见此情景，我灵机一动，热情地向他打起了招呼："小伙子，一看你就是明白人！来来来，帮我劝劝我这个'老朋友'！"

听我这么一说，那个男生的脸上马上多云转晴，笑着对小裘说："得啦，咱俩回去吧！"

见此情景，小裘一下子泄了气，他一边把球抛给了那个"倒戈"的男生，一边说："你少跟我装，咱俩平辈儿。"

听了这句话，我不由得哑然失笑：这句话是几个意思？你没有资格"教育"我？你不能在老师面前表现得比我积极？其实我也想回去了，不过被你给抢先了？……或者，这句话就是随口说出的，为的是给自己找个台阶而已吧？

但不管怎样，两人开始说笑着转身要往回走了。

"这才是毕业生的'大'样嘛，这多好！要越来越好呀！"我鼓励道。

"嘻嘻——"小裘笑了。

我想，他可能还会多多少少地有那么一点不甘心，但同时，他，还有他，也一定都体验到了另一种令他愉悦的东西。因为，他们的表情比那透明的天空还晴朗。

"洗洗手再进教室！"看着往回走的他们，我这样叮嘱了一句。

"知道啦，老师！"小裘清清爽爽地应着，又向篮筐里投了一个球，然后，两人快速向教学楼跑去了。

看着他们快速离去的背影，我自言自语道："嗯，好样的……"同时，一种小小的成就感从心底油然而生。

对这两个学生的引导，完全是我"自找"的"多管闲事"，但就在这多管闲事的过程中，我也收获了快乐：一种克服困难而取得教育成功的快乐，一种用评价来引导学生进步的快乐。

"担当了生前事，何计身后评？"不知怎的，电视剧《三国演义》中的两句歌词一下子从脑海里跳出来。

"身后"评，身后评——谁评谁呢？

现在，站在学生的身后，我在评着他们；而在我的身后，也许有人也在评着我吧？那评着我的，也许，就是操场边上那些仰望蓝天的小树；也许，就是那俯瞰着小树们的蓝天吧？

这样想着，忽然觉得这两句歌词很是应景。

此时，操场上只剩下了我一个人。看着刚刚被雨水冲洗得清亮亮的地面，再仰面看看被白云擦得蓝汪汪的天空，又想到自己所选择的人生之路，顿时觉得自己和整个世界都被一场圣洁的雨洗得明净无比了。

"担当了生前事啊，何计身后评……"

默默地，我竟然在心里放纵地唱起了这首歌。

## 【出谋划策】

在劝导小裘和另一名男生回教室的过程中，教师先后对他们的态度和行为进行了具有方向性的评价，使得这两名学生改变了自由放松的状态而回归于班集体——像这样，**通过评价的方式来引导学生自主成长，我们把这样的教育策略称为"评导之策"。**

**评价做事态度。**是指通过评价学生做事的态度以引导其自主成长。日常的教育中，评价的关键不在于判定，而在于引导。因此，如何帮助学生通过评价而更趋向于进步成长，这才是评价的核心价值所在。而做事的态度直接反映着学生对所做事情的投入程度，所以，对态度的评价，也可以说就是对学生做事投入程度的评价，它直接影响着学生积极性的调动和进步成果的落实。这种评价，可从起始、过程、结束这三个阶段来进行。起始阶段，侧重评价学生的热情和积极性，以此引导其以更饱满的姿态去投入做事；过程当中，侧重评价学生的专注和意志，以此引导其持之以恒地去做事；结束阶段，侧重评价学生的严谨和反思，以此引导其做事要善始善终、精益求精。

**评价行为效果。**是指通过评价学生做事的效果以引导其自主成长。怎样来评价呢？第一，无所不益。就是不管效果是否达到了预设的目标，对这个效果的评价都要紧扣它的益处来进行：正面的经验，注重借鉴，继续发扬光大；负面的教训，找到症结，防止重蹈覆辙。这样，无论怎样，学生在经历的过程中就都是受益的，这种受益不仅仅是知识能力方面的积累和锻炼，更是自信心的树立和增强。第二，点到不止。所谓"点到"，是指对学生做事的效果所进行的评价要到位，使学生知道好在哪里，差在何处，以便下一步进行改进；所谓"点到"，还指评价方式的精要，教师只对相关要点进行精要的"点评"，而把评价权更多地交给学生，引导他们在实践中学会自主思考和评价，这样，会更有利于调动他们的积极性。所谓"不止"，是指把每一次评价都作为下一次努力的启动，以此引导学生不断积累，不断进步。

# 【想方设法】

## 特点指要

在引导小裴和另一名男生回教室的过程中，教师先是评价小裴"见到我怎么一点也不热情"来鼓励他给老师问好，在肯定他给老师问好"挺有礼貌"之后，通过"给你班代课那段时间里你那么有礼貌"的评价进一步拉近与小裴的心理距离，然后"以老朋友的身份"劝小裴回教室学习，并对另一个男生进行"一看你就是明白人"的评价鼓励，成功地借助了他的力量来劝得小裴选择回教室，再通过"毕业生的'大'样""这多好"等鼓励性的评价，最后使两人都心甘情愿且心情愉悦地返回教室——像这样，**通过引导性的评价来鼓励学生目标明确地自主进步，我们把这样的鼓励方法称为"评价鼓励法"。**

## 程序参考

**步骤一：确定基点**

是指确定学生值得肯定之处并以此为基点对其进行评价鼓励的过程。基点就是基本点，就是基础，这就意味着接下来还要做更多的事情。所以，对基点的鼓励只是一个由头，只是一个开始。借这个基点设计并启动一个成功的开始，会更大更久地发挥鼓励的作用。一般来讲，这个基点最好具有"简捷"的特点。简，就是内容简单，容易实现；捷，就是形式简单，操作便捷。选择这样的基点进行评价更容易成功，更容易使被鼓励的学生体验到成就感，更容易使他们获得上进的信心和热情。

### 步骤二：追评重点

是指抓住重点内容对学生进行追踪式评价鼓励的过程。对学生的评价鼓励，可以借力的基点有很多，但这些基点对学生所产生的影响力是不同的。那些能对学生产生深刻而久远影响的评价基点，就是在鼓励学生的进程中所要追踪评价的重点。比如，那些有发展潜力的评价内容：学生本身的各方面素养中，总有一些是相对突出的，借助鼓励把这些素养的潜力发掘出来，自然会非常有利于促进学生的进步。再比如，能触动情怀的评价内容：找到能让学生动情的地方，借用在情感方面的评价鼓励而使他们情有所愿地自主进步。又比如，能影响思想的评价内容：心有所动，行有所为，思想的影响力往往是最深刻、最久远的。如果能在学生的进步进程中发现、制造能触动其思想变化的基点，并很好地利用其影响力，那么，这对促进学生的自主进步无疑会非常有益的。

### 步骤三：对比亮点

是指对学生的前后变化进行对比评价以激励其更进一步的过程。在鼓励学生进步的进程中，要善于发现并彰显他们所取得的进步，这种进步就是可以促使其更加进步的亮点。这种亮点，我们可从两个层面来认识：其一，进步的成功之处。通过评价鼓励而使学生获得了某种成功，这当然是我们所期望和追求的，利用学生的成功再进一步鼓励，会使得这种鼓励的力量不断地增长，会更有利于学生的不断进步。其二，过程的有用之处。有时候，我们对学生进行了评价鼓励，学生也在这种评价鼓励之下努力了，但这种努力可能未必会取得成功，这个过程中还可能出现许多的困难，甚至，最后学生还失败了。这种情况下，就需要帮助学生找到这次评价鼓励过程中那些含有积极因素的地方，引导他们在被评价之后的努力当中找到自己在态度、行为、效果等方面值得肯定的地方，然后，利用这些有用之处进行下一个评价鼓励。

这样看来，成功之处是评价的亮点，有用之处也是评价的亮点。我们要做的，就是通过鼓励性的评价，让这些亮点真正地亮起来。

# 【他山之石】

《素养教育绿镜头——班主任工作纪实及思考 》一书的相关篇章

**关键词：**教育策略（评导之策）

1. 第 4 章 《第一天，第一次》

2. 第 13 章 《精雕细琢自习课 》

**关键词：**教育方法（评价鼓励法）

1. 第 42 章 《评价中的有价与无价 》

2. 第 72 章 《"说你，说我"说评价 》

# 5.5　阳光"验证码"

　　文化是修养之母，修养是气质之母。一个班集体的气质，既需要修养的雕琢，更需要文化的浸润。

——题记

## ▌【抛砖引玉】

　　这几天，高考结束后还没有见过我的学生们陆陆续续地回到母校，为的是表达他们对我们这些初中老师的感激之情。

　　小康和小孙也来了。交谈的过程中，小孙告诉我，他把我在中考时亲手给他们制作的"励志笔"也带到了高考的考场里；小康也说，那支"励志笔"他也一直小心地珍藏着。这些"励志笔"，一直在激励着他们励志向上。（关于"励志笔"，参见拙作《素养教育绿镜头——班主任工作纪实及思考》第96章《"你最强！我更强！"》）

　　学生们的话让我颇为意外，我没有想到，自己一个小小的付出，还能在高考中对他们有点用处！

　　随后的交谈中，我得寸进尺地请他们说一说我与他们第一次见面时说过的一句非常重要的话。小孙和小康几乎是异口同声地准确说出了我所要的答案；我又问他们初中的班训，他们的回答更是无比完美！

听了他们的回答，我感到非常的欣慰和自豪：六年了，他们还能记得如此清楚，难能可贵，难能可贵呀！同时，我也深深感到，作为一名教师，对学生的自主教育是多么的重要！

什么样的问题和答案，能让我如此感慨呢？这还要从前几天学生们的一次聚会说起。

前几天，高考刚刚结束，"阳光六班"的学生们就自发组织了一次初中师生的聚会——"阳光六班"，这是他们初中所在班级的名字。

他们各自分工，分别邀请当时初中的任课老师。对我这个初中班主任，他们不但当面邀请，还软硬兼施，采取了各种办法对我进行语言"胁迫"，比如，有的学生在微信里命令我"老师你一定要来"；比如，有的学生没经过我的同意就在微信群里把我列入了参会教师名单；比如，班干部打电话向我诉苦，说自己是代表所有同学"厚着脸皮"出面邀请我的，如果我不去将会如何如何……最后，逼得我不得不心甘情愿又满心欢喜地来参加他们的聚会。

不过，我也"还以颜色"，小小地为难了他们一下。

见面之后，我告诉他们，为了证明他们是"阳光六班"的人，需要他们输入"验证码"才行。

"什么'验证码'呀？"一时间，学生们没有明白我的意思。

"我们第一次见面的时候，我曾说过一句阐释教师与学生的辩证关系的话。你们能说出来，就证明你们是真的。否则，哼哼……"我"威胁"他们道。

"哦，我知道，是那什么……"学生们立刻七嘴八舌地回答起来。

"老师是学生。"

"学生是老师。"

"不对不对，是老师做学生，学生做老师。"

最后，他们终于完整地说出了那两句话："教师要做学生的学生，学生要做教师的教师。"

按理来讲，六年过去了，他们的回答已经算是不错，不过，我表示不满意，还要让他们再输入另一个验证码：请他们说出"阳光六班"的班训。

这一次，学生们异口同声而无比完美地说出了准确的答案："向心，向上；养德，求知！"

随后，我们所有人一起为这个完美的回答鼓起掌来。

在回答"验证码"的过程中，一个叫小高的学生喊得最快、声音也最大。看着他那满脸自豪的样子，我不由得回想起与他初识的情景。

六年前。初中军训的第一天，小宽和小高就以一种"铁血"的姿态闯进了我的视野。

中午，学生们本应该在安静休息。可是，当我巡查到一间寝室的时候，却发现一张床铺上有两个男生正滚作一团——他们不是在切磋军训的技能，而是在真真真正正正地打架。

调查原因，他们的回答居然是：没什么原因，就是相互看着别扭！再进一步了解，原来，两个人早在小学阶段就曾有过不愉快的经历，至于为什么会如此，他们自己也说不清楚。

末了，怒气冲冲的小宽撂下一句狠话，把地砖都砸得直冒火星："这个班级，有我没他，有他没我！"

好家伙，真对得起"军训"这两个字，连说话都这么有"血性"！

当时，由于并没有了解到他们产生矛盾的原因和过程，而紧接着还有许多其他的工作要做，所以，在得到了他们不再冲突的保证之后，我就安排他们回去休息了。

怎样引导他们不再冲突呢？尽管采取了一些必要的措施，但那些都是外部力量在起作用，还难以使他们能真正发自内心想去解决问题。

一时间，我也真没想出什么好的办法来。

下午，为了对学生们有更多的了解，我开始翻看事先安排他们所写的《入学问卷》。这份问卷中有为新班集体写班训这么一项内容，小高在问卷中对这一条的回答是："乐于助人，刻苦学习，热爱劳动，对己刻（克）制。"

看到这里，我不由得眼前一亮："对己克制"，小高自己所写的这个"班训"足可一用呀。

军训间隙，我找到小高，表扬他在我谈话之后表现得不错，特别赞赏了他所写"班训"中"对己克制"的内容，夸他是个有头脑而且愿意律己的学生。然后，我问他接下来的军训能不能做到克制自己、不与小宽发生冲突，小高庄严地做了保证。事后证明，尽管有几次险些与小宽爆发"战争"，但他还都能"忍气吞声"地控制住自己那熊熊燃烧的怒火。

正式开学之后，经过观察，小宽那"有他没我"的话可并不是随便说说的。日常生活中，他们的确颇有点水火不容的意思，两人只要有接触，往往就会擦出点"火花"来。而这些"火花"之所以没有烈焰腾腾，跟小高信守自己那句"对己克制"的"班训"有很大关系。为此，我表扬小高是个注重守信的人。

一段时间之后，在学生们积极参与的基础上，班级有了自己的班训——向心、向上、养德、求知。并在此基础上创作了自己的班徽和班歌。我专门拿出时间向学生们详细解说了班训的内涵，尤其强调了"向心"的重要性："个人注重内心的修养，全班成员紧密团结。"

之后，结合日常的教育工作，我不断引导学生以自己的实际行动来践行班训的内容。渐渐地，新集体中开始出现了团结奋进的良好风气。

　　但天有不测风云，这个以"向心养德"为班训的班级却发生了一件"离心离德"的事。

　　一天中午，我忽然发现小宽把自己的桌椅搬离了他所属小组所在的位置，任凭同学怎么劝，他就是不回去。原来，他与本小组的同学因为扫除的事而产生了摩擦，于是，一气之下，他索性选择了"宣布独立"。

　　当时，午休时间即将结束，如果不让他赶紧回到座位，班级下午的上课就会受到影响。于是，我以军人后代要具备"军人以服从命令为天职"的基本素质为理由，"命令"他先搬回了原位。自习课的时候，我才又找到他，与他进行了更深入的交流。

　　"来来来，帮我个忙！"我一边笑着，一边递给小宽一张纸。那是另一个学生的《入学问卷》。

　　"我帮忙？"小宽一下子没反应过来，他想不到我这个老师会让他帮什么忙。

　　"嗯……想征求一下你的意见：咱班的班训是不是不合适呀？"我似乎"忧心忡忡"地说。

　　"挺好的呀。怎么了？"小宽不解地看着我。

　　"真挺好的？"我问。

　　"真的，我觉得是挺好的！"小宽十分肯定地用力点着头。

　　"那你告诉我，咱们的班训是什么？"我歪头看着他，等着他给我说出班训的内容。

　　"等等，我想想……"小宽仰起头，嘴里念叨着，"向心、向上……养德……求知！"班训毕竟是刚刚定下来，小宽显得不够熟悉，但最终还是答了出来。

　　"嗯……不错！"我肯定了小宽的回答，"你赞成'向心、向上'吗？"我意味深长地看着他。

　　"赞——"小宽不假思索地回答着，可是，他"赞成"的"成"字还没说出口，忽然停住了——他看到了我别有深意的目光，似乎明白了我刚才这一番话的用意。

　　我不说话，就那么微笑地看着他。

　　小宽不好意思地低下了头："老师，我明白了……"

　　"呵呵，明白就好。"我拍了拍他的肩膀，笑道，"那——做点儿啥呢？"我需要他有具体的行动。

　　"嗯——不跟小组闹别扭了。"小宽愧疚地说道。

　　"一个'向心、向上'的班级，谁都不能丢了'心'哪！"我笑着让他离开了。

　　这次教育，班训又一次帮了我。

　　此后，我又借助班级文化的各种形式分别对小宽和小高进行了多次的教育引导，比如，利用"值日明星"活动激发他们向上的动力，利用"做个男子汉"的专题教育对他们进行责任意识和宽广胸怀的引导，利用班集体和谐友爱的班风对他们进行良好情绪的熏染，利用"我与班训"等班级文化的专项写作来引导他们思考个人与集体的关系，等等。渐渐地，他们彼此的"敌意"越来越小了，原先刻意回避对方的行为也越来越少了。

看到他们的相处趋于正常，我决定想办法把他们的关系拉近一点。

一天，我让小高和小宽帮我把一张书桌抬到了另一个位置。他们表示一个人就能行，我告诉他们，我要看一看桌子被水平抬起的状态，这样，他们就必须合作才能完成。待他们比较顺利地完成了这项工作之后，我表扬了他们工作做得好。然后，我"不经意"地夸了他们一句："合作得挺好！行啊，看来小哥俩关系不错呀！"

听我这么说，两人略显不自然地对视了一眼，但他们都笑了一下。

然后，我自言自语道："'向心、向上'，嗯，有点意思……"虽然是自言自语，但我的话小高和小宽完全都能听得到。

此后，小高和小宽的关系逐渐走上了正常的轨道。看到他们这样的变化，我暗暗舒了口气。

接下来的一段时间里，我又借用班歌、班徽的影响力对学生们进行引导，帮他们一步步地成长起来。就在这一天天的潜移默化之中，与全班其他的学生一样，小宽和小高的表情神态、言谈举止、行为做派、精神气质也都在悄悄地发生着变化。我知道，他们的这种变化，离不开班级文化的熏染和引导。

七年级下学期的一个课间，我正在走廊里用相机捕捉学生们日常生活的精彩瞬间，忽然发现小宽和小高正"紧密团结"地从对面走来。与以往不同的是，小高是一瘸一拐的，而小宽则是非常关心地搀扶着小高。

见此情景，我立即按下了相机的快门。然后，笑着看他们慢慢地走近。

问问原因，原来是小高不小心崴了脚，而恰巧路过的小宽立刻向他伸出了援手。

倍感欣慰的同时，我请他们欣赏了我刚刚给他们拍下的照片，我告诉他们，这张照片是我最得意的"杰作"之一，不过，真正创作了这个"杰作"的不是我，而是他们，是他们用友情让这个"杰作"大放异彩。

"你们看：这俩人你挎着我，我扶着你，这不就是传说中的'向心、向上'吗？"我以打趣的方式把他们团结友爱的行为与我们的班训联系在了一起。

听了我的话，小高和小宽的都开心地笑了。这次的笑，是那样地发自内心，没有半点的不自然。从此，他俩之间再也没有让我操心过。

在对小高和小宽的教育引导中，班级文化特别是班训发挥了不可忽视的作用。

其实，这种班级文化的影响力，不仅仅体现在对这两名学生个体之间关系的改善上，更充分体现在这个班集体建设的整个过程之中。回顾一下，班集体这种影响力的落实，主要是分以下几个阶段来进行的。

### 第一阶段：打造班级文化的精神核心

这实际上就是形成班级精神的过程，而这种精神的主要表现形式就是我们通常所说的班训。早在入学之初，这个班级就通过调查问卷的方式征求全班学生对班训的意见，经过反复修改，最后形成了"向心、向上、养德、求知"这样的文字表述。

### 第二阶段：形成班级文化的形象诠释

这是把班级精神形象化的过程，具体说来就是借助班徽和班歌的形式来形象化地表现班训的精神内涵。班徽和班歌也是通过面向全体学生征稿的方式来形成的，它们分别以视觉和听觉的形式更直观、更具体地诠释了班训的内容，使班级精神有了形象化的载体。

### 第三阶段：落实班级文化的行动追求

这是借助班训、班徽、班歌和具有班级文化特质的活动来努力追求和践行班级精神的过程。这一过程，主要是通过日常落实、专题教育、专项活动这么几个途径来实现的。

日常落实。是指在日常教育教学中落实班级文化的过程。学生的成长主要是在日常的学习生活中实现的，所以，班级文化的建设务必紧紧抓住学生的日常教育来进行。这方面，我们以德、智、体、美、劳这几方面的素养教育为内容，以学校生活的"一日常规"为抓手，把班级文化建设融入其中，取得了不错的效果。

专题教育。是指通过对学生进行专题的思想教育来落实班级文化的过程。它以服务学生的成长需要为前提，以思想启迪和精神引领为目的，主要借主题班会和教育谈话这两种方式来落实。主题班会多以学生的主动参与和自主活动为主，教育谈话则多以教师的教育引导和学生的主动参与为主。班级对学生进行专题教育的主题是丰富多样的，比如，我们开展了以"宝剑"文化为载体的系列主题班会教育（详见下表）。

**"宝剑"专题系列班会主题一览表**

| 主题　　　年级　学期 | 七年级 | 八年级 | 九年级 |
|---|---|---|---|
| 上学期 | 知剑（期中） | 砺剑（期初） | 试剑（期初） |
| 下学期 | 铸剑（期初） | 仗剑（期初） | 舞剑（期初）；亮剑（中考前） |

（说明：这个系列主题班会，总体上有一个贯穿始终的大主题，即学习宝剑所具有的刚柔并济的君子之风和自强不息的进取精神；而从每一个具体的班会来讲，又都有相对独立的主题："知剑"侧重总体了解宝剑的形象和特质，"铸剑"侧重理解成为优秀人才的艰难过程，"砺剑"侧重感受磨砺、经受锻炼，"仗剑"侧重展示自己的成长能力，"试剑"侧重以能力解决学习过程中的实际问题，"舞剑"则侧重以上进乐观的心态度过即将毕业的时光和备战中考，最后的"亮剑"则侧重催动力量、迎接中考。）

专项活动。是指以专项教育为目标、以学生的主体活动为主要形式来落实班级文化的过程。在这样的专项教育活动中，要引导学生参与到一些实践活动中来，让他们在活动的过程中感悟道理，从而达到教育的目的。比如，我们开展了以"做个男子汉"为主题的系列教育活动，引导学生在具体的活动当中经历磨炼，感受成长。

**第四阶段：抓好班级文化的效果彰显**

这是一个不断落实、强化、完善班级文化的过程。这方面，我们主要是通过两种方式来进行的。一种是"物化"的手段，比如充分利用板报、图片、影像、班史等形象化的手段来宣传和巩固班级文化建设的成果；另一种是"动化"的手段，比如通过行为展示、口头表扬、相互欣赏、经验推广、对照反思等生动性的手段来宣传和巩固班级文化建设的成果。

这样，经过一系列的努力，这个班的学生们不断地把班级文化内化为自己的思想、品质和情感，外化为他们具有班级特质的行为举止，从而把班级文化的建设落到了实处。

回顾起小高和小宽的成长过程，回顾起他们所在的这个"阳光六班"的成长历程，我总对班级文化的帮助充满了感激。正是有了它的熏染化育，我才能为成长的学生开垦出一片芬芳的艳阳；正是有了它的熏染化育，我才能为学生的成长播撒一路艳阳的芬芳。

# ▌【出谋划策】

面对"势不两立"的小高和小宽，教师以"班训"为核心和主线、借用班级文化的力量来对他们进行熏染和引导，通过明理、鼓励、对照等方式，引导他们由对头变成了朋友——像这样，**通过班级文化的熏染化育来引导学生自主成长，我们把这样的教育策略称为"化导之策"。**

**班级文化的内涵。**我们所说的班级文化，是指班集体所追求的美好特质以及班集体成员被这种特质同化之后的行为表现。内在特质、外在特质、同化表现，这是班级文化的三个基本要素。

内在特质。是指班级文化所具有的美好的精神追求。这种精神追求在思想、品质、情感等方面引导着班集体成员的行为，它是班级文化的灵魂。这种内在特质最好能用简要的语言概括出来，这样，班集体奋斗的方向和目标会更加明确，班级文化建设的开展会更有所遵循。

外在特质。是指班级文化内在特质的外在物理表现形式。这种外在特质借助图形、图像、影音等物理形式表现出来的，可从静态和动态这两个角度来区分：静态的班级文化形式，主要有制成标语形式的班训、班风，具有标识特点的班徽、班旗、班标、宣传板等；

动态的班级文化形式，主要有班歌、具有班级文化特色的专项活动、能够体现班级文化特点的音像形式等。无论是静态的还是动态的，当班级文化以某种形式在发挥着作用的时候，它最好都要具有形象、生动、简洁的特点，这就更便于它被班集体成员所认同，更便于它的落实和推广。

同化表现。是指班集体成员认同班级文化的内在和外在特质并在行为上表现出了这些特质。这主要是从班级文化建设效果的角度来讲的。总体来看，我们不妨把"文化"这个词拆开来理解它。内在和外在的美好特质，这就是"文"；经过实践追求而使班集体成员具有了这些美好特质，这就是"化"。所以，"文化"既要有"以文化之"的追求，又要有"化之为文"的效果。

**班级文化的特点**。从不同的角度理解，班级文化可以具有许多特点，这里，我们从积极性、可塑性、稳定性、独特性这几个方面来简要地提示一下。

积极性，是指班级文化的精神核心应该是积极向上的。只有这样，这个文化的存在才有教育的价值，它才能促进学生的健康成长和班集体的建设。可塑性，是指班级文化是可以通过创造性的设计和实践来形成的。认识到这一点，有助于我们主动地创造具有积极意义的班级文化。稳定性，是指班级文化形成之后能对学生进行稳定的持久的引导。认识到这一点，便于发挥它在班集体建设中的引领作用，有利于集体凝聚力的形成。独特性，是指班级文化在遵循学校整体文化要求的基础上还要具备本班个性化的教育特点。这种独特性，更有利于班集体向心力的形成，更有利于对学生个性成长的引导。

**班级文化的建设**。是指用美好特质来引导、同化班集体成员的过程。这种引导、同化的过程，就是对班级文化特质认同的过程，就是使班级文化深入人心的过程，就是使班级文化落到实处的过程，就是班集体成员不断上进、不断具有班级文化特点的过程。

灵魂认同、形象引导、行为同化、效果彰显，这是班级文化建设的四个基本阶段。

灵魂认同。是指引导班集体成员认同班级文化内在特质的过程。这是班级文化建设的大前提、大方向、大目标，只有具备了共同的精神追求，班级文化建设才会有真正的收获。

形象引导。是指借助班级文化形象化的外在特质对班集体成员进行熏染和教育引导的过程。在这一过程中，充分发挥班级文化外在特质在视觉、听觉、触觉等方面的作用，形象直观地对班集体成员施加影响，从而帮助他们更好地理解、认同和追求班级文化的精神实质。

行为同化。是指班集体成员追求班级文化特质和体现班级文化特质的过程。其中，"追求班级文化特质"是努力实现班级文化特质目标的过程，"体现班级文化特质"是让行为具有并表现出班级文化特质的过程。前者是班级文化建设的行为的实践过程，是班级文化建设的初级阶段；后者是班级文化建设的成效的体现过程，是班级文化建设的高级阶段。

效果彰显。是指对班级文化建设的行为同化的效果进行显扬和推广的过程。这种效果的彰显，一方面有利于巩固班级文化建设中已经取得的成果；另一方面，它还有利于推广经验，扩大班级文化建设成果的良好影响。效果彰显的方式有很多，最基本的有形象性彰显（借助板报、图片、影像、班史等形式来彰显）、生动性彰显（借助行为展示、口头表扬、相互欣赏、经验推广等形式来彰显）、综合性彰显（形象性彰显与生动性彰显相结合）。

班级文化的建设，从具体操作层面来讲，可从班级文化的形成和发展这两个阶段来进行。

在班级文化的形成阶段，要做到"重引导、重参与"。

重引导。是指要通过引导而让积极健康的主题成为班级文化的核心内容。这是班级文化形成的大前提、大基础，没有了这个核心内容，班级文化就难以在促进学生健康成长方面发挥积极的作用。这种引导，最好能本着"上下结合、大小结合、虚实结合"的原则来进行。上，是指积极向上，是从内容核心的角度来讲的；下，是指要蹲下身来，要从学生身心成长的需要和规律来考虑；大，是指总体上要具有长远发展的大方向、大目标；小，是指能把这些大目标分解成具体可行的小目标、小起点；虚，是指思想、情感、精神境界的追求；实，是指行为实践方面的落实。

重参与。是指要引导学生以主人的姿态切实参与到班级文化形成的过程中来。班级文化的形成，并不是写几句口号那么简单，它实际上是引导班集体成员学会思考自己的追求的过程，是引导他们熔铸班级灵魂的过程，是引导他们在这个灵魂的引领下不断上进的过程。引导学生们参与到这个过程中来，一方面会调动他们参与建设班级文化的积极性，让他们切实感受到班级文化建设其实就是他们自己的事情；另一方面，也恰恰因为有了这样的认识和参与，会使学生们对这通过自己努力所形成的班级文化有亲切感，从而更有利于引导他们去追求这种班级文化的内在特质，也就会更好地发挥班级文化的影响力。

在班级文化的发展阶段，要做到"重形象、重行动"。

重形象。是指重视以形象化的方式来落实班级文化的建设。这实际上是一个用班级文化去引导学生不断进步的过程，这个引导的过程，要通过把班级文化进行形象化的处理来完成。比如，把班级精神以标语、班徽等物理形式表现出来，这样的物理形象简洁实用，易于传播，能有助于使班级文化深入人心，更有利于班级文化的传播。

重行动。是指要重视把班级文化转化成学生的实际行动，让学生在行动中追求班级文化的美好特质，让学生的行为表现具有班级文化的美好特质。一方面，要帮助学生在班级文化的引领下进行"按图索骥式"的主动追求。这种目标明确的追求，必然会促进学生的健康成长，同时也会促进班级文化的发展。另一方面，要帮助学生通过"对照检验式"的反思来强化班级文化的正向影响。这方面，不妨组织学生开展一些具有针对性的对照活动，把班级文化的相关要求当作一种标尺来使用，用这把标尺来引领学生反思自己的行为与班级文化中所追求目标的关系和差距，引领他们不断地修正和优化自己的行为。一旦学生们的行为已经打上了班级文化的烙印，那么，这个班集体的文化建设无疑就是有成效的了。

特别需要强调的是，班级文化的建设不应与班级的其他工作割裂开来，而应该把它与班集体的所有工作有机地融合在一起来开展。

# 【想方设法】

## 特点指要

在对小宽和小高的教育引导中，教师通过良好的班级风气对他们进行耳濡目染的影响。在班集体建设的过程中，教师借助班训、班徽、班歌和具有班级文化特质的活动来创设环境、营造氛围，进而引导学生用实际行动去践行班级精神——像这样，**通过营造良好的文化环境来对学生进行熏陶化育，我们把这样的熏染方法称为"文化熏染法"**。

## 程序参考

### 步骤一：文化环境

是指为学生的健康成长而使其所处环境具有班级文化特点的过程。这个过程，可从物理环境和心理环境这两个方面来创设。

物理环境创设。是指创设具有班级文化特点的物理环境并以此来熏染和教化学生的过程。这种环境的熏染，我们从两种类别来研究。第一类，实用类环境的熏染。这一类的环境设置，既要充分考虑实用性，还要考虑这种环境给学生带来的身体感觉和心理感受。比如，教室里座椅的安排、各种物品的摆放，都可用来对学生进行一定的熏染。第二类，引导类环境的熏染。这类环境的设置，可遵循"全面利用、全面发展、全体调动"的原则来进行。全面利用，就是把各种具有引导作用的环境设置全面利用起来，充分发挥其独有的熏染作用。班训、班徽、班歌、班旗、班标、班牌、宣传板、表扬名单、获奖证书、锦旗、奖杯……把这些物品恰到好处地设置在环境（如教室）当中，都可以用来对学生进行相应的精神引导和熏染化育。

不管是实用类的环境布置，还是引导类的环境布置，要想让这种环境的熏染作用发挥得更好，就一定要有"自我"的特点。这个"自我"，一是要具备本班的特色，要根据本班学生的成长需要去设计、去安排。更重要的是要让学生自己来做这些事情，让他们在对班级文化的自主实践当中受到班级文化的熏染，从而向着班级文化所引导的方向更加健康地成长。

心理环境创设。是指创设具有浓郁班级文化特点的心理环境并以此来熏染和化育学生的过程。要做到这一点，需把握好"宽严适度"的原则。宽，表现在宽松、宽广、宽和上，也就是让学生的内心放松、没有压迫感，帮他们具有宽广的胸怀、有更高的视野和境界，无论是教师还是学生，都能以宽和的态度面对他人的过失。严，表现在尊严、严肃、严格上，也就是引导学生学会有尊严地学习和成长，要以严肃的态度去面对和改正原则性的错误，对成长所必备的核心素养要有严格的要求。总之，"宽"是对有利于成长的心境的营造；"严"是对有利于成长的行为的要求。二者相辅相成，缺一不可。

良好的心理环境是班集体能够健康发展的重要基础。大家心气顺，心情好，心志高，心力足，无论是学习还是工作，就会更有动力，更有兴致。而积极向上的班级文化，恰恰就是创设这种良好心理环境的有效手段。其中，最重要的是要让班级文化具有友爱、宽和、上进这三个方面的特点。友爱，这是从班集体成员相互关爱、彼此互助的角度来讲的；宽和，这是从如何对待他人过失的角度来讲的；上进，这是从个人和集体的精神状态的角度来讲的。

### 步骤二：熏陶化育

是指利用具有班级文化特点的环境对学生进行潜移默化的熏陶化育以促其健康成长的过程。熏陶化育讲究"慢"的功夫，侧重通过潜移默化、润物无声的方式对学生产生影响。

从内容上看，环境的熏陶化育可从"三全"和"两显"这些方面下点功夫。所谓"三全"，即全面协调、全面发展、全体调动，是指要充分考虑班级整体工作的全面协调，充分关注学生德、智、体、美、劳的全面发展，让全体学生都从这样的环境设置中受到熏染和教化。这方面，要防止出现只抓学习、不顾其他的倾向，要防止出现只关注少数学生、不关心大多数学生的倾向。所谓"两显"，即凸显时务、凸显重点，是指环境熏染的内容要立足日常教育的需要，要充分突出重点工作的需要。

从方式上看，环境的熏陶化育要做到"三常"，即常听、常看、常感。常听，是指经常借助听觉来对学生进行宣传熏陶，具体形式如宣讲、问答、研讨、讲述、讲演、讲故事、辩论赛、歌唱、音乐，等等；常看，是指经常借助视觉来对学生进行宣传熏陶，具体形式如各种类别的展览、展示，等等；常感，是指经常借助内心感受来对学生进行宣传熏陶，这是从给学生创造良好心理环境的角度来讲的，如以宽和的态度对待学生、开展文体活动以缓解学生的压力，等等。

### 步骤三：反哺优化

是指受班级文化环境熏陶而成长了的学生反哺优化班级文化环境的过程。这种反哺优化，是通过学生的自主行为来体现的，可从物理环境的优化和心理环境的优化这两个方面来进行。

物理环境的反哺优化，是指学生们用自己的自主行为而使得班级物理环境更具有班级文化特点的过程。要做到这一点，可通过爱护、维护、优化这三个层次的行为来实现。爱护，指的是具有爱惜和保护班级文化环境的意愿和不损害这种环境的自觉行为；维护，是指具有主动维护班级文化环境以使之保持完好状态的自觉行为；优化，是指具有主动为班级文化环境的建设而思考和实践的自觉行为。

心理环境的反哺优化，是指学生以自主行为而使得班集体成员的心理更健康的过程。要做到这一点，先要帮助学生个体具有健康的心理素养，同时要把这种健康向上的心理正能量传递给他人，这样就会进一步促进班集体形成更加和谐的人际关系，从而实现心理环境的反哺优化。

物理环境与心理环境的反哺优化是相辅相成的，物理环境的优化能生成心理环境的优化，而心理环境的优化又会促进物理环境的优化。这种反哺优化的过程不仅仅适用于学生，也适用于班集体里的每一位教师。

需要说明的是，这里所说的"环境熏染法"中的环境与"垫场之策"（参见《2.4 铸起自信的脊梁》）中的"场"有相似之处，但它们还是存在差别的：前者往往着重一时一地的现场感、时效性；后者则往往是着重于功在当下、利在他日的铺垫性，且后者所涵盖的范围也更宽泛。

# 【他山之石】

《素养教育绿镜头——班主任工作纪实及思考》一书的相关篇章

**关键词：**教育策略（化导之策）

1. 第 3 章《熔铸班级的灵魂——班训》
2. 第 19 章《营造精神的家园——班歌》

**关键词：**教育方法（文化熏染法）

1. 第 20 章《高扬前进的旗帜——班徽》
2. 第 76 章《摆正反光的"太阳板"》

# 5.6　话里话外有话说

效果好的教育谈话，不能投其所好，但需因势利导；不能投机取巧，但需讲究技巧；不能巧言令色，但需察言观色。

——题记

## 【抛砖引玉】

初三下学期的一天，小岭与 X 老师闹了一场不愉快。

当时，因为小岭连续几天没有按时完成作业，X 老师批评了他。令 X 老师没有想到的是，小岭当场顶撞了她。

这件事也大大出乎我的意料！小岭不是不懂事的学生，以往一直都对老师比较尊重的他，在临近毕业的阶段，怎么会做出这样没有礼貌的事情来呢？

听完了 X 老师的"诉苦"之后，我找小岭了解情况。原来，X 老师在批评他的时候，顺口说了句"家长是怎么教育你的"。正是这句话让小岭心生不满，由此引发了对 X 老师的顶撞。

对此，小岭一肚子委屈地请我给评理："我的事我自己负责，说我家长干什么？"

一边是科任老师的"诉苦"，一边是学生的"申诉"，考验我这个班主任的时候到啦！

我知道，要想解决问题，还要先从小岭身上找到突破口才行。

于是，我们之间就有了下面的一场对话。

我竖起一根手指，很严肃地问他："这是几?"

小岭愣了一下："不是……'一'吗?"显然，我的问题让他有点摸不着头脑。

我竖起两根手指："这是几?"

"是……'二'吧?"他回答得有些迟疑了。按正常的思维，我是不会问他这么简单的问题的。

我竖起三根手指："这是几?"

"……'三'……'三'……呐?"小岭彻底糊涂了，回答也越来越没有自信。

"识数呀，思维很正常呀，一点也不糊涂呀!"我故作不解地自言自语，"这就怪了!一个不糊涂的人怎么干出了那么糊涂的事呢?"

小岭疑惑地看着我，表情已没有了先前的怨愤。

"小岭你平时是个什么样的人? 很上进的呀，没有因为什么事打过退堂鼓，对吧? 你还很尊敬老师，见到老师总是很有礼貌地行礼问好，有时候在操场上离老远地就挥手喊着向老师问好，对吧? 两年多的时间都是这样的，对吧?"我一连串的表扬，让小岭有点不好意思起来。

"将近三年的时光都能那么明事理、懂礼貌，马上就毕业了却跟老师闹起了矛盾。这是不是缺了点什么呀?"我面带愠色地"质问"他。

小岭的脸唰地红了："不是……老师……它……它是这么回事……"

"我知道你肯定有什么特殊的原因。但是，什么原因能值得你破坏自己尊敬老师、不甘落后的美好形象呢?"我的话里充满了惋惜。

"老师，我……错了。"小岭低着头说。

"错了? 这是你的真心话吗? 我看怎么有点不像呢? 是为了给我这个班主任一个'台阶'才这么说的吧?"之所以说出这样的话来，我是想帮他真正的打通思想，使问题得到彻底的解决。

"不不不，老师，我是真心话!"小岭连忙表白。

"哦? 那你说说 X 老师为什么批评你?"我说。

"为了我学习好。"小岭回答。

"那为什么批评你的时候还带上了家长呢?"我知道，这个关键问题如果得不到解决，小岭对 X 老师的误解就不会真正地解开。

"不知道……"小岭的语气里似乎还带着一丝不满。

"那好，我让你知道。听好了，我要骂你了——"在给了小岭提示之后，我突然说了一句狠话，"你真是有点'狼心狗肺'!"然后，我盯着小岭的脸，看他做何反应。

"嗯？嗯……"小岭先是愣了一下，接着咧了咧嘴，咽了咽口水，并没有什么特殊的反应。

这一点是完全在我意料之中的，他是个有情有义的人，因为我以往为他付出了很多，说些过分的话他是不会多心的。

"你这是什么人呀？我都骂你了，你怎么一点生气的反应都没有呢？"我颇为"不满"地问。

"这——老师，我跟谁生气也不能跟您生气呀！"小岭很是仗义地回答我。

"唉——这一点，你就'不如'我以前的一个学生。因为我批评了他几句，他恨了我好几年。"我故弄玄虚地说。

"那他是太不懂好赖了！"小岭急切地为我打抱不平。

我抬头看着小岭，只是对着他笑，什么也没说。

"啊？啊——"小岭的表情立刻有了变化，他一下子意识到了什么，随即夸张地用手捂住自己的嘴。

到底是个孩子，连表情都这么有趣。

"我问你：你家长打过你没有？"我接着启发道。

"嗯嗯，打过。"小岭连连点头。

"你恨不恨他们？"我问。

"那怎么能恨呢？"小岭用个反问句来回答。

"为什么不恨？"我追问道。

"家人嘛……"小岭的表情似乎在抗议：这个问题太简单了吧？

"你家长打你的时候，根本没有想你会不会恨他们的问题，因为你是他们的孩子，他们要让你更好地长大成人。而我刚才用那么狠的话骂你，因为我也把你当家人一样看，我知道我说了之后你也不会生气，所以我才敢那么说。你同意我的观点吗？"我问小岭。

"嗯嗯嗯，同意同意！"小岭一个劲地点着头。

答到这里，小岭忽然停了下来，似有所悟地看着我。

"X 老师批评你不也是一样的道理吗？因为平时觉得你特别懂事，特别尊敬老师，所以 X 老师根本就没把你当成一个学生来看。在她眼里，你就像她的家人一样，所以她才能不去多想什么，顺口说了句不见外的话。"我的话似乎有点强词夺理，但 X 老师关心学生的一片真心是不容置疑的。况且，事情已经出现了，我的责任就是要化解双方矛盾，同时，也要给学生提供一个更有利于其健康成长的思维方式。

"老师，我懂了。"此时的小岭，脸上已经完全恢复了以往的平和。

"唉——"我装作心事重重地长叹了口气，"如果我是 X 老师，心里该多难受啊！在

'某些人'眼里，自己原来就是个'外人'，可她还不识趣，硬是'不拿自己当外人'，她真是糊涂呀……"我用反话揶揄着小岭。这样说是为了使谈话的气氛能轻松起来，为下面的教育做好铺垫。

"哎呀老师，你别砢碜我啦，我知道我错了！"小岭红着脸，不好意思地跟我套近乎。

"唉——丢人哪！"我笑着斜了他一眼，"我要是'某些人'哪，一定要赶紧想办法弥补，争取让老师们还像对亲人那样地关心我。这样，自己就可以不用再惦记这个事了——在中考就要到来的这个关键时刻，能得到老师的特别关心多难得呀……"我的话不多，但其中有让他采取补救措施的建议，有让他卸下包袱、轻装前进的引导，有对师生关系在中考前夕重要性的说明。

"老师，您不用说了。我这就去……"小岭嬉皮笑脸地说着，转身要走。

"等等！"我叫住了他。

"老师，还有细（事）吗？"小岭停下了脚步，还顽皮地把"事"发出了"细"的音来。

"这是几？"我再次竖起了一根手指。

"哎呀老师，你不带这么砢碜人的……"小岭"抗议"地苦笑着。

"以后遇事先学学数手指头！去吧！哈哈哈……"我朗声大笑，让他走开了。

就这样，一场师生关系的"危机"就在一次亦嗔亦笑的谈话中得到了化解。

话是开心锁。在对学生的教育引导中，谈话具有无可替代的作用。这种谈话，话里话外都是学问，用心琢磨一下，还真有不少的话可说呢。

# 【出谋划策】

在引导小岭正确对待批评的过程中，教师先是劝解他理性认识 X 老师的批评是因为没把他"当外人"，使小岭认识到与 X 老师对抗的不合适。接着又劝导小岭"赶紧想办法弥补，争取让老师们还像对待亲人那样地关心他"，有效化解了小岭对 X 老师的误解，也帮助小岭完成了一次更有深度的成长——像这样，**通过劝说的方式来引导学生自主成长，我们把这样的教育策略称为"劝导之策"。**

**以劝说解心结。**是指通过劝说而使学生具有正确的思想认识并解开心结。要做到这一点，最关键的是要分析到位，就是要帮助学生透彻地理解问题，引导其明辨是非。要帮助学生认识事物的本质，让他们深入理解表象之下的利弊所在，从而使其对自己所面临的问题有客观的认识。这一点，既可通过对学生自己正身处其中的事件进行深入剖析来实现，也可借助于对他人的类似事例进行分析的办法来实现。相对来讲，后者能使学生站在"旁观者"的角度考虑问题，可能更有利于其理性地认识是非曲直。对这些学生自身以外事例的选取，首先要考虑那些发生在学生身边的真实事件。由于真实，而且就发生在身边，所以其更能触动学生的心灵，更能引起他们的重视，更能引发他们的思索，也就更有说服力。此外，与学生面临问题具有相似点的时事、史实、典故、寓言等各方面的事例，都可以拿来作为借鉴和劝说的材料。

**以劝说导进步。**是指通过劝说来引导学生以实际行动自主求取进步。要做到这一点，最关键的是要引导到位，就是要帮助学生清楚前进的方向，引导其知晓进步的做法。这种劝说，可通过直言相告和委婉提示这两种方式来实现。直言相告，是指用明晰的语言表意清楚地交流。一般来讲，阐明观点、指出问题、指导行动的时候，都需要用直言的方式来进行。因为这样的话清晰、明确，不含糊不清，不模棱两可。只有这样，被引导的学生才能知道是非曲直，才能明白善恶取舍，才能知道做什么、怎么做。委婉提示，是指用含蓄的语言委婉地提醒或警示。用委婉提示来劝导学生，往往是出于维护学生尊严的考虑，其以对学生的关心为出发点，既能起到相应的提醒或警示作用，又使学生感受到教师的关心和温暖，也会给以后的教育留有余地。委婉提示的方式有很多，常见的有旁敲侧击的隐喻，有借此言彼的类比，有心照不宣的暗示，有绵里藏针的影射，有话里有话的借代，等等。

# 【想方设法】

## 特点指要

在帮助小岭转变思想的过程中，教师先肯定小岭"一点也不糊涂"，又说他在中考前夕做了让自己形象受损的糊涂事；再通过教师自己对小岭说"狠话"而小岭毫不反感的实例，引导小岭理解 X 老师对他"就像她的家人一样"；最后，在提示小岭"以后遇事先学学数手指头"这样轻松的气氛中结束了谈话并取得了理想的教育效果——像这样，**通过讲究技巧的谈话来对学生进行心理疏导和行为引导，我们把这样的疏导方法称为"谈话疏导法"。**

## 程序参考

### 步骤一：充分准备

是指为使谈话取得更好效果而进行充分准备的过程。这里，我们重点讨论一下谈话时机的选择和谈话场所的选取。

关于谈话时机的选择，我们分为日常交流、事先铺垫、事后反思这三种情况来探讨。

日常交流式谈话，是指在日常正常状态下与学生的谈话。这种谈话几乎没有什么现实针对性，只是与学生的日常交流，这看起来好像无足轻重，但其对教育的作用却是不容小觑的：它可以帮助教师了解学生的思想动态，调整学生的情绪心理，促进师生关系的和谐发展。现实工作中，教师们往往是在学生出了问题之后才找他们谈话，这永远是被动的。如果与学生多一些日常交流式谈话，那么，许多问题可能就不会产生了。事先铺垫式谈话，是指为解决可能出现的问题而铺垫有利条件的谈话。针对可能出现的问题来交流思想，沟通感情，把可能出现的问题消灭在萌芽状态中，或是为解决这些问题而进行有利条件的铺垫，这是这种谈话的价值所在。事后反思式谈话，是指问题出现或事情发生后所进行的一种反思式的谈话。这种谈话要做到能及时解决问题，并且能化不利为有利，让学生从经历中汲取经验或吸取教训。

要把握好谈话的时机，就不能忽视学生的情绪和感受，有些情况下就不大适合进行深入的谈话。比如，学生情绪不良时，学生心有旁骛时，学生正常上课时，等等。

关于谈话场所的选取，我们侧重探讨一下谈话场所对谈话效果的影响。对于教师来讲，谈话的场所多半不外乎谈话室（或教室）、办公室、走廊、操场等处。选择什么样的地方与学生谈话，这往往取决于谈话的内容、对象和要达到的目的。谈话室是最佳的谈话场所，这里来往人员少，安静温馨，容易使人心情放松，拉近师生的心理距离，涉及隐私、有关批评一类的话题在这样的地方交流可能比较合适。如果没有谈话室，走廊、操场等僻静的地方也可以用来谈这一类的话题。办公室是教师办公的地方，具有场合正式的特点，在这样的地方谈话，会使学生感到受重视，但也会有紧张感。因此，这里比较适用于交流那些内容可以公开又需要引起学生重视的话题，比如纪律问题等。一般情况下，以批评为目的的谈话最好不在办公室里进行。此外，在行走途中与学生谈话会让他们感到很随意，适于谈比较轻松或为了取得轻松效果的话题。

**步骤二：谈话疏导**

是指与学生进行讲究技巧的谈话以交流思想、疏导心理和行为的过程。这里，我们着重探讨一下谈话过程中态度的调控、称呼的选择、分寸的把握等问题。

**关于态度的调控。**与学生谈话的态度大体有三种基本类型：亲切、平和、严肃。亲切的态度最容易走进学生的心里，最有利于拉近师生的心理距离，最有利于问题的解决。所以，在日常的交流中，教师们更多地会以这样的态度与学生交流。但这并不意味着所有的学生、所有的问题都适用于这种态度，如果要谈的话题比较重要，或者想引起学生的思考和重视，这时的态度则可能既不适于亲切，又不能太严肃，那就用平和的态度去谈。如果面对一个没有规则意识的学生，亲切、平和的态度都难以取得相应的效果，就可以考虑用严肃的态度来试一试。不过，严肃的态度毕竟只能用一时，而不能用一世，最终还是要借亲切、平和的态度才更有利于走进学生的心里。

**关于称呼的选择。**跟学生谈话，称呼的选择往往也有其独特的作用，不同的称呼会有着不同的表达效果。通常情况下，对初中以上学段的学生可直呼其姓名且不用儿化音，或称其为"某某同学"，这样会显得庄重得体，而且能帮他们具有一定的成人感，使他们感到自己受到了应有的重视和尊重。有时，为了表示亲切，可以在学生的姓氏之前加个"小"字，还可以去掉姓氏而直接称呼名字，而且可以带上儿化音。为了给学生一种亲情般的温暖，年长的教师则可以称学生为"孩子"，甚至可以称呼其乳名。为了给谈话营造一种宽松愉快的氛围，教师甚至可以叫一叫学生无伤大雅的绰号……总之，称呼的选择要充分考虑学生的年龄特点、具体情境、教育目的等多方面因素，这样才能做到"名正"而"言顺"。

**关于分寸的把握。**一次谈话的成功，很大程度上取决于对谈话内容、态度等方面分寸的恰当把握上。要想把握好这个分寸，以下几点至关重要。其一，不伤自尊。不要说伤学生自尊的话，不能让学生没有尊严，不能侮辱学生的人格。其二，不伤感情。很多时候，伤心比伤身更可怕，诸如"以后你再怎么样也跟我没关系了"之类的话是不能说的，因为它给学生带来的往往是心灰意冷、前途无望。其三，不责家长。学生出现了问题，家庭教育可能或多或少地都存在一些问题，但教师是不能指责学生家长的，因为这样做既会引起学生的反感，又有推脱教师自身责任的"嫌疑"，很可能会导致谈话的失败。其四，不贬他人。由于不太注意或为了逞一时之快，教师批评一个人的时候往往会通过"比较"或"联想"的方式而贬损其他的人，这种做法既打击了谈话的对象，也牵累了其他的人，结果很可能是几败俱伤。其五，不言过其实。对事件的表述要尊重事实，这是一切的基础。对学生的评价要适度，既不能最高，也不能最低，否则，都可能会使教育失去回旋的余地。其六，不穷追猛打。与学生谈话要把问题说清楚，这是必须要做的，但遇到特殊情况应该灵活变通。比如，面对有过失的学生，一旦其对过失有了足够的认识，那么，则可根据教育需要灵活调整谈话的力度，对问题可以点到为止，甚至可以心照不宣，这样效果可能会更好些。

谈话，还要善于利用语气、停顿、音量、音调、重音等语言表达的技巧，这里就不赘述了。

**步骤三：和谐气氛**

是指谈话后期营造和谐宽松的气氛以便于学生轻装前进的过程。与学生谈话，教育的目的性有时是很强的。正因为如此，谈话的氛围往往显得很严肃，并可能会给学生带来一定的负担，这样反而不利于谈话目的的实现。因此，谈话后期对和谐宽松气氛的营造就显得十分必要了。要做到这一点，一方面要借助和悦亲切的态度、轻松幽默的语言来落实；另一方面，给学生一个美好的希望、减轻他们的心理负担则显得更加重要。

为了取得更好的效果，谈话时也可以请家长或其他教师帮忙来营造和谐的气氛。如果请家长当助手，那就对家长说说孩子的长处，利用亲情来激发学生的上进心（至于学生的不足，最好是引导学生自己说出来，而不是由教师直接指出来）。如果请其他教师参与谈话，可以借他们之口表达自己不方便表达的意思，或通过大家的鼓励以使学生看到进步的希望。这方面，要防止出现请家长是为了告状、请教师是为了找帮手"控诉"的现象出现，否则，谈话的效果是不会好的。谈话是教育，而不是批斗，这一点必须牢记。

有时候，还可以请谈话对象的好友、同桌或与他有相似点的同学来帮助营造和谐的气氛。或借助对大家的表扬来带动谈话对象，或通过表扬他人来触动谈话对象，或通过比较来激励谈话对象，或通过合作来使他们共同提高。不过，请这些人充当谈话助手的时候，要注意防止给他们造成不良的心理暗示，防止他们因此而结成同病相怜、共同退步的"难兄难弟"。

# 【他山之石】

《素养教育绿镜头——班主任工作纪实及思考》一书的相关篇章

**关键词**：教育策略（劝导之策）

1. 第 78 章《体育活动课的魅力》

2. 第 92 章《追逐阳光的脚步》

**关键词**：教育方法（谈话疏导法）

1. 第 17 章《闪光的"自省日"》

2. 第 71 章《一场"六班专场"的及时雨》

# 5.7  不怒自威的"戒尺"

教育不能没有惩戒。对于有些学生来讲，没有了惩戒，就等于没有了是非；没有了惩戒，就等于没有了规则；没有了惩戒，就等于没有了成长。

——题记

## 【抛砖引玉】

九年级上学期。

进入冬季之后，我忽然发现上学迟到的学生明显多了起来。刚开始，我以为这只是临时出现的个别现象，可过了几天，情况不但没有好转，迟到的人反倒更多了。

有点反常呀！

经过了解，大多数学生的迟到都是路上堵车所造成的。这看起来是个可以原谅的理由：毕竟，路上堵车不是自己的错，哪个学生愿意迟到呢？

这样一想，我决定先不去理会，让学生自己调整就可以了。可是，学生们并没有如我所愿地自我调整，上学迟到的人越来越多了，甚至连住在学校附近的学生竟然也开始迟到了！

我忽然意识到，是我的教育出了问题。

首先，是我的认识有问题。第一，这种迟到的主要原因并不是客观因素，而是学生的主观因素在起作用。不然，怎么解释那些比迟到者住得更远的学生却从不迟到？第二，我对迟到学生的一再宽容，表面上是体谅他们的"难处"，实际上却是在纵容他们的懈怠。不然，怎么解释学生住得很近却接连不断地迟到？

其次，是我的管理有问题。我对没有特殊原因而连续迟到的学生只是进行过口头提醒，却没有采取更进一步的措施去落实。这种"柔弱"的管理，使得学生漠视了"上学不迟到"这个要求，致使他们出现了懈怠的状态，而这种懈怠的状态在期末阶段恰恰是应该竭力避免和消除的。

这么一想，我暗自惊出了一身冷汗。

赶紧调整，必须的！

怎么调整呢？我采取了"先理后兵"的做法。先理，就是先要讲清道理，在思想感情上做好铺垫；后兵，就是以有力度的强硬措施果断遏止迟到现象越来越严重的势头。

我先请近阶段没有迟到过的学生起立，表扬他们具有要强的作风和上进的精神。其中，我特殊表扬了一个家庭住址离学校最远的学生，然后，请她讲一讲为什么能做到离学校最远却从不迟到。她告诉大家，只要早出来 5 分钟就不会堵车了。借着这个学生的话，我请其他学生分析"早出来 5 分钟"的好处。学生们分析得很到位，主要观点有可以避免迟到后进教室的尴尬、可以挤出更多的时间学习、体现了要强的精神，等等。

待学生们的分析结束之后，我向他们提出了"人人争取不迟到"的要求。然后，我告诉他们，我要在教室最后面正中的位置摆放两把椅子。这两把椅子，一把是给迟到的学生预备的，明天开始，谁迟到谁就只能坐在这把椅子上学习；另一把是给我这个班主任预备的，因为，学生迟到了，我这个班主任也难辞其咎，所以要"陪坐"。

听我这么一说，好几个学生都悄悄地吐了下舌头。

"当然了，极特殊的情况可以例外。"末了，我没忘了补充这么一句，这一方面是给特殊的学生留有余地，也是给自己的教育留有余地。

两把椅子摆好了，但从没有人坐上去过。为此，我还打趣地对学生们说："唉，这两把椅子太寂寞啦！"

第二周，这两把椅子就回归原位了。从此，我再也没有为学生迟到而发过愁了。在这件事的处理过程中，惩戒教育无疑帮了我的大忙。

什么是惩戒呢？

对学生所进行的惩戒，与法律意义上的惩戒自然是不同的。我在教育学生时所用的惩戒，就是让被惩戒的学生"因面临失去或感受失去而悔过"。

若干年前，班里曾有一名叫小勇的男生，他是个狂热的篮球运动爱好者。一天，因为篮球场地的问题而与其他班级的同学发生了冲突，并造成了不良影响。

鉴于小勇曾犯过数次类似的错误，我决定对他进行一次有力度的惩戒教育。

这次惩戒教育大体经过了惩戒铺垫、法纪理解、郑重警告、感受惩戒、谈话反思这么几个步骤。

在"惩戒铺垫"阶段，我先激发了小勇上进的愿望，并以"挑战自我"的说法诱导他愿意接受我"任何形式的考验"。

在"法纪理解"阶段，我重点对小勇进行了相关法规及校规校纪的介绍。其间，我特别注意引导小勇理解法规的作用既是约束、更是保护的道理，让他懂得法规跟交通规则一样，遵守它、受它约束其实是为了避免伤人害己。

在"郑重警告"阶段，我郑重其事地打印了一份《违纪警告通知单》，里面特意加上了"如无明显改正，当事学生将受到相关处理或相应纪律处分，由此产生的后果由学生自己承担"这样的文字，以对小勇进行更有力度的警示。最后，以"学生本人对上述内容完全理解后签字"这样的文字突出了这份文件的严肃性。

这份《违纪警告通知单》的设计意图是对小勇进行违纪行为的警告和戒止，而不是处分和惩罚。它是一种预防性的措施，意在有力度地避免违纪行为的发生、持续和升级。

在"感受惩戒"阶段，我利用体育活动课的机会，安排男生开展了打篮球的活动。而作为这项活动的狂热爱好者的小勇，我却安排他陪我当观众，通过让他感受"失去"的滋味来对其进行"惩戒"。

在"谈话反思"阶段，我重点请小勇谈自己不能出场活动的感受，以此引导他体会犯错误的代价和惩戒的意义。

这次的惩戒教育效果还是很明显的。此后的日子里，小勇自律了许多，而上面提到的那种错误，他再也没有犯过。

《孙子兵法》上说："卒未亲附而罚之，则不服，不服则难用也。卒已亲附而罚不行，则不可用也。"它十分精辟地论述了"亲"与"罚"的辩证关系。在对学生的教育中，"罚"同样是一种必不可少的手段，它就像一把无形的戒尺，可以不怒而自威，适时提醒学生不要越过规则的雷池。

## 【出谋划策】

面对日益严重的迟到现象，在正面诱导没有明显效果的情况下，教师通过摆放两把"迟到专用座椅"的方式对相关学生进行有力度的警示，有效遏制住了迟到严重的势头，从而引导学生振作了精神；面对行为偏差比较严重的小勇，教师用写有"当事学生将受到相关处理或相应纪律处分"等内容的《违纪警告通知单》来对其进行警示，有力度地促其改正了不当的行为——像这样，**通过有力度的警示和戒止来引导学生健康成长，我们把这样的教育策略称为"戒导之策"**。

**戒知不良后果**。是指通过警示戒止的方式帮助学生知晓不当行为的不良后果以引导其健康成长。要做到这一点，需要靠情、靠法、靠明。

靠情，就是在对学生进行警示和戒止的教育之前，先要有必要的情感铺垫。亲其师信其道，有了亲近的情感，教育才有基础。而对于班主任来讲，对学生进行具有强硬特点的警示教育，更需要有足够的情感基础。有了这种基础，学生的逆反、抵触、对抗等情绪或行为才可能不再发生，或是不那么严重地发生，教育也才会有效果。

靠法，就是要借助相关的法律法规、规则规定来进行教育，这些法规法则具有极强的严肃性，具有极强的强制性，具有极强的约束力，他们是对学生进行警示戒止教育的依据和"尚方宝剑"。对它们的使用，既能使教育者有法可依，有规可循，也能做到师出有名，名正言顺，从而有利于警示戒止的落实。

靠明，就是对学生进行警示戒止教育的时候，要帮助他们分析清楚其不当行为所带来的不良后果，帮他们懂得这种不当行为会使他们失去什么。当学生明白了这些危害的时候，警示戒止的教育就成功了一半。

**戒止不当行为**。是指通过警示戒止学生的不当行为以引导其健康成长。"戒"是方式，是过程；"止"是目的，是效果。戒止具有强制性的特点，需要借助强有力的手段来落实。一方面要做"禁止"的工作，就是在学生的不当行为出现之前先通过适当的方式防止这些行为的出现。对相关规则的宣传，对学生行为的预判，对重点学生的关注……这些，都是"禁止"需要做的工作。另一方面要做"制止"的工作，就是在学生已经出现了不当行为之后通过适当的方式制止这些行为。严肃的批评教育，必要的行为控制，机智的注意力转移……这些，都是能起到制止的作用。

戒止，不只是行为上的控制，更有思想上的反思。在控制行为的基础上，让学生对自己的不当行为有深刻的自省，有必要的悔悟，使他们在思想上具有"戒"的意识，并能在今后的生活中引以为戒，调整行为，这才达到了戒止的目的。

戒知和戒止，其目的在于"导"，其多半是在不良后果出现之前的预防性教育，而不是不良后果出现之后的惩罚性教育。

# 【想方设法】

## 特点指要

在教育学生遵守规则的过程中，面对因作风散漫而日益严重的迟到现象，教师通过安排"迟到专用座椅"的方式来警醒学生，使那些迟到者面临失去与大家一样坐在自己座位上听课的"待遇"来对其进行"惩戒"；在教育引导小勇的过程中，教师通过让酷爱篮球运动的他失去上场打篮球的机会来对其进行"惩戒"，以此促其改正自己的不当行为——像这样，**通过适当临时损失学生本应拥有的利益和权利来助其改正错误，我们把这样的惩戒方法称为"失利惩戒法"。**

## 程序参考

### 步骤一：思想铺垫

是指为惩戒教育进行相关思想铺垫的过程。其中，敬畏意识、利害意识、荣辱意识的教育是思想铺垫的重点。敬畏意识铺垫，是指引导学生具有对规则、对法纪、对生命的敬畏意识。简单来讲，就是要让学生有敬畏、敬惧之心，要对法律法规、规则公理有一定的"惧怕"心理。心有所惧，行有所止，只有懂得敬畏和畏惧，他们才可能不那么随心所欲，才可能接受惩戒、知过改过。反过来讲，如果一个人根本就不知敬畏和畏惧为何物，那么，惩戒对他来讲是难以取得应有的效果的。利害意识铺垫，是指引导学生能明辨是非、能懂得利害对自己所产生的影响。"失利惩戒法"的核心就是通过让被惩戒者临时失去某种利益和权利来对其进行惩戒，如果其根本不懂得这样的失利对他有什么负面的影响，那么，这种方法也就失去了应有的作用了。荣辱意识铺垫，是指帮助学生具有正常的荣誉感和羞耻感。这两者都是进行惩戒教育所必备的心理素养，有了它们，被惩戒者才能在意惩戒，才能不愿意被惩戒，才能有意识地避免被惩戒。

### 步骤二：失利惩戒

是指通过适当临时损失学生本应拥有的利益和权利来助其改正错误的过程。所谓"适当"，既指要合法、合理、合情，还指要适度、适量，不能对学生的健康成长造成不利影响；所谓"临时"，是指这样的权益损失是临时的，不能让学生长期受这种损失的影响。具体来讲，这个失利惩戒的过程，可通过失声誉、失荣誉、失机会、失自在等手段来落实。

**失声誉。**指通过让学生失去美好声誉而对其进行惩戒。正常情况下，人没有不爱惜自己的声誉的，当学生出现严重不当行为而应该对其进行惩戒教育的时候，可通过当众批评等方式让犯有严重错误的学生声誉"受损"。但这只是第一步，更重要的是要让他感受到这种声誉受损所带来的苦恼，甚至是痛苦。只有这样，他才能懂得声誉的可贵，他才能从这种声誉的受损当中受到警醒和惩戒。

**失荣誉。**指通过让学生失去荣誉而对其进行惩戒。在学生的成长过程中，常常会经历各种各样的评比，常常会获得各种各样的荣誉，这些评比和荣誉，往往是学生们非常在意的。这种通过让学生失去本应获得的荣誉而进行惩戒的办法，最常见的就是借用已有的荣誉评比来进行，比如，各种各样的优秀评比、先进评比等。但是，并不是所有的学生都可以用这种办法来进行惩戒——有的学生可能根本就没有可能被评上某种荣誉。那么，我们可以为这样的学生量身定制某种荣誉的评比，先让他获得这个荣誉，然后再通过取消这个荣誉的办法来对他进行惩戒。

**失机会。**是指通过让学生失去享有与他人平等参与的机会而对其进行惩戒。班集体就是个小社会，每个班集体的成员都在这个小社会里拥有社会化的权利和机会。对犯有严重错误而应对其进行惩戒的学生，适度适量地剥夺其理应拥有的机会，这也会对其起到相当的触动惩戒作用。具体操作的过程中，要做好两方面的工作。一是要对症下药。就是使被惩戒者所失去的机会只能是其所犯的错误这方面的，而不能累及其他方面。"错什么，失什么"，这是让犯错者接受"失机会"惩戒的基本原则。二是要适可而止。就是要把握好适当的尺度和时限，当对被惩戒者形成了必要的惩戒并取得了相应的效果之后，要及时酌情减除惩戒。

**失自在。**指通过限制学生的自由自在而对其进行惩戒。学生们日常的行为都是轻松自在的，但必要的时候，可以通过让错误严重的学生失去这种自在而对其进行惩戒。这种失自在，可从心理感受和身体行动这两方面来考虑。心理感受的失自在，就是让需要接受惩戒教育的学生"有心事"，让他"有愁事"，让他心情沉重。身体行动上的失自在，一是让学生保持身体的静止状态来对其进行"约束行为"的训练，二是禁止学生做他想做的事而对其进行"约束欲望"的训练。相对来讲，这种失自在的惩戒更有力度，效果也更明显，但使用时要慎之又慎，避免使惩戒失去其应有的教育功能。

失自在的惩戒不等于让学生失去自由，它的精髓在于让学生在这失自在之中学会对规则、公理、法纪的敬畏，进而引导他们健康成长。

**步骤三：知悔改过**

是指帮助学生悔悟并改正错误的过程。这个过程的落实，先要做好帮助学生悔悟的工作。悔悟，是指引导受到失利惩戒的学生对自己的过错感到后悔并有所感悟。一方面，要引导其感到后悔。后悔从哪里来？从其对本应拥有的利益和权利的痛失中来。这方面，可引导其认识自己不当行为所产生的后果，再以对比的方式来衡量这种不当行为给自己带来的不利变化，以使其在心里产生足够的震动，以此加重其后悔的心理。另一方面，要引导其有所感悟。感悟什么？感悟规则的重要，感悟自我控制的重要，感悟接受建议和教育的重要，从而为以后的改过创造有利的条件。这个过程的落实，还要做好帮助学生改过的工作。改过，是指帮助受到失利惩戒的学生改正错误的过程。这个帮助改过的过程，要在思想意识的高度重视的基础上，帮助学生找到改正错误的具体方法，并对其改错的过程进行督导，以确保改过的实现。

需要说明的是，由于"失利惩戒法"意在通过"失利"而进行"惩戒"教育，其关键是要体现出惩戒的力度，所以，相关学生的"所失之利"既可"归还"，也可不"归还"：前者能有利于体现关怀，给更多的温暖；而后者则有利于体现力度，给更多的警醒。

# 【他山之石】

《素养教育绿镜头——班主任工作纪实及思考》一书的相关篇章

**关键词：** 教育策略（戒导之策）

1. 第 62 章 《"青春之丽"好女生》

2. 第 85 章 《"三思"而行"每一次"》

**关键词：** 教育方法（失利惩戒法）

1. 第 22 章 《"尊重"的重量》

2. 第 55 章 《打造诚信的名片》

# 6."历"之策

## 单元提示

## 【教育策略】

本单元探讨的是"历"的策略。

历，就是经历、历练。"历"之策，是指帮助学生通过经历体验来历练成长的策略。

经历永远是最好的老师，经历的过程就是体验、感受、感知、感悟、成长的过程，这种在实践中历练的过程，对教育最有益，也最有效。

关于"历"的策略，我们从"历受、历动、历强、历控、历挫"这几方面来探讨。

"历受之策"是指通过让学生在经历体验的过程中学会感受和承受以促进其自主成长，这是历练的初级阶段；"历动之策"是指通过让学生在经历的过程中学会心动和行动以促进其自主成长，这是行为实践的过程，是历练的中级阶段；"历强之策"是指通过帮助学生在经历的过程中感受自身的强大和自信以促其自主成长，是学生在经历中获得精神力量的过程，这是历练的高级阶段。这三方面讲的是学生通过经历和历练而渐次进步的过程。

"历控之策"是指通过帮助学生在经历的过程中学会自控以促

其自主成长；"历挫之策"是指通过帮助学生在经历的过程中感受挫折磨炼以促进其自主成长。这两方面讲的是学生在经历中所能获得的磨砺价值，它们有助于增强学生的规则意识、责任意识和心理承受力，帮他们逐渐从柔弱变得坚强，从幼稚走向成熟。

# 【教育方法】

本单元探讨的教育方法有 5 种，共 5 个做法。它们是：属于"鼓励法"的引善鼓励法，属于"训练法"的干扰训练法，属于"制约法"的关系制约法，属于"提示法"的事物提示法，属于"惩戒法"的补过惩戒法。

对上述方法的具体介绍详见相应篇目及本书附录《教育方法简要说明表》。

# 6.1　小字条，连心桥

> 咫尺天涯，只因为心与心之间缺乏温暖的连接；天涯咫尺，全在于心与心之间有一座沟通的桥梁。
>
> ——题记

## ▌【抛砖引玉】

小屿是个比较特殊的学生，他不爱学习，惹是生非，还对抗老师的教育……方方面面传来的信息，使得小屿给我的最初印象就是这个样子。

见到小屿本人的时候，他给我的印象的确十分深刻——除了他长得人高马大之外，还因为他迎接我的目光中含着明显的敌意。

为了做好这个学生的工作，我没有贸然采取什么行动，而是先对他进行了必要的了解。我发现，造成小屿如此"另类"的原因是多方面的，而教育的简单化是不可忽视的原因。有时候，他是故意闹给老师们看的，看到老师们生气的样子，他甚至能从中体验到某种"快感"。

找到问题的症结之后，我决定从调整小屿和老师的关系入手，从正面诱导他恢复正常的状态。我的基本思路是：通过唤醒小屿心底的善良来鼓励他求取进步。

为此，我从两个角度设定了对小屿的教育目标：意情目标是引导他"能懂得是非、能与人为善",行为目标是要求他"能不故意捣乱、能不顶撞老师"。

为了实现教育的目标,精心的准备是必不可少的。我事先在一张纸条上写上了几句话,写好之后把纸条折起来,确认在纸条外面看不到我所写的字,然后用透明胶把纸条粘在了我上衣外套的后背上。

我的想法是:我自己装作不知道有这么一张纸条的存在,通过诱导小屿主动把我衣服上有纸条的事情告诉我,借此来唤醒小屿心底的善良,让他的心灵重新正常地闪光——老师的衣服后背上贴一个纸条,这当然不是什么好事,而小屿能主动告诉我这件事,恰好说明他是善良的。

做好准备之后,我开始实施我的计划。

中午,我来到小屿所在的班级,请一个比较文静的女生帮我去找正在操场打篮球的小屿,告诉他到办公室去找我。然后,我回到了办公室,半开着门,穿上了粘有纸条的外套。为了让小屿能看到这个纸条,我把后背正对着门口。

不久,响起了重重的敲门声。为了给小屿更充分的时间看到我衣服上的纸条,我故意停顿了一下才回过头去。这时,我看见小屿已经一脚门里一脚门外地站在了那里。

"找我干啥呀?"小屿说话了,连一声"老师"都没叫,语气里满是呛人的火药味。

难道,今天的谈话要砸锅了?

"请进!来来来,我跟你问点别人的事儿。"我之所以这样说,是为了打消小屿的疑虑。

听我这么一说,小屿的表情缓和了下来。这时,我看到他向我的后背瞥了一眼,但目光随即移开了。

我把小屿让到我的身旁,请他坐下来。

"老师,什么事呀?"小屿问道。他的语气缓和了许多,还对我称呼了"老师"。

此时,我满怀期待地等着他告诉我纸条的事。从小屿的眼神上看得出来,他是看到了我后背上纸条的,但是,他没有告诉我。那一刻,我的心底突然涌起一丝不安:也许,我把事情想得过于简单了!

我必须要诱使他主动告诉我,否则,不是白费力气了吗?

于是,我镇定了一下,笑着对他说:"你先坐下,我安排一点事儿。"

说完,我站起来,转过身,停顿了一下,确保我后背上的纸条能再次让小屿清楚地看到,这才向门外走去。出去之后,我在走廊转了一圈,期待着回来之后一切能如我所愿。

回来后,我看到小屿脸色又平和了许多。但是,他还是没有告诉我纸条的事。这让我的心底不由得有些发凉:看来,我的设想恐怕难以实现了。

其实,我准备了小屿不告诉我纸条的第二套方案,这就是直接告诉小屿我后背上有纸条,请他帮我拿下来,然后再从他能"热心助人"的角度肯定他,以此激发他的善良,再进行下一步的教育引导。不过，我不想放弃让他主动展示善良的机会。因为，不同的方案对小屿的教育效果是不一样的。

我要再试一次，一定要让他亲口对我说出我所期待的话！

于是，我笑着对小屿说："着急了吧？老师打个电话。"我转身佯装打电话，把粘有纸条的后背第三次展示给了小屿。这次，那张纸条就在他的眼前晃动，我想，小屿和我都应该抓住这次机会，否则，我就必须改变方案了，因为时间如果拖得太长，小屿可能会因为我如此的"啰唆"而变得急躁起来。

我装模作样地打了个电话，然后把脸转向了小屿。这时，我发现他的目光正停在我的后背上。见我回过头来，他的眼中闪过了一丝犹豫。我没让小屿再犹豫下去，立刻抓住机会鼓励他道："小屿，你是不是有什么事要告诉我呀？"

听见我这样问，小屿迟疑了一下，终于开口了："老师，你后背上粘了个纸条。"

听到这句话的时候，我的胸口顿时一热：成了！我知道，以后的事情已经不是问题。

我转过身，请小屿帮我把纸条摘下来。

拿着小屿递给我的纸条，我问他："小屿，你知道这纸条里装的是什么吗？"

小屿疑惑地摇了摇头。

我把纸条递给了小屿："这里边装着老师对你的信任和期待。打开看看！"

此时，小屿似乎已经意识到刚才所发生一切的不同寻常，他打开了纸条，纸条上端端正正地写着：

小屿：

　　你并不缺乏善良，为什么不把你心底的善良展示给人看呢？经常像今天这样，你就是一个善良的孩子。

期待你好的老师

看完了我的字条，小屿的脸红了，脸上满是发自心底的温和，甚至还有一丝的羞涩。整个人也变得很是恭顺，与刚进来时相比已是判若两人。

接下来，我高度赞扬了小屿的出色表现，特别指出了他今天的两大亮点：敲门和告诉我纸条的事。前者说明他懂礼貌，后者说明他有善良的心地。

在表扬他有礼貌的时候，我是这样说的："你的这个礼貌其实是很不容易的：第一，本来中午正玩得高兴，却被我给打断了，这时你心里肯定不舒服；第二，你是被叫到老师办公室的，这很可能会引起别人的误解，以为你是犯了什么错误才被老师找的；第三，当场有那么多的人，而且还是个女生去找的你，你很可能会觉得很没面子。所以，你刚进办公室的时候是一肚子怨气的，连一声'老师'都没管我叫呀！是不是？"这样说着，我笑着"责备"起小屿来。

小屿不好意思地笑了一下。

我接着说道："但是，就在这么生气的状态下，你还能敲门了，这说明你是很有礼貌的！当然了，后来你的表情改变了，还管我叫了'老师'，这说明你有是非观念，知道自己刚开始那样做不恰当，而这种知过能改的表现，更说明了你是很有自控能力的。"

之所以没有简单地表扬他有礼貌，而是把他"克服困难"而做到有礼貌的过程进行了细致的分析，一方面是为了肯定他有能力控制自己的行为，为下一步对他提出"能不故意捣乱、不顶撞老师"的行为目标做铺垫；另一方面，也是为了让他懂得他在这一过程中也有不当之处，对他进行必要的警醒。

经过这次的引导，小屿有了比较明显的变化。而我也借此让自己的教育又有了一个新的进步。

一张小小的字条，拉近了我和一个所谓"问题学生"之间的距离，它催醒了一个孩子心底沉睡着的善良，也使我认识到了教育者责任的重大。

世间最深的沟壑是心与心之间的隔阂，最远的距离是心与心之间的冰冷。只要我们有沟通的愿望，即便是一片薄薄的字条，也能架起一座坚固的桥梁。而这座桥梁的基座，就是彼此心底的那份善良。

# 【出谋划策】

在对小屿进行教育引导的过程中，面对小屿的不友好，教师通过引导他主动告诉教师衣服上粘有纸条的方式，帮助小屿在切身经历的过程中体验到了善良的美好、感受到了鼓励的温暖——像这样，**通过让学生在经历体验的过程中学会感受和承受以促进其自主成长，我们把这样的教育策略称为"历受之策"。**

**感受体验过程**。是指通过让学生在经历的过程中进行体验和感受以促进其自主成长。这种体验和感受，最好从身体和心理两方面去落实。让学生在切实的经历中有身体上的体验，有利于他们获得最直接、最直观、最真实的认知，这种认知最有益，最实用。以这种认知为目的的感受，更有利于学生心智的成长和成熟。对于学生来讲，无论是身体心理的健康成长，还是文化知识的学习应用，让他们去亲身感受都是最好的手段。这种经历感受，"受"是基础，是经历的过程，是体验的过程；而"感"既是经历、体验的过程，更是提高、感悟、升华的过程。所以，在让学生有了经历和体验之后，要着力引导他们从经历和体验中有所感，有所悟，有所得。这样，经历就有了更实在、更高级的收获。

**承受压力结果**。是指通过让学生在经历中承受压力和结果以促进其自主成长。如果说感受是让学生在经历的过程中受到"教导"的话，那么，承受则更意味着让学生在经历的过程中受到"教训"。经历永远是最好的老师，而这位老师要教给学生的，除了顺利和成功，还应有坎坷和挫折，甚至是失败。要做到这一点，可从客观规律和主观努力这两方面去引导：前者的要点在于引导学生正确认识事物规律，引导他们懂得挫折和失败往往是通向成功的必由之路，能够具有这样理性的认识，当压力来临的时候，学生们就有了承受这种压力的可能；后者的要点在于引导学生以积极的心态去认识世界，以乐观的心态去创造生活，以达观的心态去面对结果。有了这样的引导，面临压力的时候，学生们就可能具有足够的心理承受力。

# 【想方设法】

## 特点指要

面对小屿这样一个对老师充满误解的学生，教师想方设法引发其深藏在心底的良善，诱导他主动提醒老师衣服上粘有一个影响老师形象的纸条，并借此鼓励他求取进步——像这样，**通过引动并赞赏学生的良善来鼓励其目标明确地自主进步，我们把这样的鼓励方法称为"引善鼓励法"。**

## 程序参考

### 步骤一：引动良善

是指借助具体事件来引导学生主动表现良善的过程。

首先，要相信学生有良善之心。不管是什么样的学生，他们的心底总有一处良善之地，在一定的条件下，他们的心中总会发出某种良善之念并能有相应的良善之举。而作为教育者，我们也总能借助这种被引导出来的良善之举来鼓励学生积极向上。

其次，要设计并引动学生的良善之举。对于一个正常的学生来讲，有两种良善之心是很常见的：一种是对恩德的感念，一种是对弱者的同情，我们可借此对学生进行适当的教育引导。针对前者，可以通过真心实意地关心来引发他的感念之心，再进一步引发他的感念之举；针对后者，可以通过安排学生处于强者的地位而引发其同情之心和同情之举。

在具体的设计和引动的过程中，要紧扣"主动"二字来做文章。一方面，教师要主动引导：或者是"没事找事"的主动设计，或者是"因事利导"的主动利用，总之，教师要想方设法激发学生的良善之念，引导其做出值得肯定的良善之举。另一方面，学生要主动做事：不管教师如何设计，如何引导，在具体的实施过程中，最能体现学生良善之心的关键之举必须是由学生自己主动做出来的，只有这样，其对自己良善之心的认识才是真实的，教师也才能更好地借题发挥，鼓励其自主进步。引导学生主动做出良善之举的方法是灵活多样的，其中，安排学生处于预先设置的某种情境之中，让其周围的种种因素共同发力，促使学生产生良善之念、做出良善之举，这是一个很值得一用的好办法。

**步骤二：评点良善**

是指对学生的良善之举进行点评引导以使其受到鼓舞的过程。首先，点明善良之处。要让学生懂得其良善表现在什么地方，助其明是非、辨善恶。其次，赞赏良善之举。对学生的良善之举进行评价，强调良善从来就没有离开过他的事实。引导学生对自己的良善有足够的认识，强化对其进行正面的心理暗示和引导。这一点，如果能对学生在做出良善之举时所克服的困难进行一定的分析，会更有助于对他们的引导。

需要说明的是，这样的引导并不是给学生"戴高帽"的"虚"的教育，而是对学生进行客观评价的"实"的教育：因为，这个学生之所以能够做出良善之举，这恰恰说明了良善就是他的本心。

**步骤三：迁移良善**

是指对引发良善的成果进行巩固并借此鼓励学生求取更大进步的过程。这种鼓励，关键在于让学生的心"活"起来。让学生看到自己良善的光彩，并借此激励其焕发积极进取的活力。具体实施的过程中，要注意把握目标明确和循序渐进的原则：先要巩固成果，强化学生的良善之念和良善之举，争取在一定时间里养成一定的主动良善的习惯。在此基础上，对良善之举的教育效果进行纵向或横向迁移，以解决其所面临的问题，以克服其所面临的困难。其中，对学生逐渐取得的小成绩不断进行正向鼓励，并根据情况灵活安排其下一个进步目标。这样，积小善成大德，立此善求彼进，使学生在良善之光的照耀下心情更舒畅，情绪更高昂，从而促进他们充满热情地健康成长。

# 【他山之石】

《素养教育绿镜头——班主任工作纪实及思考》一书的相关篇章

**关键词：**教育策略（历受之策）

1. 第 26 章《我们心中有个太阳》

2. 第 36 章《让学生讲课值不值》

**关键词：**教育方法（引善鼓励法）

1. 第 33 章《"七六版"的〈学习雷锋好榜样〉》

2. 第 62 章《"青春之丽"好女生》

# 6.2　由"全体起立"到"全体——起立"

> 训练成习惯，习惯成自然，自然成能力，能力成品质。有时候，教育就是这样一种通过重复训练而形成能力和品质的过程。
>
> ——题记

## ▌【抛砖引玉】

多年前，我曾当过一个所谓"慢班"的科任教师。这个班的学生都是经过层层"筛选"剩下的，给他们上课，最受考验的就是教师的课堂控制能力。

当时的我还谈不上有什么工作经验，所以，每次走进这个班的课堂，总是有一种冲锋陷阵的感觉。而一堂课下来，中间不知道要进行多少次的纪律管理。然而，我所有的努力常常是收效甚微。

有一次，上课不长时间，课堂上就乱作一团，我制止了几次都没有效果。这不由得让我非常着急，竟然口不择言地发出了"全体起立"的口令。

随着口令的发出，全班学生都站了起来，尽管学生们的动作并不整齐划一，但刚才那闹闹哄哄的场面居然得到了有效的控制！

学生们的动作如果能更干净利落些，那效果就更好了。能不能做到这一点呢？我想到了体育老师的发令过程。

体育老师所发出的口令，基本都是由"预令"和"动令"这两部分构成的：前一部分的"预令"是让学生预备做动作的口令，它以拖长音的方式发出，以引起学生足够的注意并进行准备；后一部分的"动令"是让学生做出动作的口令，往往都比较短促有力，这个"动令"发出后，学生随即就有一个明确而具体的动作响应，这样，众人的动作就整齐利落了。于是，我把口令由"全体起立"改成了"全体——起立"，这样一试，果然奏效，学生们的动作整齐多了！

这次经历引起了我的思考：班级混乱的时候，有个统一的动作要求是不是就能控制住混乱的局面呢？课堂再混乱的时候，我又试了试类似"全体——起立"的做法，别说，还真管用！

我不由得大喜过望！如同发现新大陆一般地把这种方法的适用范围扩展开来，不仅仅是课堂，在其他场合需要整顿秩序的时候，我也试用了这种办法。比如，"全体——立正""全体——举手""全体——抬头"之类，效果也都还可以。

但是，这些办法说到家也都只是治标不治本的雕虫小技而已，它不能从根本上解决问题，而且，用长了也许就会失效的：总不能动不动就让学生在课堂上全体起立吧？

经过一段时间的琢磨，我发现如果学生们有事做，特别是有可以动手的事情做的时候，课堂的秩序就会好很多。于是，我开始在这方面动脑筋。

刚开始，我安排学生们在课堂上记笔记。但是，我想得挺好，一做起来才发现是难上加难。为什么？学生们本来就无心向学，不认真听课当然就谈不上记笔记的问题，就是那些认真听课的学生往往也做不到。有的是听不懂，有的是不会写字，有的是跟不上学习的进程，等等。只好再调整。

先从最简单的抄写开始。我安排学生在课堂上抄写重要的字词，基本要求是不看数量看质量。这样一来，学生们的手头都有了事做，他们的注意力就渐渐集中在了抄写的工作上了，再加上用鼓励等办法对学生学习积极性进行调动，课堂秩序开始渐渐好了起来。而随着课堂秩序的日趋好转，学生们的学习兴趣也渐渐提高了。

随着时间的推移，"全体起立"这种方法所带给我的启发日渐清晰：学会让学生心甘情愿地按照教师所引导的方向动起来，才会取得更好的效果。

不过，在初始阶段，良好的效果往往是靠行为上的训练来实现的。而且，这种"学会行动"的训练如果在与学生刚接触的阶段就进行，效果往往会更好。比如，作为班主任教新入学的学生练习上自习课的时候，"学会行动"的训练就给我帮了大忙。

先进行的是准备学习用品的训练。刚开始，许多学生不会准备学习用品，为了拿出作业本或一支笔，他们会把书包或书桌里里外外地翻个遍，效率低不说，还会影响其他人的学习。为了改变这种状况，我先教他们把上自习课的用品都想清楚，然后再把这些用品按序摆放在桌面上，这样就避免了上课时候的乱翻乱找。

接下来，最重要的是对学生们进行独立专注学习的训练。为了使他们做到专心致志、心无旁骛地学习，我先组织学生找出了那些容易对他们造成干扰的种种现象，然后，再针对这些现象进行有针对性的抗干扰训练。这个训练是分两个阶段来进行的。

第一阶段：练习"坐得住"。

就是训练学生不管面对什么样的干扰，都能做到不去看，而且能在一节课的时间里坚持做到这一点。

训练之前，我先通报了训练的主要内容，让学生知道要练什么，给他们足够的心理准备。训练过程中，紧扣事先所通报的训练项目，适当地对学生进行某种形式的干扰，以增强他们的专注能力。

比如，先告诉学生本节自习课重点要进行"不受声音干扰"的训练，并明确了"不抬头、不旁观、不停笔"等衡量的标准，在确认了每个人都明确了训练内容和标准之后，我走出了教室。过一会，我请人到教室的前门叫语文课代表出来，而我则站在了教室后门处等待教室"乱象"的出现。当我的帮手在前门说话的时候，教室里有十多个学生都不由自主地抬头向声音发出的方向看去。

"除了语文课代表，没有抬头看的同学共有 25 名，对这些同学都提出表扬！"这时，我对做到了抗干扰的学生进行鼓励。听到我在后面说话，更多的学生回头向我所在的后门处看了过来。

"没有回头看我说话的同学共有 18 名，对他们提出表扬！"我再一次对相关学生进行了鼓励。

十分钟之后，我"故伎重演"，不过，这次所表扬的学生人数比全班总人数仅仅少了 3 人。这说明，对他们的训练取得了明显的效果。

关于第一次的表扬人数，我还玩了一个小"伎俩"：其实，我当时并没有数清楚没有抬头看的学生就是 25 人，这只是个估计出来的人数。

一方面是我并没有时间查清楚这个人数，因为没有抬头看的学生人数相对来讲是多数，一下子根本数不过来；而相对来讲，那些抬头看的学生人数较少，能很容易数清楚，但我需要的是正面鼓励那些没有抬头看的学生，所以并不想公布这个负面形象的人数。（当然，用公布没有达到要求人数的办法也可以实现正向激励的作用。具体做法是：把第一次公布的人数作为基础数据来使用；而以后每公布一次没有达到要求的人数都要比上一次的更少。这样，那些没有达到要求的人就会感受到自己落后的压力，从而激起他们迎头赶上的意愿。不过，这种办法激励的是那些还没有达到要求的人，而对大多数已经达到要求的人来讲，激励的作用就比较有限了。）

另一方面，更重要的是这个数据即便不准确也没有关系，它只是我下一次公布没有抬头看人数的一个借力基础，而这下一次的人数一定是要多于第一次的——即便实际上并不多，我也一定要人为地把它增多一些。这样做的目的就是要再给学生们一个他人都在努力进步的"事实"依据，从而对那些还达不到要求的学生进行正向的引导。

总结的时候，学生"抗议"我"不讲理"，我则"取笑"他们"太容易上当"。不过，再进行这样干扰的时候，不管我怎么"不讲理"，都再也没有哪个学生会轻易"上当"了。

接下来的训练，我不再自己赤膊上阵，而是安排学生轮流记载并表扬那些达到了要求的同学。这样一来，他们的热情被大大调动了起来。一段时间之后，他们进步的不仅仅是行为，更有了自主上进的积极性。

第二阶段：练习"学得实"。

就是要练习面对种种干扰时不但做到不去看，还能真正做到不受影响，还能做到有实际的学习效果。这实际上是一个不断巩固自主学习能力、逐步撤出干扰训练的过程。

刚开始，为了让学生们对影响学习的各种行为有足够的认识，我先进行了相关的思想动员以激发他们自主进步的愿望，然后再进行强化干扰训练。短短的几天之内，我把日常学习生活中常见的干扰形式都展现在了学生面前；两周之后，当他们对这些干扰有了足够的认识和抵抗能力的时候，我就减弱、减少了这样的干扰训练；一个月之后，这样的干扰训练就只是偶尔小小地搞那么一点儿"突击检查式"的巩固性练习，而不再进行"事先提醒式"的训练了。

这种干扰训练，无论是开始阶段还是撤出阶段，它都是与自主学习能力的培养同步进行的。比如，为了强化学习落实能力的培养，我们进行了动笔书写的专项训练，引导学生"不动笔墨不读书"，而这样"学会行动"的做法，既增强了学生抗干扰的能力，也有利于取得实际的学习效果。

经过一个多月的训练，大部分学生都能做到在自习课上不受干扰地自己学习了。

由"全体起立"到"全体——起立"，一个小小的改动，它们的效果却大为不同：前者是"整顿混乱"以维持基本的课堂秩序，后者是"制造混乱"以训练学生抗干扰的学习能力。对混乱从"整顿"到"制造"，这一个词语的变化，反映的却是被动教育与主动教育的不同，更看出了教育理念的巨大差异。

# 【出谋划策】

在引导学生进步的过程中，教师用"全体——起立"的具体行动控制住了课堂混乱的局面。在对学生进行自习课学习训练的时候，教师先通过思想动员激发学生自主进步的愿望，再通过强化干扰的办法来进行实际行动的训练——像这样，**通过让学生在经历的过程中学会心动和行动以促进其自主成长，我们把这样的教育策略称为"历动之策"。**

**心动以求进步**。是指通过让学生在经历的过程中情有所愿地学会动脑以促进其自主成长。

首先，心动是主观追求的过程。一方面，主观追求是一种感性的喜欢。让学生经历的事情，如果是他们感兴趣的，或是能做到让他们感兴趣，那么，这个经历对于学生们来讲无疑是个心理愉悦的过程，他们自然会心向往之。另一方面，主观追求还是一种理性的认可。引导学生懂得经历的目的和作用，引导他们从主观上愿意去经历。主动去经历，这个经历就有了取得实效的可能。能做到这一点，这种经历对学生所产生的影响则无疑是更深刻、更有价值的。

其次，心动是动脑思考的过程。要引导学生在经历的过程中学会动脑筋以实现对目标的追求。经历本身不是目的，让学生在经历的过程中体验和感受、进步和成长，这才是目的。要做到这一点，给任务和给问题是非常有用的两个措施。给任务，就是让学生在经历的过程中担负具体的工作，让他在对这个工作的具体落实中有机会自主发现问题，有机会自主解决问题。给问题，就是针对交给学生的具体任务而设置相关问题，以此启发和引导学生完成所担负的任务。这些问题的设置，要有利于任务的完成，有利于启发学生的思维，有利于学生的成长。

**行动以求成效**。是指通过让学生在经历的过程中学会行动落实以促进其自主成长。能在经历的过程中身体力行，这是借经历来进行教育的关键。学会行动落实，经历的作用才更真实，更实在。这种行动，有被动和主动之分。被动性的行动，是指学生按照要求去落实的动作、行为，简单讲，就是听从指令的动作、行为。主动性的行动，是指学生主动自我实践的动作、行为，就是学生自主发出的动作、行为。被动性的行动，核心是服从指挥、符合要求；主动性的行动，核心是主动创造、富有个性。在教育的过程中，如果能让学生把这两种行动结合在一起去经历，那么，这个经历的价值就更大了。

总的来看，心动和行动都是为了引导学生在经历的过程中锻炼实践能力的。其中，心动是动力，行动是落实。在经历的过程中学会了这些，实践能力的锻炼就会取得实实在在的成效。

# 【想方设法】

## 特点指要

在培养学生自主上自习课能力的过程中，教师先组织学生了解容易对他们学习造成干扰的种种现象，又通过制造噪音等方式来对学生进行有针对性的抗干扰训练，再通过动笔书写等专项训练来帮助学生锻炼自主学习的能力——像这样，**通过施加干扰的做法进行训练以帮助学生形成一定的能力，我们把这样的训练方法称为"干扰训练法"。**

# 程序参考

### 步骤一：明确要求

是指在训练之前先向学生具体说明训练要求的过程。这种要求的提出，可从明确目的和明确目标这两个层面来操作。明确目的，是指要把训练的目的给学生讲清楚。让大家知道为什么要搞这个训练，为什么要用这种方式来训练，这实际上是思想动员、激发热情的过程。在"干扰训练法"的使用中，进行这种事先的明示是非常必要的，否则，学生如果事先不知道要干什么，那么，面对训练过程中所进行的干扰，他们就可能会因为没有心理准备而真正受到干扰了。明确目标，是指要让学生知道训练要实现的内容和评价的标准。从内容上看，最重要的是训练之前把即将对学生所施加种种干扰行为明确地告知学生，这样做有利于他们目标明确地进行训练，有利于突出这种训练的实际效果，也有利于避免可能由干扰而带来的负面效应。从评价标准上看，最好要有行为上的可操作、可量化的标准。比如，要训练的内容是上课注意听讲，那么，相关的评价标准就可以从面对干扰时"能目视教师或黑板、能及时应答"等角度来设置，而每个角度还可以有数量等方面的规定，等等。

### 步骤二：干扰训练

是指通过具体的干扰训练来帮助学生形成自主（学习）能力的过程。这种干扰训练，干扰的方式、抗干扰的意识、抗干扰的方法、训练的程序等方面的内容是需要重点思考的。

**关于干扰的方式。** 要紧密结合学生日常的学习生活来安排。一般来讲，对学生的干扰往往是从视觉、听觉、触觉这几个方面来进行的。把它们在学生日常学习生活中常见的表现形式找出来，干扰训练的方式也就不难发现了。比如，视觉方面利用形象来干扰；比如，听觉方面利用声音来干扰；比如，触觉方面利用触碰来干扰，等等。

**关于抗干扰的意识。** 要在让学生明确干扰源的基础上，帮助他们学会有意识地不受这种干扰的影响。为了达到这个训练效果，不妨在训练之前再次明确一下干扰的方式，这样就能做到目标更加明确地训练了。

**关于抗干扰的方法。** 一方面，要引导学生学会通过自我意识的控制来抵御干扰；另一方面，可帮助学生利用一些动作行为来抗拒干扰，比如，通过动笔书写就能起到抗拒注意力分散的作用。

**关于训练的程序。** 先提醒、再训练，这是最基本的训练程序。这样的训练会使学生对自己将要对抗的"干扰源"有比较鲜明的印象，更有利于他们在尽可能短的时间内了解更多的抗干扰内容。比如，要对学生进行自习课抗干扰的训练：先告知学生"不受任何外界干扰而专注自习"的这个训练要求，之后，再通过可能分散其注意力的方法去干扰他们，这样，在进行干扰的时候，用心的学生就知道这干扰的目的是什么，他们就会有意识地控制自己行为而不去理会相关的干扰，从而达到训练的目的。其实，这就是利用有意注意的原理而进行行为的强化训练。

**步骤三：弱化干扰**

是指通过逐渐弱化干扰、逐步强化良习而使学生形成自主能力的过程。

弱化干扰，要做到"循序渐退"。循什么序呢？循"由强到弱、由多到少"的序。刚开始的阶段，需要学生对这些干扰的内容和方式有明确的认识，所以干扰要强、要多。而当他们对此已经了然于胸、并且具备了足够的抗御能力的时候，干扰当然就要越来越弱、越来越少了。在撤出干扰的过程中，也要注意讲究方法。比如，结束了集中的干扰训练之后，还可以间断地搞几次抽查以巩固前期训练的结果。这种抽查最好不同于前期集中干扰训练那样有事先的提醒，而是采取随机抽查、及时反馈的方式来进行，这样更有利于达到训练的目标。

强化良习，要做到"循序渐进"。干扰训练的目的不是干扰本身，而是要通过干扰来帮助学生养成良好的习惯。因此，在干扰训练不断弱化的同时，良好习惯的养成要不断地得到强化。具体来说，就是要不断地强化自主（学习）能力的要求，让学生的意识里更多、更强地打下这些要求的印记，让学生的行为更多、更强地具备这些要求的特点。在这一过程中，给学生提供一些可以具体操作的行为、动作的要求和评价的标准，会有利于良好习惯的养成。

在训练的过程中，要特别重视对学生的肯定和鼓励，以促进他们取得更好的训练效果。

# 【他山之石】

《素养教育绿镜头——班主任工作纪实及思考》一书的相关篇章

**关键词：教育策略（历动之策）**

1. 第 4 章《第一天，第一次》

2. 第 9 章《第一堂课怎么上》

**关键词：教育方法（干扰训练法）**

1. 第 12 章《携手阳光的力量》

2. 第 29 章《开学前的返校干点儿啥》

# 6.3  有一种"失败"叫胜利

独孤求败，是修炼的更高境界。教育的境界里，独孤之人，其实未必孤独；而求败之举，得来的往往是更大的胜利。

——题记

## ▌【抛砖引玉】

进入八年级（初中二年级）不久，学生们就开始不大愿意"表现"自己了，这一点，在课间操跑步呼口号的过程中表现得尤为明显，就连那些平时很是活跃的男生也变得"腼腆"起来。

我知道，这与青春期对学生的造访不无关系。

应该及时进行调整才好。不过，这个调整绝不仅仅是为了一个小小的呼口号，更多的是为了让学生们能以一种积极向上的状态来迎接、来享受自己的青春期——既然叫青春期，怎么可以没有青春的活力与激情呢？

为了在气势上带个好头，以更好地调动学生们的情绪，我安排了一个声音特别洪亮的男生来领呼口号。

向这名学生交代任务的时候，他显得有点迟疑。我告诉他，他的口号声是班级里喊得最洪亮的，就算在全校也是数一数二的，所以，担负领呼口号的任务非他莫属。

"那……我试试吧……"他还是有些信心不足。

"什么叫试试呢？必须要做好！你的嗓门比我大多了吧？反正咱班的口号就靠你带动了，你要是喊不好，那就得靠我来喊啦！"我向他发出了具有"威胁"性的示弱。

第二天，这名男生就以他浑厚而具有穿透力的领呼给班级注入了活力，在他的带动下，班级呼口号的效果果然好了许多。

我及时表扬了包括领呼者在内的全体学生。听了我的鼓励，学生们的情绪开始被调动起来。

接下来，我开始了调动他们情绪的第二步：加入到他们跑步的队伍之中，与他们一起呼口号。

刚开始，我的声音还是比较突出的，这一方面是因为我用的力气比较大，另一方面，这也与跑在我前面的几个学生的声音还不够大很有关系。刚听见我呼口号的时候，距离我比较近的学生们都感到很新奇，但随后他们就懂得了我的意思，再呼口号的时候，他们的声音已经完全把我的声音淹没了。

"哎呀，你们的声音太响了！我也喊不过你们哪，我是甘拜下风啦！"总结的时候，我这样"无奈"地说。

学生们都开心地笑了。

从整体上看，班级的口号已经喊得很响亮了，但是，我发现还是有几个学生"有所保留"，他们的声音不够大，状态也没有达到最好。

怎么办呢？还是要打学生的主意才行。

我找到两名男生班干部，请他们把男生分成两个小队，他俩分别担任队长。做什么呢？在课间操跑步时开展呼口号的比赛活动，而且，每次课间操回来，都要请这两位队长对自己小队成员的表现进行点评。

之所以这样安排，我是想用集体荣誉感和学生们与这两名班干部的私人关系来调动他们的积极性。

两位班干部立刻行动起来，他们自己划分队伍，还主动地做起了动员工作。第二天再跑步的时候，我班的呼号声比前一天更洪亮、更高昂、更有气势了，而呼口号曾"有所保留"的那几个学生与以前是判若两人。问他们为什么会有这么大的变化，他们说，不好意思为自己的团队拖后腿，不好意思让自己的队长因落后而"号啕大哭"。

"哈哈哈……"听了他们的解释，我爽朗地笑了。

"哎呀，你们的确是比我强大得多呀！口号喊得比我响，自我组织、互相帮助的效果也比我好。太'气人'啦！"我笑着对他们表达了我的"服输"和"不满"。

听我这么一说，大家更加开心地笑了。

"微不足道"的课间操呼口号，值得如此大费周章吗？

其实，我所关心的不仅仅是一个呼口号的问题，更是学生由呼口号而表现出的精神状态的问题，更是学生在这种状态的调整过程中所经历的、所奋发的、所体验的上进和自信的问题。如果学生能在这种经历的过程中得到比老师还"强大"的成长体验，那还有什么不值得的呢？

在这一过程中，我自己也有了更深刻的收获：我并没有对那几个不用心呼号的学生做什么思想动员，而且，据我了解，他们的队长也没有对他们进行过"吃小灶"的专门动员，那么，是什么在无形之中发挥着调动他们积极性的作用呢？是团队的影响力呀！是他们之间密切的关系呀！

我不由得心有所动：能不能更为主动地借助人际关系的天然力量来为教育做更多的事情呢？

这样想着，我把关注的目光移到了小曾的身上。这是个自控力比较差的男生，是特别让人操心的那种"淘小子"。对他的教育，以往多半是教师在操心，尽管我也曾尝试过发挥学生之间相互帮助的作用来影响他，但那都是发挥小组的团队作用、发挥班干部的帮助作用——这些，都是人为的力量在发挥着作用。

既然人际关系是有天然的影响力的，那么，能不能找到可以影响小曾的这种天然力量呢？

我想到了小曾的好朋友小裴。小裴比小曾略大一些，相对更成熟，也更稳重。用他的影响力来带动小曾，应该会有所收获吧？

于是，我先找小曾谈话，在激起他自愿求取进步的热情之后，我表示不大相信他所说的要"改掉自习课乱动"的诚意。一听我这么说，小曾有些急了，他又是打赌，又是发誓，信誓旦旦地表示他是真心实意的。

"如果真像你所说的那样，那你就找个人帮你证明吧！"我说。

"咋……咋证明呀？"小曾不解地问。

"你俩组成互助小组。各取所长，互相帮助。重点请他督促你改掉自习课乱动的毛病。"我给了他努力的方向，"不过，我是真怕你找不着这样的合作伙伴。你那么没长性，要是我可不愿意被你拖后腿。"我一边笑着，一边给他"泼冷水"。

"老师也太瞧不起人了！我人缘咋的也没那么差呀。"小曾"嬉皮笑脸"地对我表示"抗议"。

"你要是能找到帮你的人，我愿赌服输！"我笑道。

"老师，你输定了！我找小裴，他肯定能帮我！"小曾显得信心满满。

其实，小裴正是我心中的人选，但我要让小曾自己去争取小裴的帮助，这样更能增强他进步的自主性。

结果当然是皆大欢喜，小曾如愿以偿地与小裴组成了各取所长的互助小组：小裴帮小曾解决自习课不稳重的问题，小曾则帮小裴解决课间操呼口号不投入的问题。经过一段时间的合作，两个人都在各自的弱项上有了明显的进步。而帮助他们取得进步的，正是他们之间特殊的关系——友情。

而我呢，最后只好心服口服地表示"服输"，以"失败"而收场啦！

无论是跑步时呼口号比不上学生的音量，还是在小曾找合作伙伴问题上的"赌输"，在学生面前，我都是个"失败者"。然而，每一次这样的"失败"，我的心里都洋溢着胜利的喜悦。这种一览众山小的喜悦，在闹市的喧嚣中是永远无法体验到的。

# 【出谋划策】

为了把学生课间操的状态调整得更加昂扬，教师先通过自己"甘拜下风"的呼口号来激发学生的热情，使他们看到自身力量的强大；再通过划分临时小队的办法调动学生自身的积极性，使他们再次看到自身力量的强大，从而激励他们取得更大的进步——像这样，**通过帮助学生在经历的过程中感受自身的强大和自信以促进其自主成长，我们把这样的教育策略称为"历强之策"。**

**经历感受自强。**是指通过帮助学生在经历的过程中感受自身的强大以促其自主成长。怎样做到这一点呢？第一，教师示弱。是指包括教师在内的教育者们要有意表现出能力低于学生的姿态以凸显学生的"强大"。教师不再充当学生的"拐棍"，而是要让学生学习独立，要给学生自己做事的机会，要让他们在经历中摔打，在经历中锻炼，在经历中感受，在经历中成长。第二，学生示强。是指要让学生在经历的过程中不但要知道自己的强大，而且还要让他们有机会展示出这种强大。鼓励学生勇于强过老师，勇于战胜老师，勇于自主成长。这种让学生在经历中展示强大的过程，必定是一个让他们不断经受锻炼的过程，所以，教师的示弱也好，学生的示强也好，都需要教师有主动培养学生自主能力的意识，都需要教师进行必要的宣传和引导，都需要教师有放眼未来、着眼全局的眼光和气度。

**经历增强自信。**是指通过帮助学生在经历的过程中增强自信以促其自主成长。学生的经历，最基本的情况有两种：一种是被动接受安排的经历，一种是主动实践探索的经历。前者更有利于让学生在经历中感受和感悟，可着重进行思想情感上的引导。后者则更有利于让学生体验成功的快乐，并由此而树立强大的自信心。其中，在主动实践探索的经历中增强自信，需要教师对学生进行必要的引导：既要有上进心的引导，还要有对学生经历过程中能够取得成功的技术指导。通过这些引导和指导来帮助学生感受到成功的快乐；同时，还要帮他们通过所取得的成功来理解主观努力与成功之间的因果关系，这样，会更有利于学生们通过成功而获得自信，也更有利于他们以这样的自信为推动力，为以后的主动锻炼、主动成长打下一定的基础。

# 【想方设法】

## 特点指要

在调整学生们呼口号状态的过程中，教师借助几个学生"不好意思为自己的团队拖后腿"的心理而使他们有了明显的进步；在帮助小曾练习稳重的过程中，教师引导其主动请好友小裴来约束自己的乱动行为并取得了较好的效果——像这样，**通过相互关系的制约力来制约学生并促其进步，我们把这样的制约方法称为"关系制约法"**。

## 程序参考

### 步骤一：关系准备

是指发现或建立能对学生产生制约作用的关系方的过程。这里所说的关系方，既可能是事物，也可能是人物，我们重点来说说后者。一方面，要善于发现关系。也就是要善于发现业已存在的与学生关系密切、关系重要的人物。其中，学生的家人和好友是最可利用的密切关系人，这样的关系人几乎是不用发现就可以知道的。需要我们去发现的是那些不太明显的关系人，比如，学生所敬佩、崇拜的人，与学生有着相同志趣爱好的人，与学生有过某种特殊经历的人，等等。这些关系人的发现，都可能对学生起到积极的教育作用。另一方面，要善于建立关系。是指要为进行教育而有意识地引导学生与他人建立起某种关系。这种关系，可以是教育目标明确的某种关系。比如，为解决学习问题而成立的学习小组，这就建立起了学习上的互助关系。也可以是没有明确目标的铺垫性的关系，比如，教师与学生进行思想交流而相互信任，这就建立了密切的师生关系，这种关系在建立之初并没有什么具体的教育目标，但它会为以后的教育铺垫下积极而具有影响力的基础。

### 步骤二：关系制约

是指借助学生与另一方的自然关系来制约其不当行为并促其进步的过程。这个制约过程的落实，可从以下这几方面来考虑。

**借情感关系制约**。是指借用学生与关系方的情感关系来制约和引导其取得进步。对于成长中的学生来讲，情感因素在他们处理问题的过程中所起的作用是相当大的：喜欢的、愿意的，他们就做得实，做得好，甚至不顾一切地去做；厌恶的、不情愿的，他们就做得虚，做得差，甚至索性就不做。所以，恰到好处地利用学生与他人的这种情感关系来制约和引导学生，往往会取得事半功倍的效果。这种情感关系，大多体现在亲子、师生、同学、好友之间，找到它们，为我所用，必有收获。

**借责任关系制约。**是指借用学生与关系方的责任关系来制约和引导其取得进步。从学校教育的角度来讲，这种责任关系往往体现在某种特定的组织形式当中。比如，班集体、班干部、学习小组、兴趣小组之类，当学生属于其中一员的时候，他与这个组织就形成了一种责任关系。这种责任关系会在客观上对这个学生起到相应的制约作用，而教师就可以利用这种制约作用来教育引导学生。这种责任关系的制约，既有助于解决具体的问题，还有助于引导学生学会担当，增强责任意识，帮助他们学会合作，加强团结。

**借利益关系制约。**是指借用学生与关系方的利益关系来制约和引导其取得进步。从学校教育的角度来讲，这种利益关系的制约作用更多地体现在对学生的评价上。这种评价，涵盖德、智、体、美、劳等各个方面，是学生综合素养的全方位评价。利用这种评价的利益关系来约束学生的行为，可以通过"导之以理、施之以益"这样双管齐下的方式，有效地促进他们的健康成长。

**步骤三：关系优化**

是指努力优化关系方与学生之间密切关系的过程。这种密切关系的优化，要做到三个"到位"。

第一，看到位。是指引导学生看到制约的良好成效。这种成效，就是被制约的学生在其行为表现上的进步。通过对比，让他们看到这种进步；通过评价，让他们感受到这种进步所带来的自豪感。

第二，想到位。是指引导学生深入理解制约成效与制约关系之间的内在联系，深入理解这些关系的制约给自己带来的益处，从而使被制约的学生更理性地认识和对待这些制约自己的关系方。

第三，做到位。是指通过进一步的制约行为来强化学生与制约关系方之间的密切联系。这方面的工作，可重点抓好更和谐、更紧密、更有益这几个要点。更和谐，是从借情感关系进行制约的角度来讲的；更紧密，是从借责任关系进行制约的角度来讲的；更有益，是从借利益关系进行制约的角度来讲的。

需要提醒的是，在优化制约关系的过程中，还要注意防止学生与制约关系方之间出现"裂痕"的现象。由于用以制约的关系所发挥的作用在客观上具有一定的"硬度"，往往是违背被约束者的"自由愿望"的，所以，这些关系就存在着被误解或被损害的可能。及时发现这方面的苗头，并及时做好相关的解释、协调、补救工作，这也是运用"关系制约法"对学生进行教育之后需要考虑的问题。

# 【他山之石】

《素养教育绿镜头——班主任工作纪实及思考》一书的相关篇章

**关键词**：教育策略（历强之策）

1. 第 44 章《男儿当自强》

2. 第 46 章《朝阳伴我秋点兵》

**关键词**：教育方法（关系制约法）

1. 第 59 章《仗剑示豪杰》

2. 第 68 章《"青春之力"男子汉》

# 6.4 此时无声胜有声

无需叮咛，却能千言万语；无需说教，却能晓之以理；无需呐喊，却能振聋发聩……文字与符号，它们永远是教师最具"特异功能"的助手。

——题记

## 【抛砖引玉】

文字，在教育学生的过程中往往会起到独特的作用。

一次小测验的阅卷过程中，我在一张试卷上写下了99分的成绩，就在刚要把这张试卷翻过去的时候，发现试卷边缘的空白处写着几个字："渴望一百分！！"

工作十多年了，我还是第一次遇到这种情况。这个学生是谁呢？能写下这几个字，说明他对这次测验既充满希望，又可能没有十分的把握。而99分的成绩，又说明了他为这次测验付出了很多努力。既然这个学生有这样的愿望，那就给他个一百分吧。但转念一想，不行呀，我平时教育学生做学问一定要一丝不苟、实事求是，现在，我怎么能食言呢？

要不，直接告诉他下次争取吧？

然而，一看到"渴望一百分！！"那几个字，我又犹豫了起来。这几个字写得并不大，明显比答卷时写的字要小许多，也许，他写这几个字的时候心里也是很顾虑的，他既希望老师看到，又希望看不到，这是不是一种十分矛盾的心理呢？看得出，他对这次的成绩是非常在意的。也许，他为了这次测验准备了好长的时间，也许，他曾向家长或同学夸下了"海口"，也许……不管怎样，这次测验对他来讲很重要。这多半应该是个学习成绩不大理想的学生吧？否则，他恐怕也不会把一个小测验如此放在心上。再看句子后边的两个感叹号，它们如同两只手臂在我眼前高高地挥舞着，仿佛在说：老师，给我个一百分吧！

"必须给他鼓励！"最后，我打定了这样的主意。

但是，怎样做才能既满足他的愿望，又不违反我做学问的原则呢？

我先是把他的试卷又从头到尾仔细看了一遍，迁就了他的一个 0.5 分的答案，这样总分就成了 99.5 分。之后，我在他的卷纸上写下了这样的话：

四舍五入：99.5 ≈ 100。借你 0.5 分，请以适当的方式还我。

当天下午，我的桌子上出现了一张字条，上面工工整整地写着失分那道题的正确答案，后面端端正正地写着：

老师，这是还给您的东西，谢谢！下次我一定让您向我借。

在这个例子中，我实际上是借用文字来施加"控制"的影响力：不能无原则地把满分"施舍"给学生，这是让学生感受知识之"真"的控制力；而通过四舍五入的方式借给学生一个一百分，这又是利用上进心来控制学生的学习行为，帮助他以更高昂的热情倍加努力地学习。

用文字来帮助学生学会自控，适用的范围可以很广。

多年以前，我曾教过这样一个学生。她很要强，学习非常努力、非常刻苦，但成绩并不理想。

面对这样的结果，眼看中考日益临近了，这名女生开始焦躁起来，听课听不进去，作业写不下去。某一天，她竟然接二连三地把作业本的纸撕坏了好几张。

当天，我在她的作业本上写下了这样的话：

请你填空：一休说"_____，_____，休息，休息一会儿。"

她当然知道该填什么话了——在当时，家里有电视的孩子们有几个不知道动画片《聪明的一休》中这几句经典台词的？

第二天，我看到她在我的"填空题"上填入了"不要着急，不要着急"的句子。课后，我问她心绪是否平静了下来，她不好意思地告诉我"好多了"。我笑着告诉她，她要用实际行动来证明她是真的好多了。

通过几天的观察，我发现她做到了。

为什么我不直接对她说"不要着急"呢？

我想，以文字填空的形式出现，她一定会去想这句台词，这样，她的注意力就会得到转移，电视剧《聪明的一休》中的一些情节也许就会在她的脑海中浮现出来，她甚至还可能会联想起童年时代有趣的生活，这样，她那绷得紧紧的神经就可能放松下来。而以文字的形式、特别是以手书的形式来表达，我的话就会以我独有的笔迹保留下来，当她再度紧张的时候，如果看到我的手书，她也许就会想起老师的关心，这样，她的心情也许就会轻松一些了吧？

借用文字的力量来帮助学生控制自己的行为，这是促进学生自主成长很常用的办法。有时候，还有比文字更简单的帮手可以帮我们教育学生，这就是某些具有特殊意义的符号。比如，我就曾经用这种办法引导过一个比较好动的男生。

这名男生自习课上总是喜欢东张西望，既给自己造成了的损失，也影响了他人的学习。

为了帮助他学会控制自己的行为，我先与他进行了必要的思想交流，之后，我拿出一小片纸，在上面画上了一个向上的箭头（↑），然后递给了他："压在你的桌面上。进步了就把箭头朝上放，退步了就把箭头朝下放。每节自习课我都要看。"

对于这样一个小把戏，这名男生居然还真的很在意！当时，还没有玻璃板、透明垫板之类的物品可用，这名男生就用文具盒压在这张纸的一边，把画有箭头的部分显露出来。

第一天的自习课，那张纸的箭头是向上的。

第二天，箭头有两节课是向上的，其余都是向下的。

第三天，那张纸的箭头有三节课是向上的。

……

那段时间里，尽管那张纸的箭头并没有完全达到向上的要求，但是，它总体趋势是向上的。更重要的是，这个学生在意这个箭头，他在学着用这个箭头来约束自己的行为，来督促自己取得进步。

我没有想到，自己临时想到的这么个简简单单的小小的箭头，竟然也能帮助学生控制自己的行为！

文字和符号，它们都是无声的语言。有些时候，这些无声的语言恰恰能做到"无声胜有声"，它们会以其独有的魅力，在学生身处困境的时候送上贴心的问候，在学生萎靡不振的时候送上激励的呐喊，在学生行为不当的时候表达强烈的警醒，在学生行路迷惘的时候指明前进的方向。

## ▌【出谋划策】

在引导某男生努力学习的过程中，教师通过借给这个男生分数并引导他返还分数的办法，用知识本身的力量和学生的上进心帮他学会自控、努力进步；在帮助一名女生缓解学习压力的时候，教师通过文字填空的形式帮助她控制情绪，并成功转移了注意力；在帮助另一名男生进步的过程中，教师通过画有箭头符号的纸片提醒他学会控制自己多动的行为并取得进步——像这样，**通过帮助学生在经历的过程中学会自控以促进其自主成长，我们把这样的教育策略称为"历控之策"。**

**经历约束限制。**是指通过帮助学生在经历的过程中感受并接受约束以促其自主成长。从某种意义上来讲，成长的过程就是逐步社会化的过程，就是让自己的思想和行为逐步适应社会需要的过程，就是让自己的思想和行为逐步接受公共规则约束的过程。所以，感受、理解和接受这样的约束，是青少年成长所必须经历的过程。既然是受约束，那就会出现心理和行为上的不适应，这样，如何帮助学生调整这种不适应就成了教育的内容之一。进行这方面的引导，首先要帮助学生理解规则的意义，帮助他们理解遵守规则的必要性。在此基础上，还要通过行为上的训练来帮助学生体验受约束的感觉，让他们能接受被规则约束的"不自由"。实际上，帮助学生在经历之中接受约束的过程，就是帮助他们在以后的成长过程中少走弯路的过程。

**经历自控进步。**是指通过帮助学生在经历的过程中学会自我控制以促其自主成长。需要自我控制什么呢？控制自己不适当的欲望和行为。这个自控的过程，可用以下几个办法来试一试。

第一，用思想判断来自控。想清楚自己的欲望和行为是否合情合理，这是能够自控的前提。这种合情合理，"情"是指情感、情境和道德，"理"是指道理、原理和规则。既合情又合理，这个欲望和行为可能就不必去控制，而合情与合理少了任何一面，这个欲望和行为恐怕就有控制的必要了。如果学生对这种合情合理具有了基本的判断能力，那么，他们学会自控也就有了必要的基础。

第二，用意志约束来自控。这是让学生在经历的过程中学习自控最关键的地方，也是最不容易做到的地方。以初中生为例，他们正处于"半懂不懂、半能不能"的成长过渡期，应该受控和难以自控之间的矛盾十分突出。教他们学会用意志来自我控制，就是帮助他们从感性成长走上理性成长的过程，而理性成长则是他们长大成人、立足社会的必经之路。

第三，用注意转移来自控。学生有时可能无法控制自己的欲望和行为，此时不妨帮助他们用转移注意力的方法来尝试一下。不过，这种方法终究还是一种"逃避"的自控方法，只能解一时之急，不一定能从根本上解决问题。要想达到真正的自控，还要在思想和意志上下功夫。

# 【想方设法】

## 特点指要

面对中考前心理焦躁的学生，教师安排这个学生用"不要着急"这样的文字来填空，借以提示她要有平和的心态；面对在自习课上影响自己和他人学习的学生，教师用画出"箭头"符号的方式来提示其控制自己乱动的行为，帮助他有效控制了自己的不当行为——像这样，**通过具体事物对学生进行提示以促其修正行为、自主进步，我们把这样的提示方法称为"事物提示法"。**

## 程序参考

### 步骤一：选取对象

是指选取需要用事物来进行提示的教育对象的过程。

有两种情况比较适于用事物来进行行为的提示。一种是学生自控能力比较差，需要利用具有特殊意义的事物来对其进行提示；一种是所提示的内容对于被提示者来讲十分重要，用它来提示学生，能对学生具有更强的提醒、警示作用。

用事物进行提示，大致有促进更优和警示改过这么两种功用。前者是为了对学生进行激励，使学生受到鼓舞而更进一步，这种情况下的提示，要注重正能量的激发，要注重情绪情感的优化。而后者是为了对学生进行抑制，使学生受到警示而控制不当的行为，这种情况下的提示，要重视对不利后果的提示。

对需要用事物来进行提示的教育对象的选取，要综合考虑上述因素，以期取得更好的教育效果。

### 步骤二：事物提示

是指用具体事物对学生进行提示的过程。这里所说的具体事物，包括日常生活中的实有物体、文字符号、图形图像等。

**实有物体。**凡是与学生密切相关的实有物体，都可以作为提示物来使用。这种提示物，可分两种情况来使用。一种是借用事物的原有形态及其所包含的意义来进行提示。在学生的日常学习生活中，具有提示作用的实有物体是很多的，如学习用品、生活用品等，都属于这一类。借用这些物体本身所具有的形态和意义来进行提示，能够最直接、最简洁地表情达意，有利于学生最快捷地进入行为自我修正的程序。另一种是借用在实有物体上所寄托的特定意义来进行提示。这类的物体往往是根据教育需要而特别赋予的意义，如具有象征意义的符号、具有特殊经历或特殊含义的物品等，都属于这一类。在这种类型的提示物中，提示物本身自有其教育的价值。有时候，还可以赋予提示物某种教育的"附加值"。比如，在某种情境下特意赠给学生一个书签，那么，这个书签就具有了特殊的经历和意义，它的身上就具有了比书签更有价值的东西——深厚的情谊。

**文字符号。**表情达意的文字和具有特殊意义的符号都可以是具有特定含义的提示事物，善于利用它们，往往会取得良好的教育效果。这里，我们重点说说文字。

从内容上看，文字的提示功能，可从交流类、启发类、提醒类这三个角度来思考。交流类，是指让文字对学生起到交流思想情感的作用。比如，通过书信、日记的方式沟通情况，交流思想，增进了解和友谊，等等。启发类，是指让文字对学生起到启发思考、启迪思想的作用。比如，通过言简意赅的名言给学生以思想的引导，等等。提醒类，是指让文字对学生起到提醒具体动作、行为的作用。比如，给学生写个字条提醒他的某个行为，等等。

从形式上看，打印出来的文字和手写出来的文字（手书）会产生不同的提示效果。印刷体的文字具有更规范、更美观等特点，更适合在面向大众的、比较正式的场合使用。比如，各种标语、宣传语的使用，等等。手写体的文字则具有更灵活、更个性化的特点，更适合针对学生个人来使用。比如，与学生进行思想交流、对学生进行赞赏，等等。

此外，图形图像也是经常用来对学生进行提示的提示物，它们具有更形象、更具有视觉冲击力的特点，用它们来进行提示，往往会更醒目、更迅捷。

**步骤三：自主进步**

是指借用事物对学生进行提示之后引导其自主进步的过程。这种引导，主要从思想和行为两方面来进行（参见本书《"钢铁般的笑"》一文中"情态提示法"的相关内容）。而具体的引导过程，依然要抓住提示物来做文章。其中，解说提示物和出示提示物是两种比较常用的方式。

**解说提示物。**是指引导学生自己说出对提示物的理解，说出提示物所寄托的特殊意义，说出使用这种事物进行提示的目的。这样的解说，有助于在思想和情感上解决学生自主进步的动力问题。

**出示提示物。**是指请学生出示提示物以强化其提示的力度。学生自控的持久力是不同的，对于那些在经过事物的提示后进步效果不理想或不能持久自控的学生，可用这种出示提示物的办法促进其自主进步，通过这种"重复"的方式触动他、震动他，从而达到"深度提示"的效果。

解说提示物和出示提示物这两种做法，既可以单独使用，也可以综合使用。在使用的过程中，可引导学生把自己接受事物提示之前和之后的变化进行对比，以此来评价其进步的状态和效果，并借此促其更加自主地求取进步。

# 【他山之石】

《素养教育绿镜头——班主任工作纪实及思考》一书的相关篇章

**关键词：** 教育策略（历控之策）

1. 第 12 章《携手阳光的力量》

2. 第 71 章《一场"六班专场"的及时雨》

**关键词：** 教育方法（事物提示法）

1. 第 8 章《滋养健康的生命》

2. 第 91 章《"百日动员"为哪般》

# 6.5 被情愿的"志愿者"

"吃一堑，长一智"；经一挫，长一志。因为有了挫折，教育才更完整；因为有了教育，挫折才更值得。

——题记

## 【抛砖引玉】

比起其他同学来，小飞明显"小"了许多。

这种"小"突出表现在他的活泼和顽皮上：他通常是坐不下的，就算是坐下了，身子也是扭来晃去。与人说话的时候，手舞足蹈与口若悬河总是联动的。而且，往往这边跟你说着话，那边已转过头去看着别人了，即使是老师与他正式谈话时也是如此。

经过观察和了解，我发现小飞是个心地纯净的学生，他为人热情，很有礼貌。只不过，他的成长历程太一帆风顺了，太缺少挫折和否定了，所以，才造成了他的"不成形"。

看来，应该找机会给他一定的约束，让他受到一定的挫折教育，否则，他的行为举止会愈发地没有规矩、不讲规则，将来可是要吃大亏的。

在对小飞进行挫折教育之前，我先与他建立起了足够亲近的师生关系。只有具备了这个基础，在其经受挫折的过程中，才不会引起他的反感和不满。

接下来，我开始找机会让小飞经受挫折和约束了。

出于人身安全和培养文明习惯的考虑，学校是不允许在走廊里跑跳打闹的。这一点，尽管入学的时间还不到一个学期，但学生们没有不知道的，小飞当然也知道，不过，他还是因为这一点而多次被学校"扣分"。可是，小飞并没有觉得这件事有多么严重，他依然是我行我素。

看来，要想帮他学会改正错误，不下点"猛药"是不行了。

一天，小飞又因为在走廊里飞跑而被值周生"逮"了个正着。

拿着扣分条，小飞找我承认错误。

我接过了扣分条，看了看，然后对小飞说："你这么不要强，我决定不理你了！一个礼拜，从今天开始算！"

"哎哎，老师，别不理我呀。我知道我错了……"小飞连忙跟我道歉，但我瞥了他一眼，转身离开了。

此后的每一天，小飞都主动找机会跟我说话，但我就是对他不理不睬。

这可急坏了小飞，他总是想方设法地接近我，有时还拽着我的衣角哀求："老师，求求你理我吧！"

而我呢，好像干脆就没听见他说话一样，该干什么干什么。一面心里憋不住地笑，一面还要板着面孔。那几天，着实也把我难为得够呛。

有一次，这个鬼精灵竟然破天荒地向我请教起语文课的问题来！他知道我平时对学习的要求，想借此来"要挟"我就范。

哼！我也有我的办法，见他如此"耍赖"，我把旁边一个学生拉到了小飞面前，又指了指小飞手里的语文书。这引得周围的学生不由得发出一阵善意的大笑——由于小飞的"努力"，大家都知道了我不理睬他的事，所以，他们才会善意地发笑。

"老师，求求你理我吧！"那几天，小飞看到我就不停地叨咕这句话，人也变得比以前乖多了。

有时，我还会特意到小飞的面前去与别的学生交谈，口里一边说着话，眼睛却不时地瞟一眼小飞，直把小飞"折磨"得坐立不安、手足无措。

一周后，我找小飞谈话。我告诉他，先前的"不理他"是对他多次犯同一种错误的"惩罚"。现在，期限已到，结束对他的不理睬状态。

看着小飞感觉已经万事大吉了的样子，我觉得还应该再给他点警醒。于是，我决定再跟他谈一谈。

平时，面对学生的无心之失，我一般都是和颜悦色的，至少是心平气和的。但是，由于是要对小飞进行挫折教育，我决定再给他点"颜色"看看。

我拿出了小飞的扣分条，边看边念道："扣分理由：走廊跑跳。"然后，我抬头看了一眼小飞："'走廊跑跳'这个理由在你以往的扣分条里好像出现过。"

"是。老师，我错了。"小飞的态度倒是很诚恳，但他似乎并没有觉得这个错误有多严重。

"你是错了！"我的语气忽然严厉起来，而且，与以往不同的是，我没有对他进行任何方面的肯定。

"这么多次地给班级扣分，你是想故意让自己被人瞧不起吗？你是想故意给班级丢脸吗？你是想故意让家长不开心吗？"没等小飞做出什么反应，我又是一连串的质问，而且，故意"上纲上线"地给他的错误定性。

显然，我这异常的话语和语气使小飞感受到了事情的不同寻常，他立刻站好，一下子变得规规矩矩的了。

通常情况下，如果是跟学生进行谈话交流，我一定会请学生坐下来，但今天我没有这样做，这也是要给他一个事情非比寻常的印象。

我拿着小飞的那个扣分条，似乎很在意地把它抖来抖去。然后，面色严峻地看着小飞，一句话也不说。

"老师，您批评我吧！"小飞的脸上现出了愧色。

我还是不说话，就那么一直盯着他看。

刚开始，小飞还偶尔能迎一下我的目光，后来，他不敢再看我，而是目视前方，笔直地挺立着。

我仍然不说话，就那么对他怒目而视，这样持续了有好几分钟的时间。

渐渐地，小飞的额头渗出了细密的汗珠。汗珠由小到大，开始顺着脸颊滚落下来，但是，他连擦都没擦一下。

"擦擦汗吧。"看看火候差不多了，我终于开口了，语气也缓和了不少。

待小飞擦完了汗，我请他思考了三个问题：

第一，为什么会出汗？

第二，为什么现在能站得那么规矩？

第三，扣分给班级和自己带来了哪些损失，该怎样来弥补？

关于第一个问题，小飞的回答是害怕。

我告诉他，人是应该有所畏惧的，不过，这种畏惧不一定是对某个具体人的畏惧，而是对规矩、对公理的敬畏。如果对这些规矩和公理怀有敬畏惶恐之心，就没有机会触犯它们，自己也就不可能因触犯它们而受到惩罚。

关于第二个问题，小飞的回答是自己想表现好一点以免受到严厉批评和处罚。

我告诉他，知道犯错误而想去改正，这一方面说明他有进步的愿望和行动，另一方面也说明他是有能力控制自己行为的。这也说明了他以往的不守规矩不是做不到，而是不想做。希望他以自己的实际行动改正错误。

关于第三个问题，小飞的回答是再也不在走廊跑跳了。

我表示这样还不够，我告诉他，每个人都要为自己的错误行为付出必要的代价，多次犯同样的错误是需要惩戒的，他需要经历被惩戒的过程。

小飞想了想，表示要用参加一周卫生清扫的方式来惩罚自己。

我肯定了他愿意接受惩罚的态度，但否定了他打扫卫生的方案，并提示他，他需要在自己所犯错误这方面做点儿什么才行。

经过思考，小飞提出了自己要在走廊"罚站"的办法。这个办法，同样被我否定了。我告诉他，惩戒的目的是为了让他昂首挺胸地长大，而不是让他抬不起头来地长大。

一时间，小飞没有了主意。

最后，我给小飞提出了一种"惩罚"他的方式：让他充当班级的志愿者。这个志愿者的责任有两条：第一，负责向同学示范自己良好的举止；第二，提醒本班同学不要在走廊随意跑跳。

"你愿意当这个志愿者吗?"我问。

"愿意……"声音有点小，但能听得清楚。

"可我不愿意!"我大声说。

小飞一下子懵了：做志愿者明明是老师提出来的，怎么老师又说不愿意呢?

"你直挺挺地在走廊里一站，班级和你自己的脸上都无光，你要在大庭广众之下成为众人指指点点的对象吗?"听我这么说，小飞的脸红了。

"你担任一周的'礼仪示范生'吧!"我似乎余怒未消地说。

听了我的建议，小飞一下子愣住了："礼仪示范生"活动是学校采取的一种学生自主教育的方式：由各班选派行为习惯具有示范作用的学生，身披印有"礼仪示范生"字样的绶带，站在走廊里为其他学生进行行为礼仪的示范。

小飞完全没有想到，我所说的"惩罚"，竟然是让他担当"礼仪示范生"的工作! 要知道，这是只有行为表现非常好的学生才有资格担任的工作，而以小飞的表现来看，他还差得很远呢。

我告诉他，尽管他现在还够不上"礼仪示范生"的标准，不过，这一点我不会向他人说明。我希望他站在走廊面向众人的时候能具备"礼仪示范生"的基本特点，希望他能以"礼仪示范生"的身份给大家示范文明的行为。

之所以这样安排，一方面是想通过这种高标准的锻炼对小飞进行"惩戒"，对于"动感十足"的他来讲，规规矩矩地站着就是一种磨炼式的"惩戒"；另一方面，更希望他能在这种"惩戒"之中学会当一个名副其实的"礼仪示范生"，切实规范自己的行为。

"怎么？不愿意？"我故意这样问。

"老师，我……我怕……干不好……"小飞扯弄着自己的衣角，显得没有什么信心。

如果是在平常，听到这个安排的时候，小飞一定会眉飞色舞地说"没问题"之类的话，可今天，他稳重多了——但愿，是刚才的挫折和训诫对他起了作用。

"你应该知道怎么做。我看你的实际行动！"我的语气不容置疑。

接下来的一周，小飞以良好的表现基本尽到了"礼仪示范生"志愿者的责任。从此以后，他的举止行为也稳重多了。

没见过狼的羊是不会避开狼的，生活中的狼就是挫折。对学生不能任其自由自在地"散养"，因为"散养"的结果必定是养"散"，而养散了的羊必然会失去本应具有的防"狼"的意识和能力。

# 【出谋划策】

在帮助小飞进步的过程中，面对小飞的自由散漫，教师以不理睬来让他感受不能与老师正常交往的挫折，以严厉的批评和恰当的引导让他思考必须为过错付出代价的道理——像这样，**通过帮助学生在经历的过程中感受挫折磨炼以促进其自主成长，我们把这样的教育策略称为"历挫之策"。**

**感受挫折艰难。**是指通过让学生在经历挫折中感受艰难、吸取教训以促进其自主成长。挫折和失败，这在学生的成长过程中本身就是一种财富，一种感受艰难、吸取教训的财富，一种积累经验、启发思考的财富，一种激发斗志、知难而进的财富，一种山穷水尽、另辟蹊径的财富……如何帮助学生在这个经历的过程中挖掘、积累这笔财富呢？知难而不畏难，这是关键。知难，是指在经历挫折的过程中感受艰难之处，明白艰难的因由，体会艰难的困扰，以此磨炼意志，锻炼能力。不畏难，是指在经历挫折的过程中尽管困难重重，尽管历经挫折，但仍能迎难而上，意志弥坚。感受挫折和艰难，这永远是学生成长的必由之路。在经历的过程中有了挫折和艰难的陪伴，学生的成长就有了更成熟、更成功的可能。所以，当学生面临某种其能够承受的挫折和失败的时候，不必刻意地帮他们去避开这些挫折和失败，而是让他们去经历、去体会、去承受、去感悟、去收获，唯其如此，他们才能经风雨，长本领。

**承受挫折代价。**是指通过让学生在经历挫折中承受、思考错误的代价以促进其自主成长。这样的承受和思考，有利于帮助学生认识和遵守生活中的规则，特别是认识和遵守这些规则的底线。这实际上是在帮助他们在人生之路上走得更直一些，更顺一些，实际上是对他们的另一种形式的劝导和保护。这种对代价的认识，可借助损失和限制这两个关键词来进行。损失，是指懂得过错会给自己在物质或精神层面带来损失；限制，是指懂得过错会使自己的行为受到限制。在经历的过程中，当学生出现了过错的时候，引导他们认识这过错所造成的损害，并让他们体会到自己因这错误而承受的损失和限制，这会有利于他们知过和改过。对于那些习惯于恣意妄为的学生来讲，更需要以适当的方式在这方面给他们以深刻的感受和认识，并在此基础上引导他们认识自己的恣意妄为所带来的不良后果，以吸取教训、学会敬畏。

# 【想方设法】

## 特点指要

在教育小飞的过程中，面对他"屡教不改"的顽疾，教师先是通过不理睬的办法让小飞感受犯错误的代价，又通过态度严肃的训诫来使其认识到问题的严重性，再以充当志愿者的方式让小飞经受"惩罚"、弥补过失——像这样，**通过引导学生能接受训诫和主动弥补过失来助其改正错误，我们把这样的惩戒方法称为"补过惩戒法"。**

## 程序参考

### 步骤一：训诫警告

是指以异常严肃的态度对过错严重的学生进行教训和警告的过程。过错的严重性、态度的严肃性、内容的威严性是这个教育过程的突出特点。

过错的严重性。一方面是指学生所犯的过错具有严重损害自己或他人正当权益的特点。比如，对自己或他人的身心健康构成威胁或造成伤害；比如，对自己或他人的合法权益构成威胁或造成侵害；比如，对自己或他人的身心健康、合法权益造成潜在的危害，等等。另一方面，过错的严重性还指所犯错误本身并不严重但存在屡教不改的情况。小错的不断积累和难以改正，会对学生的健康成长造成不可忽视的负面影响，所以也需要引起足够的重视，也需要用惩戒的方式来进行有力度的教育。

态度的严肃性。是指以异常严肃的态度对学生进行有力度的批评教育。从表情上看，面无表情、冷面以对、怒目而视、声色俱厉，这些都可以用来体现态度的严肃性；从言辞上看，词锋的犀利、语气的强烈、音量的加大、动作的配合，这些都可以体现批评的力度。

内容的威严性。是指对学生进行教训和警告的内容具有强制实施、不可动摇的威严性。

通过教训和警告，让犯有严重过错的学生切实感受到问题的严重性，也使其切实地感受到有些底线是不可触碰的，一旦触碰，就要承担相应的后果，就要承受相应的惩戒。

**步骤二：自省知过**

是指引导学生通过自省来认识错误的过程。这个过程的落实，冷落和反思是两种比较有效的做法。

**冷落。**是指以冷落的态度对待对犯有严重错误的学生，以促使其感受和反思自己的行为所带来的严重后果。这种冷落，最好以明白告知的方式来进行：告诉犯错的学生为什么要冷落他，这样更有利于他的反思和自省。冷落过程中，要注意把握火候和尺度，要在最合适的时候及时终止冷落，再以满腔的热忱与学生交流，助其走出困境，走上正轨。

**反思。**是指引导学生反思并深刻认识自己的过错。这种反思的教育，要由表及里地进行。就是引导学生透过表面现象，认识到错误产生的根源和关键之处，最大限度地避免再犯同类的错误。比如，引导犯错误的学生想清楚什么地方错了，为什么说它是错的，是什么原因导致犯了这个错误，犯了这样的错误会有什么危害，以后再面临这样的情况还会不会犯同样的错误，等等。这种反思的教育，还要由此及彼地进行，不要仅仅停留在就事论事的层面上，还要引导学生学会举一反三，学会引以为戒。

**步骤三：惩戒补过**

是指通过弥补过失的方式来对学生进行惩戒以助其改正错误的过程。对学生进行惩戒的教育，让他们在弥补过失的过程中体验犯错误的后果和要付出的代价是比较行之有效的做法。这种惩戒，可从改正和弥补这两个层面来落实。

**改正。**是指引导学生用正确的行为替代错误的行为。这种错误行为的改正，最好抓立竿见影的效果：立刻就改，立刻有效。而要想取得这样的效果，有时候可用"重做一遍"的办法来试一试：就是让犯了错误、有了过失的学生以正确的方式重新做一遍他所应该做的事。这种"重做一遍"的做法，让学生既能对自己的错误和过失有深刻的印象，又能对正确的做法有切实的体验。

**弥补。**是指引导学生用良好的行为来弥补自己过失所造成的损害。这种弥补是行为上的，而不是物质上的。比如，某学生犯了打架的错误，让他主动化解矛盾、与对方握手言和，这就是改正；而让他以志愿者的方式帮助其他同学解决纠纷，这就是弥补。需要说明的是，弥补的使用，最好遵循"错什么补什么"的原则，即哪方面犯了错误，就从哪方面去弥补，这样才更有利于发挥惩戒的作用，否则，很可能会给犯错误的学生造成一种可以"将功补过"的误解。比如，学生是犯了打架的错误，如果用弥补去惩戒，就应该从让他肩负劝导他人不打架的角度来做点什么；而如果让这个犯了打架错误的学生去给班级进行一次卫生清扫，那么这个弥补就不合适，就难以真正起到应有的惩戒作用。

需要提醒的是，通过惩戒的方式来补过，最好有一个"主动补过"的引导过程。这个引导的过程，先是对补过意愿的引导，要从学生的角度想问题，引导他认识到补过的过程就是让自己树立良好形象的过程，就是让自己更加进步的过程，这样，他才能愿意补过。这个引导的过程，还有对补过方式的引导，就是要引导犯错误的学生自己想出补过的方式。这样做既可以帮助其更深刻地感受自己所犯错误的严重性，还有利于其补过行为的落实——自己想出来的方式，更适合，更心甘情愿，更容易实现。

# 【他山之石】

《素养教育绿镜头——班主任工作纪实及思考》一书的相关篇章

**关键词**：教育策略（历挫之策）

1. 第 17 章《闪光的"自省日"》

2. 第 35 章《拔河——拔的不是河》

**关键词**：教育方法（补过惩戒法）

1. 第 5 章《"与尊严同行"》

2. 第 70 章《君子不贰过》

# 7. "赏"之策

## 单元提示

## 【教育策略】

本单元探讨的是"赏"的策略。

赏，就是赏识、欣赏。"赏"之策，是指主动挖掘并欣赏学生值得肯定之处并借此鼓励其自主上进的策略。其中，学生的值得肯定之处，我们姑且称之为"欣赏点"。

这种策略有两个关键点：其一，会赏识。是指要努力识得或者挖掘学生的欣赏点。其二，会欣赏。是指善于对学生进行欣赏并使得师生双方都在这种欣赏中获得愉悦。学生受到恰当的欣赏，自然能从中体验到快乐；而作为欣赏者的教师，更应该从欣赏学生的过程中体验到学生的进步和欣赏的成功这双重的愉悦。

关于"赏"的策略，我们从"赏上、赏实、赏稳、赏改"这几方面来探讨。这四方面的欣赏内容，都是学生成长中需要特别强化的基本素养。

"赏上之策"是指通过欣赏学生上进的行为和状态来促其自主成长，它有利于促进学生获得上进的愿望和信心；"赏实之策"是指通过欣赏学生真实的优点和落实的状态来促其自主成长，这是引导和鼓励学生进步的有力依据；"赏稳之策"是指通过欣赏学生沉稳踏实的表现来促其自主成长，这是帮助学生取得进步实效的保障；"赏改之策"是指通过欣赏学生在困境中的自强改进来促其自主成长，这种欣赏会给学生带来新的的信心和力量。

欣赏和鼓励是不同的。本书中，"欣赏"是作为一种教育策略来定位的，而"鼓励"则是以一种教育方法来定位的。二者的差别在于：从目的上看，"欣赏"和"鼓励"都是为了激励学生更进一步，但"欣赏"一般不需要考虑下一步的进步目标，而"鼓励"则是要目标明确地引导学生求取下一个进步。从内容上看，"欣赏"往往要具体分析可"赏"之处，需要把值得欣赏的积极因素说清楚，以此使欣赏者和被欣赏者体验到相应的愉悦；而"鼓励"只要点明值得肯定之处即可，不一定有分析的过程。

# 【教育方法】

本单元探讨的教育方法有3种，共4个做法。它们是：属于"压力法"的递增压力法，属于"带动法"的个体带动法，属于"鼓励法"的彰扬鼓励法、激励鼓励法。

对上述方法的具体介绍详见相应篇目及本书附录《教育方法简要说明表》。

# 7.1 最有益的"补课"

> 最强大的能量不是能量本身，而是对能量的渴望和追求；最强大的力量不是力量本身，而是对力量的开发和使用。
>
> ——题记

## 【抛砖引玉】

七年级上学期，以此为背景。

一天放学，一个小男生在放学的过程中，由于整理书包的速度很慢而落在了最后。离开教室的时候，我让他把门锁上。这时，他问了我一个让人有点儿哭笑不得的问题："老师，这门……怎么锁呀？"

我告诉了他门的锁法，并让他亲手锁上。表扬了他接受能力强之后，我们才有说有笑地离开了。

他叫小白，与同龄人相比，他显得更加单纯，也许正是因为更加单纯，他在某些方面也就需要补一补课。

关于这一点，小白的家长曾与我有过比较深入的交流。小白的文化课成绩是不错的，但家长意识到孩子成长所需要的素养应该是多方面的，所以，他们希望我在日常教育中帮助小白汲取更均衡的营养。经过商量，我们达成了基本的共识，决定在自理能力、合作能力等方面给这个孩子"补补课"。

这种补课，是从教小白学会快速整理自己的物品开始的。

放学时把需要带回家的物品放进书包，这对于大多数学生来讲实在不是个什么问题，可对于小白来讲，这还真是个不小的难题。难在哪了呢？最突出的就是他的物品杂而乱，而且他整理的速度还特别慢！每天放学的时候，值日生往往都要专门等待小白一会儿才能锁上教室的门。有的同学看不下去，常常会施以援手，为此，他的小伙伴们可没少"夸"他，还有人打趣他是"天下第一慢"。

刚开始，我请值日生转达了希望小白学会快速整理书包、及时离开教室的想法，我以为只要强化一下小白的自理意识就万事大吉了。然而，小白对此似乎有点儿"充耳不闻"，照样地磨磨蹭蹭，照样地慢条斯理。

于是，我决定亲自出马。我给小白讲了学会自理的重要性，并表示希望他能够做得好。可是，我所期待的结果并没有出现，他答应得好好的，但行为上并没有什么改进。一连几次的提醒，他依然对"天下第一慢"的"美誉"泰然处之。

从班集体的角度给他一点压力，效果会不会好一些呢？

我决定请小白负责全班同学书包摆放的检查工作。这样，他必须首先想着要自己做得好，然后才能去检查别人。这既可以强化他的自理意识，也有利于增强他与同学交流合作的意识，应该是两全其美的好事。

刚开始的几天，小白表现得还算是主动，工作效果也不错。理所当然的，小白受到了相应的肯定。

受到鼓励的小白充满了力量，接下来的几天，他对自己的提醒工作很是投入，可他自己整理书包的能力并没有多大的提高。

看来，得给他足够的压力，要更深入地触动他才行！

一天，我导演了一场促使小白"胜利大逃亡"的好戏。

放学的时间到了，一切都一如既往。值日生照常清扫；我照常随意跟几个学生聊上几句；再看看小白，他也完全没有辜负我的"期待"，还是在照常慢条斯理地整理着自己的书包。看着他慢慢腾腾的样子，我不由得暗自发笑：一会就有你着急的啦！

不长时间，值日生清扫完毕，而小白的物品整理还没有结束。这时，我要求大家立刻离开教室，并命令值日生马上锁门。

其他的学生都迅速走了出去，教室里只剩下了手忙脚乱的小白。

"老师，小白还没出来，锁门吗？"值日生一边拽着门把手，一边问我。

"锁！"我笑着，故意大声地说。

"好嘞！"值日生会意地大声应着，做出了要锁门的样子。

"老师，等会儿、等会儿、等会儿！"教室里，小白着急地叫了起来，连忙抱起他的书包和一大堆还没来得及装进书包里的书书本本，狼狈不堪地跑了出来。

大家笑得前仰后合！

跑出教室的小白把怀里的东西放在地上，打算整理一番再放进书包，我没有允许，而是让他把所有想拿回家的物品全都囫囵地塞进书包。然后，陪他一起向校外走去。

"什么感受啊？"我拍了拍小白背上鼓鼓囊囊的书包，问他。

"急死我了！"小白"惊魂未定"，有些气喘地说。

"哈哈，着急了吧？不过，你这个急还是有值得欣赏之处的。"我说。

"什……什么……意思呀"小白不解地看着我，他以为我说的是反话。

"我说的不是反话。"我解释道，"你宁可把东西乱作一团地拿出来也不影响值日生锁门，这说明你不想拖集体的后腿，这是上进的表现。有了这种上进心，什么事做不好呢？"

"哦……"小白似有所悟地点着头。

当天，我给他布置了一汇特殊的作业：让他思考一下自己整理书包为什么总是比别人慢，这样好不好，怎样调整……

第二天，听完了小白的汇报后，我与他一起分析了其问题所产生的原因及改正的办法。在这次交流中，我特别引导他懂得两个道理：第一，要具备自理能力，这是每个人能安身立命的基本能力，而短时高效地整理书包就是自理能力的一种表现。第二，要学会与人和谐相处，这是能让自己的生活更有质量的生存能力，而不耽误同学正常放学就是与人和谐相处的一种表现。

此后，我着意对小白进行了一些具有针对性的训练，特别重视对他进行上进意识的培养和上进行为的训练。而每当他取得了一定的进步，对他这种进步的欣赏也就随时给他带去了新的动力。

"状态不错！速度快多了，照这样下去，很快就会完全合格的！"像这样鼓励的话，那个阶段我可没少说。

就在这对上进状态不断反赏式的强化中，小白整理物品的能力越来越强了。到后来，他放学后不但能及时做好自己的事情，还能有时间主动帮助值日生进行卫生清扫。而随着时间的推移，他在其他方面的自理能力也不断地增强了：从对班级事务从来都不闻不问地"一心只读圣贤书"，到主动申请为班级管理表彰宣传板；从因为与同学的一点儿小问题而几天睡不好觉，到能开开心心地跟大家交朋友……最后，他终于以一个更加独立的形象而令人刮目相看。

看到小白的健康成长，我和他的家长都感到十分欣慰。而小白之所以能取得这样大的进步，很大程度上取决于对他的综合素养的"补课"。这种补课，给小白补充的不是简单的一点知识，而是其一生都需要的营养和能量，有了它们，小白在今后的生活之路上会奔跑得更有动力，更有活力。

# ▌【出谋划策】

在帮助小白提高自理能力的过程中，教师先通过欣赏小白"不想拖集体的后腿"等上进的表现来引导他不断进步，而在小白取得进步之后又通过欣赏他"状态不错""速度快多了"来进行鼓励，最后帮助他取得了更大的进步——像这样，**通过欣赏学生上进的行为和状态来促进其自主成长，我们把这样的教育策略称为"赏上之策"。**

**欣赏上进行为**。是指对学生所表现出来的上进的行为进行欣赏。这种欣赏，直接关系到对学生上进方向的引领。要想做到这一点，先要确定用来欣赏的行为是合适的，然后再通过对这种行为进行欣赏以鼓励学生求取进步。

第一，被欣赏的行为要适当。是指被欣赏的行为与被欣赏者的身心特点和具体境况相匹配。要根据年龄、经历、性格、情境等相关因素来确定对学生行为的欣赏标准。如果忽视了这些因素，就可能使欣赏起不到应有的作用，甚至还可能起反作用。比如，一个正常的小学一年级学生如果听到老师欣赏他能把鞋带系好，这个学生会从这欣赏中受到鼓舞；但如果是一个正常的初中一年级学生听到了这样的"欣赏"，那他感受到的恐怕就不是鼓舞，而很可能是轻视了。

第二，被欣赏的行为要适用。是指要把所欣赏行为的积极因素应用于下一步的教育引导。让学生知道其行为当中值得欣赏的积极因素有哪些，为什么说这些因素是积极的，它会给学生带来哪些益处，接下来还可以怎么做，等等。

第三，被欣赏的行为要适度。是指对学生相关行为的欣赏程度要拿捏得恰到好处。欣赏的程度轻了，会让学生觉得没有受到足够的重视，其积极性可能会受到打击。而欣赏的程度重了，还可能使学生忘乎所以，妨碍其进一步的提高。

**欣赏上进状态**。是指对学生所表现出来的上进的状态进行欣赏。从哪些角度来欣赏这种状态呢？第一，看热情。是指对学生所表现出来的上进热情进行欣赏。指出学生的这种热情，欣赏他的这种热情所体现出来的积极状态，从而达到鼓励进步的目的。第二，看影响。是指对学生上进行为所体现出来的积极影响进行欣赏。引导学生看到其上进的行为及效果，使其充分感受到其上进行为对自己和他人所产生的积极影响，用成就感和自豪感去激励其更加进取。第三，看趋势。是指对学生一定阶段内的上进趋势进行欣赏。引导学生自己回顾一个阶段内自己的上进历程，使其充分认识到自己的上进在总体趋势上是越来越好的，以此对其进行具有说服力的鼓励。

在欣赏学生上进状态的时候，还要注意讲究欣赏的时机。欣赏的时机，可从适时、及时和随时这几个角度来思考。适时，是指在学生上进的进程中，抓住最有利于给他鼓舞、最有利于促其进步的时机来进行欣赏。及时，是指学生在已经取得了进步之后，抓住时机及时给予评价性的欣赏，以促其再接再厉，更进一步。随时，是指在日常的教育教学中，随时随地地对学生进行必要的欣赏，要把欣赏当成一种基本技能，要把欣赏养成一种习惯。学会了随时随地地欣赏、鼓励学生，收获的不仅仅是学生某一个具体的进步，更是学生的成长热情，更是师生关系的和谐美好。

# 【想方设法】

## 特点指要

在帮助小白提高自理能力的过程中，教师以教他学会快速整理自己的物品为抓手，先请小白的同学对他进行提醒；之后又以教师亲自提醒的办法给小白施加一定的压力；再通过实际的行为训练进一步对其施加压力、助其增强能力；还通过让其负责班级书包整理的工作、通过集体的力量进一步对其施压；最后，又通过放学时"企图"把他锁在教室里的办法对其施加更大的压力，直至最后助其取得明显的进步——像这样，**通过逐步给学生增大压力的做法来促其修正行为、自主进步，我们把这样的施压方法称为"递增压力法"。**

## 程序参考

### 步骤一：施加轻压

是指对有意进步但行为滞后的学生施加轻度压力以促其启动进步的过程。这个过程，具有启动性和轻度性这两大特点。启动性，是指施加这种压力的目的是帮助学生启动进步的具体行动。成长中的学生往往具有"口高手低"的特点，愿望很好，说得也很好，就是行动跟不上。这时候，就需要用一种外部的压力来帮助他们为实现目标而采取切实的行动，这种压力的施加，就是要促使学生"动"起来。轻度性，是指所施加的压力达到促使学生启动修正行为的行动即可，不能把这种压力变成学生的心理负担。

关于起始阶段压力的施加程度，"递增压力法"与"递减压力法"是截然相反的：前者更侧重于行为的落实，只要行为有了落实、有了启动，也就达到了施加压力的目的，所以压力要适可而止；后者则着眼于给学生心理上的感受，恰恰是要通过足够的心理压力而引起其深入的思考和高度的重视，所以压力要相对大一些。

### 步骤二：逐步增压

是指根据学生行为修正难度的增大而对其逐步增大压力以促其更加进步的过程。这个增压的过程，要紧密结合学生行为修正的难度增大来进行。学生行为修正的难度来自哪里呢？主观方面，主要是因态度和意志的问题所带来的难度增大。比如，热情减弱、意志不强、耐力不够等问题，都会使行为修正的难度增大。针对这一点，需要对其在思想认识方面施加压力，帮助他们不知难而退，不半途而废。客观方面，主要是因面临的困难之大所带来的难度增大。针对这一点，可在促使学生动脑思考、努力寻找解决问题的办法和加强与他人的合作交流方面施加压力，引导他们善于思考、善于合作，以帮助他们解决实际问题。这个增压的过程，还要考虑渐进性的特点。在充分尊重学生承受能力的基础上，综合考虑压力的来源、数量、程度等多方面因素，逐步增大，逐步增多，逐步增强，做到循序渐进，这样才更有利于使压力产生应有的促进作用。

**步骤三：进步止压**

是指帮助学生求取自主进步并适时停止对其施加压力的过程。"递增压力法"的使用，当然是为了借压力帮助学生进行某一具体行为的修正，这就需要帮助学生具有求取自主进步的意识和行动。因此，压力的施加与停止，都取决于这种压力对学生自主行为修正的促进作用发挥得如何。适可而止，这是停止对学生施加压力的基本原则。"适可"之"可"，可从态度可嘉、自主可知、行为可见、效果可待这几个角度去衡量。态度可嘉，是指学生主观上对修正行为的态度主动积极，有比较明显的上进意愿；自主可知，是指学生懂得用自身的力量去修正行为，且有相应的实际行动；行为可见，是指学生求取进步的行为表现出了务实的行动，有能看得见的动作行为；效果可待，是指学生求取进步的行动尽管尚未结束，但其效果是可以预见和期待的。

# 【他山之石】

《素养教育绿镜头——班主任工作纪实及思考》一书的相关篇章

**关键词：**教育策略（赏上之策）

1. 第44章《男儿当自强》

2. 第81章《最有高度的第二跳》

**关键词：**教育方法（递增压力法）

1. 第21章《"借"出来的班干部》

2. 第37章《初识"男子汉"》

# 7.2 "断臂之痛"与"一臂之力"

对于教师来讲，最有力的帮手是学生，最借力的帮手也是学生。能借学生的力量去教育学生，教师所得到的，绝不仅仅是左膀右臂的一臂之力，而是三头六臂的无边法力。

——题记

## 【抛砖引玉】

小陶的聪明劲可是班上数一数二的。课堂上，老师讲到什么问题，小陶常常是一点就通。有时候，老师刚一张嘴，他几乎都能抢先说出老师想说的下一句话来。

不过，尽管小陶的学习潜力非常大，但潜力不等于实力，必须想办法让他踏实起来，把潜力转化为实力，这样才能取得更好的成绩。

然而，说起来容易，实际做起来却实在没那么简单。

刚开始，我采取的是直接提醒的办法。我很真诚地告诉小陶，他这样的学习状态是不会取得好成绩的。小陶虚心地接受了我的提醒，但是，一到课堂上就把我的话抛诸脑后，一切依然如故！

这可怎么办呢？我有点着急了。莫非，是我对他的态度不够严肃，提醒的力度也不够大吗？这样一想，我又找到小陶，态度严肃地把他批评了一顿。还别说，这次"有力度"的批评还真起了作用，第二天的课堂上，小陶的听课状态果然有了好转：听课的时候，他一句话也没说！下课的时候，他还兴冲冲地跑过来向我汇报他努力"自控"的成果。

我对他的这个"成果"却并不满意。为什么？整堂课一句话都不说，连课堂发言都没有了，这不是因噎废食吗？这样的"踏实"并不是学习所真正需要的呀。

是我自己的指导有了问题。

经过反思，我终于找到了问题所在：我的要求本身太空泛了，让小陶不知道具体该怎么做。比如，什么叫听课状态不好？这不好的具体表现有哪些？怎样做才算得上是好？

这么一想，我豁然开朗：找准问题，具体指导，这样才能让小陶有所改进。

经过观察，我发现小陶在学习上的问题主要有两大表现：

第一，听讲冷热不均。小陶的听课状态呈现先认真后放松的状态，刚开始时认真听讲，积极回答问题；可过不了多久，他听课的热情就会大减，不是自以为得意地手舞足蹈，就是按照自己的思路拉着别人讨论问题——如果别人不理他，他就可能无所事事地东张西望。

第二，表达凌乱不堪。口头回答问题的时候，表层的、一般的问题难不住小陶，但如果把问题深入下去，追问下去，小陶的回答常常就是逻辑混乱、漏洞百出，或是干脆就答不出来了。如果让他笔答问题，那出现的问题就更多了，比较突出的问题有思考不周密、答案不完整、格式不规范、书写不整洁，等等。

问题找到了，该怎样去解决呢？

刚开始，我采取的是纵向迁移、强化进步的办法。就是针对小陶的某一方面优点，正面肯定他的进步，然后再不断强化这种进步。比如，告诉他在"不打断老师讲课"方面有了进步，并希望他下节课还能做到这一点。经过一段时间的努力，小陶的听课状态明显好转了。

接下来，如何帮他提高学习的实际效率就成了工作的重点。这方面，我决定先从帮他把字写好抓起。

小陶的字和他这个人一样，都属于"活泼随意型"的。无论是汉字，还是阿拉伯数字，还是各种符号，写起来都不愿意受约束：字形是又大又垮，笔画是又粗又重。他的考试成绩，往往会因为书写的问题而大打折扣。

为了帮助他改进这个问题，我采取了先进带动的办法。

班长是个十分优秀的学生，她的钢笔字写得尤其漂亮，我就提醒小陶向班长学习写钢笔字。一听我这个提醒，小陶马上面露难色：班长的书法是获过大奖的，对于他来讲，这个要求太高了。

见此情景，我告诉他，我不是要他学怎么把书法练得好，而是要他学怎样把字写得工整，特别是要他在写字的过程中练习专注和沉稳的状态。

几天后，我让小陶拿出了他的作业本，请他自己对近几天与以前作业书写的工整度进行评价。

"嗯……好像……好一点……了吧……"小陶抓挠着乱蓬蓬的头发说。

"什么叫'好一点'呢，是好多了！你看这几个字，写得多工整！字号比较适宜，笔画也不那么粗了。"我指着本子中的几个字，故意大声夸道。这几个字的确写得有进步，不过，它们也的确是我特意选出用来鼓励的。

"真的呀？太——"小陶高兴得扬起双臂，刚要大声呼喊，我立刻板起面孔，他马上压低了声音："太——好啦！"

"嘿——太'毙'（方言，意为"精彩至极、令人满意"）啦！"说话的是小陶形影不离的好朋友小东。他的字比小陶写得还不成形，而且，常常是把写错的字涂抹得一团糟，就像一团团铁丝网一样。

"人家都进步了，你怎么办哪？"我笑了笑，把目光转向了"看热闹"的小东。

"我也练！"小东往上捋了捋袖管，跃跃欲试地说。

"小陶，你俩真是好朋友吗？"我问。

"我俩是纯'铁子'（方言，意为"友谊深厚而牢固的好友"）！"两人几乎异口同声地说。

"那好，你俩就互相帮助，把字写工整。行不行？"

"没问题！"

两人相视一笑，小陶还十分兴奋地搂起了小东的脖子……

那段时间，经常可以看到小陶对小东作业本上的字评头论足，为了争论一个字写得好坏，两人有时还会拿着本子找我来"打官司"。

"嗯，都不错啊。你看，小东的字越来越有型了，基本没有'铁丝网'啦！小陶的字越来越工整，字号也越来越适宜了。特别是你们主动练字的状态特别好，强烈表扬！"看着他们那副认真劲儿，除了赞赏，我还能说什么呢？

"耶！"两人高兴得击掌相庆。

此后，他们的字都是写得越来越好，而小陶的进步也最大，到了初三，他的字已经写得相当工整了。而且，他的进步是多方面的，学习状态越来越好，学习成绩也不断进步，举止也日渐稳重。到了毕业之前的那个阶段，小陶的成绩更是突飞猛进——以他的实力，考上省里最好的高中几乎是"手拿把掐"的。

不过，天有不测风云。中考的前一周，一次意外使小陶的右小臂骨折了，但是，他忍痛坚持参加了升学考试。答卷过程中，他几乎是靠左手挪移着右臂答完试卷的。最后，他以惊人的毅力完成了所有科目的考试，并以很好的成绩考入了一所很好的高中。

　　小陶在断臂之痛的折磨下还能取得那么好的成绩，这离不开他顽强的毅力，也离不开他所练就的写字功底对他所助的"一臂之力"。

　　而在我的教育经历中，也有过不少的"断臂之痛"——那么多的时候，我竟然不懂得学生就是我的左膀右臂，竟然不懂得用学生的力量去带动学生。

　　值得庆幸的是，我还算及时地领悟并借用到了这些来自学生本身的力量。比如，在对小陶的教育引导中，欣赏和带动就毫无保留地为我助上了强有力的"一臂之力"。

# 【出谋划策】

　　在引导小陶写字进步的过程中，教师通过欣赏其写字过程中实实在在的进步来对其进行鼓励：先欣赏几个字"写得多工整"，后欣赏他"字号也越来越适宜""主动练字的状态特别好"——像这样，**通过欣赏学生真实的优点和落实的状态来促进其自主成长，我们把这样的教育策略称为"赏实之策"。**

　　**欣赏真实优点。**是指通过欣赏学生所具有的真实的优点来促进其自主成长。优点的真实是欣赏学生进步的基础，它的意义和价值不仅仅是这优点的本身，更在于由此而带给学生的自信心和上进心。因为优点是真实的，所以学生知道自己有可以更加优秀的潜质；因为学生知道自己具有更加优秀的潜质，所以他们更愿意去争取进步，更能够满腔热情地去争取进步。

　　这种优点的真实，可从两个角度去发掘：一是努力发现学生本身已经存在的优点。这种真实优点的发掘，靠的是教师的爱心和慧眼，靠的是教师的耐心和细心。优点的真实，还需要靠教师帮助学生去创造而得来。为了激励和引导，可根据学生本身的特点为其创造某种机会，让学生在这种创造的机会中成就优点。然后，再根据这个优点去欣赏学生，去激励学生。这种真实优点的发掘，靠的是教师的热情和主动，靠的是教师的热心和智慧。

　　需要提醒的是，对学生的鼓励难以取得实效，有时是由对学生的夸奖虚假而造成的。这种以虚假为基础的夸奖，一方面，它给学生带来的是学生对自身的盲目自信——不存在的优点当然是没有实际的意义的，即便是听了很高兴，也不过是一时的肥皂泡而已；而另一方面，它还可能会给学生带来对教师的不信任，他们认为老师是在做表面文章，或者是在"顺情说好话"。这样一来，教育还会成功吗？

　　**欣赏落实状态。**是指通过欣赏学生具体落实进步目标的状态来促其自主成长。对学生的欣赏，可从务虚与务实这两个方面来尝试。务虚，是指要对学生进行思想情感的欣赏，以使学生得到精神层面的鼓励。务实，是指要对学生进行具体行为的欣赏，以使学生得到行为表现上的具体鼓励和促进，以使学生在努力实现目标的过程中采取实实在在的具体行动。相对来讲，对学生的务实欣赏更具实效性，更具诱惑力。当学生采取了具体的落实行动的时候，他会在这行动的过程中得到方法和效果的收获，而当他看到了自己这些实实在在的收获时，教师之前的欣赏就更令学生信服，更给学生以激励的力量。

这种对落实的欣赏，关键要抓好具体和过程这两个要点：只有把欣赏之处落实到了具体的某一点上，学生才能有所动，有所为，有所成；教师也才能有所引，有所助，有所验。而欣赏只有注重了过程，才能够巩固已有的努力，一步步推动学生取得更大的进步，进而取得比较稳定的成效。

# 【想方设法】

## 特点指要

在对小陶的教育引导中，针对他浮而不实的学习状态，教师从激发他练字的积极性入手，先用写字最好的班长来带动小陶"学怎样把字写得工整，特别是要他在写字的过程中练习专注和沉稳的状态"，在他取得一定进步之后，再借用他的力量来带动同样写字存在问题的小东，最后，实现了他们在这方面的共同进步——像这样，**通过学生个体的正能量来带动他人共同进步，我们把这样的带动方法称为"个体带动法"。**

## 程序参考

### 步骤一：搭配伙伴

是指为需要带动的学生搭配能带动其进步的伙伴的过程。首先，要选择带动伙伴和内容。既然需要带动，就说明被带动者在某方面存在不足，需要借助其他学生的带动力量来取得进步。这种伙伴的选择，最好遵循"各有所需，各有所能"的原则来进行。各有所需，是指所搭配的伙伴各自都有某方面进步的需求。这种需求，可能来自学生自己的主动要求，而更多的时候，它应该是教师根据学生的成长需要而为其量身定制的进步需求。各有所能，是指所搭配的伙伴各自都有能为对方提供某种帮助的能力。这种搭配，可分目标相同和目标不同这两种情况来考虑。目标相同的，伙伴双方在同一内容上相互都是受助者，双方又都是助人者，从而实现共有所得的进步。目标不同的，是指伙伴双方各有所长，能各以自己之长来补对方之短，从而实现各有所得的进步。

一个人不管有多优秀，他总是不完美的；而另一方面，不管这个人有多少缺点和不足，他身上一定还有可以对他人起到积极作用的地方。所以，从这个意义上来讲，每个人都是被带动者，也都是带动者。

**步骤二：个体带动**

是指由个体学生利用其正能量带动他人在某方面取得进步的过程。这一过程，大致分成两个阶段。第一，铺垫阶段。要立足于激发合作双方的积极性，对带动伙伴都给任务，给责任，给动力。还要做好带动伙伴的关系协调和情感铺垫的工作，帮助合作伙伴建立良好的协作关系，特别是帮助他们建立良好的个人友谊。这样，他们的合作就会更加协调，也会更有温度，更有长度。第二，带动阶段。具体的带动工作要通过具体行为来落实，这种具体行为可通过"三给"来实现：给具体的目标，就是要根据所带动的具体内容给出要实现的目标和标准；给启动的时间，就是要对个体带动的行为给出开始操作的时间；给效果的期限，就是要对带动效果的实现有明确的时间规定。把这"三给"落实到位了，个体带动的操作就有了基本的保障。

**步骤三：互助互动**

是指引导合作伙伴之间相互带动落实的过程。带动，既要有"带"，还必须要"动"。把"带"的愿望变成行动，带动才具有了实际的意义。在这种行动的落实过程中，如果用来带动的目标和内容是相同的，就要让双方努力抓住这个目标，相互促进，共同提高。而此种情况的共同提高，是指带动者与被带动者都在原先的基础上有所进步。比如，需要用甲同学带动乙同学在数学学习方面取得进步，那么这时的相互促进，就表现为带动者促进被带动者的是数学学习的进步，而被带动者促进带动者的则可能是数学学习程度的加深或学习方法的优化。如果用来带动的目标和内容是不同的，就需要让合作伙伴以各自的优势带动另一方进步，就需要让带动者与被带动者都在不同的层面上都有所进步。相对来讲，这种以己之长、补人之短的带动形式更具有吸引力，更容易激发学生的热情和动力，更容易取得比较明显的效果。

# 【他山之石】

《素养教育绿镜头——班主任工作纪实及思考》一书的相关篇章

**关键词**：教育策略（赏实之策）

1. 第9章《第一堂课怎么上》
2. 第48章《英雄安泰的警示》

**关键词**：教育方法（个体带动法）

1. 第38章《最是一年春好处》
2. 第56章《大鹏一日同风起》

# 7.3 "红星"闪闪亮

把优秀铸成勋章，把进步织成绶带；然后，把这些荣耀佩戴在学生胸前，让他们在自豪的辉映中热情洋溢，乐观向前！

——题记

## 【抛砖引玉】

在引导小厚进步的过程中，表扬和展示可是帮了我不少的忙。

刚入学那阵子，小厚颇有点儿"鹤立鸡群"的风格：大型集会上，主席台前正在进行热火朝天的表演，而观众席上的他则能够拿着石子画来画去地自得其乐；自习课练习专注静坐的时候，面对抓拍优秀坐姿的照相机，小厚却十分"勇敢"地抢镜扮鬼脸儿；跟同学有了矛盾，他或者怒发冲冠，或者一个人躲在一隅谁都劝不动地生闷气……怎么样，有点儿"我的少年我做主"的"霸气"吧？

午饭的时候，我特意与小厚坐在一起，随便地与他小声聊点什么。刚开始，他不大愿意与我说话，但我也是个"任性"的人，他不得不"屈服"于我的坚持。一段时间之后，原先戒备甚至还有几分误解我的小厚开始对我开放了"口"岸，不但会积极地回应我的话题，有时还能主动跟我说一些心里话。

看到这些，我暗自高兴，并打算对他再来点小小的"得寸进尺"。

一次自习课的"专注"训练之后，我告诉小厚，今天他表现不错，我打算在总结的时候表扬他，想征求一下他的意见：希望他被表扬的时候能够稳住自己，不"忘乎所以"。

一般情况下，表扬是不必征求意见的。我之所以这样做，目的是为了促进小厚学会稳重。因为，他是个容易"激动"的"小孩儿"，被表扬之后，他往往会因为高兴而忘乎所以、举止毛躁，并且很容易做出"乐极生悲"的事来。比如，他会因被表扬稳重而高兴得大喊大叫，这样一来，稳重反倒变成了不稳重。

对于这个意见的征求，我预设了两种结果：一种结果是小厚愿意我在班级表扬他；另一种结果是他可能因为没有信心或赌气而索性不要我的表扬。如果是第一种结果，这当然最理想；如果是后者，那我就打算用尽各种办法，无论如何也要"逼着"他心甘情愿地接受这次表扬。

还好，结果是第一种，尽管他有些犹豫，但还是同意了我表扬他。为此，当时的我心里还着实地有点小激动呢。因为，他接受了表扬，就意味着接受了更高的要求，就意味着有了更大进步的可能呀。

小厚是好样的，面对表扬，他这次表现得很是沉稳，没有出现忘乎所以的情况。

"老师很欣赏你今天的表现。你说说，你令我欣赏的优点有哪些呀？"我开始对小厚进行诱导。

"我没有嘚瑟！"小厚颇有些得意地回答。我们这儿的方言里，"嘚瑟"有行为张扬、举止不稳重的意思。

"嗯，不错，这种稳重是你不断进步的基础！事实证明，你是能做得到的。"我进一步强调了稳重的重要性。

"那是呀，没看咱是谁的学生呀！"小厚举起双臂，握起双拳，脚下也开始颠起了碎步。

"那——你这是在干什么？"我斜眼打量着开始手舞足蹈的小厚。

"哎呀！我忘了……"小厚吐了下舌头，乖乖地站好了。

随后，我给小厚提出了下一步的努力目标：在大庭广众之下展示自己的稳重。

那段时间里，学校有一项促进学生自主成长的活动安排，就是由各班安排学生担负"礼仪示范生"的工作。这些被选出的学生身披印有"礼仪示范生"的绶带，每到课间就站在走廊里为同学做示范；而被选为"礼仪示范生"的学生往往都是行为表现比较规范的学生，他们往往也会因此而赢得同学羡慕的目光。

经过一段时间的锻炼之后，我决定请小厚也来当一当"礼仪示范生"。

"老师，那么多表现好的同学都没当示范生呢，我……行吗？"小厚知道这个荣誉的分量，所以，在得知我的安排之后，他半是犹豫半是谦虚地这样说道。

"你的表现不也越来越好吗？"我笑着反问他。

给他解释当示范生理由的时候，我没有从总结定性的角度夸他当时"已经很好"，而是从肯定发展趋势的角度表扬他"越来越好"。并且，我把这种理由也在班级里作了交代。

这样做的意图有两个：一是让小厚懂得他的这份荣誉是名副其实的，是靠自己努力获得的，而不是靠老师的"施舍"得来的；二是借此鼓励更多的学生向着这样的目标努力，同时还可以避免其他学生产生不公平的想法，避免产生不利于小厚和班集体成长的负面舆论。

结果是，小厚的"礼仪示范生"当得很"有样儿"，同学们对他也有些刮目相看了。

在老师和同学赞赏的目光中，小厚一步步地迈向了更高的台阶。

七年级的下学期，班级开展了"值日明星"的值日展示活动。当时，班级为每个学生都制作了一张红色的胸卡，胸卡上除了"值日明星"这几个字之外，还醒目地印有这名学生的姓名和他曾获得的荣誉。让学生们佩戴这样的胸卡参加班级的日常管理工作，既彰扬了他们所取得的成绩和获得的荣誉，也培养了他们的担当意识。

小厚是第一批参加"值日明星"活动的。当然，参加之前，少不了引导他懂得为什么这样安排、怎样才能做得更好。同样的，小厚很争气，表现得很好。

不过，事情也并不是总那么一帆风顺。

一天，不知什么原因，小厚高兴得有点儿忘乎所以，他举起一本书向空中抛起来再接住地玩了起来，来来回回好几次。当他再一次把书向上扬起，准备抛向空中的时候，忽然发现我就在身后看着他。他立刻停住了抛书的动作，就那么举着书立在那，整个人就像被孙悟空的"定身法"定住了一样，一动也不动。那个姿势，真是让人哭笑不得。

我笑着看了看他，什么也没说。

片刻之后，小厚才缓缓地放下书，一点点蹭到我面前，低着头，嘟嘟哝哝地向我承认错误，那样子，就像一个幼儿园大班的孩子。

看着他那一个劲"讨好"我的样子，我把脸转向了另一边，长叹一声道："唉——有点丢人呀，'值日明星'呀，'礼仪示范生'呀……"

"老师，我错了……"小厚一边抢着挡在我的面前，一边不停地检讨着，他还用双手把脸捂起来，表现出一副"没脸见人"的模样。

我忍不住笑了。

小厚趁机凑近我："老师，原谅我了吧？"

"以后怎么办？"我佯装余怒未消地说。

小厚"啪"地打了个立正："保证越来越好！"

……

为了促进小厚的进步，我还采取了老师对学生、学生对学生进行欣赏的办法来调动他不断上进的积极性。

当时，我先是自己记录了一些小厚的进步之处给他看，后来，又请他的同桌、班干部帮我记录。这种鼓励的效果相当不错。受此启发，我进而把这种鼓励方法用到了更多的学生身上，最后，形成了一种比较固定的《表扬记录单》。具体格式如下：

_____的闪光足迹

| 表 扬 日 期 | 受表扬内容 | 表扬提出者 |
|---|---|---|
| 月　　日 | | |
| 月　　日 | | |
| 月　　日 | | |
| 月　　日 | | |
| 月　　日 | | |

说明：1.标题空白处由被表扬者以大字自己书写姓名。表扬由老师或同学提出，被表扬者自己在课下记录。2.每天可以有多个被表扬的记录。3.学生可以自己申请表扬，或由同学向老师推荐表扬。4.此表置于桌面以便参观学习。

《表扬记录单》的使用，较好地调动了所有学生上进的积极性，而小厚也更是努力进步，不断兑现着自己的诺言。后来，由于表现突出，他还担负起了安排班级"礼仪示范生"的工作；再后来，在班级各种常规的表彰活动中，小厚大多都能做到榜上有名。

最后，他成了让老师十分放心的学生。

在帮助小厚们成长的过程中，点名表扬也好，"礼仪示范生"的绶带也好，"值日明星"的胸卡也好……所有这些，都如闪闪的红星一样在他们胸前熠熠生辉，给他们光彩，给他们力量，给他们希望！

# ▎【出谋划策】

在对小厚的教育引导中，教师表扬小厚之前先以征求意见的方式为其定下了要稳重的目标，表扬之后又通过欣赏的方式让小厚感受到稳重的益处，并引导小厚深入理解稳重的重要性。后来，在自习课专注能力训练的过程中，又有意识地强化小厚纪律上的稳重，并让他担任"礼仪示范生"，以此来引导小厚不断进步——像这样，**通过欣赏学生沉稳踏实的表现来促进其自主成长，我们把这样的教育策略称为"赏稳之策"。**

**欣赏沉稳意愿。**是指通过欣赏学生沉稳踏实的意愿来促进其自主成长。沉稳的意愿，可通过自主努力和教育引导这两个方面来产生。来源于学生自主努力的，是学生的性格特点、自我追求等方面的因素在起作用，这种沉稳往往具有稳定而持久的特点，非常有利于借以为教育服务。而来源于教育引导的，往往是不稳定的、难以持久的。对这种沉稳之愿，要想办法使之能达到稳定和持久：一方面，可引导学生理解沉稳与进步的关系。通过具有说服力的事实让学生明白沉稳是进步的重要素养，这样，他们就有了产生追求沉稳意愿的可能。另一方面，要欣赏沉稳给学生带来的益处。努力发现学生身上已经具备的沉稳表现，对此充分肯定之后，引导学生深入理解沉稳与其自身某些优点、成绩的内在关系，从而使其对沉稳有正向的认识，有追求的意愿。

**欣赏沉稳进步**。是指通过欣赏学生在沉稳踏实方面的进步来促进其自主成长。这个帮助的过程，要抓好目标引领和考评欣赏这两方面的工作。目标引领，是指通过给学生设定明确的沉稳目标而引领其进步。这方面，既要做到使目标具体化、可操作，还要引导学生理解这个沉稳的目标会给自己带来哪些进步。考评欣赏，是指通过考核评价来欣赏学生对沉稳目标的落实行为。密切关注学生实现沉稳目标的进程，抓住适当的时机加以欣赏，会给学生注入新的动力和活力。这种欣赏，一方面要立足常务，要看学生在日常事务处理过程中的沉稳状态，要把欣赏放在其日常行为之中去进行，这样更有利于让沉稳成为一种常态；另一方面要突出重点，即要通过对专项活动的考评欣赏来突出训练学生的沉稳性。

此外，对学生沉稳进步的欣赏，还要根据学生成长的需要来选择内容和时机，尽可能做到有力度地欣赏。比如，书写要沉稳才能达到整洁的效果，那么，就可开展书写专项的基本功训练或相关的竞赛活动，并根据需要对相关学生进行必要的欣赏，以期取得更好的教育效果。

# 【想方设法】

## 特点指要

在引导小厚们对自己进步之处进行认知强化的过程中，教师通过让他们佩戴印有姓名和所得荣誉的"值日明星"卡，通过让学生自主填写自己受表扬的《表扬记录单》等办法来显示和彰扬他们的进步，以此促进他们更加主动地成长——像这样，**通过彰显、宣扬优点来鼓励学生目标明确地自主进步，我们把这样的鼓励方法称为"彰扬鼓励法"**。

# 程序参考

### 步骤一：积累素材

是指对学生的优点素材进行积累来为彰显宣扬做准备的过程。从收集素材的主体来讲，教师、学生、家长等都是收集这种素材的最佳人选。参与的人越多，获取的有利素材就越多，对学生的鼓励面就越广，鼓励作用也就越大。这方面，最好能把学生发动起来，引导他们采取自我积累、相互积累的办法来积累素材，这样更有利于他们自我进步、相互欣赏。从收集的方式来看，口头获取、文字记录、音像纪实等各种方式都可。相对来讲，能在时间、空间上更持久的素材更有利于用来彰扬鼓励。

### 步骤二：彰扬鼓励

是指利用所积累的优点素材对学生进行彰扬鼓励的过程。这种彰扬的鼓励主要有如下几种方式。

**通过讲说来彰扬。**是指借助讲说宣传的方式来彰扬优点、鼓励学生。彰扬学生的优点，目的基本上有两个：一是促进被鼓励者的进步，二是促进其他学生的进步。所以，彰扬优点的时候，有必要把优点说清楚，讲明白，让更多的人都从中收益。讲说式的彰扬，具有操作简便、运行快捷的特点，最适宜日常对学生的彰扬鼓励。

表扬是通过讲说来彰扬的最常见的形式。表扬具有较强的公开性，它能从更宽泛的层面使被表扬者受到激励。从表扬的时机上来看，有随机型和预期型的表扬；从表扬的主体上看，有自主型和互助型的表扬（具体做法可参见拙作《素养教育绿镜头——班主任工作纪实及思考》中《73. "小喇叭" 开始广播啦》一文）。

**通过展示来彰扬。**是指借助书写优点、展览宣传、形象行为的展示等方式来彰扬优点、鼓励学生。其常用的具体形式有如下这么几种：

文字的展示。是指主要借助文字的形式对学生的优点进行彰扬。比如，用来进行展示的表扬名单、表扬信、感谢信等，而把写在本子等载体上的表扬类文字展示出来，也是借助文字来彰扬优点的方法。

音像的展示。是指借助图像、影音等媒介对学生的优点进行彰扬。比如，以照片展览、播放视频的方式进行展示和表扬等。

新媒体的展示。是指利用微信等新媒体对学生的优点进行彰扬。这种方式以其更快捷、更直观、更形象、更生动的特点日益受到青睐，能充分利用这些手段来彰扬学生的优点，一定会取得很好的成效。需要提醒的是，这种方法由于具有发布迅捷、传播广泛的特点，其往往也可能带来一些麻烦。比如，仓促发送而造成麻烦——发出的微信由于没有经过慎重的筛选而造成了内容的缺憾，很可能就会带来教育的不利影响。比如，密集发送而造成麻烦——由于发送的表扬微信太过密集，这就可能造成表扬"多而滥"的现象，大量的重复或是没有重点、没有引导的彰扬，可能会使那些被彰扬的学生对彰扬不以为意。这种做法在可能给家长造成信息干扰的同时，也大大增加了教师自己的工作量。

形象行为的展示。是指通过被表扬者形象、行为的自我展示来对其优点进行彰扬。在诸多的展示彰扬中，这种方式更有力度，其所起的鼓励作用也更突出。这种方式的精妙之处就在于它是让学生以恰当的方式进行显性或隐性的"自我表扬"。显性的"自我表扬"，就是大张旗鼓地让学生展示并宣讲自己的优点。它更强调目标的明确性，让学生明明白白地宣讲自己在某方面的进步之处，以此引导他们进行更有针对性的自我鼓励。而隐性的"自我表扬"则只是展示形象和行为，不需要学生进行自我宣讲。它更注重鼓励的化育作用，让学生通过展示以激励上进的愿望和热情，为其进步和成长进行必要的积累和铺垫。

**通过特质来彰扬。**是指通过把学生个体或群体的优点特质进行提炼、固定和推广的方式来彰扬优点、鼓励学生。这种彰扬鼓励的方法，需要分三步走。第一步，挖掘特质。这是一个寻找彰扬对象及其特点的过程，教师根据学生个体或群体成长的需要，确定需要彰扬的对象，利用其已经具有的某种特质，或者主动对其进行有针对性的引导以帮助其逐步具有某种特质。第二步，提炼特质。这是个对彰扬对象的特质进行提炼和固化的过程，目的是使其特点鲜明，以便应用和推广。第三步，彰扬特质。这是把彰扬对象及其特质进行对应和宣传的过程，这是个给彰扬对象"贴标签"的过程，要让他们体验到特有的荣誉感、成就感和存在感。而帮助他们自我进步的同时，也让更多的人从他们被"贴标签"的过程中受到激励，受到感染，从而有所收获。比如，小杨的英语单词记忆方法比较好，那就把这种方法称为"小杨英语记忆法"，并把这种方法在班集体中进行彰扬和推广，这不但使小杨自己受到鼓舞，也促进了其他同学的学习。

### 步骤三：强化促进

是指在彰扬的基础上帮助学生更进一步的过程。要做到这一点，不妨抓住"三新"来落实。第一，新目标，是指给被彰扬的学生提出与其被彰扬优点相类似的新的努力目标。这样做的好处是既巩固了其原有的优点，又给出了更进一步的目标，从而更利于激发其自主成长的积极性。第二，新标准，是指尽管要努力的方向一致、优点的本质相同，但要求的标准要更高一些，这样有利于让学生取得更高的进步质量。第三，新彰扬，是指帮助被彰扬的学生实现新的努力目标，使之获得新的成功，并对其进行新的彰扬。这样，被彰扬的学生就会形成一个螺旋上升式的进取状态，从而促使其在自主进步、自主成长的过程中获得新的愉悦。

# 【他山之石】

《素养教育绿镜头——班主任工作纪实及思考》一书的相关篇章

**关键词：**教育策略（赏稳之策）

1. 第 10 章《静女其姝诚可待》

2. 第 87 章《舞剑唱春光》

**关键词：**教育方法（彰扬鼓励法）

1. 第 73 章《"小喇叭"开始广播啦》

2. 第 76 章《摆正反光的"太阳板"》

# 7.4  不信"东风"唤不回

鼓起激励的劲风，让勇敢和坚强在理想的云中激荡；掀起激励的巨浪，让振作和奋起在进取的海中欢唱！青春年少，谁可没有痛与快的激情？

——题记

## 【抛砖引玉】

班集体中，往往存在这样一种学生：他们学习不好，资质又一般，也没有什么特长；他们纪律不算好，但也不是最差，因此不会像最不守纪律的学生那样受到高度的"重视"——这样的学生，在集体中往往处于一种很容易被忽略的边缘位置。

小笠在他们班里基本上就是个这样的"边缘学生"。

刚认识他，就是因为他听课不认真，而且还与另几个学生一起不遵守课堂纪律。

课下的时候，我与小笠进行了第一次交谈。交谈中，除了对他进行做人守纪的引导，我还特别鼓励他在学习上也"不要瞧不起自己"，要努力上进。

我的谈话让小笠感到很意外，他没有想到自己也能受到一位科任老师的关注。最后，他表示在我的语文课上一定会遵守纪律。

说到做到，小笠在我的语文课上还真是好了许多。

我及时表扬了小笠，同时，给他提出了进一步的要求：不但要纪律好，学习也要有进步。随后的那段时间，我对他"盯"得很紧，他自己也比以前用心多了，有时候，他还抢着发言呢。

付出就会有回报，小笠期中考试的语文成绩有了明显的进步。

考试之后，学校召开了家长会。家长会第二天的一个课间，小笠追上我问道："老师，我这次语文成绩不好，您没跟我的家长告状吧？"

"你挺好的呀，我为什么要告状呢？"我一时没能反应过来，顺口说道。

"哦——那就好。"小笠口里说着"好"，可看他的表情，似乎又有点儿失望。

当时，我正要忙别的事情，这件事就这么过去了。

晚上，回到家里的我怎么也忘不了小笠那有些怪异的问话和表情：一是学生们都知道我是从来不告状的，他怎么会有此一问呢？二是小笠这次考试的语文成绩尽管不如有的同学那么好，但在他班里总体来看还是相当不错的，而且，这次他还考出了他本人历史中的最好成绩。那么，小笠这样问我是为了什么呢？而且，家长会是昨天召开的，如果我告了状，那他应该知道了呀，怎么还要问我这个问题呢？特别是，听到我没有告状，他怎么还好像有点儿失望了呢？

回想起他异样的表情，我忽有所悟：小笠表面上是在问告状的事，而实际上恐怕是希望听到我在家长会上表扬他吧？作为一名学习成绩一直处于下游的学生，这次考试，他的语文成绩有了明显的提高，此时的他应该是希望老师能在家长面前给他一份荣耀的呀！可是，由于我的粗心，他的愿望没有实现，难怪他对我的没有"告状"显得有些失望。

值得庆幸的是，我及时意识到了这一点，我还有机会补救。

当晚，我立刻给小笠的家长写了封短信，把小笠学习进步的情况通报给了家长，信中特别表达了对小笠主动上进的欣赏。

第二天，我请小笠把我的信转交给家长。次日，小笠的家长给我回了一封信，信上说，我的信使她的儿子很受鼓舞。当小笠把家长的信交给我的时候，他深深地给我鞠了一躬："老师，今后我一定好好学语文！"

以后的日子里，小笠学习语文的热情大大高涨，成绩也有了更大的提高。

私下里，我把这次的经历看成是一次被"申请"的"告状"。其实，小笠是不是真的如我想的那样，是在以另一种形式求得我向他的家长提出表扬，这一点我从来也没有向他求证过。不过，这又有什么关系呢？就算小笠没有这样的想法，我的做法也是应该的——因为，对学生进行欣赏和鼓励，每一次都有价值。

当然，学生的性格特点不同，他们所面临的具体情况和情境不同，对他们进行欣赏和鼓励的方式也应该是灵活变化的。比如，对我班小于的一次教育，我用的就是一种激励式的鼓励。

小于曾经是个学习还不错的学生，但就在中考前的几个月里，他的成绩却直线下降，这是由于他陷入了情感危机的缘故：他对一个女生产生了好感，可那女生对他却非常冷淡。经过反复"论证"，小于把自己的"落败"归咎于几个竞争对手都比他"长得好"。为此，他开始变得萎靡不振，学习成绩自然是受到了很大的影响。

我曾找他谈过几次，但效果都不太明显。最后，我决定用具有刺激性的激励来试一试。

恰好小于主动找我交流，倾诉了自己的烦恼后，他无助地说："老师，您都跟我谈过了，我也知道自己不该这样，但我就是控制不住自己！这可怎么办呢？"

我没有正面回答他的问题，而向他提了一个似乎毫不相干的问题："动物界似乎有个特点，雄性的都很漂亮，比如狮子、孔雀之类，你说这是什么原因？"小于思考了片刻，摇了摇头。

"吸引异性！"我一字一顿地告诉他。

小于抬头看了看我，似乎明白了我要说什么。

"你看，它们吸引异性的手段只能如此简单和低级，因为它们是动物。可是，人类却不同，人应该靠才智，靠内在的东西。你愿意把自己降低到动物的层次吗？"我的话显得有点儿"硬"，这样力度的话，平时是不会对他们讲的。

小于的表情僵硬了一下，未置可否。

"我一直都觉得你比较有头脑，可是现在我有点儿怀疑我的眼光了：现在是什么时候？是中考之前的紧张备考阶段，就好像军队打仗一样，一个战士，他的枪已经装上了子弹，上好了刺刀，就趴在战壕边上，就等军号吹响，便要冲锋陷阵，而此时，如果他还想着儿女情长的事，他能打胜仗吗？"听了这话，小于似有所悟，但还是没有做出什么明确的表示。

"小于呀，我一直比较欣赏你的两个优点：一是欣赏你的坦诚——你不把我这个老师当外人，有什么心里话能愿意主动跟我讲。二是欣赏你的要强——在我的印象里，你从来没认输过。今天，这么隐私的话你都能跟我讲，所以你的第一个优点我仍然很欣赏，甚至很感动。不过，你的第二个优点看来没什么值得欣赏的了。既然你甘于认输，那我们还是不谈了吧？"看到他心有所动，我欲擒故纵，决定给他点儿刺激。这样说着，我站了起来。

"不是不是……"小于连忙否认。

见此情景，我又坐了下来："小于啊，你所谓的那几个'竞争对手'在学习上可都已经跑到了你的前面，就连过去被你远远甩在后面的同学也都超过了你。想想吧，毕业的时候，他们都拿到了最好高中的录取通知书，那时候的你会怎么样呢？你甘心去面对那样的结果吗？"说到这，我看到小于的眉头皱了一下。

这时，我想到了小于一位至亲重病在身的事情，犹豫了一下，我决定用亲情"震"他一下："小于啊，在最适当的时候做最应该做的事，这是老师对你的希望，也是亲人们对你的希望。在现在的关键阶段，你最应该做的是什么，是在儿女情长里难以自拔吗？如果你的亲人知道了，他们会怎么想呢？你这样萎靡不振的样子，他们——恐怕不会放心吧？"我没有点明"重病在身"这层意思，但我用"亲人""不会放心"等词句清楚地暗示出了这层意思，而且，我特意用一处较长时间的停顿隐喻了其亲人"可能不测"这层意思。

这番话，我小心翼翼地把语气拿捏得很轻，以免使小于受到强烈的刺激，但这已足够在他的心里引起巨大的震动了。

小于的眼里一下子涌出了泪水。

我没有再说话，没有教育，也没有安慰，只是静静地看着他，看着他稀里哗啦地大哭。

过了一会儿，他红着眼睛说："老师，我知道该怎么做了。"

"记住：'人不是生来就要被打败的'！"我用力拍了拍他的肩头，用这句名言结束了这次谈话。

果然，这个激励的方法对小于的触动很大，他重新振作了起来。随后，我采取跟踪鼓励的办法，及时对其改进的状态进行肯定和欣赏，让他清楚地认识到自己的进步，帮他重拾了奋斗的勇气和信心。此后，小于奋起直追，终于以较好的成绩考取了最好的高中。

无论是小笠还是小于，他们都曾一度跌进了人生的低谷，他们都曾在困境之中畏葸不前。这时候，恰当的欣赏，适当的鼓励，很可能就是一针强心剂，能给他们注入前进的勇气和力量。也许，这个过程会很艰难，还会很漫长，但是，只要不抛，只要不放弃，就总会有云开月朗的时候。

纵有千山万水冷，"不信东风唤不回"。

这句话，我信！

## ▌【出谋划策】

在引导小笠进步的过程中，教师以欣赏他语文课上遵守纪律为起点，激励他在学习上也要取得进步；又根据他成绩进步却询问是否向家长"告状"的反常现象，通过给家长写信来欣赏小笠的主动进步，从而促进了他的更加进步。面对小于在情感的漩涡中难以自拔的状况，教师先通过欣赏小于"坦诚"和"要强"这两个优点来激发其上进心，后来又欣赏其改进的状态，终于帮助他从低迷的状态中奋起上进——像这样，**通过欣赏学生在困境中的自强改进来促进其自主成长，我们把这样的教育策略称为"赏改之策"。**

**欣赏改进意愿。**是指通过欣赏学生在困境中自强改进的意愿来促进其自主成长。第一，肯定改进意愿。明确表达对学生改进意愿的肯定，高度评价学生这种自强改进的意愿，重点突出其勇于自我否定、勇于迎难而上的进取精神。这样的肯定和鼓励，会更好地激发学生自主改进的热情。第二，分析可取之处。肯定了改进意愿之后，还要进一步帮助学生把热情的愿望转化为理性的思考。这就需要引导他们理解其自强改进这种行为的积极意义：为什么要自强改进？这种改进需要采取哪些具体的行动？自强改进可能面对怎样的困难？这些困难该怎样去克服？自强改进的前后会发生怎样的变化？等等。在这诸多问题的引导和回答的过程中，抓住学生回答的内容和态度而进行有针对性的肯定和欣赏，既能帮他们解决其需要改进的问题，还能更深入地对学生进行有效的思想动员，巩固和强化他们对自主成长的认识和热情。

**欣赏改进过程**。是指通过欣赏学生在困境中自强改进的过程来促其自主成长。这实际上是一个对学生进行辅助改进和督促进步的过程。这个改进过程，可通过抓好以下两点工作来落实。

第一，小中见大。是指从学生微小的改进行为之中找出其值得肯定的主动态度和努力状态来。要借此引导学生认识到其是靠自己的努力态度和努力行为来改变自己、来让自己更进步的。这种精神层面的鼓舞能帮助学生具有更大的动力和干劲，从而使其以更积极的状态投入到自主努力、自主进步的实际行动中去。要做到这一点，需要细心、耐心地从日常细微之处挖掘到学生的进步表现，这样才能更好地欣赏到他们的进步之美。

第二，多方欣赏。是指利用多方面的力量对自强改进的学生进行鼓励性的欣赏。要找到学生的进步，仅仅靠教师本身是远远不够的，还要更多地借助其他人的力量。其中，最值得倚重的就是学生群体自身的力量：利用学生发现和欣赏彼此的进步之处，这种方式所产生的力量，往往都会起到一加一大于二的效果。

对学生的欣赏，最好要找到其最值得欣赏的亮点，找到了亮点，往往就是突出了重点，就是帮学生有意识地强化优点、改正缺点，就是帮他们掌握进步的方法。

# 【想方设法】

## 特点指要

在对小于的教育引导中，面对其经过多次引导也萎靡不振的状态，教师先以"把自己降低到动物的层次"这样的类比来警醒他，再以"我一直都觉得你比较有头脑，可是现在我有点儿怀疑我的眼光"这样的话来刺激他，直至后来以委婉的语言借小于亲人重病之事来戳痛他的内心，最后使其内心深受震动而重新振作了起来——像这样，**通过强力刺激来激励学生奋起努力并目标明确地自主进步，我们把这样的鼓励方法称为"激励鼓励法"。**

# 程序参考

### 步骤一：适用评估

是指对强力刺激的应用对象和相关条件进行可行性评估的过程。这种可行性，可以用"非用不可，足以承受"这么两句话来概括。非用不可，是指其他的教育方式难以取得理想的效果而只能用"激励鼓励法"才可能有效。这个判断的得出，是要建立在其他方法失效的基础之上的，而且，往往是不止一次的使用失效之后的。足以承受，是指所教育的学生具有足以承受强力刺激的心理承受力。要想满足这个条件，就需要对学生的性格特点、心理状态、情绪表现等因素进行仔细考量，特别是要对其在受到强力刺激之后可能出现的情况有足够的预判，尤其对其可能出现的不良反应及应对措施有足够的准备，这样才能使这种方法的使用取得较为理想的效果。

对于同一个学生来讲，"激励鼓励法"的使用不宜过多，哪怕是对那些适用于这种方法的学生来讲也是如此。原因很简单：强力的刺激往往是与痛苦相伴而行的，就像使用具有强力效果的药物一样，用得多了，副作用和抗药力自然也会相伴而生。

### 步骤二：适当激励

是指根据学生的身心特点及实际情况而选取适当方法对其进行刺激和激励的过程。这种激励，不妨通过以下几种方式来尝试。

**正面激励。**是指以直截了当的方式正面刺激学生以促其自主奋进。这种方式最直截了当，它直击要害，直戳痛处，最容易使学生动心、动情。使用这种方式进行激励，往往都是在学生出现了比较严重的问题，而这种问题用通常的办法又没有什么效果的时候。这时需要把握两个要点：第一，找准激励的着眼点，要确定学生所面临的问题是什么，并据此对其进行激励。第二，找到激励的着力点，也就是要找到能够激发学生的内在动力并容易取得成效的关键之处。着眼点是所要解决问题的方向，着力点是所要解决问题的抓手。比如前文提到的小于，激励他的着眼点是解决其不振作的精神状态，而激励他的着力点则是引导他在学习上奋起直追。

**反面激励。**是指以正话反说或有意贬低的方式刺激学生以促其自主奋进。这种做法，与人们通常所说的说反话和激将法有点类似。无论是正话反说还是有意贬低，目的是使学生产生不甘心、不服输的心理，从而激起其偏不如此的"对抗"欲望和行为，从而达到促其改进的目的。使用这种方式进行激励，要注意这么几个问题：第一，充分考虑学生的性格特点。既然是说反话，这话语的意思往往会很重，会给学生带来比较大的压力。相对来讲，这种方式对于那些自尊心较强而又性格开朗的学生来讲可能会更合适些。第二，客观评估学生的实际能力。被反面激励的学生，其本身应该具备实现某种目标的基本能力，只不过由于没有信心或愿望不强烈而妨碍了他实现这个目标的行动；而利用正话反说的方式来刺激他，就是要激活他的内在动力以实现他本就有能力来实现的目标。如果被激励者没有相应的能力，激励则是不会奏效的——就像一个只能负重50斤的人，任你再怎么激励，他恐怕也扛不起100斤的重物来。第三，注重把握好激励的尺度。这种反面激励的方法，反意之语和贬低之语的程度要灵活把握，切不可过重，否则，就很可能刺伤学生的自尊心，损害其自信心，以致造成激将不成反伤将的后果。

**正面激励，反面激励。**是指通过故意夸奖他人来刺激教育对象以促其自主奋进。面对教育对象，有时可通过夸奖与其密切相关者的优点来刺激他、激励他。运用这种方式，要注意两个要点：第一，选好参照对象。这个参照对象，是指与教育对象具有相同或相似情况的人，通过相关内容的比照来激发教育对象的进取心、竞争心，唤醒其斗志，从而达到激励的目的。第二，说话旁敲侧击。与教育对象谈话，却不说他自己的事，而是大谈特谈与其能力相当但进步更大的参照对象及其优点。这个过程就是对教育对象的刺激过程，刺激到足以使其动心之后，再以期待的方式把焦点转移到教育对象的身上。比如，可以这样说："唉，人家某某某都能取得这么好的成绩，不知道跟他在一个起跑线上的'那个小孩'是不是甘心落后呀！"听了这样的"敲打"，有心的教育对象十有八九恐怕是坐不住板凳的。

**步骤三：适时鼓励**

是指在激励的基础上对学生进行目标明确地鼓励促进的过程。从某种意义上来讲，激励的过程就是一个"激发"的过程，而"激发"之后的巩固还需要用正面的鼓励才行。通过强力的刺激而使学生受触动并"有所为"，这只是完成了第一阶段"激发"的工作。接下来的第二阶段，要利用正面鼓励的办法把学生的"有所为"坚持下去、持久下去，并通过这种正面的鼓励和坚持来取得所需要的成果。在第二阶段的鼓励当中，目标要明确而次第上升，正面的鼓励要适时适度。这样，受到激励的学生在激情被启动之后，才能保持进步的欲望和热情，才能在进步的道路上一步一个脚印地踏实前行。

# 【他山之石】

《素养教育绿镜头——班主任工作纪实及思考》一书的相关篇章

**关键词：**教育策略（赏改之策）

1. 第27章《日有所进〈日进录〉》
2. 第70章《君子不贰过》

**关键词：**教育方法（激励鼓励法）

1. 第46章《朝阳伴我秋点兵》
2. 第53章《雏鹰振翅"放单飞"》

# 8. "用"之策

## 单元提示

## 【教育策略】

本单元探讨的是"用"的策略。

用，就是任用、使用。"用"之策，是指通过对学生进行有特定教育目的的任用或使用来促其自主成长的策略。

"任用"，是指通过任用学生担负某种公共的责任来促其自主成长的策略；"使用"，是指通过安排学生担负某种个人的责任来促其自主成长的策略。"用"之策的实施，能较好地激发学生的自主意识、锻炼学生的自主能力，进而帮助他们在担当和负责的过程中学会自主成长。可以说，"用"的过程就是帮助学生自主实践的过程，就是帮助学生在自主实践中成长和成熟的过程。

关于"用"的策略，我们从"用适、用信、用扶、用成"这几方面来探讨。

"用适之策"是指通过任用学生担负适当的责任来促其自主成长，对学生的任用要与其能力相匹配，任用的方式也要适当，这样才不至于使他们感到力不从心；"用信之策"是指通过充分信任被任用的学生来促其自主成长，这会给学生增添上进的力量和勇气；"用扶之策"是指通过具体扶持来帮助被任用的学生顺利地担负责任以促进其自主成长，这样有利于学生在被任用中获得成功；"用成之策"是指通过帮助学生在被任用的过程中取得成功来促进其自主成长，这样会有利于激励他们去争取更大的进步。

# 【教育方法】

本单元探讨的教育方法有4种，共4个做法。它们是：属于"训练法"的重复训练法，属于"选择法"的定位选择法，属于"鼓励法"的期待鼓励法，属于"自修法"的反观自修法。

对上述方法的具体介绍详见相应篇目及本书附录《教育方法简要说明表》。

# 8.1　"字如其人" 有说道

有人说，数量本身就是一种质量；这样看来，重复本身也是一种质量。不断重复地练习写字，字里就有了坚持的风骨；不断重复地练习思考，思考就有了探索的深度。

——题记

## ▌【抛砖引玉】

"字如其人" 的说法似乎早已有之。字，究竟 "如" 人的什么呢？有说如人的人品的，有说如人的性格的，有说如人的心境的，有说如人的情绪的……而我的一个学生告诉我，所谓 "字如其人"，还可以如人的状态，还可以如人的精气神儿。

事情还得从一份入学调查问卷说起。

学生刚升入初中，作为班主任的我，给班里每个学生都发放了一份调查问卷。问卷收回之后，我开始逐一查阅、分析，大部分的问卷查阅起来还是比较顺利的，可有一份问卷却把我 "折腾" 够呛——它的字基本不成形，外观不是汉字的方块形，而是线团形的；而且，字写得特别小，不贴近了根本看不清写的是什么。

这份问卷的主人叫小余，是个小男生。

字写得不好，无非是两个原因：写不好，或是不好好写。小余属于哪种情况呢？仔细看一看他的字，也许，前者的可能性更大些吧？

我对小余提出了让他好好练字的想法，他答应了。不过，检查他的作业时，我发现他的字并没有什么变化。其实，这怪不得他，是我这个老师的工作太粗心了：对于一个刚刚升入初中的小孩子来讲，"要好好写字"这样一个空洞的要求又能取得什么实质性的成效呢？

于是，我开始调整我的工作思路，力争把工作做得更具体、更实在些。

针对小余写字的笔画"横不平、竖不直、每笔都有弯"的特点，我帮他定下了先从基本笔画练起的练字计划。刚开始，小余写字时还能注意到要横平竖直，可没过几天，一切又都是老样子了。

小孩子没长性，这倒也没有什么好奇怪的。不过，我很快发现，小余的问题可不是没长性这么简单。

先说坐姿吧。尽管很多学生的坐姿都有问题，但小余的问题尤其突出。他的坐姿，基本上是"歪斜式"和"趴伏式"这么两种，几乎没发现他端端正正地坐着过。而写字的时候，他往往都是身子斜坐在座椅上，胸部抵在书桌的边缘，左臂斜斜地支起，以左手托住下巴，右手则在脸部的右前方一点钟方向写字——这样写出来的字，怎么会"成形"呢？

发现这个问题之后，我向小余了解情况。经过交流，排除了他因身体健康因素而导致写字姿势不端正的可能性。

看来，小余要想把字写好，不仅需要有一定的写字技术，还需要有一种振作昂扬的精神状态才行。而要想做到这一点，就必须对他有比较多的了解。

经过观察，我发现小余是个十分内向的小男生。他沉默寡言，不爱出头露面，平时基本上不与人交往。课下的时候，往往就是一个人趴在书桌上，偶尔与同学有点交流，也仅仅局限于那么两三个人；而且，多数情况下，他都是一个听众。这种状态入学以来一直持续着，这与许多同学的过于活跃形成了鲜明的对照。

多年的工作经验告诉我：这样的学生往往是外表沉静，但他们"冷静"的外表下很可能翻滚着炽烈的岩浆。这样性格的学生，做起事来往往"启动"比较慢，不过一旦做起来可能就会比较稳定和持久。

怎样帮助小余激发他的活力呢？我想到了"责任"。责任是最能激发内在活力的手段了，一个人一旦负起了责任，做起事来就会更主动、更用心。基于这样的想法，我分三个阶段对小余进行了引导。

**第一阶段：帮助老师做事**

针对小余比较心细而稳重的性格特点，我聘请他担任我的"提醒顾问"：就是每当学校有广播的时候，如果我不在场，就请小余把学校的要求转达给我。这样安排的目的，一方面确实有帮我工作的意图在内，因为我有时候真的会忘事；另一方面，是借此给小余一种与我交流的机会，帮他获得一种能体现他更大价值的存在感。具体操作的时候，开始阶段我当然免不了要故意地多忘几次事，这就给小余创造了更多的提醒我的机会。

小余不辱使命，提醒工作做得相当不错；而且，跟我交流起来也渐渐放得开了。

### 第二阶段：担负组长责任

当时，班级正在开展互助学习的活动。这项活动中，学生们组成了若干学习小组，每个学生都是组长，他们都从不同角度担负着本小组互助学习的检查和督促的责任。在帮助全体学生开展这项工作的同时，我格外留心小余的负责状态。他的态度是积极的，检查本职工作也比较认真。但他不大愿意与人交流，这样一来，他的督促工作就更显得有点儿跟不上了。

为了调整小余的状态，也为了促进班级这项工作整体的开展，我给学生们制成了评价的表格，让他们评价起来有依据、有标准。之后，我深入到他们当中去，鼓励他们开展相关的评价活动，并把这种评价口头表达出来。随着这项工作的深入开展，小余在小组里说话的次数日渐多了起来，与同学们的接触也逐渐多了起来。

随着接触的增多，一些意想不到的问题也开始出现了。一次，小余拒绝了一个同学的并没有什么不合理的要求，为此，大家闹得都不大愉快。处理此事的过程中，我在教育引导小余的同时，也对其他学生进行了必要的开导。最后，小余认识到了自己的问题，其他学生也不再把这样的事放在心上。

既注重学生个体的教育，又注重班级整体的引导。在这样的思路指导下，班集体宽容、融洽的氛围逐渐形成了，而小余与同学的关系也逐渐和谐起来。

### 第三阶段：促使抛头露面

看到小余逐渐地开朗了起来，我开始安排下一步的工作：找机会让他在班级里抛头露面。比如，当众表扬他的进步和优点，让他替我在班级里安排某些事务，请他到讲台上给同学讲解习题，等等。这一系列的引导使得小余的精神状态逐渐地振作了起来，也给他的行为带来了几个非常明显的变化。比如，他的坐姿开始端正了，尽管还不够那么挺直，但已经不见了懒散趴倒的状态；比如，他在课堂上能主动举手发言了，有时候，即使连续几次举手都没有被叫到发言，他都还能继续把手举起来；再比如，小余课下能与同学更多地说笑了——这一点，对于他的成长来讲，也许更有意义。

看到小余整个人的精神面貌发生了如此可喜的变化，我想，是时候回归起点了——别忘了，这一切都是从要帮助小余把字写好开始的。

一天，我对学生们进行了一次语文知识的小测验，题目并不难，大部分学生的成绩都不错，可相对来讲，小余的成绩就明显地低了些。

我拿着小余的答卷问他对自己成绩的感想。他表示这些知识自己都会，不知道为什么没有得到应得的分数。

　　我没有急于回答，而是请周围的几个学生大声读出小余答卷上的几处文字。这几个学生都读得卡了壳，因为小余的字写得太小了，实在是难以辨认。

　　接着，我请小余自己读了一遍答案，听过之后，我无比惋惜地叹口气道："唉——太可惜了。答案都不错，就是不得分！"

　　小余窘得满脸通红。

　　为了缓解一下气氛，我开玩笑地对小余说："你看你，现在人的状态很不错，天天都精精神神的，整个人站起来了，怎么你的字还是像以前那样蜷成一团呢？"

　　"这……太难了。"小余难为情地笑了笑。

　　"难？"我笑着摇了摇头，"我看不是什么'难'，恐怕是有的人有点儿'lǎn'吧？"我故意把"懒"这个字用汉语拼音的拼读形式说出来，而且声母和韵母之间的间隔时间有意拉长了些，这样说是为了让谈话的气氛更轻松些。要知道，小余是个内向而敏感的孩子，最好还是不要让他有什么误解。

　　"嘿嘿……"小余不好意思地笑了。

　　"你看你，我给了你那么多的任务，哪个也不是轻易就能完成的。你不是都做得很好吗？"我点出了他以往的成绩，是为了激励他下一步的努力，"所以，从今天开始，把字练好，不然，有些知识咱明明是会的，可因为字写得不规范而不得分，多'冤'哪！"

　　小余接受了我要他练字的提议。接下来，我分三个阶段把这种帮助落到了实处。

**第一阶段：要求字号适宜**

　　为了使他对字号的大小有更直观的了解，我在他所写的文字里圈画出几个大小比较适中的字，告诉他就照这些字的大小来写。

　　第二天，我请小余拿着他的作业本向我汇报。

　　"嗯——不错，字号的确是写得大了，写的是什么字基本能认出来了。有进步！"我首先肯定了小余的进步，同时指出了他的字还要再大一些才好。可是，接下来，他所写的字又过大了。

　　于是，我对小余字号的大小进行了专门的训练。这种训练是当场进行的：写不好就立刻重写，是对同一内容的"返工式"的重写一遍。一次不行就重写两次，两次不行就三次……这样推倒重来的做法，固然是对具体内容的训练，但更重要的，是要通过这样"毫不留情"的方式给小余一个警醒的态度，一个坚定的决心……

　　不久，又一次的小测验之后，小余的成绩明显提高了。总结的时候，我表扬了数位学习进步的学生，并指出了他们的进步之处。其中，特殊表扬了小余写字的进步，我告诉大家，小余的字虽然并不漂亮，但字号大小比较适宜，更重要的是小余在练字过程中的这种不服输的劲头值得学习。

**第二阶段：要求字迹洁净**

有时候，我会跟小余们开玩笑说，他们有时候所写的字不是字，而是"铁丝网"——黑乎乎的，一团一团的，不是铁丝网是什么？这种现象主要是由反复涂改造成的。

针对这种现象，我先是给他们提出了字迹洁净的具体要求：尽可能做到不打团，不涂抹。如果写错了，则可以在错字上轻轻画一条斜线表示"作废"，然后在一旁重新写一个正确的。为此，我还把以前听过的一句"错字修改口诀"传授给学生们：错字修改要做到"远了看不见，近看一条线。"这个风趣的说法，让学生们觉得很有意思——多年过去了，他们还有人对此有印象吗？

**第三阶段：要求字迹工整**

相对于字号的适宜和字迹的洁净，对字迹工整的训练难度要大了许多。谁都知道，把字练好是长期的功夫，短期内是不会有太大成效的，而对于学习任务日益繁重的初中生们来讲，这个困难尤其还要大得多。所以，这方面我采取了循序渐进的策略，给小余的基本要求是：不求美观，只要工整。

根据小余笔画不清的特点，我给他的具体标准是："横平撇弯，点短捺长。"同时，我告诉他，这个训练要落实责任制，他完不成任务，我就要采取必要的"惩罚"措施。

过了一段时间，小余的字渐渐有了更大的进步，他写字的笔画虽然并不能完全达到我给他的标准，字的间架结构也并不美观，但每个笔画都很清楚，每个字怎么看都只能是这个字，这对于他来讲可实在是来之不易的成果。而到了九年级，小余的字迹终于有了比较大的改进，他不会因为字迹的问题而影响正常的书面交流和答题质量了。

在帮助小余练字的过程中，从练字开始，却从振作精神入手，最后再回归练字。我不敢说振作精神与练好字之间一定有什么内在的科学联系，但当看到小余那越来越端正的字形，再看看他写字时越来越端正的坐姿，再看看他身上所焕发出来的活力，再看看他脸上时常挂着的笑容，我常会固执地想：这些，恐怕都是对"字如其人"的最生动、最美好的诠释吧？

# ▌【出谋划策】

在引导小余进步的过程中，教师先通过聘请他担任"提醒顾问"来激发其自主进步的意识，又通过安排他担负组长的责任来促进其与同学们的交流与融合，再通过落实责任制的方式引导他练习写字——像这样，**通过任用学生担负适当的责任来促进其自主成长，我们把这样的教育策略称为"用适之策"**。这里所说的责任，既可以是通过担任一定职务所担负的责任，也可以是完成一定任务所担负的责任。

**所用适合需要**。是指任用学生所担负的责任要适合其成长的需要。这种适合，可从三个层面来考虑。一是要适合学生成长的需要。要适合国家和社会对青少年学生的总体成长的要求，这既是方向性的要求，也是基础性的要求。二是要适合学生成才的需要。这主要是从适合学生学习需要的角度来说的，其中，学生们日常学习的课程就是最好的内容和标准。学习是学生的天职，较好地完成其成长所需要的学业，不仅是学生们当前的任务，也直接关系着学生将来成才和发展的大计。三是要适合学生个性发展的需要。要适合学生个性特点和自主发展的需要，要把对学生的任用进行有个性特点的设计、调整、补充和完善，通过这样的安排，学生所担负的责任就更有利于助其取得实实在在的进步。

**所用能力适度**。是指任用学生所担负的责任要与学生的能力相匹配。这种适度，可从两个角度来考虑。其一，考虑学生的成长规律。学生的成长是需要一个过程的，不同的成长阶段，他们的各方面的能力也都不同；同样的任务，在不同的成长阶段，对学生的要求程度也理应不同。比如，同样是学习一首古诗词，小学低年级可能安排学生会背诵即可，而对于初中生来说，可能就需要其对内容情感有比较深入的理解。其二，考虑学生的能力基础。不同的学生，承担某项任务的能力基础是不一样的，这跟学生的成长经历有关，也跟他们本身的身心特质有关。某方面能力强的学生，安排其担负责任就可提高难度，而能力相对较弱的学生，则需要有针对性地降低难度。

**所用时机适宜**。是指任用学生担负责任的落实要选择适宜的时机。通常情况下，以下几种时机任用学生担负责任可能更有利于他们的自主进步。第一，铺垫到位时。常态情况下，进行了一定的铺垫之后，会给学生完成任务打下必要的基础。这时任用其担负责任，会有助于学生水到渠成地完成任务，避免可能出现的坎坷和曲折，从而使之体验到成功的愉悦。第二，取得成功时。在学生取得了某项成功后，紧接着给他安排可从这种成功中获取正能量的新任务，这样安排有利于帮助学生趁热打铁，乘胜追击，以更高昂的热情和干劲挑战自我，从而促进其自主成长。第三，经历挫折时。有时候，挫折是很好的老师，因为挫折就是苦恼，就是痛苦，同时，挫折也是奋起的机会。利用挫折来触动心灵，能够启发思想、激励斗志。选择这样的时机给学生安排任务，会有利于其实现反思式的成长。

# 【想方设法】

## 特点指要

在帮助小余练字的过程中，教师根据小余写字的实际情况而在字号适宜、字迹工整等方面提出了相应的要求，并制定了"横平撇弯，点短捺长"的具体标准，再针对训练内容当场就进行"返工式"的重写训练，最后取得了相应的效果——像这样，**通过重复强化的做法进行训练以帮助学生形成一定的能力，我们把这样的训练方法称为"重复训练法"。**

## 程序参考

### 步骤一：设定程序

是指把重复训练的内容分解成动作要点并设定为操作程序的过程。在这里，动作要点的分解是前提性的工作，把需要训练的内容进行更为具体地细化分解，使之转换成做得出、看得到的行为动作，这样，训练就更有着落，更有抓手；而如果没有这些安排，训练的内容可能就过于笼统，训练可能就操作不下去。在此基础上，再对这些分解了的动作要点进行操作程序的设定，设定出对这些动作要点进行操作的先后顺序。重复训练往往不只一个动作行为，这就需要对这些动作行为进行合理的顺序排列，以使训练能井然有序、循序渐进地进行。

需要强调的是，重复训练的内容选定和程序设定要充分考虑学生的接受能力和训练的客观规律，切不可过度使用，否则，就可能过犹不及，甚至反受其害。

### 步骤二：明确标准

是指把重复训练的内容要点赋予相应评价标准的过程。有了标准，才好评价，才会知道训练的效果如何。量化标准的制定，可从程度、数量、速度、时长等角度来考虑。

**关于程度。**训练的程度直接关系着训练的质量，程度足够了，质量就高，程度达不到要求，质量就难以有保障。

**关于数量。**这里所说的训练的数量，既是指训练内容的数量标准，也包括训练行为的数量要求。比如，对学生进行正确写字姿势的训练，有"眼离书本一尺远、胸离书本一拳远、手离笔尖一寸远"的要求，这就是训练内容的数量标准；而提出诸如"每5分钟的训练过程中违规次数不能超过1次"之类的要求，这就是训练行为的数量要求。

**关于速度。**这里所说的速度，一方面是指对训练反应的速度，另一方面是指训练完成的速度。前者训练的是注意力和反应力，后者训练的是自控力和操作力。一般情况下，训练完成的速度更值得重视。

**关于时长。**这里所说的时长，是指学生能够坚持训练并取得训练效果的时间长度。这个时长，可从训练过程中的时效性和训练之后的持久性这两个方面来考虑，相对来讲，后者更能体现训练的效果是否理想。

### 步骤三：重复训练

是指在一定时限内根据训练目标对训练内容进行重复性训练的过程。这种重复方式的训练，要重视状态准备、操作落实、调整巩固这三方面的工作。

**状态准备。**是指参与训练的学生要具备良好的身体和心理状态。重复训练必须是在身体状况允许的条件下才能操作，这是进行重复训练的基础，也是大前提。同时，良好的心态也是进行重复训练所必需的：要引导学生认识重复训练的积极意义，引导他们在重复训练的过程中有获得感，这样，他们对重复的训练才不觉得枯燥，或是即便觉得枯燥也能坚持下来。

**操作落实。**是指落实重复训练既定程序的过程。在这个落实的过程中，很关键的一点就是要发出准确明晰的动作指令，只有这样，训练才会得到落实。如果是动作行为比较具体的训练内容，可通过下达"动令"的方式来实现，就是通过下达含有具体动作的口令来指挥学生对训练做出响应。下达动令具有启动的功能，并能取得立竿见影的效果。我们来比较"开始跑步"和"跑步——开始"这两个口令的使用效果：面对一支跑步的队伍，如果口令是前者，那么，跑步的队伍就有可能出现启动有快有慢的情况；而用后者发令，则队伍的启动就会迅速而整齐。对学生进行训练，如果能恰当地使用动令来指挥调度，往往会使训练立刻得到响应和执行；反之，就可能出现延迟、拖沓、纷乱的情形。

**调整巩固。**一方面要进行调整，要对训练中存在的问题进行随时的调整和改进。发现问题立刻指出，并立刻通过重复训练来改进，这是重复训练的重要特征。它所带来的不仅仅是训练效果的进步，更是给训练对象心理所带来的震动，由此更有深度地引起他们对训练的重视。另一方面，要重视训练效果的巩固。重复训练在短期内往往会出现比较明显的成效，但这种效果在训练之后可能会逐渐弱化。有了必要的复习与巩固，训练的成果才会得以保持。在巩固成果的过程中，特别要重视对训练进行充分的肯定，以给学生足够的信心和更进一步的愿望，激励他们取得更好的训练效果。

# 【他山之石】

《素养教育绿镜头——班主任工作纪实及思考》一书的相关篇章

**关键词：**教育策略（用适之策）

1. 第21章《"借"出来的班干部》
2. 第68章《"青春之力"男子汉》

**关键词：**教育方法（重复训练法）

1. 第1章《"走进我的家"》
2. 第4章《第一天，第一次》

# 8.2　"花儿"为什么这样红

信任，是真诚的钥匙，借它可以打开心灵的大门；信任，是豁达的阶梯，借它可以登上更高远的境界。有信任相伴的教育，往往是最有力的教育，也是最省力的教育。

——题记

## ▌【抛砖引玉】

那一年，我来到了一所新的学校，受命担任初中起始年级一个班的班主任。此时，新学期已经开学有一段时间了。

报到那天，我被引见给学生们。刚走进教室，学生们热情的掌声和欢呼声就立刻扑面而来，有的学生还好奇地站了起来，以便把我这个新班主任看个清楚。几个座位紧挨着的小女生更是一边站起来，一边高高地扬起手臂，十分卖力地向我大声打着招呼……

这种热情是我所经历的欢迎中最热烈的，也是最热闹的。

热情洋溢，充满活力，这是这个班的学生给我的第一印象。

接下来，我很快就发现，学生们的这种很热闹的热情不只在欢迎我的那一刻存在，其他的时候，它们也与大部分学生如影随形。

对于一个刚刚成立不久的班集体来讲，秩序意识，这也许是最应该让它的成员们所具有的。

于是，我开始了上任后的第一次教育谈话。

我用粉笔在黑板上画了两组图形：等长等宽的笔画，一组是并排直立、有规则地排列着，另一组则横躺竖卧、没有规则的散布着。之后，我请学生们发表见解，说一说以组为单位来看哪一组笔画更美些。结果，大部分学生认为第一组更美。

"为什么呢?"我笑着问。

"排列整齐。"

"笔画的方向都一致，就像站排一样。"

……

学生们你一言我一语地应着。

"是啊，同学们，"我接过了话头，"你们看，当我们看一个独立的笔画的时候，它的姿态几乎没有什么太突出的问题，但当许多笔画排列在一起、要把这些笔画当作一个整体来看的时候，它们有秩序地排列才好看。这正像我们的班级呀:如果说每个同学都是一个笔画的话，那么，当别人评价这个班级外观形象的时候，你们觉得是像第一组那样有秩序的好呢，还是像第二组那样散乱的好呢?"

结论是学生们自己得出来的，他们认为班集体应该像第一组笔画那样有秩序的好。

……

一周之后，班级的整体秩序有了明显的改观;两周之后，班级的整体秩序已经明显稳定下来了。

不过，在这明显的进步当中，还明显存在着比较突出的问题:有些学生自控能力较差，比较突出的问题就是自习课的秩序不稳定。在这方面，我与学生们初次见面时那几个起身欢呼的小女生尤为引人注目。

这几个小女生分别是小灵、小梦和小清，她们是形影不离的好朋友，性格都很活泼，有的还有点儿泼辣，并且，她们在同学中具有不小的影响力——难道，她们是带"刺"的花朵吗?

不管怎么样，对她们的教育总要进行。

当时，小灵和小梦是同桌，而小清又坐在她俩的前桌。由于个人关系很好，她们三人在课上总要有一些联系，尽管没有大吵大闹地影响班级秩序，但这种不稳定的学习状态还是对她们自己和周围的同学都产生了不好的影响。

对这三个学生的教育，我决定先从引导她们学会自控开始。

一天，我面带愁容地告诉她们，我遇到了非常棘手的问题，想请她们帮忙，但又担心她们不愿意帮这个忙。

一听我有事相求，她们立刻表示绝对愿意帮忙，并急切地询问是什么事情。

我告诉她们，有几个同学自习课总爱互相影响，我打算请她们帮我管一管。

三个小伙伴马上表态:坚决完成任务!紧接着，她们询问要管理的是哪些同学。

我答复说："是三个小女生。她们几人的座位紧挨着，彼此还是好朋友，可一上自习课的时候，她们就忍不住互相说话，或者借点东西什么的……"

刚开始，几个人还听得非常专注，可听着听着，她们的表情开始丰富起来：先是疑惑地看看我，然后又彼此对视着咧咧嘴，接着两颊就开始泛红。

"老师，您……说的是……我们……吧？"小灵迟迟疑疑地看着我说。

我笑了。

"老师，其实我们也不想这样，就是管不住自己。"小梦说。

"所以呀，我才请你们彼此管理，相互帮助嘛。怎么样，愿意帮我这个忙吗？"我用鼓励的目光看着她们。

"太难啦！"小清毫无信心地说。

"老师，要不，您把我们的座位调开吧！"小灵忽然提出了这个请求。

"你们同意吗？"我问小梦和小清。

她们相互看了看，迟疑了一下，虽然面露不舍，但都点头表示同意。

"你们是非常要好的朋友，但为了帮助老师而主动忍痛要把座位调开，这一点真让我非常感动！能有你们这样善良的学生，老师真是感到很幸运。"我高度肯定了她们的善良，接着说道，"可是，你们的做法我可并不同意呀。"

"什么？"我的表态让她们大感意外。

"这种方法，对于你们几个来讲，也许一时会有用，但解决不了根本问题。过不了几天，你们还会想办法彼此影响，比如传个纸条什么的；或者，再找其他同学说话。"我笑着说。

"老师，你咋知道呢？我们就是这样的。"显然，几个小家伙有点儿惊异于我的"能掐会算"。

"因为你们的友谊是不受时空限制的呀。"我打趣道。

几个小家伙不好意思地笑了。

"不过呀，我倒觉得你们的友谊并不是真正的友谊。"我笑着对她们的友谊表示了怀疑。

"老师，我们是真的特别好！"几个小女生连忙表示反对。

"真的好？我咋那么不相信呢！要是真的特别好，能互相影响学习呀？能互相帮着违反自习课纪律呀？能互相帮着让同学们说咱是管不住自己的人呀？能互相帮着主动争取被老师批评呀？"我一连串的"用事实说话"把几个小家伙问得面红耳赤，哑口无言。

"那怎么办呢？我们真的是管不住自己……"小灵面露难色地说。

"你们不是管不住，而是不想管。不要小瞧了自己！其实，你们都有很强的自控能力，只不过没有主动去用而已。想一想：你们为什么会提出换座的建议？不就是每个人都是愿意上进的吗？有了这种上进心，再加上你们彼此那么深厚的友谊，有什么困难克服不了的呢？老师相信你们，你们更要相信自己，要学会做自己的主人才行呀！"我这样鼓励道。

接下来，我对她们提出了具体的要求，并安排她们组成临时互助小组，由她们三人轮流担任组长，负责提醒和评价。我特意强调，要想评价别人做得怎么样，自己先要做得好才行。

为什么要安排相互评价的环节呢？这一方面是为了对他人进行提醒和督促，一方面，这样做更有利于她们进行自我的提醒和自我的督促。因为，要想进行评价，就先要明确一下评价的内容和标准，这不就是对自己的提醒和督促吗？

这时，小清提出了自己的难处：她有点儿把握不好标准，请求不担任评价小伙伴的工作。

我否定了她的请求。

这一方面是出于引导她学会自主进步的需要：当时，我对她们的了解并不算太多，所以，并不打算非让她评价其他两位同学不可。不过，她至少要学会评价自己，否则，怎么会做到自我提醒、自我改进呢？另一方面，如果答应了她，那她可能就会由此而放松了对自己的要求：做什么事都打退堂鼓，这种心理一旦形成，对她今后的进步无疑是不利的。而这种表现一旦传染开来，也可能会影响其他学生的上进。

当然，我的这个否定并不是简简单单的不同意，而是把对她的引导变换了一种方式。我告诉她，可以通过做选择题的方式让她进行预备性的锻炼。当时，我给了她三个选项，让她任选一项来做：

A. 评价包括自己在内的两个人。

B. 只评价一个同学。

C. 只评价自己。

略一思考，小清选择了最后一项，而这恰恰是我心里对她设定的底线：学会评价自己。

第二天放学时，我把她们召集起来，给她们看了一张纸，上面是我对她们自习课表现的记录，记录表明，她们的进步是非常明显的。

"真的呀？"看到自己的进步，几个小家伙高兴得手舞足蹈。

"千万别瞧不起自己。你们一定都可以做得更好！"我笑着说。

此后，我对她们进行了进一步的鼓励和引导，不断地让她们看到自己努力的结果。而她们更是没有辜负我的信任，练出了很强的自控能力，不但上好了自习课，还学会了如何帮助他人，更学会了如何保持真正的友谊。

一天，我把她们召集在一起，请她们立正站好。然后，郑重地说："小灵、小梦、小清同学，鉴于你们不懈的努力和出色的表现，现在，我宣布：你们相互评价的工作圆满结束！"

话音刚落，几个好伙伴就兴高采烈地拥抱在了一起，开心地笑了起来。那一刻，她们就像春风中摇曳的花朵，绽放出了上进的清纯和红艳，也收获了努力的美丽和芬芳！

是什么让这些成长之花能如此的美丽芬芳呢？

是任用的栽培？还是信任的照耀？抑或是鼓励的滋养？

也许，都有吧！

# ▍【出谋划策】

在帮助小灵等三个小女生进步的过程中，面对她们相互制造负面影响的问题，教师并没有接受她们自己提出的通过调换座位来实现互不影响的请求，而是以高度的信任来鼓励她们通过学会自控来自主成长。又通过安排她们轮流担任组长的办法增强其责任感和自信心，最后使她们实现了具有自主成长意义的进步——像这样，**通过充分信任被任用的学生来促进其自主成长，我们把这样的教育策略称为"用信之策"。**

**帮助感受信任**。是指帮助学生在被任用的过程中充分感受到信任的力量。怎样做到这一点呢？第一，通过托付来信任。是指要托付给被任用学生一定的任务。这个任务，应该是以能促进学生成长进步为目标的具体事务，这样，对学生的引导才能有所依托。第二，通过放手来信任。既然是托付，就是要给学生充分自主操作的时间和空间，以此来证明对他的信任。这种托付的信任，会更深入地激发被信任学生的主观能动性，从而促进其更努力地实现进步的目标。第三，通过宽松来信任。是指放宽对学生任务效果的检验标准。学生对目标的努力效果未必能达到设定的标准，而此时，他们需要的不是"丁是丁，卯是卯"的检验考核，而是具有充分肯定意义的鼓励和扶助。这样，他们就能更多地感受到信任的温暖，也就会更多地激发出被信任的力量。

**帮助信服成效**。是指帮助学生理解、信服并巩固其利用信任所取得的成效。第一，通过成效来帮助信服。是指帮助学生理解被信任之后自己努力所产生的效果。如果这种效果是明显的，就需要及时地肯定和鼓励。而如果这种效果并不那么明显，甚至干脆还没有显现出来，就需要通过讲解和引导把这种效果显示出来——帮学生找到被信任的效果，帮他们认识到被信任能够产生良好的效果，这是让学生能够信服教育的必要条件。第二，通过关联来帮助信服。是指通过把学生的进步成效与其个人努力之间关联起来的办法，让学生懂得其进步主要是靠自己付出得来的，特别是靠自己在被信任之后的更加努力得来的。第三，通过巩固来帮助信服。是指帮助学生巩固被信任之后所取得的成效，以便为更大的进步进行铺垫。这方面，需要一个不断重复的过程，通过量的积累或质的提升而使学生被信任的行为逐步得到强化，直至形成良好的习惯。

# 【想方设法】

## 特点指要

在对小清的教育引导中，对她的最低期望值是"要学会评价自己"，为了落实这个最低的要求，教师是以让她做"选择题"的方式来进行的：题中设置了"评价包括自己在内的两个人""只评价一个同学""只评价自己"这么三个选项。其中，前两个选项的难度更大，这样，尽管小清选择的是难度最低的"只评价自己"，但这实际上已经达到了教师对她的期望值——像这样，**通过把教育目标设定为难度最低的选项以供学生自主选择的做法来助其成长，我们把这样的选择方法称为"定位选择法"**。由于这种选项的设置具有确保目标能被选中的"保底"的特点，所以，我们也可以称之为**"保底选择法"**。

## 程序参考

### 步骤一：设计方案

是指设计具有选择内容的教育方案的过程。这个方案的设计，具有主导性、针对性、自愿性、自主性的特点。主导性，一是指方案的设计是教师主动实施教育的主动行为；二是指方案的设计要为达到教育的具体目标服务，要始终在教育具体目标的主导之下来进行设计。针对性，是指教育方案是为了解决学生所面临的某种困难而设计的。这种设计，既可以有大方向的成长目标，更需要有具体行为的可操作的行动目标。但不管是哪一种情况，都是要服务于学生成长的需要，往往都要选取学生在某方面欠缺或需要修正的内容来设计。自愿性，是指方案的设计要能引导学生自愿选择参与教育，而不是利用强制手段去落实。要做到这一点，就要进行必要的引导，以帮助他们学会自主选择，从而做到心甘情愿地在教师的主导下健康成长。自主性，是指方案落实的主体是学生，所设计方案的内容要能充分体现学生们自我行动、自主进步的特点。

### 步骤二：定位选项

是指把教育目标设置为具有保底意义的难度最低的选项以供学生自主选择的过程。教育目标的设置，要根据对学生具体问题的改进需求来安排，它具有操作性和检验性的特点。也就是说，这个目标的设定要具有行为操作的特点，要能通过学生的具体行动来体现，并且，能够通过具体的标准来检验其行为的落实效果。在教育选项的设置中，把要达到的教育目标设置成若干可供选择的选项，由学生自主选择其中的一项或几项作为努力的目标。难度最低的选项所对应的就是所预期的教育目标，它是学生自主进步的底线。以此为基点，所设置的其他选项中都包含着这个预期的教育目标，但它们的难度是次第加大的，这样，即便学生选择了难度最低的选项，教育的预期目标也能被学生选中。这些选项的设置，最好按照由难到易的顺序排列，这样更便于给学生的选择提供更自愿的心理。

不管选择哪一项，为学生所设定的教育目标都包含其中，这就是"定位选择法"的基本特点。

### 步骤三：守信落实

是指帮助学生信守承诺、努力达到其所选择的教育目标的过程。对选项的选择，只是意愿方面的工作，更重要的是落实的过程。在具体落实的过程中，一方面要加强愿望的激励和方法的指导，另一方面，可借助选择本身的力量来督促。这方面，如下两种做法都可一用。其一，借信守承诺的力量来落实。一旦学生出现了消极的状态，教师可借助"人无信不立"的理念来对其进行督促，促进其信守诺言，尊重自己的选择。其二，借重新选择的力量来落实。就是把当初进行选择的各个选项重新摆在学生面前，让他重新进行选择。重新选择的结果可能有两种情况：一种是原本选择的是难度比较大的选项，那么，重新选择的即便是难度最小的选项，也能达到所预期的教育目标；另一种情况是原本选择的就是难度最小的选项，那么，通过对比，学生会知道重新选择只会面临更大的困难，从而促使其再次选择难度最小的选项。如果说前一种情况的重新选择所选的是难度的话，那么，后一种情况的重新选择所选择的则是思考和衡量，它会更有利于促进学生思想的成熟。

## 【他山之石】

《素养教育绿镜头——班主任工作纪实及思考》一书的相关篇章

**关键词**：教育策略（用信之策）

1. 第36章《让学生讲课值不值》
2. 第63章《男生轮流当"体委"的玄机》

**关键词**：教育方法（定位选择法）

1. 第37章《初识"男子汉"》
2. 第44章《男儿当自强》

# 8.3 "杖藜"扶我过桥东

教育离不开扶助。"全凭老干来扶持"是用精神和经验来扶助，它给人的是热情和力量；"杖藜扶我过桥东"是用工具和方法来扶助，它给人的是效果和信心。

——题记

# 【抛砖引玉】

小雪是个比较活泼的小女生，朝气蓬勃的，就像阳光下一棵渴望更好成长的秧苗。为了帮助这棵秧苗苗壮地成长，为了帮助这棵秧苗把根须扎得更深、更实，我用了一系列"扶"的做法。

**第一扶：扶担责**

就是给她一定的任务，通过对责任的担当来促进她更自主、更踏实地成长。按这样的思路，我安排小雪当起了我的语文课代表。

"老师，我怕干不好……"征求小雪意见的时候，她显得有点儿不自信。

"你是块很好的'材料'，以你的能力，当个语文课代表是绰绰有余的。我当了这么多年老师了，这一点还看不明白吗？"面对这个也许是有点儿谦虚的小孩子，我摆起了"老资格"。

"真……行吗？"小雪还是有点儿犹豫。

"把那个'吗'去掉，一定能干好！"我语气坚定地鼓励她。

话是这么说，必要的准备还是要有的。我让小雪先从收发作业这个最简单的工作做起，经过一周左右的实践，小雪把工作做得很是出色。于是，我又给了她一项难度大的工作——组织晨读。

为了把这项工作做好，我先问了小雪这么几个问题：

1. 组织晨读的程序是怎样的，为什么？

2. 组织晨读时应该站在什么位置，为什么？

3. 组织晨读时的音量应该达到什么程度，为什么？

4. 组织晨读时自己的神态应该是怎样的，为什么？

这些都是帮助小雪顺利开展工作所必须注意的细节问题，哪个细节处理不好，都可能影响她的自信。听了小雪的回答之后，我又让她进行了实际的操作演练，做到有备无患。

正是有了比较充分的准备，小雪一开始就把晨读组织得相当顺利。

之后，随着能力的不断增强，小雪的工作也逐步多了起来，安排日常的语文学习检测、组织检查各学习小组的语文学习活动、组织全班"美文推介"的相关工作……

经过一个学期的锻炼，小雪的责任意识越来越强了，她把课代表工作做得越来越好，同时，她自己的学习状态也越来越踏实了。

后来，英语老师慧眼识珠，又请小雪担任了英语课代表。

"怎么样？看你工作做得多好，老师们都抢着要！"安排小雪"调转工作"的时候，我没忘了送给她这样的鼓励。

**第二扶：扶友爱**

在英语课代表的岗位上，小雪与她的另外两个小伙伴小馨和小娟也表现得相当不错。为此，她们时常得到老师的表扬和同学们的称赞。

看到这些，我这个班主任老师自然是倍感欣慰。

不久之后发生的一件事，让小雪的成长更进了一步。

当时，小娟要转到外地读书，作为小娟挚友和同桌的小馨情绪受到了不小的影响。为了帮助重情重义的小馨渡过这个难关，我求助于她的好友小雪。小雪其实也正在为此而进行着自己的努力，她表示，帮助好友是她应该做的，并提出自己愿意跟小馨同桌，以更便于彼此帮助。

小雪的这个想法与我当初的打算是不谋而合的，但是，为了让小馨在这次经历中经受一点磨砺，我还是决定先让她独自承受一下这种好友离别所带来的伤感——太稚嫩的心灵将来是无法适应社会生活的。现在，天赐了对她进行锻炼的机会，这可不能浪费了呀。

所以，在充分肯定了小雪的热情之后，我并没有同意小雪关于她俩同桌的建议，而只是把她俩的座位调到了十分接近的位置。

接下来的一段时间里，两个小伙伴相互帮助，都表现得十分不错。小雪细心地关照小馨，小馨呢，则更加坚强地面对了新一阶段的成长。

在这一过程中，小雪身上的责任感更强了。

### 第三扶：扶专心

小雪是个特别热爱集体的学生，只要有机会，她从来都是积极努力地为班级挥洒汗水的。而在运动会上，她更是个奔跑的主力，每次都会以自己的突出表现为班级增光添彩。

当然，小雪毕竟也是个正在成长中的孩子，在成长的跑道上，她的奔跑也会有注意力不集中的时候。而此时，我这个"教练"就要及时提醒她了。

我曾与她进行过一次关于跑道的谈话。

"你是个出色的运动员。当发令枪已经响起，大家都在赛道上奋力奔跑的时候，如果你的目光不是盯着终点，而是转向跑道的两旁，看到了鲜花就看一看，听见了鸟鸣就听一听，你能不能赢得比赛呀？"看着小雪，我笑着说道。

"不能……"小雪红着脸，低下了头。

"那你说该怎么办才好呢？是接着比赛，还是索性就放弃比赛去欣赏路边的风景呢？"我问。

小雪是个十分上进的学生，她当然知道该如何选择。于是，小雪又在笔直的跑道上奋勇直前了。

### 第四扶：扶领跑

此后的小雪表现出了惊人的意志力，在自我成长的道路上，她一路向前，夺取了一个又一个胜利。

小雪这种良好的状态，既来自老师们的鼓励，更来自于她本人的上进。说起来，八年级期末的一次家长会可以说是激发她上进奔跑的发令枪。

家长会的自由交流阶段，小雪的家长表现出了对小雪的担心。她认为小雪的中考成绩不会很理想。当时，小雪也在场。我知道，家长这样说就是为了对小雪进行更有强度的激励。

于是，我配合家长唱起了"双簧"。

"你这是啥眼光呀？小雪虽然基础跟有些同学相比有差距，但这孩子多要强呀！只要用心，哪有考不好的道理？"说着，我把目光转向了小雪。其实，我的这些话是说给她听的。

"嗯、嗯、嗯……"听了我的话，小雪一个劲地点头。

"那好，咱可说好了，一起努力，考出个好成绩给家长看一看，怎么样？"我充满期待地将了小雪一军。

"我肯定能考好！"小雪显得信心满满。

这正是我和家长想要看到的。

豪言壮语是说出去了，怎样让这些话不是"大"话，而是"实"话，这就必须要靠实实在在的行动才行。

为此，我给小雪定下了目标：先从学习状态抓起。

学习成绩的提高不是一朝一夕就可以实现得了的，但学习状态的调整却是可以立竿见影的。

"专注听讲，认真思考，主动提问，积极研讨"，这些，既是我当时给全班学生提出的倡导，也是我给小雪提出的要求。

"这几点对于你来讲，根本就不是难事。你一定都做得到！"我这样给小雪加油鼓劲。

此后，小雪表现出了更加高昂的斗志。她更加专注地听讲，更加投入地思考，更加主动地提问，更加认真地落实……

最值得一提的是，小雪的上学时间有了一个明显的变化。当时，她的家长需要早些上班，小雪面临着两种选择：或者是让家长顺便带到学校来，或者是自己来上学。如果是前者，小雪就必须在其他同学没到校时自己待在空荡荡的教室里，小雪毫不犹豫地选择了前者。

从此，小雪基本上都是第一个走进教室的学生。她先把窗子打开通风，然后就十分专心地进入了自习状态。到了冬天，早晨的教室需要更多一点的时间开窗通风，而此时，坐在寒风不时吹进的窗边，小雪的学习状态依然那么专注。

那时，我上班都是很早的，一方面是要为学生创造安全的学习环境，另一方面，也是要尽可能多地观察了解学生，掌握他们上进的第一手资料，探索对他们进行引导的规律方法。

小雪的好学上进当然是最好的教育素材，我自然不会放弃让其发光发热的机会的。在班级里，我特意表扬了小雪的上进状态，表扬她为实现"考出个好成绩给家长看一看"的诺言而付出的种种努力。

我还曾在班级用"贴标签"的办法来鼓励学生：把几个具有代表性的学生身上所体现出来的良好学习状态简要地概括出来，形成一个努力学习的"公式"，比如"小张的用心 + 小李的细心 = 良好的成绩"之类。在这个"公式"中，小雪的名字赫然在列。

一年后，小雪以优异的成绩考取了理想的学校。她以自己的实际行动让自己的"大"话变成了"实"话。

"古木阴中系短篷，杖藜扶我过桥东。"无论是学生的成长，还是教师的教育，都需要某种形式的"杖藜"来扶助。在引导小雪进步的过程中，期待、扶持和鼓励就是这样的"杖藜"。正是有了它们的扶助，小雪的成长之路才走得更平稳、更有力；也正是有了它们的扶助，我的教育之路才走得更顺畅、更轻松。

# ▌【出谋划策】

在帮助小雪进步的过程中，教师先通过扶持其担任语文课代表来增强其上进心和责任感，又通过安排她担负帮助好友的责任以引导其更加上进，再通过引领她在成长之路上专心向前，直至通过用"贴标签"的办法来鼓励她更具责任感地求取进步——像这样，**通过具体扶持来帮助被任用的学生顺利地担负责任以促进其自主成长，我们把这样的教育策略称为"用扶之策"。**

**为扶助创条件**。是指为被任用的学生创造有利于其担负某种责任的相关条件。在扶助学生担负责任之前，有许多条件需要创造，其中，责任意识的引领和责任环境的创造这两项工作尤为重要。关于责任意识的引领：要引领被扶助的学生具有担负责任的意识和愿望，这是其能够完成某项任务的前提条件。为此，教师要给学生创造这样担负责任的机会，并且鼓励他们愿意把握这样的机会。然后，再利用这样的机会，把他们领上一条自主上进、不断进取的道路。关于责任环境的创造：要引导其他相关的学生能够配合被任用者的工作，他们对被任用者的态度和反应，直接关系到这项工作的效果。因此，引领他们以帮助和宽容的态度来对待那些被任用者，为他们责任的落实创造一个友好、宽松的心理环境，这也是扶助取得成功的重要条件。

**为扶助教方法**。是指帮助被任用的学生能讲究方法地落实责任。帮助学生具备担负责任的能力，就像教小孩子走路一样，一开始是需要扶助的。这种扶助，主要有两方面的工作。第一，传授方法。是指把要落实责任的具体操作方法教给学生。其中，工作的程序、任务的分工、时间的安排、质量的要求、效果的评估等内容，都需要一定的方法来落实。第二，实践操作。是指帮助学生通过实践操作来落实责任。这种实践的操作，需要教师耐心细致地引导和传授。只有这样，才更有利于学生顺利地落实责任，也才更有利于他们通过责任的落实而没有挫败地成长。在这个扶助的过程中，最好能做到"即时"扶助，如果做不到即时，能做到"及时"扶助也可以。总之，在这个蹒跚学步的阶段，教师是不适合当甩手掌柜的。

**借扶助促独立**。是指在扶助学生担负责任的过程中促进其独立自主地取得成功。首先是要让学生独立自主地操作。既然是扶助，学生就是当仁不让的主角，教师就是配角，是助手。这就需要教师在教方法、助操作的基础上逐步放手，把实践的机会让给学生，要舍得让学生"摔跟头"，只有这样，他们才能得到真正的锻炼，他们也才能从尽责的经历中逐步垫起成功的基石。其次，对学生的扶助，还指要恰当地评价学生独立担负责任的结果。所谓恰当，一方面要推功揽过，就是要把成功的成效和功劳归给学生，把出现的问题或失败的原因归于教师自己。这样，学生会更愿意担负责任，会更敢于担负责任，会更乐于担负责任，会更善于担负责任。另一方面，还要理性认识，就是要引导学生理性认识成功的经验和存在的问题。这样，学生们才能不断改进，不断进步，以实现更有效的自主成长。

# 【想方设法】

## 特点指要

在引导小雪学习进步的过程中，教师先对她明确提出"考出个好成绩给家长看一看"的期待，然后从"专注听讲，认真思考，主动提问，积极研讨"等方面给她提出了学习状态方面的具体目标，之后，又通过表扬其早上学、"贴标签"等方式针对这些具体目标进行心理上的鼓励和行为上的强化，引导其以实际行动把"大"话变成了"实"话，直至帮助她把期待变成了现实——像这样，**通过期待效应（皮格马利翁效应）的运用来鼓励学生目标明确地自主进步，我们把这样的鼓励方法称为"期待鼓励法"。**

## 程序参考

### 步骤一：真心期待

是指教师使自己对被期待的学生能做到真心期待的过程。利用期待效应来鼓励学生，教师自己首先要真心相信学生一定能实现对其期待的目标，这是大前提。这个大前提确立了，以后的工作才能开展得起来。这种真切的期待至少有两方面的好处。其一，教师自己的心态是真正积极的。教师自己真心相信对学生的期待能够实现，而且要用这样的心理暗示不断地强化自己的这种心态。这样，教师就会发自内心地去努力实现这个目标，他对这个被期待的学生就会努力从积极的方面去思考、去设计、去调动。其二，教师传递给学生的信息是积极的。教师的期待是真实的，其带给学生的影响也必定是积极而真实的。这种真实，对被期待的学生来讲，给他的是信心和希望；对其他的学生来讲，给他们的是对被期待学生的信任和鼓励。

要想把这种真心的期待落到实处，还有个技术性的问题需要解决，这就是期待目标的难易程度的问题。期待的目标越容易达到，这种真心的期待就越容易得到落实。因此，在运用"期待鼓励法"的过程中，最好把期待目标分阶段地设置成学生能够接受的难易程度，这样既能鼓励学生，也有利于教师真心期待的落实。

### 步骤二：明示期待

是指对被期待的学生表明具体期待目标的过程。首先，要按远近之分来拟定期待目标。

远，是指对学生长远发展的期待目标。这种目标更多的是从性质的角度来思考，更多的是前进方向上的引领。比如，期待某学生将来能成为某方面人才，等等。近，是指对学生近期行为的期待目标。这种期待目标的设定，要紧密结合学生当前的成长需要来进行，而且，最好要在时间和效果方面有具体的期待目标。这样的期待是对学生实现目标的务实引导，它们最好具有行动明确、便于操作的特点。其次，要向学生明确表示期待目标。这种目标的明示，可按以下三种方式来进行：当面明示，就是面对面地向被期待者表明期待目标；当众明示，就是面向众多的人表明对其中一人或多人的期待目标；转达明示，就是通过"中间人"明确转达对某人的期待目标。这三种方式各有所长，其中，"转达明示"具有激发被期待者和"中间人"都能积极进取的双重作用。在"中间人"面前表达对被期待者的期待目标和期待信心，会使被期待者更受鼓舞；而借助对被期待者的期待，又可以用竞赛等方式对"中间人"进行激励和期待。

**步骤三：转化期待**

是指把期待目标转化成被期待学生的实践行为的过程。首先，要做好铺垫工作，主要是对被期待的学生进行必要的能力铺垫。落实对学生的期待目标，需要学生本身具备落实目标的基础和能力。比如，对某个学生的期待目标是其能够担负班会主持人的任务，那么，对这个学生的口头表达能力就要进行一定的培养，有了这样的铺垫，才会使对他的期待目标有落实的基础。其次，要做好把期待目标转化为学生实践行为的落实工作。在这一过程中，要突出做好不动摇、勤鼓励的工作。不动摇，是指坚持对被期待者的目标导向坚定不移，坚持不懈。对于一个成长中的学生来讲，他们最大的特点是"没长性"，这就需要教师时常用期待目标来对其进行引导和提醒，只有这样，这种期待才不至于被弱化。勤鼓励，是指对学生在实现期待目标过程中的努力状态和行为效果进行及时鼓励。这种紧扣期待目标的鼓励，会不断地给被期待者以成就感和自信心，从而更有利于达到所期待的目标。

# ▌【他山之石】

《素养教育绿镜头——班主任工作纪实及思考》一书的相关篇章

**关键词：**教育策略（用扶之策）

1. 第44章《男儿当自强》

2. 第45章《好风凭借力》

**关键词：**教育方法（期待鼓励法）

1. 第10章《静女其姝诚可待》

2. 第59章《仗剑示豪杰》

# 8.4 怎一个"赢"字了得

成长之树，有了上进的滋养才更加茁壮，有了成功的反哺才更加高耸，有了自信的支撑才更加挺拔。

——题记

## ▌【抛砖引玉】

小悦是个热情上进、活泼开朗的女生，入学两个多月后，她被选为这个班集体的文娱委员。

如何对她进行培养，以使其能称职尽责呢？

我在班干部培养上的基本思路是：让他们"成长自己，带动集体"。即首先要做到成长自己，然后再做到称职尽责以带动集体。

对小悦的培养，我也是照此办理：先帮助她尽快地成长起来，使其具备相应的工作能力。

恰巧，学校要在期末阶段组织大合唱比赛。我决定利用这个机会对小悦进行班干部能力的培养，同时，对全班学生则进行必要的集体主义教育。

我给本次活动教育定下的思路是：自主成功＋自省成熟＝自信成长。

这个公式的基本含义是：通过学生的自主努力来获得成功，通过学生的自我反思来促进其心理和思想的日渐成熟，通过自主的成功和自省的成熟来帮助他们获得自信和成长。

既然要做，就要做成。做成了，学生的努力才是得到了回报，他们也才能从这种回报当中获得自信。

为了把这次大合唱活动"做成"，我主要做了以下的工作。

**第一步：调动骨干的力量**

先要做好小悦的相关工作。她是文娱委员，是开展这项工作最要倚重的骨干力量，把她的工作做好了，事情就成功了一半。

为此，我决定先征求一下小悦对班级参加大合唱比赛的意见。

作为文娱委员，小悦当然一百个愿意地希望把这件事做好。

"不过，整个活动需要你们自己来做才行呀。"我把参赛的基本原则告诉了小悦。

"啊？"小悦先是极为夸张地叫了一声，接着又不相信地问我，"老师，真的呀？我们……我们能干好吗？"

"当然能啦！有你这么优秀的'文委'，咱们怕什么呢？"我反问着给她信心。

随后，我给她分析了她能做好这项工作的各种有利条件。比如，她和全班同学都非常上进，这是一切的基础；比如，她自己的能力十分突出，又有无比的热情；比如，音乐老师会对各班提供必要的指导和帮助；比如，我和家长都可以作为她坚强的后盾……这些分析，主要是为了使小悦具有足够的自信心——要想让她这个刚刚上任的班干部在这次活动中赢得同学的认可，没有自信心是不行的。

有了自信心，还要具备相应的能力。为此，根据小悦自身的特点，我对她进行了以"能指挥、能不笑、能不急"为标准的能力训练。

"能指挥"，是从"专业"能力的角度来讲的。作为班级的文娱委员，参加大合唱的比赛，除了自己要唱得好，还要具有指挥大家唱歌的能力。由于小悦以前没有做过这种大场面的指挥工作，所以，对她进行这方面的专项训练是非常必要的。对此，小悦表现出了惊人的热情和毅力，经过高强度的突击学习和训练，她终于可以有模有样地进行指挥了。为了保险起见，我先让她给我预演了几遍，直到解决了相关问题之后，才安排她登台指挥。

"能不笑"，这怎么也成了一条训练的标准呢？原来，小悦平时就是班级的"快乐天使"，她的同学关系非常好，她一开口说话，往往都会给大家带去快乐的笑声。但如果以这样的状态去指挥合唱，那合唱的训练是无法顺利进行的。为此，我特意安排了她进行专项的"严肃"训练，甚至在她练习指挥时请她的好朋友故意逗她发笑，直至她具备了足够的自控能力为止。

"能不急"，这是针对小悦的"小孩子脾气"来设定的。单纯、认真、急于求成，这几乎是学生在这个年龄段共有的特点。而小悦本身这方面的特点就更突出一些，她往往会率性而为，喜怒形于色，这一点如果得不到有效的调整，也会对整体的排练工作造成不利的影响。为此，我与她共同设想了一些容易引发其情绪波动的常见问题，帮她进行了比较充分的心理准备。

**第二步：调动集体的力量**

为了做好这项工作，我对全班学生进行了思想动员。动员过程中，我并没有引导学生把这项工作看成是一次完成任务的过程，而是引导他们把它当作一次突破自我的过程，甚至是一次"雪耻"的过程。原来，学生升入初中已经几个月了，在学校开展的好几个大型活动中，班级还没有过名列前茅的体验，学生们的情绪因而受到了一定的影响。为此，我激励学生们抓住这次机会，努力让自己取得最好的名次。

哪个学生不是要求上进的呢？听了我的动员，他们热情高涨，决心要"打个漂亮的翻身仗"，给自己、也给班集体一个"交代"。

**第三步：调动自主的力量**

一切准备就绪，随即进入了具体排练的阶段。

小悦信心满满地登上了指挥排练的舞台，她以非常优秀的表现赢得了大家的认可。

"给你提出的'三能'目标，你都做到了。了不起！"我及时给小悦送去了鼓励。

"真的呀？太好啦！太好啦！"听了我的夸奖，小悦兴高采烈地拍手笑了起来。

那一刻，她又恢复"常态"了——毕竟还是个孩子，那份天真可爱永远都难以掩藏！

不过，随着排练的深入，随着要求的提高，问题开始一个接一个地暴露出来，以至于把排练的过程变成了"战斗"的过程。因为每个学生都有自己的见解，每个学生都急于表达自己的想法，所以，场面一度显得十分混乱。特别是，班里有两个小男生唱歌是明显跑调的，但他们的热情和嗓门又特别的高，一唱起来就忘了自己跑调的情况，致使班级整体唱歌的效果都受到了影响。于是，其他的学生就忍不住埋怨起来，而这两个学生也感到自己很委屈。一时间，大家你一言我一语，教室里乱作一团。

小悦哪里见过这种场面？面对吵吵嚷嚷的同学们，她急得直跺脚，眼泪都差点没掉下来！

这时，我伸出三个手指向她晃了晃："别忘了'三能'呀。"

小悦转过身去，努力平复了自己的情绪。

当天放学前，我对具体的排练行为规定了三条标准：第一，不影响文化课的学习，尤其不许上课或自习课时擅自做有关大合唱的事。第二，一切行动听指挥，尤其不得打断排练来提出意见或建议。第三，注意排练的合作性，跑调同学的音量不要高过身边的同学。

这三条标准，强调的侧面不同，但都含有一个基本要求：学会自控。

为了对学生进行更深入的教育，我还请他们以"我用什么唱班歌"为主题写一篇自省性质的随笔。这篇随笔的写作要求有两点：第一，从目的上看，既要解决唱歌中存在的问题，还要促进同学间的团结。第二，从内容上看，每个人都要反思自己需要改进的地方，让自己做得更好。

学生们的随笔写得非常成功，他们对自己在唱班歌过程中的表现进行了深入的反思，在思想态度、行动落实等方面都写出了很好的认识和建议。

接下来，再进行唱歌排练的时候，我重点做了两项工作。一是排练之前提醒学生们回顾一下训练的三条标准；二是排练之后提醒学生们以这三条训练标准对照自己刚才的行为表现，看自己是否达到了这些标准。

经过这样的"前思后想"，学生们的排练效果明显好了许多。而作为活动现场"总指挥"的小悦，她的指挥能力也越来越强了。

元旦前一天，在全校的大合唱比赛中，学生们以最出色的表现赢得了金奖。

回到教室的时候，学生们静静地等我讲话。

"同学们，你们——赢了！"随后，我的话音就被雷鸣般的掌声淹没了……

是的，学生们赢了！

看着学生们那愉悦的笑容，听着他们那欢快的掌声，我想，他们所赢得的，又岂止一个区区的合唱金奖呢？

# 【出谋划策】

在帮助小悦尽责称职的过程中，教师以安排她负责大合唱的指挥训练为契机，先通过"你这么优秀"的鼓励来激发其上进的愿望，再对其进行以"能指挥、能不笑、能不急"为标准的能力训练，最后帮助她成功地完成了指挥任务，尽到了其所担负的责任——像这样，**通过帮助学生在被任用的过程中取得成功来促进其自主成长，我们把这样的教育策略称为"用成之策"。**

**任用以助成功。**是指通过帮助学生在被任用的过程中取得成功来促其自主成长。怎样做到这一点呢？第一，引导端正态度。引导被任用的学生认真对待自己被任用这件事本身，这是最重要的。要引导其懂得被任用的意义，懂得被任用对自己和他人意味着什么，这样，他才能高度重视所要做的事情。端正态度还指要用心地、专心地、恒心地把自己所承担的事情做好。这样，取得成功就有了基本的动力和意志的保障。第二，引导明确目标。要引导学生知道自己被任用的进步目标是什么，要帮助学生懂得用这个目标去引导行动。能够这样目标明确地做事，更有利于被任用的学生精力集中地求取进步，也更有利于其把具体的事情做成功。第三，进行技术指导。这种指导，包括对行动目标的分解、对操作程序的设计、对落实方法的掌握，等等。

**任用以助自信**。是指通过帮助学生在被任用的过程中树立信心来促其自主成长。一方面，这种信心是指做事之前对做成此事的信心。第一，要对学生讲成长期待，要把对被任用学生的期待目标明确地讲出来。这个目标，需要讲出它实现起来的益处和难度，这样做有利于被任用的学生从这种期待和任用当中获得激励。第二，要对学生讲有利条件，要把实现目标的可能性讲清楚，让学生懂得自己具有实现目标的能力。这些条件，讲得越具体越好，越有可操作性越好。在讲条件的过程中，不妨用"戴高帽"的办法，让学生对自己的潜力有足够的自信，这样就更有利于用信心和信任的力量来促进他们成长。另一方面，这种信心还指做事之后对自我做事能力的信心。相对来讲，这种信心更可贵，更有用。它所带给学生的不仅仅是来自一件具体事情的成就感，更有发自心底的追求更大成功的愿望、热情和自信。所以，在任用了学生并助其取得了成功之后，要帮助他们认识到自己的能力，要帮助他们从被任用的实践过程中找到其自主成功的合理性，从而引导其取得更大的进步。

在教育工作中，教师自己一定要引导学生做成功一些事情。这会有利于树立自己的工作威信。更重要的是，它会让学生信服老师，佩服老师，从而使他们更愿意按老师的引导而成长。

# 【想方设法】

## 特点指要

在帮助学生们调整大合唱排练状态的过程中，教师有针对性地安排学生以"我用什么唱班歌"为主题写自省随笔，以引导他们反思自己的行为是否恰当；在以后的排练过程中，又安排学生用训练标准来指导和对照自己的行为表现，以此来引导学生自主修正行为——像这样，**通过引导学生以反观自省的做法来进行自我教育，我们把这样的自修方法称为"反观自修法"**。

## 程序参考

### 步骤一：自愿求进

是指引导学生能目标明确地自愿求取进步的过程。首先，引导学生自愿求取进步。能够做到自我反观的前提是主观上要有更加进步的心愿，有了这个心愿，学生才会心甘情愿地反观自己的行为，才可能通过自我修正的方式来求取进步。所以，用"反观自修法"来引导学生进步，先要教会他们问自己一句话："我要更好吗？"解决了这个意愿的问题，接下来的反观自修才有了思想和动力基础，反观自修的行为也才可能取得实际的效果。其次，引导学生自愿设立目标。学生反观自修的目标要以合适为原则来设立，就是自修的目标要适合学生的成长需要，要适合当前的教育要求，要适合教育的客观规律，要适合学生的自主能力。特别要紧密结合日常的教育需要来帮助学生选取反观自修的目标，然后对目标进行分解，直至细化成可以在数量、程度等方面进行操作考核的具体内容。

**步骤二：对照衡量**

是指引导学生对照评价标准来衡量自己行为的过程。首先，引导学生明确评价标准。反观自修的目的是要做得更好，而这"更好"需要有个标准才行。为此，"反观自修法"的使用，最适用于那些具有具体评价标准的行为，这样，评价起来才更便捷，才更具有操作性。其次，引导学生对照行为标准。根据前期制定的努力目标，把自己这方面的行为表现与要求标准相对应，把它们进行逐一对照，行为是否合乎要求，自是一目了然。为了方便这种反观，最好制出一定的表格来，把反观的内容、标准、程序等清晰地排列出来，让学生能够方便快捷地对自己的行为进行衡量和评价。

**步骤三：反观修正**

是指引导学生反观行为并自我修正的过程。首先，引导学生分析原因。先要通过反观找到成绩或差距，然后对这个成绩或差距形成的原因进行分析，以便更好地发扬成绩，以便更好地缩小或消除差距。其次，引导学生自主修正。先通过思想引导来激发学生自我修正的积极性，再通过机制运作来落实学生自我修正的评价行为。在思想引导的过程中，要高度突出自主这个核心：一方面要突出学生个体自修的自主，另一方面也要突出学生群体自修的自主。在行为修正的过程中，要善于借用对比的方法来进行具体的操作：引导学生对自己的行为进行再一次的"观标准"，通过这样"回头看"式的行为修正，促使自己向前更进一步。

# 【他山之石】

《素养教育绿镜头——班主任工作纪实及思考》一书的相关篇章

**关键词：教育策略（用成之策）**

1. 第14章《"纵虎归山"的运动会》

2. 第26章《我们心中有个太阳》

**关键词：教育方法（反观自修法）**

1. 第18章《濯洗高贵的心灵》

2. 第27章《日有所进〈日进录〉》

# 9."主"之策

## 单元提示

### 【教育策略】

本单元探讨的是"主"的策略。

主，就是主体、自主。"主"之策，是指通过激发学生的主体意识和培养学生的自主能力以促进其自主成长的策略。

"主"之策，就是要引导学生懂得"成长在我"的道理，就是要引导学生以"成长在我"的原则去想事和做事，要努力做到"思考在我，行动在我；成败在我，荣辱在我"。

关于"主"的策略，我们从"主愿、主明、主独、主创、主天"这几方面来探讨。

"主愿之策"是指通过引导学生具有主动求得进步的愿望和行动以促进其自主成长，这是他们能自主成长的前提；"主明之策"是指通过引导学生在独立过程中明确知晓常识常理以促进其自主成长，这是一个"三思而行"的过程；"主独之策"是指通过引导学生学会独立做事以促进其自主成长，这既是学生学会自主的锻炼方式和锻炼过程，也是他们自主成长的行为标志；"主创之策"是指通过引导学生具有开创精神并能主动闯练以促进其自主成长，这是学生自主成长的努力方向和更高追求。这几方面是从学生作为教育主体的主要成长内容和方式的角度来讲的。

"主天之策"是指通过尊重天性和天道来教育学生以促进其自主成长，这是从如何发挥教师主导作用的角度来讲的。天，就是天性，是人和事物的天然属性；天，就是天道，是人和事物的自然规律。

"主天"是引导学生自主成长的起点，也是终点。能借天性和天道来帮助学生自主成长，这应该是教育的更高境界。

在教育策略的体系中，"主"处于金字塔的最顶端。以"主"之策来教育引导学生的过程，实际上就是学生自身获得解放而更有能力的过程，也是教师自身获得解放而更有能力的过程。

**据此，我们也可以把素养教育称为"三主教育"即学生是主体，师长是主导，过程是主线。**

# 【教育方法】

本单元探讨的教育方法有5种，共5个做法。它们是：属于"制约法"的声誉制约法，属于"自修法"的求助自修法，属于"鼓励法"的意外鼓励法，属于"带动法"的群体带动法，属于"疏导法"的活动疏导法。

对上述方法的具体介绍详见相应篇目及本书附录《教育方法简要说明表》。

# 9.1 红灯绿灯赖心灯

> 十字路口中，真正能决定行止的不是挂在灯杆上的红绿灯，而是闪在心中的一盏灯，这盏灯的名字叫"自主"。走路是这样，人生亦如此。
>
> ——题记

## 【抛砖引玉】

小柏是个好学上进的学生，然而，进入九年级下学期后，他的状态却出现了明显的异常：心神不定，学习不专注，成绩下滑……有时还深更半夜地在被窝里用手机上网。

原来，他坠入了"爱"河。

旁敲侧击地暗示，直白明确地交谈，老师们对小柏进行了几次引导，但他的状态总是好转了几天之后，又有所反弹。

怎么办呢？

小柏是个比较在意自己声誉的学生，从这个角度引导一下，如何呢？

我决定送给小柏一个笔记本，并在笔记本上写几句话，以对他进行引导和警示。

书柜里恰巧有两个笔记本，这是以前班级开展表彰活动剩下的。笔记本薄薄的，封皮一红一绿，静静地躺在那里。无论是它们，还是正在看着它们的我，都不会想到，它们会为我对学生的教育创造另一个别出心裁的机会。

我随手拿出其中的一本，翻开封皮，开始思考写点什么合适……

与小柏单独相处的时候，我把两个本子摆在了他的面前："这两个本子，打算送给你。打开看看吧。"我先把绿色的本子递给了他。

小柏接过本子，打开，下面这几句话映入了他的眼帘：

小柏同学：

　　九度寒暑，你曾辛勤耕耘；如今，收获的季节即将到来。你看，沉甸甸的果实正笑容满面地等待你的采摘。

　　沉稳踏实、心无旁骛，你定将收获醉人的秋色！

"谢谢老师！"小柏谢着我，脸上浮现出愉悦的笑意。

"再看看另一本。"说着，我把红色的本子递给了他。

小柏动作麻利地打开本子，快速地浏览起来。看着看着，他的动作慢了下来，面色也开始凝重了起来，后来，他满脸通红，默默地垂下了头。

红色的本子上，我写下的文字是这样的：

小柏同学：

　　九度寒暑，你曾辛勤耕耘，如今，胜利的果实正要与你失之交臂。

　　难道，你要让自己的汗水付诸东流？

　　难道，你九年的努力换来的将是永远苦涩的回忆？

　　三思！

"本来，绿色的本子是最先打算给你的，但是，你的表现让老师不得不改变了主意。以你现在的状态，我觉得送红色的本子也许更合适些。"我严肃地对小柏说道。

小柏默不作声。

"我常跟老师们交流对你的印象，大家对你的评价都是挺高的，都觉得你是个非常上进也很理智的学生。什么是上进呢？上进就是给自己更高的标准，比如，考取最好的高中。什么是理智呢？理智就是不让'闲事'影响了'正事'。但是，以你现在的状态来看，我觉得老师们的评价恐怕要改改了。我为什么这样说？你自己心里有数吧？"我的语气既充满了惋惜，也隐含着责备。

小柏不敢抬头看我，手里紧紧攥着两个本子。我看到，他的手有些抖动。

接下来，我引导小柏自己分析了他现在的学习状态及可能造成的后果，预想了他这样的状态可能对自己和那个女生所造成的伤害。经过这样的分析，小柏的头脑渐渐清醒了。

"老师，我错了……"小柏显得非常内疚。

"从情感上来讲，你没有什么错。只是，你选错了时间来放纵这份情感！秧苗只有在适合生长的季节里才能顺利生长，如果提早生长，最后很可能会颗粒无收……"我没有把话说得太直白，但是，他一定能听懂我的话。

"显然，你……"我顿了一下，注视着小柏，没有把话说全，"但是，老师们依然对你怀有期待。所以，我仍然想把本子送给你。现在，这两个本子就在你的手里，我觉得它们就像十字路口的信号灯。绿本子是绿灯，对它的选择意味着你的奋斗之路充满希望！红本子是红灯，对它的选择预示着什么，我相信你应该具有足够的判断力！"

小柏专注地看着两个本子，双手已经不像刚才那样抖了。

"其实，握在手里的不仅仅是两个本子，也是两种前途，两种声誉。请你自己选吧！"我把选择的权利交给了小柏。

"老师——"小柏抬起头，面色显得十分庄重，"老师，我想两个都要！"

"哦？为什么？"小柏的选择让我有些意外，这个结果我倒是没有想到。

"我——我选择的是绿灯，我希望自己能振作起来。但是，我也想要红灯，我——我怕我有时会控制不住自己，这时我看看这个红本，它会亮起红灯警醒我……"小柏这样解释道。

"你知道老师们最常夸你什么吗？"我忽然向小柏提出了这样一个似乎毫不相干的问题。

小柏摇了摇头。

"主动进步！主动成长！这就是你最让我们赞赏的地方。现在，你再一次用自己的主动行动证明了老师们对你的评价没有错！"我赞赏着他，而且明显加重了语气。

我充分肯定了小柏能主动借助外力来求取进步的做法，并鼓励他在接下来的日子里能够更加主动地做自己的主人，做情感的主人，早日达到更好的状态；同时，鼓励他跟那个女生交流一下思想，争取达成共识，能做到理性健康地成长。

最后，我给了小柏一个任务，让他在自己认为合适的时候向我汇报他自我调整的进展情况。

这个任务，只是促进他自主进步的一个措施而已，并没有更完备的计划。我的想法是，他能有所收敛就算是取得了初步的成功——毕竟，青春期情感问题的处理是很复杂的，不能急于求成。

接下来的一段时间里，我用常态鼓励的方式不断强化小柏自我改进的意识。

"通过观察，我看到你心神不宁的时候越来越少了。"第二天，我这样对小柏说。

"班主任老师告诉我，你上课没有分神！"第三天，我这样对小柏说。

"语文老师告诉我，你上课发言很积极！"第四天，我对小柏说。

……

没过几天，小柏还主动向班主任提出了把他与那名女生的座位调得远一点的请求。我知道，他是在借助外力来帮助自己克服困难。

"这阶段表现不错！从大家的评价来看，上进和理智并没有离你而去。加油！"大约在两周之后，我这样鼓励小柏道。这次的评价，没有任何虚假的成分，小柏的实际表现当得起这样的评价。

此后，尽管小柏的状态也出现过波动，但他一直在努力用意志控制着自己的情感。最后，他以不错的成绩考入了理想的高中。

数年过去了。曾经有点儿迷路的小柏，是否还能偶尔想起曾专门为他绿、为他红的那两盏"信号灯"？现在的他，一定不会再借用这样的"信号灯"来引领方向了吧？

# 【出谋划策】

在帮助小柏调整学习状态的过程中，教师借助写着不同寄语的笔记本，引导小柏自主做出了求取进步的选择；又通过一系列的鼓励，使得小柏自己主动地提出要调换座位的请求以便更好地进步——像这样，**通过引导学生具有主动求得进步的愿望和行动以促进其自主成长，我们把这样的教育策略称为"主愿之策"。**

**引导主动意愿**。是指引导学生具有主动求得进步的意愿以促进其自主成长。以下几种情况，都可以视为具有主动的意愿，都可以借以进行积极性的调动。其一，学生自主提出意愿。是指在没有被要求的情况下，由学生自己主动提出的进步意愿，这是一种最具自主意义的主动意愿。这种主动的引导，可通过思想动员和激励自主的办法来进行。其二，学生自愿提出意愿。是指学生原本没有进步的意识和愿望，但在经过引导之后能主动表达某种进步的愿意。这种主动的引导，可通过先进行某些条件的铺垫再引导学生自己提出进步意愿的办法来进行。其三，学生主动思考落实。是指在被要求进步的基础上，学生能够在实践操作之前自主思考相关要求并表达具体落实的意愿。这种主动的引导，往往都是针对那些被动进步的学生而言的，对他们可采取直接下达任务的办法，让其在操作层面具有主动的思考，这也在一定程度上起到引导其"主动"的作用。

这些有针对性的引导，都有利于帮助学生形成求取进步的意愿。而这种意愿一旦形成，就有利于使学生的进步由被动变主动，由消极变积极，从而促进他们的自主成长。

**引导主动行动**。是指引导学生具有主动求得进步的行动以促进其自主成长。第一，帮助学生自主寻求进步的方向和目标。这里所说的帮助，是指为学生创造自主的机会和条件。这种创造出来的机会和条件，有利于学生产生自主进步的愿望和冲动，有利于他们自主寻求进步的方向和目标。比如，为开展一次提高自习课学习效率的竞赛活动，发出相关的倡议，这就是在创造条件和机会。而学生对这个倡议能主动响应，就是激发了其对进步的主动追求。第二，帮助学生自主采取追求进步的行动。就是以恰当的方式帮助学生为实现进步的目标而进行操作、落实。这里所说的恰当方式，要充分考虑对学生的激励、引导作用，要充分考虑学生的主体地位，要尽量避免教师把自己变成操作的主体。

帮助学生制定一种思维和行为的操作程式，会更有利于促进其自主进步。这方面，可从以下几个步骤来尝试：第一步，自主思考。先要自己思考，有了比较明晰的思考之后，才能往下进行。第二步，求助探讨。就是引导学生与他人相互研讨，或是求得老师的点拨和指导。第三步，自我实践。就是把逐渐成熟的思考落实在实际行动当中，进而实现自我的进步。

# 【想方设法】

## 特点指要

在促使小柏理性处理情感问题的过程中，教师先用"非常上进也很理智"这样的美好声誉来评价小柏，再以此为基础引导小柏维护这种美好的声誉、追求更大的进步，最后又用"上课没有分神"等与这些美好声誉相对应的评价来鼓励小柏——像这样，**通过美好声誉的制约力来制约学生并促其进步，我们把这样的制约方法称为"声誉制约法"**。

## 程序参考

### 步骤一：声誉高评

是指用高于学生实际情况的美好声誉来对其进行评价的过程。这种声誉的高评，大致有两种情况。其一，美好声誉高于学生客观表现的实际程度。用这样的声誉来评价学生，会给学生更高的荣誉感。这种"高攀"的声誉往往都会对学生产生有益的心理暗示，从而促进其主动追求与这种更高声誉相匹配的思想和行为。其二，美好声誉是对学生实际想法的"美丽误解"。学生的某种行为表现，其实际上并没有什么积极意义的想法，但教师能从其行为表现中挖掘出积极的意义来，并用美好的声誉来评价这种行为表现。有时候，学生行为表现的本来想法甚至是消极的，但教师主动对这种消极想法进行"误解"，用美好的声誉去定位它。这种"美丽误解"，就是要让学生被动地接受美好的声誉，并借此引导其向着实际美好的方向努力，从而使学生虽然被动却能心甘情愿地去求取进步。

这种用好声誉进行"高攀"评价的引导过程有点类似于俗语所说的"戴高帽"。不过，这种"高帽"不是虚伪的夸赞，而是以帮助学生实际达到这"高帽"的高度为目的的巧妙引导。

### 步骤二：声誉制约

是指借助美好声誉的影响力来制约学生不当行为并促其进步的过程。这个制约的过程，重点要做好两方面的工作。第一，铺垫学生的荣誉意识。先要引导学生具有荣誉感，引导其理解荣誉，向往荣誉，追求荣誉，爱惜荣誉，这样，他才能在意美好的声誉，美好的声誉也才能对其产生积极影响力。第二，制约学生的不当行为。对学生不当行为的制约，可通过以下两种方式来进行。一方面是通过宣扬学生的"荣誉名分"来制约。这里所说的"荣誉名分"，是指给予学生的高于其实际情况的美好声誉。不断地强化学生与这种高评价美好声誉的关系，能使学生更有上进的追求。在这样高评价美好声誉的光环之下，学生会有意无意地用这种更高的标准来要求自己，以此来约束自己那些与这些美好声誉不匹配的行为。如果引导得当，这种被动的高标准的自我约束就可能会转化成学生主动的高标准的追求，从而实现其自主的进步。另一方面是通过强化学生对美好声誉的追求来制约。成长中的学生，往往没有很强的自制力，在他们忽视了努力目标的时候，如果能通过恰当的方式及时提醒他们坚持对美好声誉的追求，这也会有助于这种制约的落实。

通俗点儿说，这个过程就是引导学生"装上进""装美好"的过程。

### 步骤三：名副其实

是指引导学生把自己的实际表现与美好声誉相匹配的过程。这个匹配的实现过程，关键要抓住声誉转化、声誉实评这两个环节来进行。声誉转化，是指把给予学生的美好声誉转化成其具体行为表现的过程。声誉往往是"虚"的评价，把它具体化成被评价学生"实"的行为表现，把它转化成被评价学生的看得见、做得来的动作行为，这个美好的声誉才可能实实在在地发挥其约束和引导的作用。声誉实评，是指用与学生的实际表现相匹配的美好声誉来评价学生的过程。与初始阶段为了约束行为、为了引导进步而"虚高"的评价不同，这个阶段的声誉评价是以学生的实际表现为依据的。因此，这个声誉实评的过程，要引导学生认识其所拥有的美好声誉是名副其实的，由此引导学生对自己的自主进步具有更大的信心。

总体来看，"声誉制约法"的思路是：先用美好声誉对学生进行"戴高帽"式的评价；然后用这种"高帽"的美好声誉来约束学生的行为，使其向着这种虚评的高度努力，并且在这个努力的过程中渐渐"弄假成真"；最后再以名副其实的美好声誉来对其进行评价，从而帮助学生实现由"虚"到"实"的自主进步。

# 【他山之石】

《素养教育绿镜头——班主任工作纪实及思考》一书的相关篇章

**关键词：**教育策略（主愿之策）

1. 第 7 章《有钱难买愿意》

2. 第 68 章《"青春之力"男子汉》

**关键词：**教育方法（声誉制约法）

1. 第 54 章《最尊贵的座位》

2. 第 69 章《男女搭配，成长不累》

# 9.2 "被迫"的求助

对于学生来讲，求助也是一种成长的能力。知求助，是懂自己的不足；想求助，是有上进的意愿；会求助，是有进步的能力。

——题记

## 【抛砖引玉】

小圭是个总给班主任惹事的"淘小子"，是教导处的"常客"，在全校也算是"小有名气"的人物。

第一次见到小圭，正碰到有老师在批评他。面对老师严肃的批评，小圭却一直是笑容满面，似乎他面对的不是批评，而是赞美。

事后，我被告知，小圭的表现不是"态度好"，而是"没皮没脸"：他每次承认错误都是这样嬉皮笑脸的，但接下来还会接着再犯。

"没皮没脸"？难道，小圭真是这样的学生吗？

一天，小圭在走廊飞跑，恰巧冲到我的面前。我借机与他交谈，打算看一看他究竟有怎样的一种表现。谈话过程中，小圭的确表现出了异乎常人的"兴奋"，一直都是"嬉皮笑脸"的。

他果真是"没皮没脸"？

面对这个初中二年级的学生，我始终不愿意相信这一点。于是，我向小圭提出了一个对于初中生来讲似乎很低级的问题："小圭，你知道犯了错误之后脸上的表情应该是什么样的吗？"

"不是应该笑的吗？"对于我的问题，小圭似乎有点儿诧异。

怎么，难道小圭的"嬉皮笑脸"是不懂得犯错后所应有的表情而造成的吗？

我并不敢肯定这一点，但我宁愿相信小圭是真的不懂，因为这样会更有利于对他的教育。于是，我顺水推舟地告诉他，以往他犯错误之后的表情、态度是不当的，但"不知者不怪"，以后改正就可以了。这样的说法一方面可把小圭以往的不当表现"一笔勾销"，让他轻装前进；另一方面，这会给小圭创造一个以新标准要求自己的机会，让他再没有借口不有所进步，从而为接下来的教育创造条件。

接下来，我很正式地告诉小圭，犯错而受批评时的表情应该是严肃的，这样会给人以愿意改正错误、愿意上进的印象。否则，很可能会使人产生犯错者满不在乎或自轻自贱的误解。

"你是愿意让别人认为你乐于上进呢，还是愿意让人认为你甘于自轻自贱呢？"对犯错误之后的表情常识进行了必要的"科普"之后，我这样问他。

"愿意上进——"口里这样说着，小圭的脸上还是笑嘻嘻的，当然，此时的笑已不像先前那样大大咧咧的"嬉皮笑脸"了。

"这就对了嘛，你根本就不是自轻自贱的学生呀！要想进步，主要要靠自己的努力。不过，你也要学会向别人求助才会有更好的效果。"这样引导着，我的心里正酝酿着一个对他进行强化训练的计划。

"怎么求助呀？"小圭疑惑地问。

"比如，请求我帮助你训练面对错误的合适表情。"我一边笑，一边看着这个即将被我套住的小马驹。

"算……算了吧……"小圭挠挠头，想临阵脱逃。

"刚说完愿意上进就想当逃兵？没门儿！现在立刻请求我帮助你！"面对小圭的退缩，我的态度斩钉截铁。

最后，在我的"逼迫"下，小圭无奈地"请求"我帮他进行犯错后适宜态度的专项训练。

我哈哈大笑地"接受"了他的"请求"。

经过反复的训练，他做到了。

我表扬了小圭的进步。一听到我的夸奖，他习惯性地咧嘴想笑出来，但这笑容刚一出现，随即又被他自己"憋"了回去。我笑着告诉他，被表扬时露出笑容是正常的表情。

带着我的鼓励，小圭给我鞠了一躬，笑着离开了。我感到，他此时的笑容比先前的纯真了许多，也真诚了许多。

不久，在一次冲突当中，小圭充当了不该充当的角色，造成了不好的影响。老师批评他的时候，他的态度又出现了问题。

得知这件事后，我找到了他。

一见到我，小圭的脸上马上堆满了笑容。可是，我却一下子板起了面孔。

见此情景，小圭的笑容一下子僵住了。那种表情，笑也不是，不笑也不是，就那么哭笑不得地定格在了他的脸上。

我貌似不满地瞟了小圭一眼，低沉着声音提醒道："表情——"

小圭咧了咧嘴，赶紧调整了一下自己那漫画式的表情。

"老师，您——有事吗？"小圭忐忑地问我。

"有一个小孩，答应我要学会用恰当的表情对待错误，为了做到这一点，他还求我帮他进行了专项训练。可我今天听说他又'故伎重演'了，又让别人误认为他是个不上进的人，又让别人认为他是个自轻自贱的人。嗯——你告诉我，我该怎么办呢？是不是应该不再管他了？"我把视线转向窗外，故意不看小圭。

小圭赶紧为自己辩解："不是……老师……它、它是这么回事……"

随后，他给我解释了一大堆各种各样的理由，以证明自己没有做到表情合适的"合理性"。

"刚才我批评你时你的表情就比较适宜，为什么对别的老师就忘了呢？你都多大了，比老师都高了，你不是个小男孩，而是个大男人了，知道吗？不要让我为你在这种'低级'问题上操心，能做到不？"我的话在责备当中包含着期待。

小圭听懂了我的话，他用力点了点头，表情是严肃的。

从那以后，小圭每次见到我的时候，不管是正常状态下，还是在犯了错误的时候，表情都变得越来越适宜、得体了。

一天，回到办公室的我，发现地上有一封从门缝里塞进来的信。打开一看，信的最上端歪歪斜斜地写着"来找您，您不在"这样的简短说明，接下来的字迹同样是歪歪扭扭，甚至还有错别字，语句也显得不大通顺，但信的内容却让我很受感动。信是这样写的：

> 老师：
>
> 我（是）小圭，今天干了件错事，挺严重。今天中午为了找（早）点回来，我从后门翻了过去，把后门上部拆了，我劲小，按（安）不回去，所以想请老师帮帮我，损失我承担，安全第一，我不希望因为我让别人受伤。请尽快修吧！您回来了我找您去。谢谢老师，……我以后不翻了……我保证。
>
> 小圭

他信中所说的"后门上部"，是指学校后大门上部由铁丝构成的防护网，他把防护网的一角掀开，从缝隙里钻进校园后，想把防护网恢复原状，但难以做到，所以才求助于我。

知错能改，而且还能主动来向我求助，对于小圭来讲，这个进步无疑是巨大的。一定要鼓励他继续进步下去！

于是，我在小圭来信的空白处写下了以下的内容：

1. 谢谢你的信任！2. 知错能改，就是好同志！3. 勇于承担责任，是个负责的人。4. 怕别人受伤，是个善良的人。5. 叙事清楚，能把作文写好。6. 有错别字，自己改过来。

课间的时候，小圭果然来找我了。我肯定了小圭的进步，尤其肯定了他主动找我承认错误、主动想办法弥补过失的行为。当然，我对他的错误行为也进行了严肃的批评，并告诫他以后引以为戒。本来，这个批评他的内容，我也打算写在他给我的信上的，但是，为了突出正面引导对他的教育作用，我把这项内容改用了口语的方式来表达。

小圭诚恳地接受了我的批评，并表示以后决不再犯了。接受批评的时候，他脸上一点儿也没有"嬉皮笑脸"的表情，完全不是以前那个"没皮没脸"的小圭了。

最后，我把我的"回信"递给了小圭，看完我所写的内容之后，他的脸上自然地浮现出了一丝发自内心的笑意。不知为什么，我总觉得这丝笑意与以往任何一次我所见到的他的笑都不同。

不同在哪里呢？

我觉得，这丝笑意应该就是从刚开启的门缝里挤进来的一缕阳光，虽然还不能驱散所有的昏暗，但它是那样的耀眼而热烈！从此，照进他心房里的，应该有比阳光更温暖、更炫目的东西吧？

# 【出谋划策】

在帮助小圭学会以恰当的表情面对犯错和批评的过程中，教师通过讲解和训练，让学生明白了笑容的含义和特点等常识，在此基础上，再进一步引导他在以后的相关交流中能独立自主地把表情调整得比较适宜、得体——像这样，**通过引导学生在独立过程中明确知晓常识常理以促进其自主成长，我们把这样的教育策略称为"主明之策"。**

**明确知晓常识。**是指引导学生明确知晓常识常理以促进其自主成长。许多时候，学生的行为表现不合大人们的心意，这其实不是他们不想做得好，而是他们根本就不懂得怎样才是做得好。所以，要想让学生能够尽早地学会独立，帮他们明确与其行为密切相关的常识常理就显得非常必要了。这些常识常理，可从公共标准和个性特点两个角度去认识。公共标准，是指为公众所认可的、适合人们通常评价的标准。公共标准的认知，要考虑年龄、环境等多方面因素以及它们与相关行为的对应特点。比如，"要肃立听讲"这个标准，在庄重的会场里是必要的，而在野外游玩时就无须如此，这就是环境因素与行为的对应；仍然是"要肃立听讲"这个标准，对初中生是可用的，但对幼儿则未必合适，这就是年龄因素与行为的对应。个性特点，是指学生个体所具有的未必适合公共标准的特点。这种特立独行的特点，由于背离了人们公认的标准，往往会招来种种误解，甚至会产生不良的影响。在这样的情况下，如果孩子是正常的，那么，教育者就要帮助具有这样特点的孩子进行相应的调整，以使其能适应社会的需要。当然，如果孩子的这种特立独行的特点不是教育可以解决得了的，那就另当别论了。

**明确知晓成效**。是指引导学生在明确知晓常识常理之后的自主改进中取得成效。第一，引导学生明确知晓自主做事的成效。能够自主做事，这是成长的标志，也是成长的成效。帮助学生获取这种成长的标志和成效，这是帮助学生成长的重要过程。第二，引导学生明确知晓解决问题的成效。成就感的体验，应更多地来自于学生自主做事的过程之中，比如，如何发现问题，发现了什么样的问题，这个问题是怎样发现的，这个问题该怎样解决，解决这个问题有多少种方法，哪种方法是更好的……对这些问题的探讨，就是学生获得成就感的最佳途径。帮助学生明确知晓这方面的成效，会更有利于他们思考习惯的形成和思维能力的锻炼。

# 【想方设法】

## 特点指要

在帮助小圭进步的过程中，面对他犯错误之后不懂规矩的"嬉皮笑脸"，教师没有苟同"没脸没皮"的说法，而是在了解情况之后，利用一次教育的机缘"逼迫"小圭"请求"教师帮助他训练应有的表情；后来，小圭在损坏校门防护网之后能主动向老师求助，从而实现了具有自主意义的进步——像这样，**通过引导学生以请求他人帮助修正错误的做法来进行自我教育，我们把这样的自修方法称为"求助自修法"**。

## 程序参考

**步骤一：自愿求助**

是指引导学生为求取进步而自愿请求他人帮助的过程。先要根据教育的需要而引导学生自愿求取进步，并确立明确的进步目标（参见本书《8.4 怎一个"赢"字了得》一文中"反观自修法"的"自愿求进"部分）。接下来，要引导学生能做到自愿求助。这个自愿求助包含了两个要点：一是决心要坚定，就是求助者不但清楚自己要解决什么困难，还要具有切实解决这困难的决心。如果没有这个决心，求助之后，就算找到了解困之道可能也于事无补，那样的话，不但解决不了问题，还可能会给学生自身的形象带来"虚伪""不诚信"等负面影响。二是求助要自愿，就是要心甘情愿地想要向他人求助。引导学生具有这种求助的愿望，可用"想进步、谈期望、摆问题、找出路"的办法来进行。想进步，是指引导学生有更进一步的愿望，助其做一个自尊自强的人；谈期望，是指表达对学生能更进一步的期望，助其激起上进的愿望；摆问题，是指帮助学生找到阻碍其更进一步的问题所在，使之明确在什么地方改进、从什么时候改起；找出路，是指帮助学生找到更进一步的出路，而这出路中很重要的一条就是学会求得他人的帮助。

**步骤二：自主求助**

是指引导学生根据面临的困难而自主求助的过程。这种求助有三个要点：首先，能主动。这是从求取进步的思想基础上来说的。只有主动去求取帮助，自己才能不断进步。其次，能真诚。这是从求助的态度上来讲的。要让被求助方感到真诚，感到诚恳，这会有利于得到其全心全意的帮助。再次，能求助。这是从求取进步的具体内容和行为的角度来说的。求助什么呢？其一，求制止。是指引导求助者请求他人以适当方式的提醒或制止自己的不当行为。其二，求指正。是指引导求助者真诚地请求他人指正自己的缺点错误。其三，求帮助。是指引导求助者真诚地请求他人帮助自己弥补或改正缺点错误，这种帮助要更具体，比如在行动、方式、时间等方面提出具体请求，从而使求助取得具体的成效。

为了顺利完成这一过程，教师可帮助学生储备一些可以求助的助力资源。这方面，教师和家长是最重要的助力资源。要想做好对学生的扶助工作，需要这些扶助者主动与求助者建立起足够信任、足够密切的关系，给学生们一个可以犯错、不怕犯错的宽松氛围，这样，他们才敢于求助，才愿意求助。

**步骤三：自修进步**

是指引导学生在自主求助之后进行自主修养和进步的过程。其一，自修进步是自省反思的过程。能够对照相关的标准来反思自己的行为，来找到自己的得失，来明确改进的要点，这是自省反思的必备功课。其二，自修进步是行为改进的过程。把求助的内容落到实处，使自己的行为得到了明显的改进，这是自修进步的关键之处。一方面，要在行为上自修改进，另一方面，还要在行为的自修改进过程中找到上进的信心，激起更强烈的上进愿望。所以，如果能引导学生学会通过自修看到自己的进步，看到自己可以更进步的希望，那么，学生从这种自主进步方法中所收获的，将可能是照耀一生的曙光。其三，自修进步是深化求助的过程。在自修进步的过程中，有些地方的改进，借助外力可能会取得更好的效果，那么，不妨把求助办法的使用再延伸、再扩展些，引导学生请求助人者更多地施以援手，这样不但有利于求助者的进步，还有利于助人者的进步，有利于加深彼此的友谊。

自修进步的主体是学生自己，但教师的引导和帮助是不能缺失的。及时引导、及时鼓励、及时扶助，这些，都是学生实现自修进步所必不可少的。

# 【他山之石】

《素养教育绿镜头——班主任工作纪实及思考》一书的相关篇章

**关键词：**教育策略（主明之策）

1. 第 25 章《知剑识君子》

2. 第 37 章《初识"男子汉"》

**关键词：**教育方法（求助自修法）

1. 第 58 章《男儿何不带吴钩》

2. 第 72 章《"说你，说我"说评价》

# 9.3 为了不陪练的陪练

有时候，教师就是学生的陪练。而陪练的目标就是：无须陪练，学生们也能在成长的跑道上独立稳健地奔跑。

——题记

## ▌【抛砖引玉】

新生入学不久，我就发现班里的小海是个脾气暴躁的男生，他对学习没有多大的兴趣，还常与他人发生冲突。

一次语文课上，学生们正在相互评价作业，我发现小海似乎正跟他的同桌在激烈地"理论"着什么。这时，小海也看到了我关注的目光，于是，他不得不停了下来。

我以为事情已经结束，可没多久，他们似乎又争执起来。

我赶忙走了过去。

"老师，他抄我的答案，还要评 A 等。"小海的同桌向我表达不满。

"有没有别的事儿?"我问他们。

通常情况下，这时的问法可能会是"怎么回事"之类的，但我却用了"有没有别的事儿"这个问法，目的就是想尽快暂停他们的"对抗"状态，以免因为个别学生的问题而影响了全体学生的正常学习。

"没有!"小海赌气地说。

听得出来,他的语气里含着火药味。

为了避免小海与同桌的进一步冲突,我安排他临时坐在了我的座位上——座位位于教室的最后面,还有一张学生的课桌。坐在这里,他可以继续学习。当然,这样的安排也有利于小海的自我冷静。在这个班级,独立坐在老师的位置,这可是极少见的"待遇"。

课后,我找机会与小海进行了个别交流。

"此时此刻,老师最想对你说些什么?"我看着小海,表情平静地说。

"批评我。"小海知道自己做得不对。

"为什么?"我问。

"抄作业!"小海的语气是刚性的。那架势,似乎是在说:你明明知道原因,还问我干什么!

"你只说对了一半。"我摇了摇头。

"那还有什么呀?我也没干别的呀!"小海急了,赶忙为自己辩解。

"这不是我要的。"我再次摇摇头。

"我真的没干别的!"小海更急了,音量也有点儿高了起来。

"别急,再想想。"我语气平和地说。

看到我的表情,听着我的语气,小海似乎觉察到了自己的失态。他调整了一下自己的站姿,摇了摇头道:"老师,我实在想不出来了。"

请注意,这是我跟他这次交流中他第一次称呼我为"老师"——他的态度开始软化了。

"其实,老师还想说的话是表扬你!"我这样说着,同时观察着小海的表情。

我的音量并不大,但这话显然使小海受到了不小的震动。

"表扬我?"他抬起了头,感到十分诧异。

"对,表扬!"我肯定地点了点头。

"这……"小海睁大眼睛,有点儿不知所措起来。

我笑了笑,对他说:"老师要表扬你的理由是:第一,你追求上进。你为什么要让同学给你评 A 等呢?不就是想追求更好的成绩吗?虽然你的方式方法是不对的,这是要批评的;但你对进步的追求是值得肯定的,从这个角度来讲,是应该肯定的。第二,你敢于认错。你的做法不对,更不应该跟同学发脾气,但在老师询问原因的时候,你没有为自己找借口,更没有掩盖自己的错误。从这个角度来讲,你是个勇于认错、襟怀坦荡的人。而肯于认错,说明你是愿意改正错误的。一个愿意改正错误的学生,老师还不应该表扬吗?"

我说这话的时候,小海一直睁大眼睛看着我。此时,他脸上硬生生的表情已消失得无影无踪了。

我接着说："第三，尊重老师。你在课堂上几次与同学理论，但发现了我在看你之后，尽管不情愿，你还能停下来；而且，当老师要求你到我的座位去坐的时候，你能立刻按我的要求去做；去了之后，尽管你还赌着气，尽管你的表情还很不好，但你并没有因为赌气而不学习，你还在坚持听课。这一点，也很值得肯定。"我这番话是软中带硬的，实际上既是在表扬，也是在批评。

小海低着头，脸上红一阵白一阵的。

"第四，我尤其要表扬的是——"我故意停顿了一下，才加重了语气接着说道，"是你能做到克制自己。在我让你回到自己座位的时候，尽管你已经不像一开始那样怒气冲冲了，但是，你心中的怒气其实并没有消散。当时，你往桌子上放书本的声音可是挺大的，这说明你当时还在赌气！好家伙，脾气可比我的都大呢！我没说错吧？"

小海不好意思地低下了头："是……"

"怒气冲冲和大声放书都是非常不合适的，甚至应该批评。可是，就在你心中的怒气还没有消散的时候，就在老师还没有帮助你解决这个问题的时候，你却能够控制住自己。你没有第二次声音很重地摔书本，也没有向同学发泄不满。这些，都是靠你自己的努力、靠你自己的意志力完成的，这是一个非常大的进步！这恰恰是老师最满意的地方。"说到这里，我有意加重了语气："你说，一个愿意上进的同学，一个被'冷落'在一角却能听老师话的同学，一个靠自己的意志力战胜自己的同学，他不值得表扬吗？"

听了我这番话，小海不由得满脸通红，愧疚地说："老师，我错了，我不应该抄作业，更不应该跟同学发脾气……"

"一个人最可贵的是能够知道自己的不足，并且努力去改正它。现在，你开始拥有这种可贵的品质，希望你能不断进步。遇到事的时候，开始和过程都能克制住自己的情绪，这样，你会成为一个越来越受欢迎的人。"我这样鼓励他道。

"是、是、是……"小海一个劲地点头称是。

"既然这样，那——你跟同桌的问题怎么办呢？"我这样问，是为了让教育取得更好的效果。

"我肯定不跟他'打'了！"小海连忙向我保证。

"嗯，这是应该的。不过，这样就完了吗？"我一方面肯定他的态度，一方面引导他争取更大的进步。

"那——那还怎么办呐？"小海有点儿不知所措。

"你刚才说的是以后怎么办，那这次的事该怎么解决呢？"我追问道。

每当学生犯了错误，帮助他们在以后有改进，这是第二步的工作。而首先要做的，是引导他们学会改正本次所犯的错误，并力争帮他们把坏事变成好事，要努力实现对不利进行"化益"的工作。

"我跟他赔礼道歉!"小海的回答倒是干脆。

于是,我对他的表扬就又多了一条:有错就改,能主动团结同学。

听了我的表扬,小海自然是满心欢喜。但是,他随即发现我正用一种似乎很意味深长的目光在看他。

"这就够啦呀?我觉得你这人怎么有点儿没长性呢?以往是挺懂感情、挺懂感恩的人,现在怎么变了呢?唉——"我摇了摇头,表现出一副大失所望的样子说。

"什么?我——"一听我这么说,小海急得睁大了眼睛。

以往,我没少夸他懂感情、懂感恩,而现在却否定起他的这个优点来,他自然是深感不解。

"你看,人家帮你避免了弄虚作假,还帮你创造了一次让老师夸奖你的机会,你可倒好,只跟人赔礼道歉就算了。你说,你这是懂感情、懂感恩吗?"我给他做了如上的解释。

"哦……我明白了。老师,那我得怎么办呢?"小海诚恳地向我讨教。

我并没有教他什么办法,而是让他自己去思考、去落实。

"要不,我给他买点东西?"小海试探性地问道。

"有点儿庸俗!最好是换一种方式。"我撇了撇嘴,没有给他明确的意见。

"那——我为他做点好事吧?"小海说。

"嗯,这倒是个思路。"我肯定了他的想法,又进行了进一步的引导,"不过,能不能相互地……"我故意没有把话说完。

"啊,我明白啦!"小海恍然大悟地叫了一声,几乎把我吓了一跳,"我们互相帮助改掉一个缺点!"

当时,班级正在开展互助进步的活动,号召同学之间互相帮助改缺点。小海能想到这一点,正是我想要的。

"怎么样?能把这事办好吗?"我问。

"没问题!我这就去——"说着,小海转身就要离开。

我叫住了他,询问了他的具体做法,又对他的做法给予了肯定,并要求他及时向我汇报结果。

听了我的鼓励之后,小海信心满满地转身离开了。可刚迈了几步,他又转身回来了。

"怎么,还有什么问题吗?"我疑惑地问。

"老师,谢谢您!"说着,小海规规矩矩地站在我面前,恭恭敬敬地给我鞠了一躬。

这回,轮到我感到意外了。

"谢我什么呀?"我笑着问他。

"我做了错事，老师不批评，反倒表扬我……我以后再也不这样了……"小海非常真诚地说。

"嗯——我说你懂事吧？果然没错！你进步，我快乐！去吧！"这样说着，我忽然觉得有一股热热的东西在我心里涌动起来。

经过一段时间的调整，小海与同桌的关系越来越好，他以陪练的方式帮助同桌提高了长跑项目的成绩，而他自己"沾火就着"的脾气也渐渐改好了。

一次体育活动课上，我发现小海正带着他的同桌练习长跑。刚开始，两人是有说有笑地并排跑；跑了几圈之后，看着同桌的速度有点儿慢了，小海就加快了脚步，在前面带着跑；后来，小海又慢下脚步，稍后一点地跟着同桌的后面慢慢地跑。

过后，我问小海为什么要这样"变着花样"地跑步。他告诉我，自己是同桌的陪练，并排跑是因为那时同桌还不累，在前面带着跑是想让同桌再快一点，而跟在后面跑则是怕同桌累着，另外也有发现问题及时帮助的意思。

"老师，我这个'陪练'合格不？"解释完自己的做法之后，小海趁机笑嘻嘻地向我"摆功"。

"你是最好的陪练！"我向他竖起了大拇指。

小海开心地笑了。

"嗯——'他'也是！"我指了指自己说。

"嗯？'他'？"小海看着我，愣愣地不知所以。

"哈哈哈……"我开心地笑了起来，摆摆手，让小海离开了。

看着小海离去的身影，看着操场上热热闹闹的场景，我忽然想起了《醉翁亭记》中的一句话："人知从太守游而乐，而不知太守之乐其乐也。"

在学生成长的长跑中，我也是一个像小海那样的陪练吧？在这陪练的过程中，他们轻松的时候，我会肩并肩地伴着他们体会快乐；他们落后的时候，我会在前面领着他们练习奋勇直前；他们疲惫的时候，我会在后面陪着他们练习坚持不懈；而最后，我希望有一天他们能不用我去陪练，也能跑得更沉稳、更长远……

嗯——不错，我就是个陪练，一个追求不陪练的陪练。

# 【出谋划策】

在对小海的教育引导中，面对其与同桌的矛盾，教师没有亲自去化解，而是引导小海独立地想出了向同桌赔礼道歉、为同桌做好事、与同桌互助进步等办法，使其以独立的思考和行动自主实现了与同学的团结——像这样，**通过引导学生学会独立做事以促进其自主**

成长，我们把这样的教育策略称为"主独之策"。

所谓独立，就是能不依赖于他人而思考、而行动、而有为。学生能否具有独立的意识和能力，与教师的教育引导密不可分。其中，教师如果能做好以下几方面"替代"的工作，将非常有利于帮助学生学会独立。

**学生替代教师**。是指引导学生替代教师做事以助其具有独立的意识和能力。教育实践中，最常见的问题往往就是教师不厌其烦地说、事必躬亲地做，这种做法看起来是满腔热情地工作、是毫无保留地奉献，其实，这实际上是一种廉价而糊涂的关爱，是一种低效、甚至是负效的教育。因为，这种做法得到"锻炼"的是教师自己，而本应得到锻炼的学生却成了听众和看客。反之，如果让学生替教师想、替教师做，那得到锻炼的当然就是学生，教育的目的也就真正达到了。这种通过让学生替代教师做事而培养其独立能力的过程，先要做好"给机会"的工作，就是要舍得给学生思考和实践的机会。还要做好"给方向"的工作，就是只给他们思考和实践的方向，而其他的内容则让他们自己去想，自己去做。这样"狠心替代"的做法，最有利于学生独立能力的培养。

**扶助替代要求**。是指教师以具体的扶持来替代简单的要求，从而使学生更多地掌握独立做事的方法、锻炼独立做事的能力。如果只是简单的要求，那教师传递给学生的就只是要做什么、该做什么，而具体做事的程序、方法等问题，则往往会被忽略。而对学生进行扶助，就是要在这些具体的程序、方法、细节等方面给予学生必要的、及时的支持，使他们不但能做事，还能努力做成事。只有这样，学生才能逐步地达到独立的程度。

**鼓励替代考核**。是指教师在学生独立做事而面临困难挫折的时候进行鼓励，忽视或忽略对结果的考核，从而使学生具有更强的自信心。与教师相比，学生独立做事的能力显然是远远不够的，如果教师以自己、以成年人的标准来要求和考核学生，那这样考核的结果恐怕就只有一个：不合格。而它会给学生带来怎样的影响呢？挫败，沮丧，失望……所以，当学生独立做事的时候，教师给他们的不应该是那种"一丝不苟"的对结果的考核，而应该是对态度、方法、过程的关注和肯定，以此帮助学生树立足够的自信。只有这样，学生才敢继续独立做事，才愿继续独立做事，才能继续独立做事。

# 【想方设法】

## 特点指要

面对抄作业还想要高等级的评价、得不到高等级评价还态度不好的小海，教师没有就事论事地批评他，而是努力挖掘他在整个事件中"追求上进、敢于认错"等值得肯定的地方，使得做好了挨批评准备的小海深感意外，并由此而激起了他感激、反思的心理和上进的意愿——像这样，**通过出乎意料的做法来鼓励犯错学生目标明确地自主进步，我们把这样的鼓励方法称为"意外鼓励法"。**

# 程序参考

### 步骤一：常规铺垫

是指以常规的态度和程序帮助学生认识自身过错的过程。引导学生认识自己的过错，这是帮助他们取得进步的前提。这种引导和帮助的具体方法有很多，我们要强调的是态度和程序的常规性。由于这种常规的态度往往已经在学生心里形成了相对固定的模式和印象，这样，下一步用其他的方式方法进行教育才会起到出其不意、攻其不备的效果。通常情况下，对待犯错者的常规态度通常都是严肃、严厉的。而处理犯错者的常规程序则通常有这么几个要点：第一，回顾过错的过程；第二，找到过错的要点；第三，分析过错的危害；第四，挖掘过错的原因；第五，思考改进的措施。

在引导学生"知过"的过程中，特别要引导其认识到自己过错的"严重性"，使其对过错的危害有足够的、深刻的认识。

### 步骤二：意外处理

是指以肯定正面因素等出乎意料的方式鼓励犯错学生能目标明确地自主进步的过程。对正面因素的肯定，可以按如下三种做法来尝试。

**小中见大。**是指挖掘细小之处的积极因素来鼓励和促进学生求取进步。小，是指行为小、事情小；大，是指在小行为、小事情中所体现出来的具有闪光点的精神品质。仔细观察，总能找到学生值得肯定的地方，而这些被找到的闪光点，就是对学生进行鼓励的素材，就是学生进步的起点。让学生看到自己的这些闪光点，让他通过这些闪光点而对自己有一个正向发展的认识，让他通过这些闪光点而产生更进一步的愿望，从而给他一个更进一步的大方向、大目标。需要说明的是，小中见大地发现学生的闪光点，并不等于无原则地放大学生的优点和放弃对其错误的纠正，否则，可能会使学生对自身优点和错误产生认知的错位，那样的话，很可能会给教育带来负面的影响。

**错中取对。**是指在处理学生错误行为的过程中找到其值得肯定的因素而进行鼓励。错误之中还有值得肯定的东西吗？是的，事物都具有两面性，只要用心，"错中取对"是完全有可能的。这个问题，我们不妨从两个角度去思考。第一，要在学生的行为之中找到值得肯定的地方。学生即便犯了错误，其行为之中也可能包含着一些值得肯定的因素，发现并利用这些因素，既有助于缓解学生的紧张心理，也会有助于对其进行正向的调动。犯了错的学生，他们多半做好了被批评、被责备的心理准备，而此时，如果教师给他的是对其正面因素的肯定、是帮他卸掉思想包袱的安慰、是帮助他分析原因避免再犯的办法，那么，这种反差给他们心理上造成的震撼往往要远远大于批评和指责。第二，要在对学生不当行为的处理过程中寻找值得肯定的地方。学生不当行为本身是不当的，但我们可以在处理这种不当行为的过程中，引导这个学生具有值得肯定的表现，这就为接下来的鼓励创造了条件。比如，可引导犯错学生在认识错误的态度、行为、思考等方面表现出积极的因素来，然后再因势利导地进行教育。

**无中取有**。是指在学生的行为毫无肯定之处的情况下另辟蹊径地找出可以肯定的因素而进行鼓励。有些时候，学生的不当行为是不当的，而其在这不当行为的处理过程中也没有表现出值得肯定的地方，这时候又该怎么办呢？有三种办法值得一试。第一，通过降低评价标准来找到可以鼓励之处。一般情况下，针对学生所犯的错误而言，总会有比它更严重的错误存在着，如果调整一下对这个学生的期望值，用低一些的标准去衡量学生的不当行为，教师的心理感受可能就会发生比较有利于教育的变化：他没有犯出更严重的错误，这已经是值得庆幸，甚至是一种进步了。合理地利用这一点，也可以找到引导鼓励学生的地方。第二，通过联想、比较等办法来找到可以鼓励之处。面对行为不当、"一无是处"的学生，教师可以把其当时的不当表现放在一边，想一想这个学生以往的、其他方面值得肯定的行为表现。比如，引导这个学生回顾一下他的闪光之处，那么，接下来的鼓励不就好办了吗？第三，通过展望、畅想来找到可以鼓励之处。就是帮助学生分析他将来可以值得肯定的地方，帮他假设一个美好的前景，这样，就会给学生一个向上的希望，激起他进步的愿望。那么，对这个学生的鼓励，还有什么不可能的呢？

**步骤三：目标鼓励**

是指通过具体目标的确定和落实来鼓励犯错学生求取进步的过程。这种目标的确定，可从意情目标和行为目标这两方面来考虑。所谓意情目标，主要是指在思想情感方面能巩固鼓励效果、能调动自主进步积极性的目标。"意外鼓励法"的运用，往往就是要给那些由于犯错而处于情绪低谷的学生以希望，让他们能从萎靡的状态中脱离出来，使他们振作起来，能够更有热情、更有希望地自主成长。所谓行为目标，是指学生需要在具体行为行动上取得进步的目标。根据被鼓励学生的特点，有针对性地引导其确定努力的行为目标，这种目标越具体越有利于操作，越具体越有利于取得成效。这种行为目标的确定，可按照由易到难、由小到大的次序来安排。

需要强调的是，"意外鼓励法"的种种意外之举，目的是为了通过这些意外而使学生受触动、受感动、受激励，而绝不是对学生过错的姑息迁就，更不是对他们过错的回避纵容。

# 【他山之石】

《素养教育绿镜头——班主任工作纪实及思考》一书的相关篇章

**关键词：** 教育策略（主独之策）

1. 第 14 章《"纵虎归山"的运动会》

2. 第 88 章《日月同辉笑春风》

**关键词：** 教育方法（意外鼓励法）

1. 第 29 章《开学前的返校干点儿啥》

2. 第 42 章《评价中的有价与无价》

# 9.4　雪中放歌大音希

> 教育，有时候就像那飘雪：静静地动着，动动地静着。静动之中，热情在飘舞；动静之间，快乐在飞扬。大音希声，大教无痕。
>
> ——题记

## 【抛砖引玉】

下雪了。

纷纷扬扬的，雪花们激情地奔跑着，热烈地追逐着。顷刻间，飘雪已经把世界变成了美丽的童话。

这是北国的雪，飘逸之中，自然多了几分阳刚的风骨。

恍惚中，雪幕深处隐约传来了一阵欢快的歌声："团结就是力量，团结就是力量，这力量是铁……"

时光，仿佛又回到了从前，回到了那一年的那一天……

当时，学生们来到操场上除雪。他们的情绪特别高涨，你说我笑的，你追我赶的，劳动的场面热烈而欢快。男生们更是干劲高昂，兴之所至，他们竟自发地唱起了雄壮有力的"战歌"："团结就是力量，团结就是力量，这力量是铁……"

看着这些生龙活虎的男子汉们，我这个班主任不由得感慨万千：对他们的引导，可真是费了我不少的心思呢。

早在入学军训的第一天，这些男生们就给我留下了深刻的印象："淘小子"们本身就活力四射，再加上他们绝大部分都是从本校小学直接升入初中的，大多彼此相熟，所以就更加放得开了。而这"放得开"的结果，往往就是把一些纪律的要求忘得一干二净。

与这些小学直升入中学的学生相比，一个叫小仲的男生引起了我的注意。按理来讲，来自外校的他本应有一种天然的陌生感，然而，小仲的身上却几乎看不到这种陌生感，还不到半天，他就与其他同学打成一片了。不过，对我这个班主任，他的表现可并不友好，给我印象最深的是他被我制止了不当行为之后透过人群投向我的阴冷的目光。

我隐约预感到，对男生们的教育一定是个不那么容易的过程，而接下来的事实也证实了我的这个预感。但是，经过不懈的努力，我最后还是使他们由一群不立事、惹事端的"淘小子"成长为能自控、敢担当的男子汉。

其间，我用了很多办法，而以群体的影响力帮助他们自主成长尤其起到了不可替代的作用。

首先，要让这个群体有共同的追求。

入学之初，通过人人参与的征稿活动，班集体确立了自己的班训。这个班训相当于班级的灵魂，它就像一面旗帜，为全班学生指明了前进的方向。此后，在利用群体影响力进行教育的过程中，这个班训起到了思想奠基的作用。

随后举行的运动会上，男生们取得了不错的成绩。总结的时候，我把男生们所取得的成绩同班训联系在了一起，用敢闯敢拼的进取精神和为集体增光的集体荣誉感来强化他们的群体优点，使他们初步感受到了作为男生群体一员的荣誉感和责任感。其中，对小仲等几个男生，我还进行了更为具体的表扬和引导。

但是，有些思想和习惯并不是经过一两次引导就可以改变得了的。入学仅仅一个来月的时间，小仲就以其突出的表现而名扬校园。自然，教导处也把他作为一个重点关注的对象。

怎样对小仲进行引导呢？

我并没有急于采取什么强硬措施。因为，强硬固然也是一种教育方法，但它多半只会起点"镇痛药"的作用，而解决不了根本问题。不但如此，有的时候它还可能会激发学生的"斗"志，强化其对抗的心理，那样一来，对学生、对教育就都有可能产生不利的影响。

要想从根本上解决问题，还须从长计议。首先让教育的春阳温暖小仲心底最冰寒的地方，然后让他的身上发散出来的不再是寒气，而是温情——这，就是我的从长之计。

一天，小仲说了几句不适合初中生身份的话。由于这些话已经在班级中造成了不好的影响，所以，我当天对全班学生进行了相应的教育引导。我告诉学生们，年轻人有闯劲是应该的，但闯劲是有好坏之分的：对自己、对集体有益的就是好闯劲，反之，则是坏闯劲……在引导的过程中，我把小仲说错话的事混在几件事当中进行了是非分明的评价。但是，我并没有专门对这件事进行批评，也没有点出小仲的姓名——"表扬到人，批评到事"，这是我教育学生的基本原则。

之所以这样处理，是要借助事件的群体影响力来淡化对小仲本人的刺激。这种"对事不对人"的做法，虽然并没有点名批评小仲，但全班学生都知道那些错话是小仲说的，这也就相当于对小仲进行了不点名的"点名批评"。这样的批评方式，既使大家明白了不可以说小仲所说的那样不恰当的话，引导了思想和舆论的方向，同时，也适当地给小仲保留了尊严，为下一步的教育进行了必要的铺垫。

"希望每一位同学、特别是男同学都能让自己的闯劲有理性，将来都成为能自控的男子汉!"最后，我以这样的期待结束了教育引导。说这话的时候，我的目光转向了小仲，他也在看着我。看得出来，他听懂了我的话。

本来，犯了错的小仲是准备迎接来自老师的一场暴风骤雨的，然而，我的这种特殊的批评方式让他感到有些意外。这种意外的处理方法也给我带来了一份特别的回报：小仲看我的眼神不再那么阴冷了。

为犯错误的学生保留尊严，这是使他们内心回暖的有效手段之一。

如果说这次的批评带给小仲的还仅仅是个意外的话，那么，随后不久发生的一件事，则是切切实实地使小仲在内心感受到了震动。

那段时间，为了增强学生的主人翁责任感，我们开展了"我为班级添光彩"的活动，能不乱扔杂物、能主动清理教室地面的杂物是这项活动的具体内容之一。每天班级总结的时候，都会有学生因此而受到表扬。

一天下午，小仲也主动捡起了地面的一团纸，但他的这个举动却让我有点儿犯难。

我犯难的不是表扬不表扬，而是怎样表扬效果才更好。原来，就在当天上午，小仲又犯了一个不大不小的错误。在这样的情况下，如果对他捡纸团的事进行表扬，可能会出现两种效果：一种是对小仲起到了正面激励的作用；还有一种可能，就是给小仲造成可以"功过相抵"的误解。

"让这次表扬成为小仲自主进步的动力才好。"我想。

放学前总结的时候，我站在讲台上，环视了一下全体学生，以沉沉的语调说道："现在，我叫到名字的同学，请站起来……"说完，我点出了四五位男生的姓名，当点到小仲的时候，我发现他并不意外地咧了咧嘴，站起来的动作先是有些迟缓、接下来又猛然挺直了身子，摆出了一副"无所畏惧"的姿态。

"现在站着的同学——"说到这里，我有意停了下来，目光扫过班级每个学生的面庞。

大家都以为我要批评这些学生：在人们的印象里，在集体中被叫起来站着，这往往就是挨批评的"标准动作"。其实，他们并不知道，或者说还并没有印象深刻地知道，我这个班主任让学生站起来，只是为了要进行表扬或是搞点调查什么的。

当然，学生们这么想也不奇怪，因为此次让这些学生站起来的时候，我不像以往那样面带笑容，而是"平静"了许多，甚至还有几分严肃。

"现在站着的男生，他们每个人都以自己的光彩行为为我们班级、更为全体男生增了光，添了彩！"说到这里，我特意"不注意"地看了小仲一眼，只见他睁大了眼睛，就那么愣愣地看着我。

接着，我向大家解释了几位男生的光彩之处：他们都主动地捡起了地上的杂物。听到这里，教室里立刻响起了热烈的掌声。

请男生们坐下的时候，其他的男生都难掩内心的喜悦，而小仲虽然也是带着笑容，但他的动作则很是迟缓，似乎还没有缓过神来。

第二天，我专门找小仲进行了交流。他坦言：昨天是做好了挨一顿猛烈批评的准备的，但我"不批评、反表扬"他的做法，让他"完全蒙了"。

我借机启发他思考我这样做的目的：为了让他融入一个能使自己更加光彩的集体，为了让他因自己的光彩而更多地获得他人的尊重，而不是让他因自身的错误而受到众人的厌恶、鄙弃。

小仲主动检讨了自己所犯的错误，并表示一定要努力改正，迎头赶上。

这次教育对小仲产生了很大的触动，从此，他身上的"寒气"又淡了许多，又少了许多。

以此为契机，我专门与男生们开了一次恳谈会，请他们谈想法、谈目标、谈方法。会上，学生们畅所欲言，创造性地提出了许多让男生群体更进一步的好方法、好建议，最后，大家达成了"做好自己，荣耀团体"的共识。

这样的男生专题讨论会，那段时间我们可没少组织。后来，我自己并不参加他们的集会，而是由班干部组织他们自主讨论，自主研究办法。有时候，这样的讨论并不能真正地解决一些具体问题，但是，只要他们自己组织了，自己研讨了，甚至哪怕他们只是聚在了一起，什么都没有做，这也达到了我的目的：增强他们的男生群体意识。

渐渐地，为了赢得尊重，为了赢得荣誉，他们开始自觉地以男生的群体荣誉感来要求自己，来相互帮助。

七年级下学期的某一天，一名男生与另一个班级的学生发生了争执，小仲恰巧经过，他主动劝止了他们的争执，避免了事态的恶化——小仲，这个曾经一听说打架就兴奋得眼睛放光的"淘小子"，现在能做到主动劝架，这是多么大的进步呀！

为此，我专门表扬了小仲和男生这个群体，夸赞他们是有理智、会互助的群体；勉励他们每个人都要更加努力，让自己、让男生的群体都能不断进步。这样的夸赞，为小仲在班集体和男生群体中树立自己正面的形象起到了积极的促进作用。

两年的时间里，为了促进小仲和所有男生的进步，我开展了一系列的专项教育。比如，通过"做个男子汉"的专题教育进行思想的引导，通过引导全体男生在开学前自主为班级大扫除而对他们进行责任感的培养，通过男生轮换担任临时体育委员而对他们进行担当能力的锻炼，通过"做个男子汉"的形象展示活动对他们进行全方位的自信教育，等等。所有这些，都在引导着男生们一步步从幼稚走向成熟。

到了九年级，包括小仲在内的男生们已经完成了从让人操心到令人放心的精彩蜕变。这个蜕变的成果，在一次他们独立除雪的劳动中得到了完美的体现——当时，男生们在男生班干部的带领下，高效、高质地完成了学校安排的除雪任务。而且，他们还主动完成了本应女生负担的任务，充分展现了男子汉的"绅士风度"。特别值得一提的是，这一切都是在没有老师在场管理的情况下完成的，他们连我这个班主任都没告诉！

得知这件事后，我感到无比的欣慰：这些"淘小子"们，真的是成了名副其实的男子汉了呀！

……

几年过去了。那些曾经在初中就已经是男子汉了的"淘小子"们，现在更是已经顶天立地了吧？

眼前，雪还在纷纷扬扬地下着。

这漫天飞雪可否知道，曾有那么十几个男生所组成的群体，曾在这雪中伴着劳动而斗志昂扬地放声高歌，曾在这雪中伴着劳动而勇于担当地兴高采烈？而那些曾经在雪中放歌的男子汉们，心中是否偶尔还回响起那阳刚激荡的歌声？

## 【出谋划策】

在教育男生们进步的过程中，教师通过人人参与的征稿活动引导学生创造出自己的班训，通过恳谈会的方式引导男生们创造性地提出更进一步的好方法、好建议，通过帮助男生正确认识闯劲来引导他们理性地自主成长……最后，终于引导他们完成了由"淘小子"到男子汉的精彩蜕变——像这样，**通过引导学生具有开创精神并能主动闯练以促进其自主成长，我们把这样的教育策略称为"主创之策"。**

**自主开创闯练。**是指通过引导学生具有开创精神并能主动闯练以促进其自主成长。闯练，是指引导学生有闯劲、愿探究、经锻炼。学生的成长过程中，有时会因某种束缚而受到不利的影响，这种束缚或源于保守思想，或源于认识局限，或源于陈规陋习。在这样的情况下，如果以更长远的目光来对待他们，给他们自主闯练的引导，给他们自主闯练的鼓励，给他们自主闯练的机会，那么，这样的引导、鼓励和机会，无疑会为学生的自主成长开辟更广阔的天地。对学生这种开创和闯练的引导是可以无处不在的：对某一问题自主研讨方式的引导，对某一实务自主解决方法的提示……这些，都可以帮助培养学生自主开创、自主闯练的意识和能力。当然，对这种自主闯练要加强引导，提供帮助，以避免胡创、乱闯，以避免因莽撞而造成不利的影响和伤害。

**自主展示自我。**是指通过引导学生具有展示自我的勇气和能力以促进其自主成长。学习和生活中，总要有向别人展示自己的行为、形象、思想、情感的时候，只有这样，自己才能为人所了解，自己才能为人所接受，自己也才能更好地实现自我的社会化和自我的价值。这种展示，无论是被动的，还是主动的，都需要相应的勇气和能力。具备足够的勇气和能力，展示的效果就更理想，就更有利于自己与他人的交流与合作。从这个意义上来讲，引导学生具有这种自主展示的勇气和能力，就是帮助他们自主成长。

这种自我展示，需要哪些方面的素养呢？主动的追求和沉着的心理，这是具有自主展示的勇气的核心。而适宜的表达、稳定的行为，则是具有自主展示能力的关键。自主展示勇气和能力的形成，要靠经常给学生创造经历和体验的机会来实现，正是在这种经常性的展示之中，他们才能不断地积累勇气，锻炼能力。

# 【想方设法】

## 特点指要

在引导小仲进步的过程中，教师用"希望每一名同学、特别是男同学都能让自己的闯劲有理性"这样的话来暗示小仲行为的失当，是在借对男生群体的要求来引导和约束小仲；用"他们每个人都以自己的光彩行为为我们班级、更为全体男生增了光"这样的话来表扬包括小仲在内的男生，是在借用男生群体的荣誉感来强化小仲积极向上的心理；因小仲主动劝阻纠纷而专门表扬了小仲和男生这个群体，是为了引导大家自觉地以男生的群体荣誉感来自我约束和自我提升——像这样，**通过学生群体的正能量来带动群体成员共同进步，我们把这样的带动方法称为"群体带动法"。**

## 程序参考

### 步骤一：群体组建

是指引导学生组建具有正能量影响力的群体的过程。通常情况下，学生群体的构成大致有两种情况。其一，组织性群体。是指根据教育需要而从班集体建设层面主动设立的各种群体组织，比如，班集体本身就是一个组织性群体。组织性群体的组建，可以是相对稳定而长久的，比如班级的学习小组、值日小组等；也可以是临时性的群体，这种群体往往是出于某种特定的教育需要而临时组建的，一旦教育目标得以实现，就可以解散这个群体组织。其二，自发性群体。在学生的成长过程中，他们往往会根据自己的兴趣爱好而自发形成一些小群体，这就是我们所说的自发性群体。这种类型的群体往往得不到教育者的重视，但是，它往往可以帮助解决许多教育问题，有时，它的作用是无法取代的。对这类群体一定要给予充分的重视，并且最好能主动参与到它们的建设中去。当然，对这种建设的参与，最好不要直接介入管理，而是借助其自身力量进行适当的引导，要充分尊重这个群体本身具有的独立影响力。

**步骤二：群体认同**

是指引导学生在思想和行为上认同群体正能量的过程。这种认同的工作，先要明确群体的正能量是什么；然后，最好把这种正能量进行提炼，并以简要的语言概括出来；接下来，还要对这种正能量进行宣传，让群体成员都明确，都理解，特别要引导他们理解这些正能量对自己的益处；之后，使群体成员对这些正能量不但在思想上认同，还要在行为上趋于认同。

帮助个体在群体中找到归属感，这是引导学生认同群体正能量的关键。这种归属感，主要从三个方面来体现：其一，个人在群体中有价值体现。要帮助学生个体在其所处群体中发挥作用、体现价值，这样，他才会以自身的力量赢得群体的认可和尊重。这一点，可借助安排学生做有益于群体的事情来实现。其二，群体对个体能接纳认可。这种接纳和认可是需要进行引导的，帮助群体树立正确的方向和风气，引导大家具有互相尊重的观念，具有积极向上的追求，具有团结友爱的风尚。其三，人人具有群体荣誉感。群体认同的有效手段是形成强烈的群体荣誉感，让群体成员有为这共同追求而荣辱与共的愿望，有为共同目标而努力的"一荣俱荣，一损俱损"的心理感受和行为追求。

**步骤三：群体带动**

是指引导学生群体利用其正能量来带动学生个体取得进步的过程。这种带动作用的关键在于"带"和"动"。

关于"带"的作用，我们可从以下两个层面来尝试。第一，以风气带行为。是指用集体良好的风气来带动群体成员取得进步。一个群体，首先要具有良好的风气，要具有积极向上的正能量，这是这个群体能发挥正向影响力的前提。这种良好的风气会感染、带动群体中的每一个成员，使他们在潜移默化的熏染中被这个群体的良好影响力所同化，从而实现群体的共同进步。第二，以先进带后进。是指用群体中的先进分子来引导和带动其他成员取得进步。这种榜样和带动的作用，不仅会带动其他成员的进步，也能促进这些先进分子自身的进一步提高。

　　关于"动"的作用，可从以下这两个方面去考虑。其一，"互动"进步。是指群体成员互相影响、互相帮助、共同提高而取得进步。这种相互的作用力，更多地体现在群体对个体进步的促进和推动上。其二，"自动"进步。是指被带动的个体能主动响应、自主配合而取得进步。要把群体的帮助和带动自觉地转化成自己的自主行为，做到"带"而能"动"，这样，带动的作用才会真正发挥出来。至于具体的带动方法，比较和比赛则是两种十分实用的方法。

# ▌【他山之石】

《素养教育绿镜头——班主任工作纪实及思考》一书的相关篇章

**关键词：**教育策略（主创之策）

1. 第 57 章《搭起人生的舞台》
2. 第 83 章《公开课"公开"的秘密》

**关键词：**教育方法（群体带动法）

1. 第 44 章《男儿当自强》
2. 第 86 章《玛雅预言与"阳光秘诀"》

# 9.5  天之道，天知道

春华而秋实，夏雨而冬雪：天道如此，天性如此。仰视天道，能更好地教育；俯视天性，能教育得更好。

——题记

## 【抛砖引玉】

"三个笼子三条线，三个本子三块电。身事家事管不着，风声雨声听不见。"这是我写的一首打油诗，描述的是当下某些中学生的学习和生活状态。

"三个笼子"是指家里住的房子、上学途中乘坐的车子和学校的教室；"三条线"是指日常上学的路线、校园里从教室到食堂的路线、双休日从家里到补课班的路线；"三个本子"是指学习用的书本、作业本和练习册；"三块电"是指业余生活中的手机、电脑、电视机；"身事家事管不着"是指学生自己的事和家庭的事，家长全都安排妥当，根本轮不到学生去想、去做；"风声雨声听不见"是指学生的生活脱离自然、脱节社会、缺乏真实性。

这四句话突出反映出某些中学生学习生活的缺少活力、缺乏交流的现实状态，而这种状态很可能会给学生带来一些潜在的损害：比如，体质不够健康，心胸不够开阔，实践力和责任感比较差，社会化程度比较低，等等。

学生本应是充满活力的，这是他们的天性。如何在教育工作中保护学生可贵的活力，这是个非常值得探索的问题。

对于刚刚升入初中的学生们来讲，他们的活力是无处不在的。

这不，军训休息的间隙，刚才还夸张地喊累叫苦的他们，一转身就毫无倦意地玩起了他们自己的游戏，或是有说有笑地谈天说地了。

看着他们那活力四射的状态，我不由得开始设想他们三年之后的样子：那时的他们，不仅有活力，还将会守纪律；不仅会守纪律，还将会在守纪律的基础上焕发出更大的活力……

"哈哈哈哈……"男生群体里爆发出的一阵大笑打断了我的遐想。

循声望去，只见一个男生正手舞足蹈地讲着什么，他周围的人则笑得前仰后合。

那个正在"讲演"的男生叫小知。

挺"能说"，这是他给我的第一印象。随后的观察告诉我，小知可不是一般的"能说"，而是"太能说"了。不过，他的"能说"存在着明显的缺陷：平时随意发挥的时候总是口若悬河、滔滔不绝，可正式回答问题的时候，却常常底气不足、不得要领。而且，他的这种"能说"往往还在不该说的时候"喋喋不休"，以至于还造成过"祸从口出"的后果。

能说也罢，能闹也好，这都不过是小孩子活力的天性而已。我们要做的，就是把他们的天性保护好，并且借此给他们合适的教育。

军训结束后的某一天，我找到了小知。

"你热情开朗，口才也不错！"我这样夸了他一句。

"谢谢老师！"小知笑得合不拢嘴。

"你那么上进，又能热心帮助同学，我原以为你能评上军训优秀学员的，可为什么没评上呢？"我似乎不大理解地问他。

"老师，别提了！我吃亏就吃亏在嘴上了。因为随便说话而被扣分……"小知比比画画地说。

"唉——可惜了！"我十分惋惜地说，"其实，爱说不一定就是毛病，问题在于说什么、在什么样的场合说……"

通过交流和观察，我发现小知"爱说"的原因主要有这么几点：表现欲比较强；不懂得根据时间场合来说话；没有自我控制的意识和能力。据此，我对小知进行了有针对性的教育引导。

第一阶段："矫枉过正"的禁言训练

在帮助小知懂得了关于说话方面的注意事项之后，我着手帮他进行相关的行为训练。

刚开始，通过同学提醒、自我提醒、教师提示等办法，小知上课和自习课随意说话的现象有了明显的改正。可是，没坚持多长时间，他控制随意说话的热情就渐渐降温了，明显出现了十分懈怠的状态。

我决定采取断然措施：对小知实施"矫枉过正"的禁言训练。

在让他对自己的改进状态进行评价之后，我问他还想不想继续改正自己乱说话的毛病，在得到了他肯定的回答之后，我告诉他，为了帮他，我决定三天之内不跟他说话了。

"什么?"小知没想到我会这样安排。

其实，我之所以敢出此"吓"策，是有坚实的基础的：小知是个既上进又懂感情的学生，而我与小知又建立了比较牢固的情感和信任基础。这决定了我无论怎么不理他，他都不会放弃上进的，而且，他不会对我产生误解。而由于事先让他知道我这样做的目的是什么，这也有利于对他进行目标明确的教育引导。

为了达到更好的效果，我还故意创造与小知接近的机会，但就是不跟他说话。有时候，如果他没注意，我就故意大声跟他旁边的同学说话，甚至还"含沙射影"地让小知听到我正在说着他的事情，但就是不提他的名字。这使得小知苦不堪言，周围的同学知道我在对他进行"禁言"训练，有时还会善意地"看热闹"。平时，我是教育学生不要有围观行为的，但在对学生进行教育的时候，类似这样善意的"围观"我是不禁止的：引导一人，教育大家，何乐而不为呢?

这个办法还是挺有效的。经过几天的"折磨"，小知不乱说话的意识明显增强了，行为上也改进了不少。

"禁言"期满之后，我请小知谈他的感受。小知苦笑着说，他再也不想这样了。

"如果不能再进一步，哼哼……"随后，我又这样得寸进尺地"威胁"了他一下。

第二阶段：欲擒故纵的小组活动

经过了矫枉过正的"禁言"训练之后，小知有了很明显的进步。于是，我决定对他进行更深一步的引导，为的是更深入地挖掘他自主成长的内在动力。在随后进行的小组活动中，我对小知提出了让他颇感意外的要求：在他主持小组活动的时候，不管是学习活动还是其他活动，他可以在说话上"尽情发挥"，尤其是课上发言的时候。

"老师，您、您说的不是反话吧?"小知有点儿不知所措。

经过我的解释，小知才恍然大悟。我这看似放松的要求实际上是有了更高层次的标准的：让他"尽情发挥"地说话，就容易说出不该说的话，而要想避免这种现象的发生，就需要他有更强的自控意识和自控能力。

于是，在随后一阶段的训练中，小知更注意了通过自我提醒、自我控制来改正随意说话的毛病。渐渐地，他大多数时候都能做到不乱说话了。同时，他课堂发言的质量也越来越高，并受到了老师和同学的肯定。

第三阶段：渐入佳境的主持练习

让小知既不乱说又能会说，这是下一阶段要努力的目标。

我告诉小知，鉴于他在学会说话方面的进步，打算安排他担任下次班会的主持人。

小知懂得这个安排的分量，于是，他开始主动地进行做主持人的练习。为了能让他通过这件事"站"起来，我对他进行了比较具体的指导，从稿件的撰写到语言的表达，从朗诵的神态到主持的姿态……经过一段时间的准备，小知终于以主持人的身份站在了班会的讲台上，与其他同学一道成功地完成了班会的主持任务。

在赢得掌声的同时，他"爱说"的天性终于得以扬长避短、"说"得其所。

第四阶段：大放异彩的倾情朗诵

小知们的天性有很多，比如活力四射，比如充满热情，比如青春萌动……尊重这些天性，借用这些天性，会为教育带来许多意想不到的收获。

初中二年级，正是学生们进入青春期的关键时期。为了帮助他们顺利地渡过这个动荡、脆弱的"多事之秋"，有必要主动开展一些活动，以此调剂一下他们紧张的学习生活，也帮他们释放一下熊熊燃烧的精力，给他们的生活添上几抹本就属于他们的亮色。

基于这样的思考，我引导学生们组织了一次本班的歌咏活动，让他们借助诗朗诵、美文朗诵、对联征集、主题征文、唱班歌、武术表演等形式，来颂扬祖国的伟大，来回顾班级的荣光，来展示自己的风采。

让学生主动参与，让他们自我创造，只有这样，他们的天性才能得到真正的尊重。于是，这个活动的开展，每个学生都有任务，每个学生都有展示，每个学生都有光彩。

小知毫无悬念地再次担当了主持人的工作。活动中，他与其他同学一道，满怀豪情，热情洋溢，把每一处词句都朗诵得那么激昂，把每一个音符都唱得那么豪迈，把每一个动作都展现得那么完美！

这次活动中，最打动我心怀的是学生们唱班歌时那天籁般的歌声。直到现在，我依然觉得那是我听到的最昂扬、最嘹亮的放歌。

为什么这歌声会如此动听呢？

因为，那放声歌唱的不仅仅是一群朝气蓬勃的学生，更是他们朝气蓬勃的青春，更是他们朝气蓬勃的活力，更是他们朝气蓬勃的天性啊！

对学生的教育，就是对天性的尊重，就是对天道的尊重吧？而学生，他们就是教育的天吧？

这，也许就是教育的天道。

教之道，教知道；天之道，天知道。

# ▌【出谋划策】

在引导小知进步的过程中，教师对小知进行矫枉过正的"禁言"训练，是利用其"爱说"和渴望沟通的天性来约束其乱说话的不当行为；在小组活动中，让小知"尽情发挥"地说话，这是利用他愿意上进和渴望战胜困难的天性来促使他进步；安排小知担任主持人的工作，这是利用小知"爱说"和上进的天性帮他在成长的过程中扬长避短；而引导全体学生在歌咏会上放声高歌，则是利用青春的天性让每个学生都能乐观向上地成长——像这样，**通过尊重天性和天道来教育学生以促进其自主成长，我们把这样的教育策略称为"主天之策"。**

**知天性行天道。**是指通过认识学生的天性并按天道进行教育以促进其自主成长。这里所说的天性，是指学生天然的身心特点；这里所说的天道，是指学生的成长规律和相应的教育规律。下面，我们重点来理解一下"知天性"的问题。性别、年龄、身体状况、个性特质等诸多因素都是天性的要素，认识了解学生的天性，对教育的设计和实施都具有重大的意义。一方面，要对天性有足够的认识。最重要的是在思想理念上懂得并重视天性及其在教育中的作用，这样，才能有意识地利用它去实施教育。在实施教育的过程中，无视天性的现象是不容忽视的，成年人往往只顾按自己的标准和理想去要求小孩子，他们或许根本没有想过天性在教育中的地位和作用的问题。另一方面，要对天性有足够的了解。要在具体内容上对学生群体、个体的天性进行了解，这种了解会为教育的设计和实施提供基本的依据，是教育取得成功的基础。

对天性的认识是天性教育的思想准备，而对天性的了解则是天性教育的行动准备，二者缺一不可。

**尊天性行天道。**是指通过尊重和保护学生的天性并按天道进行教育以促进其自主成长。

第一，要尊重天性。就是要理解学生所表现出来的种种天性使然的特点并借以进行教育。教育是要有一定导向和目标的，这些导向和目标与学生的天性可能存在不适应、不匹配的情况。如果能正确认识学生的天性及成长规律，并能以适合这天性的方式方法进行教育，教育过程就可能比较顺利；反之，就可能不顺利。这里，我们以初中生上自习课的时间为例来理解这个问题：毕业阶段的学生可以独自学习一两个小时也不是什么难事，但初中入学阶段的学生大部分都做不到这一点——这就是天性的表现。

第二，要保护天性。就是不要伤害学生身上可贵的天性。这里，我们不能不思考一下文化课学习与天性的问题。"闻道有先后，术业有专攻"，这似乎是尽人皆知的道理，相信，没有多少人会逼着自己的孩子非要学姚明那样做个"灌篮高手"，可是，我们又几乎没有多少人想调整一下让孩子在学习上做个"高人"的梦想。从天性的角度看，是不是每个孩子都适合在文化课的场地上拼个昏天黑地呢？

第三，要利用天性。就是主动利用天性来对学生进行教育。有的时候，为了达到某种教育目的，需要利用天性主动出击来对学生实施教育。比如，根据学生在青春期不愿意"出头露面"的特点，可利用学生充满活力的天性来开展一些活动，使他们的活力得以保持和释放，从而帮助他们实现在青春期的健康成长。这种利用学生的身心特点及其成长规律而主动教育的做法，是更自觉、更高级的教育行为。

需要强调的是，尊重天性并不是完全被动地接受天性，恰恰相反，它应该是一个主动理解、主动引导的过程。不然，教育也就无所谓教育了。

# 【想方设法】

## 特点指要

在对小知的教育引导中，教师让小知在小组学习等活动中"尽情发挥"，让他在班会当中充当主持人，通过这样的安排使小知在活动中能够心情愉悦地自主进步。在学生们进入青春期的关键时期里，教师主动通过开展歌咏活动来调整他们的心态、激发他们上进的热情——像这样，**通过引导学生开展自主有益的活动来对其进行心理疏导和行为引导，我们把这样的疏导方法称为"活动疏导法"。**

## 程序参考

### 步骤一：活动设计

是指根据教育疏导的需要而设计活动方案的过程。这些活动，一般可分为如下几种类别。

德育活动。是指根据明确的德育目标而开展的各种活动。主题教育、文化熏陶、社会实践是最常见的几种活动。主题教育类活动，指在校内为解决具体问题而开展的专题教育活动，班会、教育谈话、专题展示等都属于这种类型；文化熏陶类活动，指开展以文化熏陶为目的的文化活动，如开展各种文化主题的讲座、作品制作、文化展览、观看专题片等；社会实践类活动，是指借用社会和自然资源而对学生所开展的实践活动，参观、游览、公益活动等都是比较常见的形式。德育类的活动更有利于对学生的思想进行引导，对学生的心理和行为进行疏导调理。

学习活动。是指以文化课学习为基本内容的各种活动。从课堂学习来看，课堂研讨、问题的提问与讲解是最常见的活动方式；从课外活动来看，组织各种内容和形式的读书交流、演讲、竞赛、展览则是比较常见的活动方式。这些活动的共同特点是能够把学生从枯燥听讲、被动接受的状态下解放出来，使他们能更主动地学习。而一旦学生能够主动参与了，其心理和行为的状态自然也就得到了疏导调理。

文体活动。是指以文娱、体育等为基本内容的活动。运动会、趣味活动或比赛、以身体活动为主要方式的游戏、文艺表演、联欢会等，都是此类活动最常见的方式。这类活动最大的好处是能够很快地吸引学生的注意力，使他们的心理和行为在短时间内得到明显的疏导调理。

### 步骤二：活动疏导

是指通过有益活动对学生进行具体疏导以助其健康成长的过程。这一过程的落实，遵循"常专相辅、先后搭配"的原则，会更有助于学生成长和教育管理。

**常专相辅。**是指日常活动与专项活动要相辅相成。日常活动具有形式简捷、操作灵活的特点，适用于解决日常出现的小问题；专项活动具有主题更突出、形式更正式的特点，适用于对学生进行重要内容的教育和重点问题的解决。充分发挥这两方面活动的互补作用，会使活动的疏导做到疏密有致，相得益彰。

**导疏搭配。**是指"预先活动"的引导与"事后活动"的疏导要相互搭配。根据学生的身心特点和成长规律，在其思想、情感、心理、行为等方面出现问题之前就开展相应的活动来避免这些问题的出现，这就是"预先活动"的引导。这样做能把工作做在前面，防患于未然，是避免出现被动局面的有效方法。但是，学生的成长是动态的，出现问题是再正常不过的事情了，在这种情况下，就需要借助事后的活动来进行疏导了。根据学生在思想、情感、心理、行为等方面所出现的问题而组织相应的活动进行疏导，这就是我们所说的"事后活动"的疏导。这种疏导形式更有针对性，更有利于具体问题的解决。

### 步骤三：活动感悟

是指通过活动让学生切实感悟道理的过程。这个过程，大致要经过感受和感悟这两个阶段。感受阶段，就是在开展活动中有意识地让学生感受最重要内容的阶段。活动往往是一个由多项内容、多个环节组成的综合性的活动过程，在活动的过程中，教师要进行必要的引导，通过对某个部分的强化来促使学生对其有更深刻的体验与感受，以为下一步的感悟和说理奠定基础。感悟阶段，就是引导学生从体验当中感悟到相应道理的阶段。这种感悟，是以上一个"感受阶段"的体验感受为基础来进行的，通过视觉、听觉、触觉、嗅觉、味觉等多种手段进行感知体验后，再对这些感知体验进行有针对性的回味和思考，并把这种思考表达出来，形成具有启示意义的理性认识。

感悟的过程，既是在行为上进行"感"的过程，更是在思想上进行"悟"的过程。感悟的结果,是道理的明晰,是心智的成熟,是品行的进步。

　　需要强调的是,用"活动疏导法"对学生进行疏导,不一定每次活动都要包含"活动感悟"这个环节。因为活动本身就是疏导的手段,当它起到了疏导的作用之后,就已经达到了活动的目的。对于有些活动而言,再进行理性的感悟反倒是画蛇添足了。比如,要借助活动对学生进行情绪的调节,如果学生在活动过程中情绪已经得到了调节,那就没有必要再去进行感悟"扣题"了。

# 【他山之石】

《素养教育绿镜头——班主任工作纪实及思考》一书的相关篇章

**关键词:**教育策略(主天之策)

1. 第 69 章《男女搭配,成长不累》

2. 第 88 章《日月同辉笑春风》

**关键词:**教育方法(活动疏导法)

1. 第 57 章《搭起人生的舞台》

2. 第 67 章《"青春之歌"唱豪情》

## 附表：教育方法简要说明表

| | 教育方法及简要说明 | 主要应用篇目 |
|---|---|---|
| 自修法 | **自修法：通过引导学生以知行合一的自主修养来进行自我教育，我们把这样的教育方法称为"自修法"。**学生成长的关键在于自主教育，要想取得真正长远的进步，这种以自主修养为核心的自主教育往往起着根本性的作用。"自修法"所探讨的就是自主修养的基本方法。<br>使用这种方法，请注意以下几个要点：<br>第一，愿望重自求。是指引导学生具有自主上进、自主完善的愿望。具有了不断自我完善的愿望，才会不断地对自身有更高的要求，才更有利于在行为上追求自我修养的实践，这可以说是"自修法"的思想基础。<br>第二，方式重自修。是指引导学生能在行为上按照上进的目标主动地自我修养。这种修养既有心灵的向真、向善、向美，更有与其相对应的能真、能善、能美的行为上追求。这种知行合一的效果，正是"自修法"所努力追求的。 | |
| | 反观自修法：通过引导学生以反观自省的做法来进行自我教育，我们把这样的自修方法称为"反观自修法"。 | 8.4 怎一个"赢"字了得 |
| | 求助自修法：通过引导学生以请求他人帮助修正错误的做法来进行自我教育，我们把这样的自修方法称为"求助自修法"。 | 9.2 "被迫"的求助 |
| 带动法 | **带动法：通过学生自身的正能量来带动其他同学共同进步，我们把这样的教育方法称为"带动法"。**"带动法"是引导学生自身有正能量的学生来带动他人在某方面取得进步，这种带动，最好遵循"以需选带"的原则来进行，即根据被带动者的成长需要来选择在这方面具有带动能力的带动者来进行带动。<br>使用这种方法，请注意以下几个要点：<br>第一，重先进带动。是指由具有正能量的学生来带动其他同学自主进步。这种带动他人和群体自身的良好影响力，更有利于他们的自主进步。<br>第二，重相互促进。是指带动者与被带动者相互帮助，彼此促进、共同进步。这方面，要在注重先进带动后进的同时，使之从另一个角度来讲也是带动者。这样无疑会大大增强被带动者自主成长的自信心，从而实现被带动与带动、带动与被带动的相互转化，进而实现学生们的互助共进。 | |
| | 个体带动法：通过学生个体的正能量来带动他人共同进步，我们把这样的带动方法称为"个体带动法"。 | 7.2 "断臂之痛"与"一臂之力" |
| | 群体带动法：通过学生群体的正能量来带动群体成员共同进步，我们把这样的带动方法称为"群体带动法"。 | 9.4 雪中放歌大音希 |

续表

| 教育方法及简要说明 | 主要应用篇目 |
| --- | --- |
| **诱导法：通过具有吸引力的目标来诱导学生自愿求取进步，我们把这样的教育方法称为"诱导法"。**<br><br>用具有吸引力的目标来诱导学生乐于接受我们的做法引导学生自愿进步，这就是"导"。<br><br>使用这种方法，请注意以下几个要点：<br><br>第一，要有导向性。是指给学生设置的进步目标要具有方向引导的作用。这种引导，要符合国家的教育要求和学生的个性需要，还要符合日常教育的工作安排，特别要符合学生的成长规律和相应的教育现象。<br><br>第二，要有引诱性。是指给学生设置的进步目标内容要具有一定的吸引力。这种吸引力往往是通过使这些进步目标具有某种"好处"来实现的。这种"好处"一是"有趣"，即目标有趣味，让学生在心理上喜欢追求；二是"有益"，即目标有益处，让学生在理智上愿意追求；三是"有助"，即目标有助于具体任务的完成，让学生在行为上愿意操作。<br><br>第三，要有渐进性。是指对学生进步的诱导过程要循循善诱，循序渐进。诱导的过程，就是让学生逐步愿意上进、逐步追求上进、逐步取得进步的过程。而要想做到这一点，就不能于求成，就要用心研究学生在思想、情感、心理、行为等方面的成长需要，再根据这些特点和需要来设置目标，诱导学生所追求的正是他们所需要的，那么，在追求这目标的过程中，他们就会心甘情愿，他们的进步会不觉得苦，反而因为能乐乐在其中，乐此不疲。 | |
| **启思诱导法** 通过具有吸引力的目标来启发学生思考并诱导学生自愿求进步，我们把这样的诱导方法称为"启思诱导法"。 | 2.2 追寻思想的星光 |
| **明示诱导法** 通过明确显示具有吸引力的目标来诱导学生自愿求进步，我们把这样的诱导方法称为"明示诱导法"。 | 1.6 一团珍贵的"废纸" |
| **暗示诱导法** 通过暗示提醒和具有吸引力的目标来诱导学生自愿求进步，我们把这样的诱导方法称为"暗示诱导法"。 | 1.2 用心良苦的"求助" |
| **预约诱导法** 通过预约实现具有吸引力的目标的做法来诱导学生自愿求进步，我们把这样的诱导方法称为"预约诱导法"。 | 5.3 小个头的"擎天柱" |
| **示弱诱导法** 通过示弱的做法给学生提供具有吸引力的目标来诱导学生自愿求进步，我们把这样的诱导方法称为"示弱诱导法"。 | 4.6 求你让我表扬你 |

诱导法

续表

| | 教育方法及简要说明 | 主要应用篇目 |
|---|---|---|
| **携助法** | **携助法：通过携手式的引领和扶助来帮助身处困境的学生渡过难关，我们把这样的教育方法称为"携助法"。**<br><br>面临困境的学生，其自身的能力往往不足以应对其所面临的困难。这时候，帮助者往往要以携领、扶持的方式，更加具体帮助而有效地帮助学生渡过难关，这就是"携助法"的基本特点。<br>使用这种方法，请注意以下几个要点：<br>第一，学生处困境。这种困境之困，可能是学生自身造成的，也可能是学生自身以外的因素造成的。当学生无力摆脱这种困境的时候，携助法就有了用武之地。帮助学生鼓起面对困难的勇气，找到解决问题的办法，这是对学生进行有效携助的前提。<br>第二，扶助重携领。携领，就是携手和引领，就是给学生提供可以倚靠的、能够从中获取动力的具体帮助。因此，这种携助要注重具体方法的指导，注重具体行为的操作；并且，它还应该是一个循序渐进的进步过程，就像教小孩子走路那样——先扶着走，再护着走，再看着走，最后才让他独自走。<br>第三，携助守底线。是指对学生的携手式的引领帮助要年年守住"学生是主体"这个原则，年年守住"只帮助不代替"这个底线，不能越俎代庖。只有这样，学生的主观能动性才能被调动起来，他们才能在被携助的过程中得到锻炼和成长。 | |
| | 规则携助法　通过发挥规则规章的作用来引领和扶助学生渡过难关，我们把这样的携助方法称为"规则携助法"。 | 3.3 动感的小豪与小豪的感动 |
| | 联合携助法　通过联合具有教育影响力的各方力量共同引领和扶助学生渡过难关，我们把这样的携助方法称为"联合携助法"。 | 3.4 临摹倒逼的"告御状" |
| | 牵引携助法　通过目标牵动、渐次引导的做法来引领和扶助学生渡过难关，我们把这样的携助方法称为"牵引携助法"。 | 2.4 铸起自信的脊梁 |
| | 示范携助法　通过直观而具体的行为示范来引领和扶助学生渡过难关，我们把这样的携助方法称为"示范携助法"。 | 5.2 令我羞愧的《自责书》 |
| | 舆论携助法　通过形成具有正能量的舆论来引领和扶助学生渡过难关，我们把这样的携助方法称为"舆论携助法"。 | 2.5 垦造成长的沃土 |

续表

| | 教育方法及简要说明 | 主要应用篇目 |
|---|---|---|
| 鼓励法 | **鼓励法：通过鼓舞、激励的做法来促使学生目标明确地自主进步，我们把这样的教育方法称为"鼓励法"。**<br><br>这里所说的"鼓励法"，更奏出鼓励在下一步行为中的激励和引导作用，它与我们日常所说的"鼓励表扬"有所不同。<br>使用这种方法，请注意以下几个要点：<br>第一，目标要明确。这种鼓励是为了促进学生实现某一具体的进步目标才实施的。从这个意义上来讲，它具有比较明显的"功利"色彩。鼓励是手段，促使学生实现下一个进步目标是目的。<br>第二，动力要双边。一边要讲"鼓"的力量：鼓，主要指鼓励，即来自学生外部的激发和勉励，要做到"鼓之能动"，这是促使学生进步的"启动电源"；一边要讲"励"的力量，主要指自励，即外部激励而使学生自身产生的进步愿望和行动，要做到"自励而行"，这是鼓励所产生的"动力效果"。<br>第三，方式可多样。鼓励的方式是不构一格的——只要能使学生能受到鼓舞和激励，只要能使他们的自信心得到增强，只要能使他们更加努力地去实现某一具体的进步目标。 | |
| 强志鼓励法 | 通过对志趣、志向的强化来鼓励学生目标明确地自主进步，我们把这样的鼓励方法称为"强志鼓励法"。 | 1.4 铁马冰河入"梦"来 |
| 引善鼓励法 | 通过引动并赞赏学生的良善来鼓励其目标明确地自主进步，我们把这样的鼓励方法称为"引善鼓励法"。 | 6.1 小字条、连心桥 |
| 示能鼓励法 | 通过展示示能学生的正向能力来鼓励其目标明确地自主进步，我们把这样的鼓励方法称为"示能鼓励法"。 | 1.5 鼓起隐形的翅膀 |
| 期待鼓励法 | 通过期待效应（皮格马利翁效应）的运用来鼓励学生目标明确地自主进步，我们把这样的鼓励方法称为"期待鼓励法"。 | 8.3 "枴杖"扶我过陈东 |
| 彰扬鼓励法 | 通过彰显、宣扬优点来鼓励学生目标明确地自主进步，我们把这样的鼓励方法称为"彰扬鼓励法"。 | 7.3 "红星"闪闪亮 |
| 比竞鼓励法 | 通过比赛竞争来鼓励学生目标明确地互助进步，我们把这样的鼓励方法称为"比竞鼓励法"。 | 1.9 "不可能"的友情 |
| 评价鼓励法 | 通过引导性的评价来鼓励学生目标明确地自主进步，我们把这样的鼓励方法称为"评价鼓励法"。 | 5.4 何计身后评 |

续表

| | 教育方法及简要说明 | 主要应用篇目 |
|---|---|---|
| | 温故鼓励法 | 通过引导学生回顾其往事来鼓励其目标明确地自主进步，我们把这样的鼓励方法称为"温故鼓励法"。 | 3.2 未知我梦里有梦 |
| | 假赞鼓励法 | 通过假托赞许的做法来鼓励学生目标明确地自主进步，我们把这样的鼓励方法称为"假赞鼓励法"。 | 4.5 美丽的谎言 |
| | 体谅鼓励法 | 通过体谅难处和切实帮扶来鼓励学生目标明确地自主进步，我们把这样的鼓励方法称为"体谅鼓励法"。 | 4.1 这条"小鱼""在乎" |
| | 激励鼓励法 | 通过强力刺激来激励学生奋起努力并目标明确地自主进步，我们把这样的鼓励方法称为"激励鼓励法"。 | 7.4 不信"东风"唤不回 |
| | 复得鼓励法 | 通过使学生经历了复得的触动来而复得鼓励其是主体明确地自主进步，我们把这样的鼓励方法称为"复得鼓励法"。 | 2.3 最温暖的手套 |
| | 意外鼓励法 | 通过出乎意料的做法来鼓励犯错学生目标明确地自主进步，我们把这样的鼓励方法称为"意外鼓励法"。 | 9.3 为了不陪练的陪练 |
| 迁移法 | **迁移法：通过迁移学生自身正能量的带动作用以促进其取得更大的自主进步，我们把这样的教育方法称为"迁移法"。** 这种方法在原理上与人们通常所说的文化课学习上的"迁移"是相同的，但这里所说的"迁移法"适用的范围更广，也更具操作性。使用这种方法，请注意以下几个要点：第一，注重主动引导。是指要主动发现和迁移学生的正能量以引导其自主进步。这种主动，主要体现在迁移学生自身的正能量上。第二，注重迁移的进步目标上。主要体现为实现这新的进步可以利用的正能量上。这个迁移的过程。是指对学生自身的正能量由此及彼、由前而后的迁移以发掘其带动作用的过程。要掌握学生是主体的原则，通过激发其自主进步的愿望来实现其自身正能量的迁移。例如，学生平时对班级集务并不关心，但在迁移目标上，用"迁移法"促进其自主进步。如果用"在活动会上集体荣誉感特别强"，对其"平时关心班集体"的行为，从而实现其自身正能量的正迁移。就可以把"平时不关心班集体"作为迁移目标；对其"在活动会上集体荣誉感特别别"这个正能量进行强化，借此促进其自身进步，从而实现其自身正能量的正迁移。 | |
| | 横向迁移法 | 通过对学生自身正能量进行由此及彼地横向迁移以促进其取得更大的自主进步，我们把这样的迁移方法称为"横向迁移法"。 | 1.7 借来"神笔"画春阳 |
| | 纵向迁移法 | 通过对学生自身正能量进行由前而后的纵向迁移以促进其取得更大的自主进步，我们把这样的迁移方法称为"纵向迁移法"。 | 4.2 让我猜猜"你"是谁 |

续表

| | 教育方法及简要说明 | 主要应用篇目 |
|---|---|---|
| 熏染法 | **熏染法：** 通过文化、环境、氛围等方面的熏染和育来帮助学生自主成长，我们把这样的教育方法称为"熏染法"。<br>　学生的情绪情感，心灵思想往往会受到其所处环境和氛围的影响。这种影响有时是疾风暴雨的立竿见影，有时则是润物无声的潜移默化，发现并利用这些影响的力量，这就是"熏染法"要探讨的问题。<br>　使用这种方法，请注意以下几个要点：<br>　第一，环境重软硬兼修。软，是指软环境，如为学生健康成长而营造的良好的文化氛围、心理环境等；硬，是指硬环境，即学生日常学习生活所处的具有教育意义的物理环境。软环境和硬环境共同构成了学生成长的教育环境，注重发挥它们的正向影响，会对学生的健康成长发挥积极的作用。<br>　第二，方式重熏陶感染。熏陶，是指利用环境无声的潜移默化加深加久的长久的正向影响，讲究的是"慢"的功夫。感染，就是利用环境对学生的心理、情感施加无声的影响，它往往通过身临其境，动心动情的情绪感染来对学生产生立竿见影的影响，讲究的是"快"的功夫。<br>　熏陶和感染各有所长，它们在对学生施加教育影响的过程中各有千秋，同样值得重视。 | |
| | 意情熏染法：通过对心意情感的引导和情绪氛围的营造来对学生进行感化育，我们把这样的熏染方法称为"意情熏染法"。 | 2.1<br>播种善良的阳光 |
| | 文化熏染法：通过营造良好的文化环境来对学生进行熏陶化育，我们把这样的熏染方法称为"文化熏染法"。 | 5.5<br>阳光 "验证码" |
| 训练法 | **训练法：** 通过对行为的强化训练来帮助学生形成一定的能力，我们把这样的教育方法称为"训练法"。<br>　熟练就是能力，而训练可以帮助学生形成一定的能力。对于成长中的学生来讲，训练是使他们具备各种成长能力的重要方法。<br>　使用这种方法，请注意以下几个要点：<br>　第一，以训练求能力。是指要通过不断强化某种能力的训练来帮助学生形成某种能力。要做到这一点，先要确立训练的目标，然后再根据这个目标实施具体的训练。训练要高度重视操作的连续性、教育的连贯性，这样，训练才能形成具有明确教育目标的能力。<br>　第二，以量变促质变。是指要通过对行为的适量训练来实现在品质形成的高级阶段，在对行为进行了足够量的训练并形成能力之后，帮助学生逐渐形成相应的良好的意志品质。这是训练进行到足够量的自控，足够量的自控品质，等等。 | |
| | 干扰训练法：通过施加干扰的做法进行训练以帮助学生形成一定能力，我们把这样的训练方法称为"干扰训练法"。 | 6.2<br>由 "全体起立" 到 "全体起立" |
| | 重复训练法：通过重复强化的做法进行训练以帮助学生形成一定能力，我们把这样的训练方法称为"重复训练法"。 | 8.1<br>"字如其人" 有说道 |

续表

| | 教育方法及简要说明 | 主要应用篇目 |
|---|---|---|
| 提示法 | **提示法：通过对学生进行辅助性的提示以促其修正行为、自主进步，我们把这样的教育方法称为"提示法"。**<br>为了使学生能及时意识到自己的不当行为并加以修正，可借助学生身外的"提示"力量来为他们提供帮助，这就是"提示法"要探讨的问题。<br>使用这种方法，请注意以下几个要点：<br>第一，提示的本质是辅助。是指提示者要充分尊重学生的主体地位，要清醒地认识到提示只是起辅助作用的一种方法而已。提示者不代替学生进行修正，不能做他们行为不行的"拐棍"，不能让被提示者对提示产生心理依赖。谁来充当提示者呢？教师，同学都可以，根据不同的教育环境和教育需要，可灵活安排；但不管是谁是提示者，都要牢记提示是为了帮助被提示者学会设立，而不是让其学会依赖。其次，提示的方式要适宜。首先，提示者所进行的提示，往往是有具体的适中要点，这种针对性对特定对象和具体的适用易于使简易建易要简要为前提。否则，提示了一方，又干扰了另一方，顾此而失彼，这样的提示显然是不合适的。<br>第三，提示还要避免干扰他人。对学生所进行的提示，应以不影响他人为前提。 | |
| | 体态提示法：通过体态语言来对学生进行提示以促其修正行为、自主进步，我们把这样的提示方法称为"体态提示法"。 | 4.4 "钢铁般的笑" |
| | 事物提示法：通过具体事物对学生进行提示以促其修正行为、自主进步，我们把这样的提示方法称为"事物提示法"。 | 6.4 此时无声胜有声 |
| 选择法 | **选择法：通过设置选项供学生自主选择的办法来助其成长，我们把这样的教育方法称为"选择法"。**<br>用"选择法"来引导学生，有利于激发学生自主解决问题的意愿。把学生的成长目标设置为程度不同的选项，这样有利于通过比较来激发他们主动参与教育活动的积极性，有利于帮助学生把被动的进步应对转化为主动的进步追求。<br>使用这种方法，请注意以下几个要点：<br>第一，选项的设置要合适。所谓合适，就是要做到合理、合情。合理，是指选项的设置要符合法律法规、符合教育规律、符合学生的成长规律，适合学生的认知水平和认知能力；合情，是指选项的设置要适合学生的情感需要，适合教育情境等实际的需求。<br>第二，选择的铺垫要到位。所谓铺垫，是指在让学生进行选择之前先对其进行相关的教育铺垫的过程。特别要类出引发思考和引导负责这两方面的责任。引发思考，主要是引导学生对选择行为进行分析、判断，并据此做出自己的选择；引导负责，主要是引导学生对自己选择的结果负责，让他们知道无论结果怎样，都要接受自己所选择的结果。 | |
| | 定位选择法：通过把教育目标设定为难度最低的选项以供学生自主选择的做法来助其成长，我们把这样的选择方法称为"定位选择法"（亦称"保底选择法"）。 | 8.2 "花儿"为什么这样红 |
| | 定向选择法：通过对教育选项进行导向性分析以供学生自主选择的做法来助其成长，我们把这样的选择方法称为"定向选择法"。 | 4.7 一次痛苦而快乐的选择 |

续表

| | 教育方法及简要说明 | | 主要应用篇目 |
|---|---|---|---|
| 制约法 | **制约法：通过具有积极意义的客观制约力来制约学生并促其进步，我们把这样的教育方法称为"制约法"。** 教育的影响力，有些是存在于客观事物当中的。利用这些客观的制约力来约束学生，往往会使教育更轻松，这就是"制约法"要探讨的问题。 使用这种方法，请注意以下几个要点： 第一，制约力要有客观性。是指用来制约的力量是客观存在的，通常情况下，它会自然而然地对学生施加影响。 第二，制约力要有正向性。是指用来制约的力量是充满正能量的，也可能是负向的，正向的制约就会产生积极的教育效果，负向的制约则会产生消极的影响。所以，合理引导，理性选择，让制约的力量起到正向的教育作用，这是利用"制约法"进行教育所必须思考的问题。 | | |
| | 声誉制约法 | 通过美好声誉的制约力来制约学生并促其进步，我们把这样的制约的方法称为"声誉制约法"。 | 9.1 红灯绿灯熄心灯 |
| | 关系制约法 | 通过相互关系的制约力来制约学生并促其进步，我们把这样的制约的方法称为"关系制约法"。 | 6.3 有一种"失败"叫胜利 |
| 缓冲法 | **缓冲法：通过适当式缓冲不良情绪的冲击以引导学生健康成长，我们把这样的教育方法称为"缓冲法"。** 教育实践中，有时会面对学生情绪异常的状况。此时，利用"缓冲法"可以有效地掌控全局，避免事态的恶化。 使用这种方法，请注意以下几个要点： 第一，先暂缓解决。是指先暂缓解决所出现的问题以避免冲突的升级和扩大。与不良情绪相伴而来的，往往是冲动的、不计后果的、不当行为的，所以，先控制局面，先对所有的行为"叫停"，这有利于避免负面影响的升级和扩大。 第二，再从长计议。是指根据当学生情绪不良者及相关人员的具体情况来思考解决问题的办法。缓冲之后，要对学生进行相应的教育，不但要解决"这一次"的问题，还要力争以后不出现"这一类"的问题；还要争取把这一次出现的不利因素转化成教育的有利条件，使相关人员由此建立起更和谐的相互关系。 | | |
| | 转移缓冲法 | 通过转移注意力来缓冲不理性情绪和行为的冲击，我们把这样的转移情绪和行为的冲击的缓冲方法称为"转移缓冲法"。 | 1.1 冲天一怒为哪般 |
| | 避让缓冲法 | 通过避让锋芒的"无所作为"来缓冲不理性情绪和行为的冲击，我们把这样的缓冲方法称为"避让缓冲法"。 | 1.3 身不由己的"示威" |

续表

| | 教育方法及简要说明 | 主要应用篇目 |
|---|---|---|
| 疏导法 | **疏导法：通过疏导心理、引导行为来帮助学生健康成长，我们把这样的教育方法称为"疏导法"。**<br><br>学生的成长，常常会遇到心理不通、行为不顺的情况，这时，就需要通过适当的方法对他们进行相关的疏导和引导，这就是"疏导法"要探讨的问题。<br>使用这种方法，请教师重视以下两方面的工作：<br>第一，有专业的心态。是指以理性、平和的专业心态来面对需要疏导帮助的学生。大凡需要疏导帮助的学生，往往都是出现了思想不通、心理不悦、态度不当、行为不顺等方面的问题，而这种种问题很容易使其对与他人产生情绪化的对抗表现，这就很容易使面对他们的教育者的情绪也受到负面的影响。所以，对这种学生，教师要学会用他们的成长规律和对他们的教育规律来提醒和规范自己的教育行为，这样才有利于实现理性的疏导和引导。<br>第二，有专业的技能。是指以灵活有效的专业技能来帮助需要疏导帮助引导的学生解决问题。一方面，要善于疏，是指面对学生已经出现的问题要善于进行相应的疏通和解决，这是疏导的第一步；另一方面，要巧于导，是指在疏通和解决问题的基础上给学生以方向性的思想引导和行为上的具体指导，这是疏导的高级阶段。疏通思想、疏导心理、舒畅心情、舒爽心情、舒顺行为，这都是"疏导法"所追求的主要目标。 | |
| 倾听疏导法 | 通过用心倾听学生畅所欲言地吐露心声来对其进行心理疏导和行为引导，我们把这样的疏导方法称为"倾听疏导法"。 | 4.3 没边的"唠叨"与无价的"邮票" |
| 访问疏导法 | 通过深入细致的访问来对学生进行心理疏导和行为引导，我们把这样的疏导方法称为"访问疏导法"。 | 1.8 访得春风度玉门 |
| 谈话疏导法 | 通过讲究技巧的谈话来对学生进行心理疏导和行为引导，我们把这样的疏导方法称为"谈话疏导法"。 | 5.6 话里话外有话说 |
| 讲理疏导法 | 通过富有实效的讲道理来对学生进行心理疏导和行为引导，我们把这样的疏导方法称为"讲理疏导法"。 | 5.1 等闲误得"东风"面 |
| 活动疏导法 | 通过引导学生开展自主有益的活动来对其进行心理疏导和行为引导，我们把这样的疏导方法称为"活动疏导法"。 | 9.5 天之道，天知道 |

续表

| 教育方法及简要说明 | | 主要应用篇目 |
|---|---|---|
| **压力法**：通过给学生施加压力的做法来促其修正行为、自主进步，我们把这样的教育方法称为"压力法"。可帮助学生更全面、更深刻地经历进步和成长。没有受过压力的成长不是真正的成长。用"压力法"进行教育，使用这种方法，请注意以下几个要点：<br>第一，压力要适用。是指压力的使用要符合学生的成长需要，要符合教育的规律。"压力法"的使用，至少要具备如下的条件：学生的行为出现了偏差，等等。<br>第二，压力是动力。施加压力，不是为了让学生受挤压、受折磨，而是为了借压力而给其上进的动力。让压力成为动力，这是用"压力法"进行教育的根本原则。因此，在施加压力的时候，一定要为这种压力的释放找到一个"出口"，也就是要对学生指出在压力之下进一步行动的方向和办法，并且让学生逐步感受到压力减轻的轻松和进步的愉悦。<br>第三，压力要适度。每个人对压力的承受能力都是不一样的，用"压力法"来教育学生，要高度重视"适度"的问题。学生的年龄、性别、性格，施加压力的方式等各种因素，都是做到"适度"所要考虑的。<br>需要强调的是，对于教育而言，压力毕竟只是来自外部的一种助动力，它或许能起到启动和推动的作用，但主要想从根本上发挥作用，还是要靠调动学生的主观能动性才行。 | | |
| 递减压力法 | 通过逐步分给学生减轻压力的做法来促其修正行为、自主进步，我们把这样的施压方法称为"递减压力法"。 | 3.5 织补人格的衣裳 |
| 递增压力法 | 通过逐步分给学生增大压力的做法来促其修正行为、自主进步，我们把这样的施压方法称为"递增压力法"。 | 7.1 最有益的"补课" |
| **磨砺法**：通过挫折困苦的磨砺来帮助学生坚强身心、自主成长，我们把这样的教育方法称为"磨砺法"。成长是要离不开挫折困苦的，为了让学生有能力面对和承受这些困苦，有时需要借用"磨砺法"的力量。使用这种方法，请注意以下两个要点：<br>第一，方式要磨砺。是指让学生在磨炼和砥砺中经受困苦，促进成长。磨砺从哪里来？首先，来自日常生活，借助学生日常生活中出现的挫折困苦，否则，他们将失去经受磨砺的机会。这是最实用的磨砺教育。其次，来自主动设计。有时候，教育者不要出于某种教育的需要，也可以人为地"制造"某种挫折困苦来对学生进行磨砺；不过，这样的做法一定要考虑周全，不要造成负面影响。<br>第二，结果要健康。是指对学生进行磨砺教育要最大限度地保证学生的身心健康。磨砺的过程，往往就是"身体受磨、内心受苦"的过程，把握好这个"磨"和"苦"的程度和程度，使学生经过磨砺之后的身心承受力更强了，这样的磨砺才有意义。反之，如果磨砺的结果是使学生遭难色变，身心受伤，那么，这种磨砺就要打个问号了。 | | |

续表

| | 教育方法及简要说明 | 主要应用篇目 |
|---|---|---|
| 抑制磨砺法 | 通过抑制行为的做法而使学生经受磨砺、坚强身心，我们把这样的磨砺方法称为"抑制磨砺法"。 | 1.10 "因境施教" 破可为 |
| 抑扬磨砺法 | 通过先抑制后激扬的做法而使学生经受磨砺、坚强身心，我们把这样的磨砺方法称为"抑扬磨砺法"。 | 3.1 百炼千锤万力打磨 |
| 惩戒法 | **惩戒法：通过惩罚、训诫的做法来帮助学生规范行为、改正错误，我们把这样的教育方法称为"惩戒法"。** 惩罚和训诫，都是有"力度"的教育手段。适当地对学生进行惩戒教育，可以帮助学生学会敬畏、健康成长。<br><br>使用这种方法，请注意以下几个要点：<br><br>第一，惩戒目的要正确。用"惩戒法"来教育学生，是要通过惩罚、训诫来帮助学生深刻认识并改正错误，从而达到使其吸取教训的目的。从这个角度来讲，惩罚、训诫既是教育的方式，也是对学生的一种特殊的保护方式，它对培养学生的遵规意识和敬畏意识是大有益处的。不过，惩戒的方法不可滥用，如果对犯错误的学生只是有了惩罚、训诫，而没有考虑这种惩罚、训诫是为了什么而做的，更没有惩罚、训诫之后下一步的引导和帮助，那么，"惩戒法"基本的方式就是惩罚和训诫，而这惩罚和训诫的操作方式是灵活多样的。<br><br>第二，惩戒方式要适当。如果惩戒方式不当，就可能由教育方法演变成了撒气方法，这显然是不可取的。以下的惩罚方式就都不合适：比如，把惩罚混同于体罚，罚款或变相罚款把惩罚混同于罚劳动（其实，这不仅仅是惩罚方式不当的问题，还是一个对劳动存有偏见的思想认识问题）；再比如，把惩罚混同于罚买东西，教师哪有这个权利？），把惩罚混同于严厉的训诫，而不用严厉的思想的训诫。<br><br>第三，惩戒使用要慎重。什么样的情况才应使用"惩戒法"呢？所犯错误的性质恶劣、后果严重，所犯错误可能为以后的成长埋下隐患，所犯错误虽经多次教育却没有正确的认识和改正的行动，所犯错误会引发连锁的不良反应但却没有对此应有长埋下隐患……同时，还要考虑惩戒与思想配合使用相应的思想沟通和行为引导等等。 | |
| 失利惩戒法 | 通过适当损失学生本应拥有的利益和权利来帮助其改正错误，我们把这样的惩戒方法称为"失利惩戒法"。 | 5.7 不怒自威的"戒尺" |
| 补过惩戒法 | 通过引导学生接受训诫和主动弥补过失来帮助其改正错误，我们把这样的惩戒方法称为"补过惩戒法"。 | 6.5 被情感的"志愿者" |